中國學術思想 研究輯刊

三六編

林慶彰 主編

第22冊

陳澧學術思想研究（下）

唐瑤曦 著

花木蘭文化事業有限公司

國家圖書館出版品預行編目資料

陳澧學術思想研究（下）／唐瑤曦 著 -- 初版 -- 新北市：花
木蘭文化事業有限公司，2022〔民111〕
目 8+282 面；19×26 公分
（中國學術思想研究輯刊 三六編；第 22 冊）
ISBN 978-626-344-065-4（精裝）
1.CST：（清）陳澧 2.CST：學術思想
030.8   111010205

中國學術思想研究輯刊
三六編　第二二冊　　　　　ISBN：978-626-344-065-4

陳澧學術思想研究（下）

作　　者　唐瑤曦
主　　編　林慶彰
總 編 輯　杜潔祥
副總編輯　楊嘉樂
編輯主任　許郁翎
編　　輯　張雅淋、潘玟靜、劉子瑄　美術編輯　陳逸婷
出　　版　花木蘭文化事業有限公司
發 行 人　高小娟
聯絡地址　235 新北市中和區中安街七二號十三樓
　　　　　電話：02-2923-1455 ／傳真：02-2923-1452
網　　址　http://www.huamulan.tw 信箱 service@huamulans.com
印　　刷　普羅文化出版廣告事業
封面設計　劉開工作室
初　　版　2022 年 9 月
定　　價　三六編 30 冊（精裝）新台幣 83,000 元　　版權所有·請勿翻印

陳澧學術思想研究(下)

唐瑤曦　著

目次

第五章 《東塾雜俎》歷代學術論

　　在與弟子黎永椿的信中，陳澧如是談及《東塾讀書記》的寫作意圖：「既成此書，乃著《學思錄》，通論古今學術，不分漢宋門戶，於鄭君、朱子之學，皆力所發明，大約十年乃可成耳。」〔註1〕可見在著述初始，陳澧已有明確的構思和設想，欲以此書「通論古今學術，不分漢宋門戶」。超出他預想的是，十年後遠未得以成書，直至他離世，由弟子付梓，成《東塾讀書記》十五卷或十六卷本，其餘稿本十卷，遺命名曰《東塾雜俎》，囑門人及兒子編錄成書。《東塾讀書記》主要以諸經論為主，兼及鄭學、朱子學等，歷代學術論僅成《三國》卷，在十六卷本中，另有附錄《西漢》一卷。其餘稿本十卷，即為通論古今學術部分。從《東塾讀書記》刻本目錄考之，從卷十三始至卷二十五，標目依次如下：西漢、東漢、鄭學、三國、晉、南北朝隋、唐五代、宋、朱子書、遼金元、明、國朝、通論。僅三國、鄭學、朱子書三卷得以入《東塾讀書記》刻本付梓，其餘十卷即屬遺稿〔註2〕，遲至1945年，由長孫陳慶龢編錄，付北京古學院刊刻成書，依陳澧遺命，題曰《東塾雜俎》。

　　因《東塾雜俎》刊本的晚出和少見，學者較少論及原屬《東塾讀書記》通論古今學術部分之《東塾雜俎》。如張舜徽《清人筆記條辨》，述《東塾讀書記》十六卷本，題記曰「此乃足本」〔註3〕，可揣他未知通論古今學術部分之《東塾雜俎》的存在。後來，朱維錚先生《求索真文明：晚清學術史論》一書

〔註1〕陳澧著：《東塾集》（卷四），黃國聲主編《陳澧集》（一），上海古籍出版社2008年版，第178頁。《東塾讀書記》初名《學思錄》。
〔註2〕西漢卷後經門人編錄，在《東塾讀書記》十六卷本中，以附錄形式呈現。
〔註3〕張舜徽著：《清人筆記條辨》，華中師範大學出版社2004年版，第315頁。

中《漢宋調和論──陳澧和他未完成的〈東塾讀書記〉》一文指出：按目錄結構顯示，「《東塾讀書記》實分上下篇」，「上篇為『經學』，小學、諸子則是附論；下篇為『經學史』，而所謂通論似為結語」，「陳澧生前沒有寫定的部分，占原擬卷數的三分之二，而且都屬於前述的全書下篇，即由漢至清的經學史部分」，「在十九世紀七十年代，系統的中國經學史研究，較諸經學的原典研究，在學術上更有必要。陳澧在致友人信中曾一再說，他著此書，旨在『通論古今學術，不分漢宋門戶』。這種態度和追求，倘用於作『經學』的研究，則未免如周予同師批評後世那些盲目宣揚專經復古的所謂國粹家時所形容的，『他們連經史不分，漢宋學不分，今古文不分，他們只覺得一個完全無缺的所謂國粹者在面前放毫光』；但倘用於『經學史』研究，則有助於作者克服因墨守學派傳統過度而必至的黨同妒真的弊病，比較實事求是地對經學的歷史行程作出合乎歷史的論述」，「可惜，恰是可以顯示『不分漢宋門戶』的長處的經學史部分，陳澧僅留下三卷已寫定的筆記」，「可稱作學說史研究的，僅有『三國』一卷」。朱維錚先生由此得出結論：「《東塾讀書記》在『通論古今學術』的歷史方面，空列標題，沒有內容，令人很難看出他對『經學源流正變得失所在』的系統見解。他也許自覺實不符名，也許自感力不從心，說是『至宋以後，有宋元明學案之書，則皆略之』，那麼『兩漢以後學術』何以僅述鄭、王二人呢」〔註4〕。

由此可知，朱維錚先生大致有如下三點看法：其一，十九世紀七十年代，系統的中國經學史研究，在學術上實有必要；其二，陳澧「通論漢宋學術，不分漢宋門戶」的態度和追求，有助於克服墨守學派傳統的弊病，實事求是地對經學的歷史行程作出合乎歷史的論述；其三，《東塾讀書記》通論古今學術部分，空列標題，沒有內容，令人很難看出他對經學源流正變得失所在的系統見解。

因此，朱維錚先生《漢宋調和論──陳澧和他未完成的〈東塾讀書記〉》一文，一方面充分肯定陳澧《東塾讀書記》通論古今的學術意圖，恰應和了其時對經學史著作的學術期待，另一方面，「空列標題，沒有內容」諸語，可見朱維錚先生並未見原屬《東塾讀書記》通論古今學術之《東塾雜俎》部分。據黃國聲主編《陳澧集》所收錄《東塾雜俎》的點校說明，此書的校點，「以

<hr>

〔註 4〕朱維錚著：《求索真文明：晚清學術史論》，上海古籍出版社 1996 年版，第 51
～52 頁。

北京古學院癸未年刻本為工作底本，而以中山大學圖書館古籍部所藏陳澧手定稿本《東塾雜俎》為通校底本」，「又有中山大學圖書館古籍部所藏陳慶龢編錄稿本，即癸未刻本的底本，亦取之作為通校本」〔註5〕。由此可揣，因《東塾雜俎》北京古學院癸未刻本的晚出和少見，朱維錚先生未能見及，亦不知中山大學圖書館古籍部所藏陳澧手定稿本和陳慶龢編錄稿本的存在。

　　基於對《東塾雜俎》《西漢》、《東漢》、《晉》、《南北朝隋》、《唐五代》、《北宋》、《南宋》、《明》、《國朝》等凡十四卷逐卷研讀、整理和探究，本文認為，陳澧《東塾讀書記》通論古今學術部分之《東塾雜俎》雖未及陳澧生前最終定稿付梓，但現存內容已相當成熟，可視為一部完整的經學史，以窺陳澧對經學源流、正變得失的見解。陳澧《東塾讀書記》刻本和《東塾雜俎》手定稿本撰寫時間，早於皮錫瑞《經學歷史》二十餘年。因此，《東塾讀書記》以諸經論為主的《東塾讀書記》刻本和通論歷代學術的《東塾雜俎》部分，作為一個整體，理應看作晚清、近代經學史的開創之作。站在晚清的餘暉中，陳澧秉持學術公心，回望幾千年中國歷史、經學史。他用學術的方式，表達對歷史、現實深刻的思考，他用《東塾讀書記》和《東塾雜俎》的著述，為後人留下彌足珍貴的經學史文獻和思想光芒。

　　接下來，本文將以《東塾雜俎》為主要論述對象，逐卷析論陳澧對中國歷代經學史的描述、認識和見解。

第一節 《西漢》卷

　　《東塾讀書記》原計劃寫成二十五卷。此二十五卷大致可分上下二編。上編以諸經論為主，兼及《諸子書》、《鄭學》、《朱子書》、《三國》四卷，凡十五卷，於陳澧生前整理刻成。餘者稿本十卷未付刻，遺命《東塾雜俎》，令門人及後代編錄成書。陳澧離世後，後人續刻《西漢》一卷補入《東塾讀書記》。故《東塾讀書記》先後有十五卷本和十六卷本。本文所論《西漢》一卷，即被續刻補入《東塾讀書記》的一卷，又被黃國聲主編《陳澧集》《東塾讀書記》作為附錄。其原屬《東塾雜俎》，故本文將之作為《東塾雜俎》之一卷析而論之。

〔註 5〕陳澧著、呂永光校點：《東塾雜俎》，黃國聲主編《陳澧集》（二），上海古籍
　　　　出版社 2008 年版，第 416 頁。

論及西漢學術，「罷黜百家，獨尊儒術」的說法被人習見。若考原始文獻，卻並未見之。《漢書‧董仲舒傳》述董仲舒以賢良身份與武帝對策三次，末云「及仲舒對冊，推明孔氏，抑黜百家」。《漢書‧武帝紀》贊曰：「孝武初立，卓然罷黜百家，表彰六經。」「推明孔氏」，即推尊孔子開創的儒家學派，「表彰六經」，即表彰《詩》、《書》、《禮》、《易》、《樂》、《春秋》六經。可見「罷黜百家，獨尊儒術」之習見說法，實為《漢書》董仲舒本傳和《武帝紀》讚語二種說法的融合。

西漢學術的關鍵節點，即建元五年（前 136），武帝採納董仲舒「推明孔氏，抑黜百家」的建議，「卓然罷黜百家，表彰六經」，立五經博士，建立以經術取士的察舉制。經學從此成為官學。陳澧《東塾雜俎》《西漢》卷專論西漢學術。陳澧將摘取何種文獻展現西漢經學始興的歷史，又將給予這些文獻怎樣的評價？本文從以下五方面條而析之。

一、魯地儒風不絕

陳澧引《史記》《儒林傳》、《游俠傳》、《孔子世家》相關文獻述魯地儒風。如漢高祖舉兵圍魯，魯諸儒尚講誦、習禮樂，絃歌之聲不絕；魯地世世相傳，以歲時奉祠孔子冢，諸儒講禮、鄉飲、大射於孔子冢；司馬遷至魯地，觀孔子廟堂、車服、禮器，見諸儒以時習禮於孔子家。陳澧指出，由此可見，自孔子沒後，魯地諸儒傳其禮教，至司馬遷時，三百年猶未絕。

二、西漢帝王與儒學之盛

從陳澧摘引的文獻可見，帝王的推崇與西漢儒學之興極有關係。

（一）高帝

《漢書‧高帝本紀》載高帝稱善陸賈《新語》事，叔孫通為高帝起朝儀、定禮制事。楚漢相爭時，陸賈以幕僚身份追隨高帝，國定後兩次出使南越，說服趙佗歸漢，可謂西漢開國功臣。陳澧指出，陸賈作《新語》，主張行仁義，法先聖，每奏一篇，高帝未嘗不稱善，左右呼「萬歲」；叔孫通為漢朝起朝儀、定禮制，高帝乃知皇帝之貴，此皆西漢開國景象，亦可略見高帝對儒家思想和禮儀持親善態度。

（二）武帝

西漢重經術始於武帝時。《後漢書‧謝該傳》引孔融《上書薦謝該》，云

「夏侯勝辨常陰之驗，然後朝士益重儒術」。可見夏侯勝辨常陰之驗以前，朝士還不甚重經術，因知經術可斷獄、占驗，由此益重之。可見武帝時朝士對經術的重視與斷獄、占驗之風極其有關。

陳澧云，「自武帝重經學，詔戾太子受《公羊春秋》，又從瑕丘江公受《穀梁》；宣帝師受《詩》、《論語》、《孝經》；霍光白令夏侯勝用《尚書》授太后」。可知武帝熱衷令太子從經學博士受《公羊》、《穀梁》、《詩》、《論語》、《孝經》諸種儒家經典，太后亦受《尚書》。

（三）元帝、成帝

陳澧指出，武帝後，元帝好儒，成帝好經書；薛宣因經術淺薄，遭成帝輕視。陽朔二年成帝詔曰：「古之立太學，將以傳先王之業，流化於天下也。儒林之官，四海淵原，宜皆明於古今。」可見極其重視儒學教化之功，重視儒林之官。又引袁宏《後漢紀》，云「元、成、明、章之間，尊師稽古，賓禮儒術，故人重其學。」可見武帝重儒，開一代風氣，至元帝、成帝猶能繼之，影響流及東漢明帝、章帝，最終造就東漢經學極盛局面。

於荀悅《漢紀》對孝武帝「內修文學，然好其文，不盡其實；發其始，不要其終」的評價，陳澧認為所論過苛。後有學者認為武帝重儒術，很大程度上注重的是儒家經學對專制政治的緣飾功能，即利用經學替霸道補闕糾偏〔註6〕。此種看法與荀悅所云「好其文」、「不盡其實」有相似之處，認為武帝並非真正尊崇儒術，只不過利用經學，將儒術當作刑法統治的工具。陳澧不認同此種看法，充分肯定武帝對儒家經術的尊崇。作為帝王，武帝內心是否虔誠尊崇儒術已不可考。但從現存文獻來看，武帝罷黜百家，表彰六經，立五經博士，建立以經術取士為核心的察舉制度，凡此種種措施，不論從國家政權的穩固和發展、或從儒家經學發展的角度而言，確實有功偉哉。

三、西漢皇族與儒學

（一）楚元王與《元王詩》

楚元王劉交，高祖劉邦同父少弟。

班固《漢書·楚元王傳》云，「（楚元王）好書，多才藝。少時嘗與魯穆生、白生、申公俱受《詩》於浮丘伯。伯者，孫卿門人也」，「元王好《詩》，

〔註6〕邊家珍：《論漢武帝在經學史上的作用與影響》，《河南大學學報（社會科學版）》2004年第3期。

諸子皆讀《詩》，申公始為《詩》傳，號《魯詩》。元王亦次之《詩》傳，號曰《元王詩》，世或有之。」可知楚元王與傳《魯詩》的申公俱受《詩》於浮丘伯，且作《元王詩》。

陳澧指出，楚元王作《元王詩》，為漢宗室有經學者，且在河間獻王之前。劉向是楚元王玄孫，劉向說《詩》與《毛詩》異者，後儒以為必本於《魯詩》。王應麟《〈漢書·藝文志〉考證》持此看法，後儒皆從之。陳澧提出不同觀點，認為劉向說《詩》或本於《元王詩》。如劉向《說苑·反質》篇說《詩經·曹風·尸鳩》「尸鳩在桑，其子七兮。淑人君子，其儀一兮」，傳文從君子「誠者一」、「雖有外文，必不離內質」的角度進行闡釋。陳澧認為，《尸鳩》此傳文當源於《元王詩傳》。

東漢鄭玄箋《毛詩傳》，《毛詩》獨盛。魏晉以後，齊、魯、韓三家《詩》皆亡佚。《元王詩》亦無文獻可考。自王應麟提出劉向說《詩》本於《魯詩》，後儒皆未提出異議。陳澧從劉向與楚元王親族關係、從家學角度，提出不同看法，確實可備一說。與此同時，陳澧措辭亦很謹慎，「或本於《元王詩》」，一「或」字表明，他並非武斷下定論。王應麟所云劉向說《詩》本於《魯詩》，實際上亦只是推測，並無更多文獻可實證。在此種情形下，陳澧提出另一種可能性，為這個問題的解決提供了新思路。後有學者引清陳喬樅《魯詩遺說考序》云，「漢人傳經，最重家學，知向世修其業」，以證楚元王玄孫劉向所習當為《元王詩》〔註7〕，與陳澧見解相似。

（二）河間獻王修學好古

河間獻王劉德，為景帝次子。

班固《漢書·景十三王傳》云：「河間獻王德以孝景前二年立，修學好古，實事求是。從民得善書，必為好寫與之，留其真，加金帛賜以招之。繇是四方道術之人不遠千里，或有先祖舊書，多奉以奏獻王者，故得書多，與漢朝等。是時，淮南王安亦好書，所招致率多浮辯。獻王所得書皆古文先秦舊書，《周官》、《尚書》、《禮》、《禮記》、《孟子》、《老子》之屬，皆經傳說記，七十子之徒所論。其學舉六藝，立《毛氏詩》、《左氏春秋》博士。修禮樂，被服儒術，造次必於儒者。山東諸儒多從而遊。」

景帝時，尊信黃老之學。河間獻王獨樹一幟，以誠懇態度，招儒聚書，

〔註 7〕馬榮江：《「元王詩」考索》，《東南文化》2009 年第 6 期。

開闢漢代復興儒學新局面〔註8〕。班固稱河間獻王「修學好古，實事求是」，
陳澧認為此二語必西漢時所傳最確者，是對河間獻王最確切的評價。「好古」
一詞，並非全為褒義，有時亦指拘泥不化。基於此，陳澧特引劉安《淮南子》
《修務篇》和王充《論衡·超奇篇》，辯河間獻王「修學好古，實事求是」的
難能可貴。《淮南子》《修務篇》云，若有符於中，即能貴是而同古今；心中無
明，則以遠古為貴。陳澧指出，「有符於中」即「心中有明」；何以心中有明？
則必由於修學，即河間獻王所云湯稱學聖王之道譬如日焉；以此論證河間獻
王非盲目「好古」，而是因修學而心中有明，是有獨立識見和判斷的「好古」。
王充《論衡·超奇篇》譏諷俗好高古之人，以前人所種菜果為甘甜、後人所造
蜜酪為辛苦。陳澧認為，王充之言生動道出拘儒泥古之病，病在盲目好古、
不求是非；而河間獻王的「好古」，是在「實事求是」基礎上的「好古」，好古
而不盲目泥古。陳澧認為，「修學好古，實事求是」一語，後儒當尊奉之，一
字不可少。

　　陳澧引劉向《說苑》載河間獻王述堯、舜、禹、湯之言，如「堯存心於天
下，加志於窮民，痛萬姓之罹罪，憂眾生之不遂」，「禹稱民無食，則我不能使
也；功成而不利於人，則我不能勸也」，「湯稱學聖王之道譬如日焉，靜居獨
思譬如火焉。夫捨學聖王之道若捨日之光」。河間獻王所述堯、舜、禹、湯之
言，未見於現存其他儒家經典。由於河間獻王的傳述，使得後人得以體會上
古之王對黎民百姓的仁義和悲憫，得以瞭解和敬服先王先聖的修學好古和人
生智慧。陳澧認為，這些先王之言，當是河間獻王所得古書所載，文獻價值
不亞於虞、夏、商書，彌足珍貴。

　　陳澧對河間獻王愛古博雅、招儒聚書之功極為稱許，引司馬光《河間獻
王贊》，深歎河間獻王不能為西漢帝王。司馬光《河間獻王贊》云，「微獻王，
則六藝其遂曀乎！其功烈至今賴之」，「向若遵大義，屬重器，用其德，施其
志，煥然帝王之治復還，其必賢於文景遠矣。嗟乎！天實不欲禮樂復興邪，
抑四海自不幸而已矣！」《漢書·景十三王傳》載河間獻王云：「武帝時，獻王
來朝，獻雅樂，對三雍宮及詔策所問三十餘事。其對推道術而言，得事之中，
文約指明。」可知河間獻王不僅知禮，且重樂，不僅好文，且善以儒術治世，
論事中肯得體，言簡意賅。陳澧認同司馬光的看法，認為若以國家重器委於
河間獻王，施行其修文學、重禮樂的志向，先王之治即能煥然復還，必賢於

〔註 8〕盧仁龍：《河間獻王與漢代儒學》，《河北學刊》1990 年第 3 期。

文景之治。陳澧深歎於河間獻王不能為西漢帝王，深慨於先王禮樂不能復興。將陳澧的深歎與深慨置於晚清的時代背景來看，曷嘗不引起今人對晚清、甚而對當下複雜交織的深歎與深慨？

（三）淮南王與《淮南子》

淮南王劉安，高祖之孫，淮南厲王之子。

《史記‧淮南衡山列傳》述厲王及子淮南王劉安謀反事的始末因由，對其編著《淮南子》一事略而不述，僅云「淮南王為人好讀書鼓琴，不喜弋獵狗馬馳騁，亦欲以行陰德拊循百姓，流譽天下」，可見其喜讀書，好琴樂，亦有治世之心。《漢書‧淮南衡山濟北王傳》亦載此語，且云：「招致賓客方術之士數千人，作為《內書》二十一篇，《外書》甚眾，又有《中篇》八卷，言神仙黃白之術，亦二十餘萬言。時武帝方好藝文，以安屬為諸父，辯博善為文辭，甚尊重之。每為報書及賜，常召司馬相如等視草乃遣。初，安入朝，獻所作《內篇》，新出，上愛秘之，使為《離騷傳》，旦受詔，日食時上。又獻《頌德》及《長安都國頌》。每宴見，談說得失及方技賦頌，昏莫然後罷。」《漢書》載淮南王招致賓客方術之士編著《淮南子》，因善為文辭，終被武帝尊重和敬待。

《漢書‧藝文志》「諸子略」列《淮南子》為雜家。揚雄《法言‧問道》指出，《淮南子》非雜，乃多知，人曰其雜，在於人病以多知為雜。陳澧引揚雄語表示認同，認為《淮南子》《天文訓》、《墜形訓》、《兵略訓》諸篇所說天文、曆律、地理、兵法，皆儒者所當知，可謂之博，不可謂之雜。與此同時，陳澧指出，《淮南子》不足在於頗失之好奇。

歷來人們普遍認為，《淮南子》以先秦道家思想為基礎，雜糅陰陽、墨、法和儒家思想。陳澧不為前人觀點束縛，細緻研讀原典，從《覽冥訓》、《泰族訓》摘取相關內容，以證《淮南子》排斥法家。如《覽冥訓》云「申、韓、商鞅之為治也，抒拔其根，蕪棄其本」，《泰族訓》云「法者治之具也，而非所以為治也」，「國之所以存者，非以有法也，以有賢人也」，「若不修其風俗而縱其淫辟，乃隨之以刑繩之以法，法雖殘賊，天下弗能禁也」。「繩之以法」一詞當出自《淮南子‧泰族訓》。考《泰族訓》篇上下文，可知此語並非強調刑法的重要性，其重點在於表明，若不修風俗，不重教化，刑法雖殘忍暴虐，天下亦不能禁。正如陳澧所云，《淮南子》對待申不害、韓非子、商鞅、秦始皇法家思想的態度實為排斥，其排斥法家可謂有定識，有定力。

　　《淮南子》思想與道家思想的聯繫和區別，陳澧亦有卓見。陳澧指出，《淮南子》所謂「道」，為老子之道，故高誘《序》云「其旨近老子」。如《齊俗訓》云：「率性而行謂之道，得其天性謂之德，性失然後貴仁，道失然後貴義。是故仁義立而道德遷矣，禮儀飾而淳樸散矣」。此語與老子《道德經》所云「失道而后德，失德而後仁，失仁而後義，失義而後禮」諸語相似。陳澧認為，此可見當時所尚黃、老習氣。《淮南子》所謂「道」異於老子者，意在欲高於老子道德之說。如《原道訓》云「知神明然後知道德不足為也」，在老子所謂道德之上置以「神明」，一方面是對老子之道的改造，另一方面又有陷入虛空不可知論的傾向。可見淮南王劉安既受當時所尚黃、老和神仙之術的影響，也與其生為叛臣之子、不被信任、驚懼恐慌的生活和情感息息相關。

　　顧炎武《日知錄》《與人書十》論搜集文獻，有「採銅於山」之喻。其書云：「今人纂輯之書，正如今人之鑄錢。古人採銅於山，今人則買舊錢」，「承問《日知錄》又成幾卷，蓋期之以廢銅，而某自別來一載，早夜誦讀，反覆尋究，僅得十餘條，然庶幾採山之銅也。」〔註9〕陳澧最為敬服和推崇的清代大儒即顧炎武，其治學、著述亦嚴格遵循顧炎武「採銅於山」的方式，細緻尋繹原典，搜集原始材料，絕不熔「舊錢」取「廢銅」以鑄「新錢」。這使得他能從習見文獻和語料中發現被人們忽略已久的問題。如「非淡泊無以明志，非寧靜無以致遠」，「膽欲大而心欲小，智欲圓而行欲方」二語，人們皆習以為常，且理所當然認定前一語出自諸葛亮《誡子書》，後一語出自《舊唐書·孫思邈傳》。千百年來直至今天，這種看法被當成常識，還一直在延續。陳澧卻從《淮南子》中發現了諸葛亮和孫思邈之語實由來有自。《淮南子》《主術訓》云「非澹泊無以明德，非寧靜無以致遠」，又云「心欲小而志欲大，智欲圓而行欲方」。陳澧指出，世人但知為諸葛武侯、孫思邈之語，而不知其出自於《淮南子》。明顯可見，諸葛亮、孫思邈之語皆對《淮南子·主術訓》之語一字之易的細微改造。可惜的是，與《淮南子·主術訓》二千年來被人們忽略的命運並無大異的是，陳澧的見解一百多年來亦一直被人們忽略與不知，以致「非淡泊無以明志，非寧靜無以致遠」，「膽欲大而心欲小，智欲圓而行欲方」此二句名言，一直被錯誤歸屬於諸葛亮和孫思邈。陳澧最重著述的學術規範，曾著《引書法》以明之。期待顧炎武採銅於山之論被越來越多的人們真正遵循，期待越來越多的人們秉持嚴謹踏實的態度，去尋找中華民族的文化之根。

〔註9〕顧炎武著，陳垣校注：《日知錄校注》，安徽大學出版社2007年版，第23頁。

四、西漢儒士與以儒治世

　　除了帝王的推崇和皇族的愛好，西漢儒學始興最不可忽視的推動力，即為西漢有一大批尊信儒家經典、講求儒學治世的儒生和博士。陳澧論西漢學術史，筆墨最多處即在於此。

（一）賈誼

　　《史記·屈原賈生列傳》云，「賈生名誼，洛陽人」，孝文帝初立，聞河南守吳公為官政績天下第一，徵為廷尉，「廷尉乃言賈生年少，頗通諸子百家之書。文帝召以為博士」，一年超遷至太中大夫，「以為漢興至孝文二十餘年，天下和洽，而固當改正朔，易服色，法制度，定官名，興禮樂，乃悉草具其事」，「悉更秦之法」。陳澧據此指出，賈誼之學長於禮，且非復叔孫通所制禮儀制度，可以上繼周禮。

　　陳澧頗惜賈誼儀法不傳，讀其上疏，屢引古禮。如引《學禮》、《三代之禮》，可見其博習禮學。又云「禮者，貴絕惡於未萌，而起教於微眇」，尤深明制禮之意。《新書·禮篇》云「道德仁義，非禮不成」云云，《禮記·曲禮》採之。

　　陳澧又引唐陸德明《經典釋文序錄》，考證賈誼的師承。《經典釋文序錄》云：「左氏傳荀卿，傳張蒼，蒼傳賈誼。」可知賈誼為荀卿再傳弟子。

　　賈誼《新書》屢引《詩》、說《詩》。對於賈誼《詩》學派別的論定，歷來有爭議。明楊慎、清陳壽祺皆認為賈誼《新書》所引為《魯詩》〔註10〕。汪中為賈誼《新書》序，考其所述古事與《左傳》不同者，其說《詩》與《毛詩》不同者。汪中的看法與楊慎、陳壽祺不同，認為賈誼說《詩》時，三家《詩》學尚未立，先秦老師大儒亦猶有存者，賈誼說《詩》自有其師承。意為賈誼說《詩》非可定為《魯詩》，但自有其師承。陳澧引汪中說，表達對其見解的認同。汪中、陳澧的見解較之楊慎、陳壽祺，更為審慎。

　　從《史記·屈原賈生列傳》「廷尉乃言賈生年少，頗通諸子百家之書。文帝召以為博士」一語，陳澧亦有新的發現。陳澧指出，吳公向文帝推薦賈誼，但言其頗通諸子百家之書，不言其通儒家經術，蓋可見當時還不尚經學，故但言諸子百家。陳澧的見解可謂見微而知著。

〔註10〕張海波：《賈誼〈詩〉學研究》，劉衛平指導，西北大學中國古代文學專業碩士學位論文，2010年。

　　對於賈誼的經世之才，陳澧評價尤高，引朱子《楚辭集注》「奇偉卓絕」一語贊之。朱子指出，賈誼有經世之才，文章蓋其餘事，非司馬相如輩所能彷彿，而揚雄之論，常高彼而下此，韓愈《送孟東野序》亦以司馬相如、揚雄廁於孟子、屈原之列，無一語論及賈誼。陳澧對朱子的觀點表示充分認同。陳澧再次提出朱子的觀點，對後人不無深啟。韓愈《送孟東野序》作為古代文論名篇，被後人廣泛傳播，影響深遠，從而使司馬相如、揚雄名揚千古。今天的人們論及漢代學術與文學，首先想到的依然是司馬相如和揚雄，卻較少顧及賈誼。對賈誼有意或無意的遺忘，不得不說是一種遺憾。深究造成此種遺憾的緣由，則給了後人們一個嚴肅的提醒：名望時常是束縛和局囿，彰顯的同時難免造成遮蔽。陳澧引朱子對賈誼的評價，提醒著人們重回歷史現場、細讀原始文獻，以給予歷史人物客觀公允評價。

（二）董仲舒

　　《漢書‧董仲舒傳》述董仲舒舉賢良，武帝制策，問三代受命之符、災異之變、性命之情、天人之應，又言「子大夫明於陰陽」。陳澧指出，武帝所問，正合董仲舒之學，故其對策得以暢言。可見董仲舒的學說恰與武帝想法相合，故能受重用和暢行之。

　　對於董仲舒《春秋繁露》論陰陽五行和災異，陳澧有以下見解：

　　第一，《春秋繁露》《天地陰陽篇》「天意難見也，其道難理，是故明陰陽入出實虛之處，所以觀天之志。辨五行之本末、順逆、小大、廣狹，所以觀天道」諸語，為董仲舒陰陽五行之學根源所在。此語有以下二層意思：其一，天意難見，故觀陰陽入出、實虛之處，以明天意；其二，天道難明，故辨金、木、水、火、土五行的本末、順逆、小大、廣狹，以觀天道。由此可見，董仲舒將陰陽、五行分別視為天意、天道的表象，同時使原本各有分畛的陰陽、五行觀念合流為一，成為一個完善的體系，成為溝通天人關係、處於天人之際的終極法則〔註11〕。

　　第二，陰陽之氣亦有其可見之徵。董仲舒《春秋繁露》《天地陰陽篇》云，「天地之間有陰陽之氣」，人漸於其中，「以治亂之氣與之流通相崤」。陳澧認為，此說陰陽之氣至精微確實，雖曰不可見，然實可見。又引《黃帝內經‧素

〔註11〕李豐瓊：《董仲舒陰陽五行哲學思想研究》，彭自強指導，西南大學中國哲學專業碩士學位論文，2010 年。

問》王冰注云落葉乘氣以飛空的現象，表明若說陰陽而入於杳冥，使人不可見，則不足為據。可見陳澧論董仲舒陰陽說，亦講求實證，若杳冥不可證，則落入讖緯之術，不足以徵信。「治亂之氣與之流通」一語，則災異之說所由來。

第三，《春秋繁露》《陽尊陰卑篇》，可見董仲舒言陰陽，貴陽而賤陰。「天之好仁而近，惡戾之變而遠，大德而小刑之意」諸語，又可見董仲舒的仁人之言。

第四，《深察名號篇》因天之陰陽而言人之陰陽，其說云：「身之有性情也，若天之有陰陽。言人之質而無其情，猶言天之陽而無其陰。」此即董仲舒通天人之說。可見董仲舒將人之性視為陽，將人之情視為陰。「人之誠有貪有仁，仁貪之氣兩在於身。身之名取諸天，天兩有陰陽之施，身亦兩有貪仁之性。」又可見董仲舒將人性之仁視為陽，人情之貪視為陰，又與其貴陽賤陰的觀點相合。

第五，《同類相動篇》云，「天地之陰氣起，而人之陰氣應之而起；人之陰氣起，而天地之陰氣亦宜應之而起，其道一也。明於此者，欲致雨則動陰以起陰，欲止雨則動陽以起陽。故致雨非神也」，「非獨陰陽之氣可以類進退也，雖不祥、禍福所從生，亦由是也」。陳澧認為，《同類相動篇》諸語言陰陽而及於致雨、止雨，其說本醇正。董仲舒《春秋繁露》還有《求雨》、《止雨》二篇，詳述求雨、止雨繁複的祭祀儀式和禁忌要求。陳澧指出，《求雨》、《止雨》二篇，則近於術士所為也。可見，對於董仲舒《同類相動篇》體現的天人感應哲學思想，與《求雨》、《止雨》篇反映的術士之說，陳澧有著清晰的明辨。陳澧充分肯定董仲舒天人感應的哲學思想，與此同時，對《春秋繁露》所表現的讖緯和迷信，卻絕不苟同。可見陳澧對董仲舒思想有著清醒客觀的卓絕認識。

第六，《春秋繁露》《必仁且知篇》論災異說。陳澧認為，「邪氣積於下，怨惡畜於上。上下不和，陰陽繆戾而妖孽生矣。此災異所緣而起」諸語，論災異之說甚醇正；至《漢書·五行志》引董生說《春秋》之事，附合災異，則多不足信；《五行志》引劉向、劉歆說，多與董生說不同，又可見災異之說各以意推說，非有實據。陳澧指出，董仲舒的災異說原本醇正，劉向、劉歆和《漢書·五行志》借董仲舒災異之說曲加附合，各隨其意，妄作推說，非有實據，從而陷入讖緯之中。

概言之，陳澧對董仲舒學說的肯定和稱許表現在以下幾個方面：其一，《春秋繁露》體現了天人感應的哲學思想；其二，其春秋陰陽說有切當世、施朝廷者，大有功於世；其三，武帝推明孔氏、抑黜百家、立學校之官、州郡舉茂才孝廉諸多舉措，皆自董仲舒發之，儒家思想由此而興。與此同時，於董仲舒思想中讖緯迷信的部分，陳澧亦有清晰的明辨，絕不苟同。陳澧認為，董仲舒好言災異，其後遂成風氣；何休注《公羊》言災異，實出於董生；好言陰陽災異，實為漢儒之病。對於天人感應哲學思想的充分肯定，對於讖緯迷信思想的絕不苟同，此種清晰的明辨，亦體現了陳澧卓絕的識見。

（三）司馬相如

司馬相如有《子虛賦》、《上林賦》、《大人賦》等漢賦名篇，又著識字啟蒙教材《凡將篇》，通小學。

陳澧著重從經學角度論司馬相如，強調司馬相如為經師。引《三國志·秦宓傳》《與王商書》曰：「蜀本無學士，文翁遣相如東受七經，還教吏民，於是蜀學比於齊魯。《地理志》曰：『文翁倡其教，相如為之師。』」陳澧指出，談漢學者宜知之，應注意文翁遣司馬相如東受七經、還教於民對蜀地經學昌盛的促進作用。

（四）賈山

《漢書·賈鄒枚路傳》云，「」賈山，潁川人也。祖父袪，故魏王時博士弟子也。山受學袪，所言涉獵書記，不能為醇儒」，「孝文時，言治亂之道，借秦為諭，名曰《至言》」。

陳澧從《漢書》賈山本傳「祖父袪，故魏王時博士弟子」，考「博士」之官非秦時才有，可見戰國已有之。賈山《直言》引《詩經·大雅·文王》「濟濟多士，文王以寧」，提出一個問題：天下未嘗無士，為何獨文王「以寧」？賈山從文王好仁的角度給予闡釋，認為文王好仁，以禮義敬士，故士盡心盡力，從而成其功。陳澧認為，賈山此說善於說《詩》，即使非傳自其祖父賈袪，自為之說，亦西漢人《詩》說。

結合前述《元王詩》和賈誼《新書》說《詩》，可知陳澧意在說明，西漢非僅齊、魯、韓、毛四家詩。楚元王有《元王詩》，賈誼說《詩》亦自有淵源，賈山自為之說亦善說《詩》。只不過齊、魯、韓、毛四家為其最著者，不可因其最著者而忽略西漢其他善說《詩》者的精闢之論。

於班固言賈山「涉獵書記，不能為醇儒」一語，陳澧亦有所發現。陳澧認為，此語必西漢時所傳，可見當時儒學以專精為貴。

（五）司馬遷

陳澧特為留意司馬遷的思想傾向。陳澧指出，司馬遷作《孔子世家》，以孔子比周公；作《仲尼弟子列傳》，有無言行可記者、無歲數者，《史記·列傳》自伯夷以下僅百餘人，此一傳多至七十七人，可見司馬遷對孔子聖門的推尊。

《史記》不為墨翟立傳，僅於《孟子荀卿列傳》末作數語云：「蓋墨翟，宋之大夫也。善守禦，為節用。或曰並孔子時，或曰在其後」；「善守禦，為節用」六字，言盡墨子之所長；至楊朱，《史記》更無一語及之。陳澧認為，此可見司馬遷「距楊墨」的思想態度。

（六）桓寬

《漢書》無桓寬傳。《漢書·藝文志》「諸子略」錄桓寬《鹽鐵論》六十篇。《漢書·公孫劉田王楊蔡陳鄭傳》云，「始元六年，詔郡國舉賢良文學士，問以民所疾苦，於是鹽鐵之議起焉」。《公孫劉田王楊蔡陳鄭傳》贊又云，「所謂鹽鐵議者，起始元中，徵文學賢良問以治亂，皆對願罷郡國鹽鐵酒榷均輸，務本抑末，毋與天下爭利，然後教化可興」，「至宣帝時，汝南桓寬次公治《公羊春秋》，舉為郎，至廬江太守丞，博通善屬文，推衍鹽鐵之議，增廣條目，極其論難，著數萬言，亦欲以究治亂，成一家之法焉」。可知《鹽鐵論》是桓寬推衍鹽鐵之議所成之書，其內容由鹽鐵之爭以究治亂，論及政治得失。

陳澧考桓寬《鹽鐵論》《本議篇》、《伐功篇》、《險固篇》、《授時篇》、《取下篇》多處引《孟子》之語，用孟子之文。《鹽鐵論》《雜論篇》云，當時賢良茂陵唐生，文學魯萬生之倫六十餘人，「殊路同歸，指在於崇禮義，退財利」，又可知西漢時傳孟子之學者不少。陳澧認為，蓋文帝置《孟子》博士，其效如此。

姚鼐《跋〈鹽鐵論〉》云：「寬之書述事頗不實。」對《鹽鐵論》所述史事的真實性提出質疑。陳澧對姚鼐的質疑不以為然，肯定桓寬深於孟子之學，為「幾於知道」者。

（七）劉向

劉向是楚元王玄孫。《漢書·楚元王傳》附劉向傳云，「向字子政，本名

更生」，「會初立《穀梁春秋》，徵更生受《穀梁》，講論《五經》於石渠」。

本文前述楚元王，論及劉向說《詩》。陳澧認為，劉向說《詩》或本於《元王詩》。

陳澧還指出，劉向上《封事》所說《春秋》，多與《穀梁》不同；是時《公羊》、《穀梁》相爭，劉向受《穀梁》而多從《公羊》，又有取於《左傳》。可見劉向雖篤守家法，其識量甚閎通。

陳澧又考劉向奏疏，指出亦多引經。元帝時上《封事》，一篇引《詩》至十五條。又引《易》、《論語》，讀之似一篇經說。班固云：「向卒後十三歲，而王氏代漢。」陳澧指出，此班固特筆，以明子政在漢，猶不至於亡。

陳澧還考劉向《說苑》《建本篇》、《政理篇》、《雜言篇》諸篇所載孔子語，並摘錄其最精者，如「事無始終，無務多業」，「居不幽則思不深，身不約則智不廣」，「人君不困不成王，列士不困不成行」。陳澧認為，如此類者，記聖人之言，可謂《論語》之亞也，若無《說苑》，則其說不傳。除此之外，陳澧考《說苑》《立節篇》等載孔子弟子及子思、孟子語，考《列女傳》所載名言，以彰顯《說苑》可貴的文獻價值。

《漢書·楚元王傳》贊曰：「仲尼稱『材難不其然與！』自孔子後，綴文之士眾矣，唯孟軻、孫況、董仲舒、司馬遷、劉向、揚雄。此數公者，皆博物洽聞，通達古今，其言有補於世。」班固將劉向與孟軻、荀況、董仲舒、司馬遷、楊雄諸人相提並論。陳澧的看法是，劉向比董仲舒更為醇正，揚雄除博洽稍可比之，其餘皆不可與劉向相比，曾鞏《新序·目錄序》、《說苑·目錄序》皆尊揚雄而詆劉向，更不必與辯。

（八）揚雄

因仕莽朝、作《劇秦美新》頌讚莽新政權，後世對揚雄思想、行止的評價歧義紛呈。

《漢書·揚雄傳》云，揚雄「字子雲，蜀郡成都人」，「少而好學，不為章句」，「默而好深湛之思」，「非聖哲之書不好」，贊曰「好古而樂道，其意欲求文章成名於後世，以為經莫大於《易》，故作《太玄》；傳莫大於《論語》，作《法言》」云云。除以《甘泉》、《羽獵》等辭賦聞名，其《法言》最為人稱道。

《漢書·王貢兩龔鮑傳》載龔勝、龔舍事。兩龔皆楚人，好學明經，並著名節。龔勝拒不受王莽命，絕食而亡。龔舍通五經，以《魯詩》教授，不仕於

朝。莊遵事蹟《漢書‧王貢兩龔鮑傳》亦載之。因避漢明帝劉莊諱,班固改莊遵為嚴君平。君平卜筮於成都,授《老子》,依老、莊之旨著書十餘萬言。揚雄少時從之學,顯名後,數為在朝賢者稱君平德。

揚雄《法言》《問明篇》稱許兩龔、嚴君平,「楚兩龔之潔,其清矣乎」,「蜀莊沉冥,吾珍莊也,居難為也」。《淵騫篇》又云,「古者高餓顯,下祿隱。」陳澧認為,揚雄贊兩龔清且潔,嚴君平隱居不仕,此皆其自愧自傷之語。王安石不認同高餓顯、下祿隱的觀點,《論祿隱》引揚雄「古者高餓顯,下祿隱」,且云「餓顯之高,祿隱之下,皆跡矣,豈足求聖賢哉」,認為不論仕隱出處,其同者道也,不同者跡也,餓顯、祿隱僅跡不同,只要合乎道,無所謂高下〔註12〕。陳澧認為,王安石對揚雄《法言‧淵騫篇》言「古者高餓顯,下祿隱」一語的用意理解不準確。陳澧的看法是,揚雄對古者以餓顯高於祿隱觀點的強調,與其身仕莽朝而失節、作《劇秦美新》而諛新朝的經歷息息相關;王安石《論祿隱》引揚雄語且駁之,是不知揚雄自愧自傷之意而妄論之。陳澧道出了揚雄《淵騫篇》與王安石《論祿隱》探討餓顯、祿隱時出發點的迥異之處。且不考揚雄仕新朝、作《劇秦美新》的真實用意,單就揚雄《問明篇》、《淵騫篇》贊兩龔、嚴君平不仕新朝,高餓顯、下祿隱而言,陳澧對揚雄自愧自傷心態的分析是精細而有說服力的。

《法言‧吾子篇》云:「古者楊、墨塞路,孟子辭而辟之,廓如也。後之塞路者有矣,竊自比於孟子。」揚雄自比於孟子,可見其立意之高。陳澧肯定揚雄維護儒道的堅定立場和決心,但對其辟老、莊、申、韓是否真正如孟子辟楊、墨般廓如,卻分別對待、細微分析之。陳澧以揚雄《問道篇》「老子之言道,吾有取言耳」一語,證其辟老、莊不能廓如;又以《君子篇》「文王畢,孔子魯城之北,獨子愛其死乎」證其辟神仙之說最善,特贊「仙人名生而實死」一言尤為快論,持諸語問言仙者,無辭可以對。陳澧諸語,是對揚雄著《法言》自比孟子、辟老、莊、申、韓效果和力度的精邃分析,同時表明了自己對儒家思想堅定的守護。

雖然對揚雄的衛道立場表示肯定,但對其著書以擬《易》、擬《論語》的張揚做法,陳澧卻並不認同。揚雄《吾子篇》云:「『有人焉,自姓孔而字仲尼,入其門,升其堂,伏其幾,襲其衣,則可謂仲尼乎?』曰:『其文是也,

---

〔註12〕邵明珍:《仕與隱:唐宋文人典型個案研究》,黃坤指導,華東師範大學中國古代文學專業博士學位論文,2011年。

其質非也。」陳澧拈出揚雄此語，以子之矛攻子之盾，以譏揚雄何必著《太玄》、《法言》以擬聖人。又引《君子篇》「子游、子夏得其書矣，未得其所以書也。宰我、子貢得其言矣，未得其所以言也。顏淵、閔子得其行矣，未得其所以行也」諸語，指出儒者輕議聖門諸賢始於揚雄此語；《淵騫篇》「七十子之於仲尼也，日聞所不聞，見所不見，文章亦不足為矣」諸語，則啟儒者輕視文章之習。

揚雄自狂張揚的做法無疑濡染著文人輕薄的習氣。陳澧身為學者，於學術與文學之間，特重學術，於文才與質實之間，特重質實，且曾表達過文人不要輕率進行學術研究的觀點，因而不喜揚雄這位辭賦家以孟子傳人自居的高揚態度，不喜其輕議聖門諸賢、輕薄文章著述的張狂不自持，但同時亦公正平允看待其《法言》衛孔孟之道的得與失。

揚雄《太玄》擬《易》而作，自造新詞，晦澀難明。《漢書‧揚雄》讚語引劉歆云：「空自苦！今學者有祿利，然尚不能明《易》，又如《玄》何？吾恐後人用覆醬瓿也。」可見與揚雄相友的劉歆亦認為《太玄》甚晦澀難明。讚語又云：「自雄之沒至今四十餘年，其《法言》大行，而《玄》終不顯。」又可見正如劉歆所云，揚雄《太玄》因過於艱深晦澀，以至自雄沒後不久即不顯。

對於《太玄》的晦澀艱深，陳澧持批評態度。《玄文篇》自造新詞，以「罔直蒙酋冥」擬《易》「元亨利貞」，《玄摛篇》、《玄數篇》言數和筮法玄之又玄。陳澧認為，此等說辭，亦朱彝尊所謂「黎丘鬼」，是戲弄人的把戲。

與此同時，陳澧肯定揚雄《太玄》對周孔仁義、道德的維護和張揚。《宋史‧章誻傳》載章誻解述《太玄》大旨云：「人之所為而不足者，善也；所醜而有餘者，惡也。君子能強其所不足而拂其所有餘，《太玄》之道幾矣。」陳澧認為，章誻此數語解《太玄》之旨最精善，且無艱深之病，章誻述之，可謂有識。

於《太玄》中可取之語，陳澧亦特別留意。如《銳首》云「銳一無不達」，揭示專一方可成其功，陳澧認為學者當以為法。又如《上首》云「上無根，思登於天，谷在於淵」，警示思想不可虛眇、無根基，陳澧認為，學者當以為戒。

對於《太玄》對《易緯稽覽圖》、《是類謀》之類漢緯書的依仿，陳澧有所探究，認為揚雄仿漢緯書以一卦主六日七分、六十卦主一歲三百六十五日四分日之一，《太玄》則以一首當四日半、八十一首當三百六十四日半。諸如此類，《太玄》此類卦數皆仿《易緯稽覽圖》、《是類謀》的數量關係。

　　對於《太玄》對後世的影響，陳澧也有所探究。陳澧指出，《太玄》《晦首》、《中首》所云日月隆闕，為北宋邵雍《皇極經世》之學所自出。邵雍《皇極經世》的卦數關係，亦依仿自《太玄》，以至遠承漢緯書而來。

　　陳澧對揚雄作《劇秦美新》一事，同樣表達了微諷之意。《劇秦美新》云：「秦餘制度，項氏爵號，雖違古而猶襲之。是以帝典闕而不補，王綱弛而未張。」揚雄本著讚美王莽新朝以表忠心的目的，批評秦朝帝典闕、王綱弛。陳澧卻云，此非劇秦乃劇漢矣，譏諷揚雄之語諛美奉承，適得其反，且開啟了後儒談王道而譏漢制之端。曾鞏《答王深甫》書以揚雄比箕子，陳澧認為曾鞏的評價尤謬舛。

　　對於揚雄《劇秦美新》，至今爭議仍難平。後有學者認為，揚雄作《劇秦美新》，繼承了孔子「誅一獨夫」、孟子「君有大過則諫，反覆之而不聽，則易位」的觀點，在君臣觀念上，有其進步性〔註13〕。也有學者認為，揚雄《劇秦美新》雖對王莽新政有實事求是的正面讚譽，但其表露的諷喻性不可掩〔註14〕。

　　與今天學者新穎的意見相比，陳澧對《劇秦美新》的看法極為傳統，認為是揚雄失節的證明。陳澧的觀念雖傳統，但若回到新莽時期的歷史現場，設身處地揣摩揚雄的心態，還是不得不承認，陳澧的觀點恐怕更經得起歷史的考驗。以《漢書·揚雄傳》所云「默而好深湛之思，清靜亡為」、「不汲汲於富貴，不戚戚於貧賤」的默守不爭的性情而言，生活於二千餘年前的揚雄，在君臣觀念上很難衝出傳統的藩籬；同樣因其默然深湛、清靜無為的性格傾向，晚年的他也很難有意作文以諷喻新莽政權。《漢書·揚雄傳》載揚雄懼被劉棻牽連事。劉棻嘗從揚雄學作奇字，其時揚雄校書於天祿閣，聞治獄使者來，恐不能自免，跳閣自投，幾死。可知揚雄個性懦弱。由此可揣，揚雄作《劇秦美新》，仍不出於文人的懦弱自保。後有《三國志·秦宓傳》云王商為嚴君平、李宏立祠，獨不為楊雄立祠事，陳澧認為，因揚雄擬經、美新二事，王商不為其立祠，是有充足理由的。

五、西漢儒風與經術吏

　　雖稱許魯地三百年儒風不絕，稱許西漢帝王促儒學之興，讚譽西漢皇族

〔註13〕方銘：《〈劇秦美新〉及揚雄和王莽的關係》，《中國文學研究》1993年第2期。
〔註14〕許結：《〈劇秦美新〉非諛文辨》，《學術月刊》1985年第6期。

好學修文，稱賞西漢儒士以儒治世，陳澧對西漢儒風的評價亦不盡然。陳澧引《劉向傳》述宦官弘恭、石顯逮劉向下獄事，劉向使外戚上變事，韋玄成、貢禹結納宦官弘恭、石顯得以進用事，發表議論云：「蓋自公孫弘之後，其邪矯之術遂沾染於經學之儒。此西漢儒風所以不醇。」

陳澧又引班固《漢書・王貢兩龔鮑傳》讚語云：「漢興，將相名臣懷祿耽寵者多矣，是故清節之士，於是而貴。」陳澧認為，班固此語總括西漢一代風氣，西漢人懷祿耽寵之風，其所由來遠矣。又引陳平對高帝云：「大王慢而少禮，士廉節者不來。大王能饒人以爵邑，士之頑鈍嗜利無恥者，亦多歸漢。」陳澧指出，西漢開國之初如此，安得不成一代風氣？可幸的是，武帝以後頗尚儒術，雖未能盡挽頹風，而末季遂多清節之士矣。

西漢外戚、宦官、儒生三者相爭，互相攻訐，隨處陰謀暗伏。儒生在這樣險惡的政治環境裏，難以全其身。但在陳澧看來，對於真正懂得儒家大禮和大義的儒者而言，險惡的政治鬥爭環境正是其儒者智慧和識見的用武之地。因此，述及西漢懷祿耽寵不醇儒風的同時，陳澧《東塾讀書記》《西漢卷》又特書田叔、呂季主往治梁孝王反事，極力表彰知大禮、大義的經術吏田叔和呂季主。

《史記・梁孝王世家》載此事。梁孝王是孝文帝之子，孝景帝同母之弟，其母為竇太后。竇太后獨寵梁孝王。景帝廢栗太子後，竇太后欲立梁孝王為太子，受阻。後梁孝王謀反，景帝問於公卿大臣，以為遣經術吏往治之乃可解。於是遣田叔、呂季主往治梁孝王反事。此二人通經術，知大禮。二人來還，至霸昌廄，取火悉燒梁孝王的反辭，空手來對景帝，曰：「梁王不知也。造為之者，獨其幸臣羊勝、公孫詭之屬，謹以伏諸死。」太后聞之，氣復平。

陳澧引《史記・梁孝王傳》，詳述田叔、呂季主往治梁孝王事後與景帝對答，盛讚二人通經術，知大禮，真不愧經術吏。又引褚少孫言曰：「故曰，不通經術、知古今之大體，不可以為三公及左右近臣。少見之人，如從管中窺天也。」

田叔、呂季主回覆景帝的話，並非實情。但田叔、呂季主是從國家大體、大義的角度出發，選擇隱瞞實情。田叔、呂季主的做法，既緩和了竇太后與景帝之間的矛盾，也給了梁孝王迷途知返的機會，同時避免了竇太后的嫉恨、景帝的猜疑。田叔與呂季主的此種欺君之言，在陳澧看來，與西漢外戚、宦官、儒生三者攻訐過程中不斷湧現的陰謀詭計截然有別之處，正在於田叔、

呂季主為的是國家大體和大義，陰謀詭計為的是邪矯之術和懷祿耽寵。

由此可見，在陳澧心目中，通經術的儒生，不僅好學修文，且因知大禮，知大義，識古今大體，必成經世之才，必不愧為經術吏。

第二節 《東漢》卷

後代學者皆以東漢為經學極盛時代。陳澧《東塾雜俎》《東漢》卷凡 130 餘條，內容贍富，論析精闢。頗多獨到觀點，於後世有深啟。既蘊思古深情，亦可窺現實感慨。

一、東漢儒學之盛

（一）東漢帝王篤好經學

論及東漢學術，陳澧從統治者與學術關係的角度，對東漢儒學之盛的原因加以把握。

《後漢書·光武帝紀》云，光武初之長安，「受《尚書》，略通大義」。《後漢紀》又云，光武「軍旅間賊檄日以百數」，「猶以餘暇講誦經書」。《後漢書·樊準傳》疏云，及光武受命中興，「東西誅戰，不遑啟處，然猶投戈講藝，息馬論道」。《馬援傳》稱光武「經學博覽」，「前世無比」。《儒林列傳序》云，「及光武中興，愛好經術，未及下車，而先訪儒雅，採求闕文，補綴漏逸」。《儒林列傳論》云，「自光武中年以後，干戈稍戢，專事經學，自是其風世篤焉」。陳澧摘錄《後漢書》、《後漢紀》所載，以證自古帝王篤好經學如光武者，未之有也，此東漢經學所以獨盛於歷代。

《後漢書·樊準傳》疏論明帝云，「遊意經藝，每鄉射禮畢，正坐自講，諸儒並聽」，「多徵名儒」，「論難珩珩，共求政化」。陳澧認為，此東漢政化所以獨高千古，儒者所以有益於天下。

建武十九年（44 年），桓榮為光武帝賞識，入宮授太子劉莊。中元二年（57 年），劉莊即位，為漢明帝。明帝尊桓榮以師禮，家問起居，入街下車，擁經而前。張酺師事桓榮，入宮授太子劉炟。劉炟即位，為章帝。元和二年（85 年），章帝巡幸東郡，引見張酺。章帝先備弟子之儀，使張酺講《尚書》一篇，然後修君臣之禮。陳澧認為，明帝和章帝身為帝王，備弟子之禮尊師，此東漢師道獨隆的原因。

（二）東漢皇族好經書

論西漢皇族與儒學，陳澧強調楚元王作《元王詩》、河間獻王修學好古、淮南王編著《淮南子》。述東漢儒風之盛，則強調明德馬皇后、和熹鄧皇后讀經書、崇聖教，光武子沛獻王、東平獻王好經書。

《後漢書·明德馬皇后紀》云，明德馬皇后能誦《易》，好讀《春秋》、《楚辭》，尤善《周官》、董仲舒書，常與章帝言道政事，教授諸小王《論語》、經書。《後漢書·和熹鄧皇后紀》云，和熹鄧皇后從曹大家受經書，兼天文、算數；晝省王政，夜則誦讀；患其謬誤，博選諸儒詣東觀讎校傳記；徵皇族子弟，開邸第，教學經書，以褒崇聖教，匡正時俗。陳澧認為，以皇后而讀經書，崇聖教，千古所稀有。

光武帝劉秀次子沛獻王輔好經書，善說京氏《易》、《孝經》、《論語》，作《五經論》，時人號曰《沛王通論》。劉秀子東平獻王劉蒼，亦雅好經書，與公卿共議南北郊、冠冕、車服制度及光武廟登歌八佾舞數。後世以東平獻王與河間獻王並稱，沛獻王《沛王通論》亦可配《楚元王詩傳》。

（三）武將德行經學純篤

《後漢書》二十八將本傳載修學好經事蹟，如鄧禹「誦《詩》，受業長安」；祭遵「少好經書」，「取士皆用儒術」；寇恂「經明行修」，「修鄉校，教生徒」；朱祐「為人質直，尚儒學」；馮異「好讀書，通《左氏春秋》」；賈復「剛毅方直，多大節」，「少好學，習《尚書》」。陳澧認為，二十八將德行經學純篤者如此之多，較之販繒屠狗者，相去霄壤，三代以下未有。又引宋黃震《古今紀要》云：「《東漢精華》云：『二十八將，全無奸雄廁其間。』」

陳澧對東漢武將德行經學純篤的贊許，實際上隱含著對曹操不論學行品德、專求異材的否定。

（四）文官德行、政事、文學兼有之

《後漢書·卓茂傳》云，「習《詩》、《禮》及曆算，究極師法，稱為通儒」，光武下詔，稱其「束身自修，執節淳固」。《卓茂傳論》云，卓茂乃斷斷小宰，無它庸能，時年七十，光武訪求以彰表封侯。陳澧稱許卓茂德行、政事、文學一人兼之。

陳澧對杜林特表讚譽。《後漢書·杜林傳》云，「博洽多聞，時稱通儒」。陳澧詳引杜林得漆書《古文尚書》事，云「古文雖不合時務，願諸生無悔所

學」。將杜林視作東漢賢宰相的代表。

卓茂是官職不高的小宰，杜林官至大司空、任職相。陳澧對卓茂、杜林的稱許，意在強調，東漢文官德行、政事、文學兼有之。卓茂、杜林二人，《後漢書》皆稱其為「通儒」。在范曄看來，二人學行為東漢儒士最高典範。陳澧充分注意到這一點，《東塾雜俎》將卓茂、杜林先後列而贊之。

（五）東漢家學之盛

《東塾雜俎》尤為注意東漢家學之盛，述伏氏、歐陽氏、袁氏、虞氏四大家學。

自伏生以後，至伏湛，伏氏家族世傳經學，清靜無競。歐陽氏之學與伏氏一脈相承。歐陽生傳伏生《尚書》，至歐陽歙，八世皆為博士，世世傳經，自西漢至東漢二百餘年，後世所無。袁安祖父良，習孟氏《易》；安少傳良學；安子京，習孟氏《易》，作《難記》三十萬言，傳至四世。虞翻高曾祖考，世傳孟氏《易》，至翻五世。

除家族同姓傳經，還有家學傳至內外曾孫者。如西漢張敞治《春秋》，女為杜鄴母；杜鄴從舅張吉學，得其家書；張吉子張竦，博學文雅；杜鄴之子杜林，又從張竦受學。張敞之學由此傳及內外曾孫。可見東漢儒學世世相傳，有傳至四世甚至八世者，有因女子傳至外曾孫者，家學延續不絕。

由東漢家學之盛，陳澧聯想到清朝元和惠氏。惠氏祖惠周惕，父惠士奇，皆治《易》學。再至惠棟，三世傳經，頗似東漢人。陳澧認為，惠棟能以漢學名家，與其家學密不可分。陳澧曾在《東塾讀書記》表達過對惠棟之學的批評，論及家學，則可見他對惠氏學傳三世的認可和肯定。

（六）東漢宦者博學多覽

《東塾雜俎》引述宦者呂強、李巡、趙祐博學多覽事蹟。呂強上疏陳事，引《易》、《穀梁傳》。李巡以諸博士有行賂定蘭臺漆書經字以合私文者，乃白帝，與蔡邕等諸儒共刻《五經》文於石，後稱熹平石經；著《爾雅注》、《經典釋文采錄》流傳至今，千古所未有。趙祐博學多覽，著作校書，諸儒稱之。許沖《上說文書》云，「慎前以詔書校東觀，教小黃門孟生、李喜」。可見東漢宦者多讀書、通經學者。

（七）荒裔之地多通經之儒

《後漢書·西南夷·夜郎傳》述王景少學《易》，廣窺眾書；尹珍自以生

於荒裔，不知禮義，乃從汝南許慎、應奉受經書，學成還鄉里教授，於是南域始有學。敦煌侯瑾燃柴以讀書，覃思著述，撰中興以後行事為《皇德傳》，行於世。

陳澧認為，邊遠之地有此通經著述之人，可見東漢之學之盛如此。

（八）東漢賊知敬孝敬儒

《後漢書·列女傳》述姜詩事母至孝，赤眉散賊經詩裏，弛兵而過，曰「驚大孝必觸鬼神」。《儒林傳》述孫期事母至孝，黃巾賊起，過期里陌，相約不犯孫先生舍。《鄭康成傳》云，建安元年，自徐州還高密，道遇黃巾賊數萬人，見玄皆拜，相約不敢入縣境。陳澧將此三事撮合一條，曰「東漢賊知敬孝敬儒」，以彰東漢儒學之盛。

二、東漢儒士之風

《東塾雜俎》《東漢》卷引述東漢儒士頗多，對陳寔、郭太、黃憲、邴原等著墨頗多，展現了東漢儒士值得稱許的頗多側面，以下擇其大略析而論之。

（一）陳寔

陳澧考《後漢紀》載樊英事蹟，有「陳寔之徒少時從英」，據此判斷陳寔之學「似出於樊英」。又考蔡邕《陳太丘碑》「德務中庸」之評。陳澧引《後漢書·陳寔傳論》釋「德務中庸」。《後漢書·陳寔傳論》曰：「漢自中世以下，閹豎擅恣，故俗遂以遁身矯潔放言為高，士有不談此者，則芸夫牧豎已叫呼之矣。故時政彌昏，其風愈往。唯陳先生進退之節，必可度也。據於德故物不犯，安於仁故不離群，行成乎身而道訓天下，故凶邪不能以權奪，王公不能以貴驕，所以聲教廢於上，而風俗清乎下也。」〔註15〕。可見陳寔德務中庸、進退有節，獨高於流俗。

蔡邕撰《陳太丘三碑》，皆以孔、顏為比。陳澧認為，蔡邕之評皆出於當時人公論，洵無愧色。

陳澧又考陳寔學生。《三國志·管寧傳》注採《先賢行狀》云王烈「以潁川陳太丘為師，時潁川荀慈明、賈偉節、李元禮、韓元長，皆就陳君學。」蔡

〔註15〕范曄撰，李賢等注：《後漢書》，中華書局 1965 年版，第 2069 頁，卷六十二《荀韓鍾陳列傳》第五十二。

伯喈撰陳太丘碑文云「築室講誨」，又云「荀慈明，韓元長等五百餘人，總麻設位」。合二文觀之，可知五百餘人皆以陳太丘為師。又考《三國志·魏志·邴原傳》，邴原負笈至潁川，宗陳仲弓，可知亦以陳寔為師。可見陳寔授徒之眾，影響之廣。

（二）郭太

郭太字林宗，遊學洛陽，見河南尹李膺，名震京師，稱有道先生。性明知人，好獎訓士類。《後漢書·郭太傳》謂「其獎拔士人，皆如所鑒。後之好事，或附益增張，故多華辭不經，又類卜相之書」[註16]，認為世傳郭林宗事華辭不經。陳澧認為，《後漢紀》載郭林宗事特詳，凡千八百言，稱許郭林宗聰明通朗，高雅密博，行不苟合，鮮見其倫。蔡邕《郭有道碑》自言此碑無愧色，可見非華辭。《集聖賢群輔錄》稱其「器量宏深、孝友貞固，名布華夏，學冠群儒」，推重郭林宗如此。惟葛洪《抱朴子·正郭篇》力詆之。陳澧指出，前賢推重郭林宗之語不可枚舉，葛洪獨譏詆排斥，此真「華辭不經」。可見陳澧對郭太的極力推重。

（三）黃憲

黃憲字叔度，汝南人。《後漢書·黃憲傳》載郭林宗少時遊汝南，往從黃憲，累日方還。有人為此問林宗。林宗曰：「叔度汪汪若千頃陂，澄之不清，淆之不濁，不可量也。」[註17] 郭太善知士，以千頃池塘擬黃憲，澄之不清，淆之不濁，稱許其器度不可估量。

《後漢書·黃憲傳論》以「道周性全」稱之。陳澧認為，非此四字，不能稱叔度。又將黃憲的「道周性全」與北宋程顥的「天生完器」相提並論，認為「道周性全」即「天生完器」，極力稱許黃憲。

（四）邴原

陳澧最尊東漢鄭玄。邴原與鄭玄同時，不滿鄭玄。因此陳澧對邴原亦特為留意。

邴原字根矩，北海人。《三國志·魏志·邴原傳》載邴原遊學事。邴原欲

[註16] 范曄撰，李賢等注：《後漢書》，中華書局 1965 年版，第 2227 頁，卷六十八《郭符許列傳》第五十八。

[註17] 范曄撰，李賢等注：《後漢書》，中華書局 1965 年版，第 1744 頁，卷五十三《周黃徐姜申屠列傳》第四十三。

遠遊學，詣安丘孫崧，崧曰：「君鄉里鄭君，誠學者之師模也。君乃舍之，躡屣千里，所謂以鄭為東家丘者也。」認為邴原不識同鄉北海鄭玄，如孔子西鄰不知孔子學問，以其為東家丘。邴原曰：「人各有志，所規不同。」不認同鄭玄之學。邴原單步負笈，至陳留師韓子功，穎川宗陳仲弓，汝南交范孟博，涿郡親盧子幹。其後，鄭玄以博學洽聞，注解典籍，儒雅之士集焉。邴根矩以高遠清白，頤志澹泊，口無擇言，身無擇行，英偉之士向焉。海內清議，以邴、鄭之學並稱，遂各立門戶。

陳澧引《通典》載東漢獻帝三公八座議皇后敬父母禮之事。不其侯伏完為皇后之父，三公八座不知伏完與皇后相見當遵何禮。鄭玄議曰，伏完在京師，禮事出入，宜拜皇后如眾臣，於私宮皇后拜伏完以子女禮。邴原時為丞相徵事，駁鄭玄，認為父子之義不為公私易節，子事父無貴賤。陳澧指出，邴原此駁，非故與鄭君立異，鄭君之議實有未安。但如邴原議，皇后拜父於公朝，亦未安。陳澧認為，伏完拜皇后，皇后辭之，則兩得。陳澧之議為妥。縱觀《東塾讀書記》，鮮見陳澧表明己意議禮處。《東塾雜俎》此條論邴原議禮，可窺陳澧權衡縝密、妥帖，深明禮義。

陳澧雖尊鄭玄，並不因邴原不滿鄭玄而排詆之。述邴原事字裏行間，可知陳澧對邴原同樣深懷敬意，敬重邴原高遠志向、澹泊品性。邴原不跟風從學，特立獨行，以至自立門戶，開創與鄭玄並稱的治學路徑，陳澧尤為稱許之。

（五）孔融

《後漢書．孔融傳論》稱孔融「高志直情」，「嚴氣正性」〔註 18〕，《傳贊》曰「北海天逸，音情頓挫」〔註 19〕。陳澧指出，范曄《孔融傳論》、《傳贊》精妙，使千載下如見其人。

陳澧引《三國志．崔琰傳》注採司馬彪《九州春秋》、張璠《漢紀》對孔融的評價，指出魏晉人以孔融為曹操所殺，故多短之。《三國志》無孔融傳，袁宏《後漢紀》則稱述孔融事甚詳。陳澧肯定袁宏有特識。

〔註 18〕范曄撰，李賢等注：《後漢書》，中華書局 1965 年版，第 2280 頁，卷七十《鄭孔荀列傳》第六十。

〔註 19〕范曄撰，李賢等注：《後漢書》，中華書局 1965 年版，第 2293 頁，卷七十《鄭孔荀列傳》第六十。

（六）劉陶

劉陶字子奇，潁川人。本傳見《後漢書‧杜欒劉李劉謝列傳》〔註20〕。陳澧詳引劉陶本傳述經學和仕宦遭際，云「明《尚書》、《春秋》，為之訓詁。推三家《尚書》及古文，是正文字七百餘事，名曰《中文尚書》」，靈帝「詔陶次第《春秋》條例」，「陶著書數十萬言，又作《七曜論》、《匡老子》、《反韓非》、《復孟軻》，及上書言當世便事、條教、賦、奏、書、記、辯疑，凡百餘篇」；為縣長，「病免，吏民思而歌之」，為侍御史、諫議大夫，「數切諫，為權臣所憚」，宦官共讒之，下獄閉氣死。陳澧對劉陶極為稱許，云儒林、直臣、循吏一人兼之，對其死之冤酷，又以為尤可哀。

（七）盧植

盧植字子幹。本傳入《後漢書‧吳延史盧趙列傳》。陳澧《東塾雜俎》《東漢》卷詳引其事，特為表彰。稱許其學，云「少與鄭玄俱事馬融，能通古今學」，「作《尚書章句》，《三禮解詁》」，與蔡邕等在東觀「校《五經》記傳，補續《漢紀》」。讚譽其人品，董卓議欲廢立，群僚無敢言，「植獨抗議不同」。陳澧稱許盧植研精古今學，才兼文武，危亂而見忠義之節。既歿，曹操猶敬之，稱其學為儒宗，士之楷模，國之楨幹。漢末儒者，自鄭君之外，未能或之先。陳澧惜盧植所著《尚書章句》、《三禮解詁》今皆不存，零文斷句見之猶起敬意。

（八）荀悅

荀悅本傳入《後漢書‧荀韓鍾陳列傳》，附祖荀爽傳後〔註21〕。

陳澧特重荀悅《申鑒》和《漢紀》。引《申鑒》曰：「若教化之廢，推中人而墜於小人之域；教化之行，引中人而納於君子之塗。」《直齋書錄題解》卷九引此數語，云「古今名言」。陳澧特發議論云，「如近日，乃真推中人於小人之域也」，表達對晚清世風和教化的隱憂。

引《申鑒》論致政之四患，「一曰偽，二曰私，三曰放，四曰奢」，偽亂俗，私壞法，放越禮，奢敗制。陳澧指出，放越禮，遂有嵇康、阮元的驚世駭俗；奢敗制，遂有王愷、石崇的驕奢淫逸。繼而聯繫晚清，指出今之患當曰五，曰躁，表達對當下世風的針砭。

〔註20〕范曄撰，李賢等注：《後漢書》，中華書局 1965 年版，第 1842 頁，卷五十七《杜欒劉李劉謝列傳》第四十七。

〔註21〕范曄撰，李賢等注：《後漢書》，中華書局 1965 年版，第 2058 頁，卷六十二《荀韓鍾陳列傳》第五十二。

又引荀悅《漢紀》論「政」，曰：「孔子曰：『政，正也。』夫要道之本，正己而已矣。平直真實者，正之主也。故德必覈其真，然後授其位；能必覈其真，然後授其事；功必覈其真，然後授其賞；罪必覈其真，然後授其刑。行必覈其真，然後貴之；言必覈其真，然後信之；物必覈其真，然後用之；事必覈其真，然後修之。一物不稱，則榮辱賞罰，從而繩之」。陳澧認為，諸語可見荀悅之學大旨。

荀悅《漢紀》諸語，從字源論政治的要道之本，於今人仍深有啟發。西學東漸之後，有人以西方政治學比附中國的政治，將政治視為權術。陳澧引荀悅《漢紀》論「政」，提醒人們，回到中國文字和文化的立場看待政治。從字源釋「政」，政即正。絕不像少數別有用心者所宣揚，政治即權謀、權術。中國政治的要道之本在於正，由正己及正人，尋求公正，追求正義。亦可見儒家精神賦予「政」字的文化內涵。

三、東漢儒學與政治、世風

《東塾雜俎》《東漢》卷引述諸儒士事蹟、行止，不僅意在彰顯東漢儒風，還試圖表達對以下諸方面問題的獨特思考。

（一）儒學與讖緯災異

《東塾雜俎》從《後漢書》儒士列傳、方術列傳的細微視角切入，觀察、把握和論述東漢讖緯災異之盛。

樊英入《後漢書·方術列傳》。樊英少受業三輔，習京氏《易》，兼明五經，又善風角、河洛七緯，推步災異。《後漢紀》云，樊英隱居教授，受業者自四方至，陳寔之徒少時從英受學。可見樊英影響之大，授徒之廣。

陳澧又引《後漢書·黃瓊傳》李固信札，述樊英初征，朝廷設壇席，猶待神明，聲名太盛；及後應對並無奇謨深策，談者以為失望，俗論皆言處士純盜虛聲。

由此可揣，陳澧對《易》學的讖緯災異說之盛頗有微辭。朝廷頗重樊英推步災異之說，三番徵召，猶待神明。最終眾論失望，被盛名所累。可見災異推步不可確信。

引《後漢書·鄭興傳》帝問郊祀事。帝欲以讖斷之。鄭興對曰：「臣不為讖。」帝怒曰：「卿之不為讖，非之耶？」又引《桓譚傳》，「是時帝方信讖，多以決定嫌疑」，桓譚復上疏，云巧慧小才伎數之人，增益圖書，矯稱讖記，

以欺惑貪邪，詿誤人主，勸諫陛下屏群小之曲說，述五經之正義，抑遠讖緯之說。桓譚數次謂帝曰「臣不讀讖」，極言讖之非經。帝大怒，曰「桓譚非聖無法，將下斬之」。又引《張衡傳》，光武善讖，顯宗、肅宗因之，中興之後，儒者爭言圖讖，兼附以妖言，張衡以圖讖虛妄，上述勸諫朝廷禁絕圖讖。再引《黨錮傳序》，張成善說風角，推占當赦，教子殺人；河南尹李膺竟案殺之，張成弟子因上書誣告李膺，遂成黨錮之禍。

鄭興、桓譚、張衡、李膺不信讖，與帝抗顏。諸儒實事求是、不懼皇帝威壓，對其勇毅，陳澧極表稱許。

與此同時，陳澧試圖尋求東漢儒士多言讖緯災異的原因。引《後漢書·安帝紀》云，永初二年（108），詔曰：「間令公卿郡國舉賢良方正，遠求博選，開不諱之路，冀得至謀，以鑒不逮，而所對皆循尚浮言，無卓爾異聞。」安帝對賢良方正無卓爾異聞顯露責備之意。考《安帝紀》，永初元年，「是歲，郡國十八地震；四十一雨水，或山水暴至；二十八大風，雨雹」；永初二年，州郡大饑，車騎大將軍鄧騭為種羌敗於冀西，漢陽城大火燒殺三千餘人，五月大旱，六月京師及郡國四十大水、大風、大雹。可見安帝詔求「有道術、明習災異陰陽之度、琁機之數者」，在於天災、人禍頻繁，賢良方正無卓爾異聞，轉而寄希望於讖緯災異說，「冀獲嘉謀，以承天誡」〔註22〕。

陳澧對《安帝紀》詔的關注，可見他欲尋求帝王信讖緯災異說的深層原因。其一，地震、大水、大風、大雹等天災，火災、戰敗等人禍頻繁，是帝王信讖緯災異說的自然、社會環境；其二，對賢良方正之策的失望，是帝王廣求有道術、明習災異陰陽之度、琁機之數者的心理驅動力；其三，巧慧小才之儒，矯借讖緯，欺惑人主以懷寵，使得讖緯災異之說普遍流行。雖有少數正直儒士不惜抗顏勸諫，仍無法扭轉帝王對讖緯的信奉，無法扭轉東漢讖緯災異說的盛行。讖緯最初與《易》、《春秋》諸儒經的密切聯繫，又使得它從一開始就得以披上儒術的外衣，極具迷惑性。

陳澧強調，當知漢儒經學之病在術數。據《四庫全書總目·術數類序》，術數不出乎陰陽五行生克制化，屬讖緯《易》學支派。陳澧又云，漢儒好術數之學，至今此風俗不改，算命擇日之說，士人好之者十之八九。《論語》曰：「雖小道，必有可觀者焉。致遠恐泥，是以君子不為也。」

〔註22〕范曄撰，李賢等注：《後漢書》，中華書局1965年版，第209、210頁，卷五《孝安帝紀》。

且不論晚清，時至今日，包括術數在內的讖緯迷信，仍打著傳統文化的幌子，在民間流傳不息。陳澧不信讖緯之說，稱許鄭興、桓譚諸儒士直面帝王詰責、勇毅不屈。他對讖緯的態度，仍值得今天的人們反思。

（二）遊學增盛、黌宇之衰與巨儒迭出

《後漢書‧儒林列傳序》云，「自安帝覽政，薄於藝文，博士倚席不講」，「學舍頹敝」，「（順帝）乃更修黌宇」，「自是遊學增盛，至三萬餘生。然章句漸疏，而多以浮華相尚，儒者之風蓋衰矣」〔註23〕。陳澧認為，此言學校至是而衰；自此之後，許慎、鄭玄、何休、趙岐諸巨儒迭出；中葉以前，朝廷隆其教，中葉以後，儒者精其學，可知儒者之貴，在能挽朝廷風教之衰。

《後漢書‧儒林列傳序》諸語，頗值得尋味。其一，自安帝覽政，為何薄於藝文？其二，順帝更修黌宇，遊學增盛，為何學校反至是而衰？其三，為何章句漸疏，多以浮華相尚？其四，章句漸疏、學校漸衰之後，為何巨儒迭出？陳澧未及對《後漢書‧儒林列傳序》可疑處給予解答。他用文獻摘錄的方式，使諸多疑問得以呈現，亦給予後人思考的線索。

章句之疏，當與讖緯之盛存在關聯。相比於今文經，訓詁、章句之學與古文經關係更為密切。從陳澧摘引《後漢書》、《後漢紀》相關文獻來看，京氏《易》和孟氏《易》佔了東漢《易》學的主流。京氏和孟氏《易》，皆今文《易》學。京氏《易》將五行輸入卦爻，革新了先秦單純以卦象與卦爻釋占的方法，是《易》學與陰陽學說的結合〔註24〕。孟氏《易》亦側重於對陰陽災變的闡釋。讖緯的盛行，必然導致普通儒士更注重對經文進行單純義理闡發，而對訓詁、章句之學採取疏忽的態度。考《後漢書‧儒林列傳序》，順帝更修黌宇，造構二百四十房，千八百五十室，補弟子，增甲乙科員，遊學增盛，學校何以反衰？本文認為，博士未增，弟子激增，必致受學傳經方式的改變，訓詁、章句之學漸疏亦與此相關；太學等政府學校之衰，導致私學之盛，授學影響廣泛深遠者，則成為巨儒。

（三）訓詁、章句與義理

人們以「漢宋兼採」概括陳澧治學宗旨，源於他既重漢儒訓詁、章句之

〔註23〕范曄撰，李賢等注：《後漢書》，中華書局 1965 年版，第 2547 頁，卷七十九《儒林列傳》第六十九。

〔註24〕蕭漢明：《論〈京氏易傳〉與後世納甲筮法的文化內涵》，《周易研究》2000 年第 2 期。

學，又重宋儒義理之學。《東塾雜俎》《東漢》卷，引述王充、徐幹的觀點，對訓詁、章句與義理的關係給予微觀角度的論述。

王充《論衡》《定賢篇》曰，「（儒者）傳先師之業，習口說以教，無胸中之造，思定然否之論。郵人之過書，門者之傳教也」，「儒者傳學，不妄一言，先師古語，到今具存。雖帶徒百人以上，位博士、文學，郵人、門者之類也」，譏諷儒者傳學如郵人傳書，門者傳語，無胸中之造，不思然否。陳澧駁斥王充，正面肯定儒者傳學不妄一言，使先師古語到今具存，其功大矣，此所謂「守先待後」。

徐幹《中論》《治學篇》曰：「凡學者，大義為先，物名為後，大義舉而物名從之。然鄙儒之博學也，務於物名，詳於器械，考於訓詁，摘其章句，而不能統其大義之所極，以獲先王之心。此無異乎女史誦詩、內豎傳令也。故使學者勞思慮而不知道，費日月而無成功。」徐幹之言，強調治學以大義為先，譏諷鄙儒汲汲於名物、器械、訓詁、章句，無異於女史誦詩、內豎傳令。陳澧指出，徐幹之說，似本於王充；徐幹所云「學者大義為先」，固為學之準的；「學者勞思慮而不知道」，則深中近儒之病。陳澧以守為駁，首先肯定治學以大義為先，同時肯定徐幹「勞思慮而不知道」一語深中晚清近儒之病。又引《學記》「不學雜服，不能安禮」一語，強調物名、器械、詁訓、章句亦不可不學，否則成空疏之學。

對王充、徐幹有關訓詁、章句和義理觀點的引用，可見訓詁、章句與義理之爭並非始自宋，東漢時已見端倪。

除強調訓詁、章句和義理不可偏廢，陳澧還澄清了宋儒講義理，漢儒不講義理的偏見。陳澧指出，觀漢、宋人書，可知不僅宋儒講義理，漢儒也講義理。從漢儒和宋儒著述體式差異的角度，對漢儒和宋儒講義理的區別進行了辨析：其一，漢人鮮有文集和語錄，惟以注經的形式講義理。宋人則多於文集、語錄中講義理；其二，漢人注經謹嚴簡約，鮮自發議論溢出經文之外；其三，無學之人不知漢、宋時代不同，著述體式有異，僅以宋儒多講道學之語，漢儒無之，遂以為漢儒不講義理，此不通之極。

（四）察舉制度與取士

對於東漢察舉制度，陳澧極為關注。

《後漢書·左雄傳》載左雄上言曰，「郡國孝廉，古之貢士，出則宰民，宣協風教。若其面牆，則無所施用」，建議孝廉「皆先詣公府，諸生試家法，

文吏課牒奏」,「帝從之」〔註25〕。陳澧指出,此以文為重,意在文德兼重。

《後漢書‧黃瓊傳》云,「瓊以前左雄所上孝廉之選,專用儒學文吏,於取士之義,猶有所遺,乃奏增孝悌及能從政者為四科,事竟施行」〔註26〕。陳澧將此條文獻與左雄上言先後列之,可見他關注東漢察舉制度的變化。

左雄上言之前,舉孝廉以德為重;帝從左雄之言,郡國所選孝廉皆先詣公府,諸生試一家之學,文吏課牒奏;黃瓊奏議,增孝悌及能從政者,諸生、文吏、孝悌、有從政之才者凡四科,事竟施行。

陳澧《東塾集》有《推廣拔貢議》一文,認為今之拔貢即古之薦舉,建議推廣拔貢,改十二年一拔為三年一拔,廷試授官,與進士等〔註27〕。讀《東塾雜俎》,可知陳澧《推廣拔貢議》一文思想受東漢察舉制度完善過程的啟發。

(五)士節與儒者大節

述東漢儒者張湛、馬融、桓譚、賈逵諸儒行止時,陳澧注意區分士節與儒者大節。

《後漢書‧張湛傳》云,「矜嚴好禮,動止有則,居處幽室,必自修整,雖遇妻子,若嚴君焉」,「三輔以為儀表」,「人或謂湛偽詐,湛聞而笑曰:『我誠詐也。人皆詐惡,我獨詐善,不亦可乎?』」《後漢書‧馬融傳》云,「善鼓琴,好吹笛,達生任性,不拘儒者之節。居宇器服,多存侈飾。」《趙岐傳》載趙岐與友書曰:「馬季長雖有名當世,而不持士節。」《後漢書‧桓譚傳》云,「好音律,善鼓琴」,「性嗜倡樂,簡易不修威儀,而喜非毀俗儒,由是多見排抵」。《賈逵傳》云,「儻個有大節」,「然不修小節,當世以此頗譏焉」。

陳澧指出,《後漢書》諸儒本傳所述,可知東漢儒者小節必修,當時責備儒者又甚嚴。但同時可見,東漢諸儒個性、行止各異。如張湛甚矜嚴,人譏其偽詐;馬融不拘士節,作為妹婿的趙岐亦鄙之;桓譚不修威儀,多見排抵;賈逵不修小節,當世頗譏。

於士節而言,要求多在於言貌、行止。於儒者大節而言,更講求思想和信仰的淳篤。張湛、馬融、桓譚、賈逵諸儒,他們共同的特點,是有儒者的大

〔註25〕范曄撰,李賢等注:《後漢書》,中華書局 1965 年版,第 2020 頁,卷六十一《左周黃列傳》第五十一。

〔註26〕范曄撰,李賢等注:《後漢書》,中華書局 1965 年版,第 2035 頁,卷六十一《左周黃列傳》第五十一。

〔註27〕陳澧著,黃國聲主編:《陳澧集》(一),上海古籍出版社 2008 年版,第 82 頁。

節。作為被後世稱道的儒者，不論在士節上如何被當時人譏，仍不辱其儒者大節。

（六）東漢開魏晉之風者

陳澧尤為注意《後漢書·獨行傳》、《逸民傳》所載東漢開魏晉之風者。

《後漢書》黃瓊之孫琬傳述黃瓊遣黃琬候問司空盛允事，會江夏上蠻賊事副府，允微戲琬曰：「江夏大邦，而蠻多士少。」琬奉手對曰「蠻夷猾夏，責在司空」，「因拂衣辭去」。陳澧認為，黃琬抗對司空盛允，拂衣而去，可見晉人之風此已開先。《後漢書·獨行傳》載向栩事，「少為書生，性卓詭不倫。恒讀《老子》，狀如學道。又似狂生，好被髮，著絳綃頭」，「常於灶北坐板床上，如是積久，板乃有膝踝足指之處」，「不好語言而喜長嘯。賓客從就，輒伏而不視」。陳澧指出，可見漢時已有晉人狂誕之風。《後漢書·逸民傳》載向平事，「好通《老》、《易》。王莽大司空王邑辟之不至」。陳澧加案語云，此時已言《老》、《易》，注意儒風之變。

又引《後漢書·臧洪傳》、《范升傳》、《鄭太傳》、《梁鴻傳》、《矯慎傳》、《戴良傳》所述，如「好立虛譽，能清談」，「習梁丘《易》、《老子》」，「少學黃老，隱遁山谷」等，認為此漢人開魏晉之風者。

（七）曹操與學問、風俗的敗壞

《東塾雜俎》多文獻摘錄，鮮有已議論起者。《東漢》卷論曹操此條，則以議論之筆起：「東漢學問、風俗，幾比隆於三代矣。然惟光武在位最久，年至六十二。明、章相繼，在位皆十餘年，而年已不能至四、五十。和帝以後，則皆幼主，且多短折，遂至權在外戚，極於梁冀之凶恣。宦官殺冀，而權在宦官，以至大亂。學問、風俗之美，其有存焉者，曹操起而盡敗壞之。《日知錄》云：『經術之治，節義之防，光武、明、章數世為之而未足；毀方敗常之俗，孟德一人變之而有餘。』豈天運有不能復於三代者耶？吁，可歎也！」

陳澧之言，有以下三層意思：其一，經光武、明、章數世經營，東漢學問、風俗比隆於三代；其二，皇權、外戚、宦官爭權，以至大亂；其三，曹操起而盡敗壞東漢學問、風俗之美。陳澧讚歎東漢儒學之盛、風俗之美，哀歎曹操一人變之而有餘。

陳澧將曹操取士之令，視為敗壞東漢學問、風俗的罪魁禍首。《三國志·魏武帝紀》載曹操之令曰：「若必廉士而後可用，則齊桓其何以霸世！今天下

得無盜嫂受金而未遇無知者乎？吾得而用之。」又令曰「有行之士未必能進取，進取之士未必能有行也。陳平豈篤行，蘇秦豈守信？有司明思此義，則士無遺滯，官無廢業矣。」

陳澧指出，曹操之令，蓋仿漢武帝而為之。《漢書・武帝紀》詔曰：「蓋有非常之功，必待非常之人。故馬或奔踶而致千里，士或有負俗之累而立功名。」陳澧認為，曹操時士猶廉篤守信，此由光武、明、章培養於上，名臣名儒數十輩倡導於下，積二百年而不衰；曹操誘以官爵而敗壞之，魏晉以後，士風之不美，皆曹操之罪也，豈但為漢賊而已哉！

漢魏之際，儒學寖微，曹操被後人看作加速這一頹勢的關鍵人物。也有學者試圖闡述曹操與儒學之間矛盾複雜的關係〔註28〕。還有學者指出，曹操重才輕德的舉措，對魏晉玄學產生深遠影響，使才絕之士得以進行自由的學術思考，給魏晉玄學否定漢代經學以直接勇氣和方法啟示〔註29〕。陳澧對曹操的看法，雖延續了以德為重的傳統，但透露出他對晚清世風和學風的隱憂。

四、范曄與《後漢書》

陳澧《東塾雜俎》論東漢學術，主要借助范曄《後漢書》所載文獻和史料。范曄對東漢政治、世風、儒風和諸儒的判斷和評價，對陳澧影響極大。

陳澧對范曄及其《後漢書》有如下認識：其一，近百年來崇尚漢儒之學，然學漢儒之學必當學漢儒之行，學漢儒之行必當讀《後漢書》；其二，范曄學識卓越，有功於漢儒最大；其三，范曄非謀反之人，人品、學問卓絕千古，當尊而奉之。

陳澧指出，范曄蒙謀逆之名，沉冤千載，至王鳴盛《十七史商榷》始昭雪。陳澧認同王鳴盛的觀點，認為范曄蒙千載謀逆之罪，一因平日憎疾者共相傾陷，二因《宋史》全據當時鍛鍊之詞書之，三因《南史》刪其自辯之語。因王鳴盛之說，陳澧別撰《申范》更為考證，以辯其誣，可見對范曄的尊崇。於范曄《後漢書》，則稱許其貴德義，抑勢利，黜奸雄，褒黨錮；宰相多無述而特表逸民，公卿不見採而惟尊獨行；論學則深美鄭康成。

范甯是范曄祖父。陳澧注意探究范曄對其祖《春秋穀梁傳集解》思想的

〔註28〕孫明君：《曹操與儒學》，《文史哲》，1993 年第 2 期。

〔註29〕張廷銀：《論曹操與魏晉玄學》，《清華大學學報（哲學社會科學版）》，2001 年第 3 期。

傳承。范甯《穀梁傳序》云：「夫至當無二，而三傳殊說，庸得不棄其所滯，擇善而從乎？」范曄《後漢書·儒林列傳論》曰：「夫書理無二，義歸有宗，而碩學之徒，莫之或徙，故通人鄙其固焉。」陳澧指出，《儒林列傳論》此語乃范曄述祖父之說，繼承了《穀梁傳序》學不能固、應擇善而從的觀點。

因有范曄《後漢書》，陳澧得以考東漢學術，得以述東漢儒學之盛和儒士之風。范曄其人其書，真可謂功莫大焉。

第三節 《三國》卷

皮錫瑞《經學歷史》以「經學中衰時代」為題，並論三國、兩晉學術〔註30〕，所述較簡，謂「王肅出而鄭學亦衰」，為「經學之大蠹」，「王弼、何晏祖尚玄虛」，「王弼《易》注，空談名理，與漢儒樸實說經不似」，何晏《論語集注》「雜糅莫辨」，總體看法是，「宗風已墜矣」〔註31〕。馬宗霍《中國經學史》列「魏晉之經學」一章〔註32〕，詳述王、鄭之學相攻，略及虞翻、李譔等。許道勳、徐洪興《中國經學史》以「漢學的『中變』形態」為題，亦將三國、兩晉學術並述之，一方面批評王肅偽造典籍，敗壞學風，另一方面，肯定王學作為通學，亦自有其歷史地位；除此之外，肯定王弼注《易》，將象數之學變為思辨哲學，是《易》學研究史上的飛躍〔註33〕。吳雁南等主編《中國經學史》論三國學術，思路與皮錫瑞《中國經學史》基本一致，以衰落為三國西晉經學的總體特徵〔註34〕。葉純芳《中國經學史大綱》合論魏晉南北朝經學〔註35〕，於三國論王肅、王弼、何晏，所述尤簡。

從內容而言，陳澧對三國學術史的梳理，較之包括皮錫瑞、馬宗霍在內的後代學者而言，更顯完備和細密。概觀之，以曹魏王肅、何晏和王弼為重點，以虞翻為代表，論吳國學術，以李譔為代表，論蜀國學術。論王、鄭之學

〔註30〕皮錫瑞著，周予同注釋：《經學歷史》，中華書局 2012 年版，第 95 頁。

〔註31〕皮錫瑞著，周予同注釋：《經學歷史》，中華書局 2012 年版，第 105、109、112、113 頁。

〔註32〕馬宗霍著：《中國經學史》，上海書店 1984 年版，第 61 頁。

〔註33〕許道勳、徐洪興著：《中國經學史》，上海人民出版社 2006 年版，第 142～148 頁。

〔註34〕吳雁南、秦學頎、李禹階主編：《中國經學史》，人民出版社 2010 年版，第 165 頁。

〔註35〕葉純芳著：《中國經學史大綱》，北京大學出版社 2016 年版，第 171 頁。

對立，尤詳於王、鄭對國家祭祀、喪禮不同看法的辨析。

從卷次安排而言，《三國》卷亦有特別之處。《東塾讀書記》十五卷刻本，為陳澧生前整理刻成，其中通論學術部分，惟《三國》一卷。陳澧生前尤重此卷，殆與《東塾讀書記》箴砭學風的意圖有關。

一、王肅

王肅的學術在曹魏時期極其顯赫，被稱王學。既與當時政治形勢有關，亦與其家族地位息息相關。曹魏執政，在禮法典制方面，與漢朝立異。王肅譏短鄭玄、奪而易之的學術立場，恰合政權更迭的需要。王肅的學術立場，與其說是學術道路上的自主選擇，不如說是逢迎政治的取媚，亦離不開他所在家族與執政者之間的緊密關聯。

從國家祭祀和喪禮諸多方面，陳澧梳理了王肅與鄭玄之說的差異。

（一）圓丘之祀

王肅注《孔子家語》，又作《聖證論》。援引《孔子家語》，借孔子之名駁斥鄭玄。《禮記》孔穎達疏多處引用王肅《聖證論》。《郊特牲》孔疏引《聖證論》駁鄭玄。鄭玄以《祭法》禘黃帝及嚳，為配圓丘之祀。王肅認為，《孝經》《聖治》篇孔子云「昔者周公郊祀后稷以配天」，未云「周公禘祀嚳圓丘以配天」，可知鄭玄所云禘配圓丘為非，不合周公之禮。

陳澧引《祭法》「殷人禘嚳而郊冥，周人禘嚳而郊稷」，從殷、周兩朝禮制的差異為鄭玄辯護。周人禘嚳，乃因於殷禮，非始於周公，可見鄭玄所云「周公禘祀嚳」是以殷禮為依據。至於《祭法》之禘的地點，鄭玄以為圓丘之祭，王肅以為太廟之祭，則千古聚訟莫能決。但可以肯定的是，不能借《孝經》「周公郊祀后稷以配天」一語，就斷然否定鄭玄「禘黃帝及嚳，為配圓丘之祀」的觀點。

王肅為否定鄭玄所云圓丘之祀，又進一步提出郊與圓丘是一，郊即圓丘，圓丘即郊。陳澧從《郊特牲》與《周禮》分別明言郊祀與圓丘之祭日期不合的角度，對王肅郊與圓丘是一的說法提出了反駁。《郊特牲》云「郊之用辛」，即郊祀日期在辛日。《周禮》云圓丘之祭在「冬日至」，即圓丘之祭日期在冬至。若如王肅所云，郊與圓丘之祭合二為一，冬至很難與辛日重合。可見王肅提出郊與圓丘之祭為一的說法，在日期上看，也是不符合古代禮制的。

王肅又從天體唯一的角度，對鄭玄的圓丘之祭提出質疑。圓丘之祭和郊

祀都為祭天。《聖證論》認為，天體無二，故郊即圓丘，圓丘即郊。《聖證論》同時提出，鄭玄以為天有六天，郊、丘各異，而天唯一而已，何得有六。陳澧指出，遍觀鄭玄之書，從來未見六天二字。又考《史記・封禪書》、《漢書・郊祀志》、《續漢書・祭祀志》、《東觀漢紀》，總而述之。其一，鄭玄以五帝為天帝，乃漢制；以圓丘與郊為二，亦漢初之制。鄭玄多以漢制解經，同時也不盡拘泥於漢制。其二，王肅以圓丘與郊為一，甘泉圓丘有五帝壇，已為此說之濫觴。《孔子家語》述季康子問五帝於孔子事，孔子云天有五行，其神謂之五帝，五帝可得稱天佐，不得稱上天。王肅天佐之說，實際上來自《漢書・郊祀志》謬忌之奏。可見王肅郊與圓丘為一、天佐之說，實為剿襲雜糅前朝典制，卻隱而不明言，飾為己說，且專駁鄭玄，奪而易之。

（二）靈威仰之說

《祭法》疏引王肅駁難鄭玄，云鄭玄以五帝為靈威仰之屬，非也。陳澧指出，靈威仰之屬，名號瑰奇，故後儒多有疑問。據《後漢書・明帝紀》章懷注、《後漢書・曹褒傳》、《通典》、《隋書・經籍志》，可知五帝為靈威仰之屬的說法，早於鄭玄的《五經通義》已有此說，故鄭玄只是據此以注經。因此，靈威仰之屬的說法非鄭玄自創，王肅不得駁難之。

（三）太微之精

《祭法》疏又引《聖證論》王肅難鄭，質疑王者先祖皆太微之精而生的說法。陳澧據《玉藻》疏引《五經異義》明堂制，指出太微之精其說出於鄭玄之前。又引《祭法》疏引馬昭、張融語，以證郊祀太微之精的感生帝乃漢制，鄭玄乃據漢制注經，並非以己意斷之。

（四）六宗

《祭法》疏引鄭玄云：「星、辰、司中、司命、風師、雨師，此之謂六宗。」又引王肅云「《聖證論》以四時也，寒暑也，日也，星也，水旱也，為六宗」。孔注《尚書》說六宗與王肅《聖證論》相同。

陳澧引《晉書・禮志》，云《尚書》六宗諸儒之說互不同，「王莽以易六子，遂立六宗祠。魏明帝以問王肅，亦以為易六子，故不廢。」陳澧認為，王肅六宗說自相歧異之處在於，《聖證論》以四時、寒暑、日、星、水旱為六宗，答魏明帝時，又以王莽易六子之說對之。答魏明帝之言，純因其數巧合。

對於六宗之說，後儒歷來莫衷一是。鄭玄的說法淵源有自，可備一說。

王肅的說法，缺乏學理性，自相歧異。從其對魏明帝時巧飾其辭來看，更可見王肅以學術取媚當政者的不嚴謹作風。

（五）社稷

《郊特牲》疏云，鄭玄以社為五土之神，稷為原隰之神。共工之子句龍有平水土之功，配社祀之；稷有播五穀之功，配稷祀之。王肅則以社祭句龍，稷祭后稷，皆人鬼，非地神。因此《聖證論》王肅在社稷的問題上駁難鄭玄。

王肅與鄭玄關於社稷看法的分歧在於，句龍和后稷是主神還是配祀。鄭玄以社為五土之神，句龍只是配祀，稷為原隰之神，后稷只是配祀。王肅則直接以社祭句龍，稷祭后稷。正如《郊特牲》孔疏所云，王肅所謂社稷所祭，皆為人鬼，非地神。

陳澧引《續漢書・祭祀志》仲長統之言駁王肅，《禮運》、《郊特牲》皆可見社為土神，典據皆在，王肅去本神不祭，而貶句龍為土配，則無典據，可見王肅之說不審慎。

（六）天子七廟

《禮記》《王制》「天子七廟」，鄭玄注云：「此周制。七者，太祖及文王、武王之祧，與親廟四。太祖，后稷」。王肅則認為：「高祖之父及高祖之祖廟為二祧，並始祖及親廟四為七」。陳澧引盧植說、《穀梁傳》、《白虎通》諸說，以證周禮以文、武為二祧，非王肅所云高祖之父及高祖之祖廟為二祧。以文、武為二祧，諸侯無之，此即降殺。《聖證論》所云降殺之解亦不可通。

（七）喪禮之禫

《檀弓》疏云：王肅以二十五月禫，除喪畢；鄭玄以二十五月大祥，二十七月禫。王肅駁難鄭玄云，若以二十七月禫，歲末遭喪，則出入四年，與《喪服小記》云再期之喪三年不符。

陳澧指出，再期之喪三年，是指再期而大祥，此後尚有禫服。《宋書・武帝紀》云，永初元年，改晉所用王肅祥禫二十五月儀，依鄭玄二十七月禫。《王淮之傳》載奏曰：鄭玄注禮，三年之喪，二十七月而吉；古今學者，多謂鄭玄之說得禮之宜；晉初用王肅之說，江左以來，唯晉朝施用王肅說，其餘多遵鄭玄議；今大宋開泰，愚謂宜以鄭玄義為制，以使朝野一禮。王淮之奏指出，古今學者多認為鄭玄二十七月禫之說得禮之宜；晉文帝為王肅外孫，遵王肅之說；江左以來各地亦多遵鄭玄之說；宜以鄭玄之說為制，以使喪禮

之禮的時間朝野趨於一致。宋武帝從之。可見除晉初用王肅之說，其後朝野皆多遵鄭玄之說。

以上七個方面，分別從國家祭祀和喪禮兩大方面的典制，論述王肅和鄭玄有關禮制的差異。

陳澧強調，王肅難鄭之說甚多，今但考其大者，小失則不發其短。而著意指謫王肅難鄭之非，原因在於，王肅銳意與鄭玄為異，輕率駁斥鄭玄之說，敗壞了學風。正如姚鼐《儀鄭堂記》所云，自王肅駁難鄭義，欲爭其名，偽作古書，曲附私說，學者由是習為輕薄，風俗人心之厚薄以分。即自王肅之學起，學風日以輕薄，世風亦日薄。陳澧特引姚鼐《儀鄭堂記》諸語，在於近儒多講漢學者，本皆尊鄭玄而惡王肅，所論或有一偏之見；姚鼐本人並非講漢學者，其言如此，可見王肅之學敗壞學風確為公論。

二、虞翻

三國吳的學術，以虞翻為代表。

虞翻作《易注》，與鄭玄為異。《三國志・吳書》虞翻本傳引其奏上《易注》云「諸家不離流俗，荀諝顛倒反逆，馬融復不及諝，鄭玄、宋忠，皆未得門」，欲推倒一世豪傑。奏疏中且妄說他人夢以證受命注《易》。陳澧認為，此尤怪妄可笑。

虞翻又奏《鄭玄解尚書違失事》，駁鄭玄訓詁之誤。陳澧引王鳴盛《尚書後案》、江民庭《尚書集注音疏》、段玉裁《尚書撰異》，證虞翻駁鄭玄《尚書》訓詁四誤，其中三處為虞翻誤，另一處則鄭注字義不誤而事乖。同時指出，況一經之中，即使四處皆為鄭玄之誤，正可見鄭玄注經精善。虞翻奏所云「玄所注五經，違義尤甚者，百六十七事」，不得求實，「臣竊恥之」一語，則故作態而顯囂爭之意。陳澧認為，此可見虞翻忌鄭玄之名而輕詆之，虞翻本為魏王朗功曹，王朗被孫策擊敗浮海，虞翻覆為孫策功曹，似太無氣節，連絡人品而論學品，亦可見虞翻學術追求的輕薄之處。

三、李譔

論三國蜀的學術，陳澧引《三國志・蜀志》，稱引漢昭烈署周群為儒林校尉，來敏為典學校尉，尹默為勸學從事，許慈、胡潛為博士；來敏善《左氏春秋》，精於《倉》、《雅》；尹默通諸經史，專精《左氏春秋》；許慈治《易》、

《書》、三《禮》、《毛詩》、《論語》；杜瓊著《韓詩章句》十餘萬言。由此指出，蜀人治經者頗不少，惜其書湮沒，不如魏、吳諸儒烜赫有名於後世。

蜀學者李譔，亦與鄭玄立異。據《三國志‧蜀志》，李譔著古文《易》、《尚書》、《毛詩》、三《禮》、《左氏傳》、《太玄》指歸，皆依準賈、馬，異於鄭玄。李譔與王肅殊隔，不見王氏所述，而意歸多同。李譔遍注七經，其學甚博，其書不傳，亦可惜。

陳澧指出，因自東漢起鄭玄名重，故三國各有人慾奪而易之。

以上分述魏、吳、蜀三國與鄭玄立異者。除此之外，陳澧著重論曹魏學者何晏、王弼。

四、何晏

正始時期，何晏享有政治和學術重名。有關他的歷史評價，可謂毀譽不一。《晉書‧范甯傳》云，「時以浮虛相扇，儒雅日替，甯以為其源始於王弼、何晏」，「二人之罪深於桀紂」。其後南朝梁劉勰《文心雕龍‧明詩》篇云「何晏之徒，率多浮淺」；北宋司馬光《資治通鑑》云何晏與王弼之徒「競為清談，祖尚虛無，謂六經為聖人糟粕」，「由是天下士大夫爭慕傚之，遂成風流」；宋元馬端臨《文獻通考》云「以聖經為緣飾淫刑之具」，「其罪深於王、何」；清顧炎武《日知錄》云王弼、何晏「以至國亡於上，教淪於下」，皆對何晏有所批評[註36]。

陳澧對何晏的看法不同。《東塾讀書記》《三國》卷詳引何晏奏曰「善為國者，必先治其身。治其身者，慎其所習。所習正，則其身正。其身正，則不令而行。所習不正，則其身不正。其身不正，則雖令不從。是故為人君者，所與遊必擇正人，所觀覽必察正像，放鄭聲而弗聽，遠佞人而弗近，然後邪心不生，而正道可宏也」諸語，認為有大儒之風，非徒尚清談者能知之而能言之。陳澧友人鄒伯奇亦云：「何晏之奏，皆《論語》之精義。」陳壽《三國志》雖無何晏傳，卻於本紀詳載何晏此疏。陳澧認為，何晏此疏非本紀所宜有，當欲特傳之，可見陳壽固有深意。

《世說新語‧規箴》述何晏虛心受術士管輅之言。陳澧認為，何晏雖能悟危機，因形勢使然而不能自脫，良可哀歎，亦不可對其持苛論。

〔註36〕張錦波：《何晏思想研究》，劉康德指導，復旦大學哲學學院中國哲學專業碩士學位論文，2009 年。

五、王弼

陳澧從與何晏不同處著筆論王弼。

何晏以為聖人無喜怒哀樂。王弼則以為「聖人同與人者」，即「五情」。聖人的五情與普通人不同處在於，聖人之情「應物而無累於物」。陳澧認為，宋理學家程顥《定性書》云「聖人之情，順萬事而無情」〔註37〕，即與王弼頗相似。

《世說新語‧文學》載王弼詣裴徽論無之事。陳澧認為，王弼談老、莊之學，以聖人加於老、莊之上，所言「聖人體無」，則仍是老莊之學。這與後儒談禪學，以聖人加於佛之上，其所言聖人之學，則仍是禪學相似。

《王弼別傳》云王弼「以所長笑人」。陳澧認為，虞翻注《易》，遍詆荀諝、馬融、鄭玄、宋忠，亦以所長笑人，此種輕薄風氣，學者宜戒之。

六、三國學風

陳澧向來最重學風。《東塾讀書記》《三國》卷對學風亦特別關注。論王肅與鄭玄立異，即著重論述王肅心術不端，故意奪而易之，以致敗壞了東漢以來的醇粹學風，使得風俗日薄。

陳澧引三國魏董昭、杜恕疏，認為二疏直陳當世風俗流弊，可見東漢學問風俗之美，至魏時變壞如此。又稱引魚豢《魏略》特立《儒宗傳》，以董遇、賈洪、邯鄲淳、薛夏、隗禧、蘇林、樂祥七人為儒宗，表彰數公處荒廢之際，而能守志彌敦。

陳澧還特論高貴鄉公曹髦尚儒術，賜鄭玄之孫鄭小同等親授儒經，與群臣講述禮典，幸太學講《易》、《書》、《禮》，又詔群臣「玩習古義，修明經典」。陳澧認為，曹髦所謂「玩習古義」，可見其不喜王肅之學；若使曹髦享國長久，經學必大興。又表彰三國吳孫休詔「置學宮，立五經博士」，欲與諸博士講論學術。左將軍張布因陰私多番阻撓，終廢其講業。陳澧深覺可惜，云「讀史至此，不禁為之感歎也」。

由此可見，陳澧論三國學術，猶重分析學風盛衰變化的緣由。因王肅敗壞東漢醇粹學風而惡之；因虞翻作態囂爭而譏之；因李譔遍注七經，其學甚

〔註37〕據王孝魚點校《二程集》之《河南程氏文集》「卷第二」「書記」，此篇題為《答橫渠張子厚先生書》，云「聖人之常，以其情順萬事而無情」，篇名和文句與《東塾讀書記》陳澧所引有異，殆陳澧所見版本不同。（程顥、程頤著：《河南程氏文集》，王孝魚點校：《二程集》（第二冊），中華書局1981年版，第460頁。）

博，而惜其書不傳；因何晏有大儒之風而稱之；因王弼以所長笑人，以警學者宜戒之；因高貴鄉公曹髦、吳主孫休尚學術而贊之惜之。

陳澧對學風的重視，既源於對晚清學風現實的顧慮，也源於史書所載前車之鑒。學風醇粹與否，與世風息息相關。陳澧對三國學術的論述，飽含現實感慨。

第四節 晉代學術論

言及晉代，清談與玄學是最為顯著的標籤。陳寅恪《金明館叢稿初編》曰：「大抵清談之興起由於東漢末世黨錮諸名士遭政治暴力之摧壓，一變其指實之人物品題，而為抽象玄理之討論，起自郭宗林，而成於阮嗣宗，皆避禍遠嫌，消極不與其時政治當局合作者也。」〔註38〕賀昌群《魏晉清談思想初論》曰：「至漢末三國，因政治社會巨變，遂形成一種韻味悠長之思潮，名曰清談，至魏正始之際，始樹立宗風，稱為玄學，綿亙三百年之久。」〔註39〕雖皆以清談與玄學為核心，綜觀魏晉思想、學術的代表著作，其論述結構和具體觀點卻顯見歧異。除陳寅恪，湯用彤、周一良等皆以治魏晉南北朝史著名。魏晉思想、學術問題因史實撲朔迷離而平添繁難，亦因其紛繁複雜而使研究者的成果異彩紛呈。

《東塾雜俎》卷三《晉》論兩晉學術。陳澧以其儒師和經師的身份看待兩晉歷史和學術，自與專治魏晉的史學家有所不同。本文從以下諸方面析而論之。

一、杜預《春秋左氏經傳集解》

對於兩晉，陳澧最先關注的是西晉杜預《春秋左氏經傳集解》。

從體例而言，杜預始將《經》、《傳》合併，實屬發明創舉〔註40〕。從內容而言，另有褒貶。《東塾讀書記》《春秋三傳》卷對杜預《春秋左氏經傳集解》已提出批評，認為其鍛鍊深文、顛倒是非，以諂司馬氏。焦循《左傳補疏》自序云，司馬昭收羅才士，以妹妻預，預有以為昭飾，且有以為懿、師飾，而懿、師、昭，皆亂臣賊子。陳澧對焦循的看法深表認同，同時批評孔穎

〔註38〕陳寅恪著：《金明館叢稿初編》，上海古籍出版社1980年版，第180〜181頁。
〔註39〕賀昌群著：《魏晉清談思想初論》，商務印書館1999年版，第2頁。
〔註40〕楊博文：《杜預和〈春秋左氏經傳集解〉》，《江西社會科學》1988年第4期。

達《春秋左傳正義》處處曲徇杜注。

惠棟《左傳補注序》云，自杜元凱為《春秋集解》，雖根本前修，而不著其說，又其持論間與諸儒相違。陳澧引惠棟說，批評杜預《春秋左氏經傳集解》不遵引書法，暗引前人說，隨意更改以為己說，破壞著述規範。

總之，陳澧站在樸學的立場，從學術著述規範和思想內容兩方面，對西晉杜預《春秋左氏經傳集解》提出批評。陳澧最重引書規範，其《東塾讀書記》和《東塾雜俎》，博引前人說，從不據他說為己有；即使所引者不甚知名，亦注明出處。陳澧曾特著《引書法》一卷，教後生引書規範，可見其樸學經師本色，亦可見實事求是的治學精神。

二、兩晉士風論析

（一）放誕不羈的心理析因

放誕不羈，是兩晉士風的突出特點。陳寅恪如是辨析魏末西晉和東晉士風的形成原因：西晉其時，士大夫藉此以表示本人態度、辯護自身立場；東晉時，此種士風已失去政治上的實際性質，僅作名士身份的裝飾品〔註41〕。劉大杰《魏晉思想論》從人性的覺醒角度立論，認為魏晉名士的人生觀以人性的覺醒為基礎，以個人主義、自然主義為其歸宿：因人性的覺醒與復活，對倫理道德一概破壞；因個人主義、自然主義的發展，以造成利己、無為的傾向〔註42〕。

陳澧側重於從心理角度，思考兩晉士人放誕不羈背後的原因。伏義《與阮籍書》曰：「薄於實而爭名者，或因飾虛以自矜；甚於禮而莫持者，或因倨怠以自外。其自矜也，必關闟晻曖以示之不測之量；其自外也，必排摧禮俗以見其不羈之達」，「其郁怨於不得，故假無欲以自通；怠惰於人檢，故殊聖人以自大。」阮籍有《答伏義書》，可知伏義是阮籍的朋友。伏義《與阮籍書》分析了晉名士放誕不羈、排摧禮俗的深層心理：薄實而爭名，故飾虛以自矜，以示不測之量；甚禮而莫持，故倨怠以自外，以見不羈之達。伏義認為，此種處事方式，實質是虛飾自掩。欲爭名，而無以符實，欲重禮，而莫能持，轉而以偽裝的方式自欺欺人。虛飾以自誇，即從正面偽裝，倨怠以自外，則從反面偽裝。陳澧對伏義的看法表示認同。值得注意的是，伏義之語，可見晉人

〔註41〕陳寅恪著：《金明館叢稿初編》，上海古籍出版社1980年版，第180頁。
〔註42〕劉大杰著：《魏晉思想論》，嶽麓書社2010年版，第152頁。

已開始對晉士風有深刻反思。

（二）放達的真偽

陳澧注意到清魏禧、姚鼐對晉士風放達之真偽的思考。

姚鼐《贈陳思伯序》云：「魏晉世崇尚放達，如《莊》、《列》之旨。其時名士，外富貴淡泊自守者無幾，而矜言高致者皆然。放達之中，又有真偽焉。」陳澧引姚鼐此說，表明他對放達之真偽的問題有所思考，並以姚鼐之說深中己意。名士本當外富貴、淡泊以自守，但晉名士的矛盾之處在於，真正外富貴、淡泊自守者無幾，矜言高致者皆然，所謂徒有其表而無其實。因此，名士之放達，非皆真放達，亦不少以放達為虛飾者。假放達者，即如陳寅恪所言，以放達為名士身份的裝飾品。

清初散文家魏禧短篇史論《阮籍論》述阮籍聞母死、固留客決賭飲酒事，又述謝安得捷書、漠然置棋局事。魏禧云，阮籍臨母喪前雖決賭飲酒，然觀其嘔血骨立，未嘗不明於大義；謝安得捷書雖漠然置棋局，頃之而屐齒折，可見其時習為放誕，以矯情立異為賢，又習重不返，以偽為真。陳澧認為，魏禧之論洞見放誕背後的隱微，阮籍、謝安此種矯情立異的放誕，確出於偽為。陳寅恪論西晉士風，認為其時士大夫借放誕辯護自身立場以避禍，且將阮籍大致歸於此類。陳澧引魏禧《阮籍論》揭示出阮籍放誕之中亦有真偽，既有避禍的考慮，也不乏矯情立異為賢之世習的習重難返。

（三）以違禮度為達

《世說新語·賞譽》述阮咸清真寡欲，萬物不能移，劉孝標注引《名士傳》、《晉陽秋》述阮咸之行多違禮度。陳澧注意到，清真寡欲與違禮度之間，原本存在著矛盾。人之違禮度，必以多欲故。晉名士為何有異於常理？陳澧指出，以清真寡欲之人而違禮度，直是當時風氣以違禮度乃為達，凡西晉人違禮度，多有意為之。

陳澧此論與後來陳寅恪所論的區別在於：陳寅恪從政治上之實際作用論西晉人之放誕，以與東晉人以放誕為裝飾品為別；陳澧之論則洞見西晉人違禮度亦多有意為之，即亦以放誕為飾。陳寅恪的看法，是具有宏觀視野的概括。陳澧的看法，傾向於揭示宏觀中的隱微曲折。

（四）品藻甚嚴

晉士大夫以託懷玄勝為高。但在真懷玄勝與假託玄勝二端，其時士大夫

品藻甚嚴。

《世說新語・品藻》孫綽自謂「託懷玄勝，遠詠《老》、《莊》，蕭條高寄，不以時務經懷。」其時士大夫對孫綽的評價卻不盡然。《世說新語・輕詆》述孫綽以下三事：其一，孫綽言及劉惔之死，流涕詠詩，時人咸笑其性鄙；其二，孫綽就謝公宿，謝安夫人壁聽之，以孫綽之言為鄙陋，謝安深有愧色；其三，孫綽作《王長史誄》，述與王濛深交，王濛孫王恭以孫綽為不遜，羞於亡祖與之周旋。由此可見，孫綽的自我認識與其時他人評價之間，存在矛盾。孫綽自謂不以時務經懷，可見其託懷玄勝亦有真實意願的成分，未必全為虛飾。但他言及劉惔之死，流涕詠詩，於生死問題尚不能透徹達觀。陳澧指出，此可見晉人品藻甚嚴，才士性鄙者，雖假託玄勝，而論者皆輕詆之。

（五）從王何、嵇阮至謝鯤、胡毋輔之

陳澧注意到漢末、魏晉直至東晉士風變化的細微過程。

兩晉士風由來有自。漢末已有好《老子》者。《東塾雜俎》卷二《東漢》論及之。如《後漢書・獨行傳》云向栩「恒讀《老子》，狀如學道」。陳澧認為，此開魏晉之風者。

王弼注《易》和《老子》。賀昌群《魏晉清談思想初論》云，王弼「始樹立清談之宗風，開玄學本體論之端緒，合儒道之第一義而為形上之學」，高度評價王弼在思想史和哲學史上開風氣之先的特殊意義。何晏有《論語集解》存世。錢大昕《何晏論》高度肯定何晏。陳澧指出，王弼、何晏雖談玄，猶不為怪異之行。

至竹林七賢，風氣稍變，不僅談玄，且行為有異於俗。嵇康、阮籍，乃後世竹林七賢最為知名者。陳澧認為，嵇阮二人始為狂放。可見魏晉士風由言語上的玄風，以至行止上的放誕。對於嵇康、阮元二人的不同，陳澧又作了辨析：嵇康似憤時嫉俗而為之，阮則為此以避禍。論及嵇康、阮籍阮之不同，陳寅恪的看法是，嵇康「主張自然最激烈」，「司馬氏以不孝不仕違反名教之罪殺之」，「阮籍則不似嵇康之積極反晉，而出之以消極之態度，虛與司馬氏委蛇，遂得苟全性命」〔註43〕。陳寅恪的看法與陳澧之論一脈相承。後又有學者提出，嵇康和阮籍思想區別的根本，在於嵇康未受玄風的徹底洗禮，心存剗而待復的政治幻想，故未能從「無君」的憤激上升到「無無」的思辨；阮

〔註43〕陳寅恪著：《金明館叢稿初編》，上海古籍出版社 1980 年版，第 184、185 頁。

籍則以怪異、違禮度之舉表達對假名教的徹底決裂、對真名教的捍衛，在友朋面前縱情，在晉文帝面前卻極其謹慎，正是其全身遠禍的謀略〔註44〕。此種觀點依然是對陳澧觀點的延續，且透過嵇康、阮籍從名教走向自然的表象，挖掘出他們反假名教以捍衛真名教的實質。

至西晉、東晉之交，風氣又一變。陳澧指出，謝鯤、胡毋輔之之徒，則有意為此駭俗而得名，偽為狂放而粗鄙。正如陳寅恪所言，由西晉轉至東晉，放誕士風由實際的政治需要變為虛飾。

三、玄虛清談的價值

晉時玄虛清談，以致儒道寖微。陳澧站在儒家的立場，對玄虛清談之風並不認同。與此同時，他對於玄虛清談的價值，也有冷靜的思考，並平允論之。

明儒方孝孺《論殷浩》云：「晉祖玄虛而尚清談，故士之生於是時者，能以恬淡寡欲治身，而以簡樸不煩鎮俗，釋然有等貴賤，齊生死之意。王導以此興江左，謝安以此勝苻秦，庾冰、王彪之之流，皆以此見重於世。」陳澧論曰，晉人玄虛清談，人皆詆之，惟方正學獨稱之。可見其認同方孝孺所論玄虛清談的價值。以玄虛為尚，視貴賤、生死為一，必致恬淡寡欲，簡樸不煩，方孝孺所論誠是。陳澧認同和稱許方孝孺的觀點，必有其針砭，亦可窺其在物質上的恬淡寡欲、簡樸不煩。

陳寅恪《金明館叢稿初編》從自然與名教的角度，對玄虛清談有極為新穎、深刻的論析。陳寅恪指出，名教與自然，原本絕不同，《晉書·阮籍傳》附阮瞻傳載阮瞻見王戎論名教、自然異同事，「見司徒王戎，戎問曰：『聖人貴名教，老莊明自然，其旨同異？』瞻曰：『將無同』。戎諮嗟良久，即命闢之。世人謂之『三語掾』」，可見老莊自然與周孔名教相同之說這一點，為魏晉清談主旨所在〔註45〕。

截然不同之老莊自然與周孔名教，何以被魏晉士人牽合為無不同？陳寅恪從以下幾方面加以論析：其一，魏末主張自然之名士經過利誘威迫，佯狂放蕩，違犯名教，以圖免禍，如阮籍等人，猶不改主張自然之初衷；其二，至山濤、王戎輩則後忽變節，立人之朝，躋位宰職，此等才智之士勢必不能不

〔註44〕汪春泓：《玄學背景下阮籍、嵇康之比較》，《文藝理論研究》2002年第3期。
〔註45〕陳寅恪著：《金明館叢稿初編》，上海古籍出版社1980年版，第181～182頁。

利用一已有之舊說或發明一種新說以辯護其宗旨反覆出處變易之弱點，由此說則可兼尊顯之達官與清高之名士於一身，而無所慚忌，既享朝端之富貴，仍存林下之風流，自古名利並收之實例，此其最著者；其三，自然與名教相同之說所以成為清談之核心，原有其政治上實際適用之功能，而清談之誤國正在廟堂執政負有最大責任之達官崇尚虛無，口談玄遠，不屑綜理世務之故〔註46〕。陳寅恪之說，挖掘出魏晉士人利用名教與自然已有之舊說、捏合以發明二者相同之新說的現實政治原因，揭示出清談誤國的根本原因。

陳寅恪清談誤國說與陳澧所認同的方孝孺玄虛清談價值論，看似對立，實際上卻分別從相反的視角揭示出同一問題的正反不同兩面。正如方孝孺所論，玄虛清談之人，因等貴賤，同生死，必然傾向超脫於物質名利，故能以恬淡寡欲治身，以簡樸不煩鎮俗。魏晉玄虛清談卻躋身宰職之士，他們口談之玄理與內心之追求並不一致，非但不恬淡寡欲，還汲汲於名利並收，為了掩蓋自身言行的矛盾，又捏造名教、自然相同之說進行自我麻痺、自欺欺人，以致清談誤國。王導能興江左，謝安能勝苻秦，正是因為他們能在一定程度上超然於個人名利，以國家、民族大義為重。那些位居宰職卻追求窮奢極糜、名利雙收的玄虛清談者，則終將因不屑綜理世務以致清談誤國。

除此之外，對於晉人趨於清談的政治原因，陳澧還從矯法家之弊的獨特角度進行了解釋。《世說新語·言語》云：「王右軍謂謝太傅曰：『虛談廢務，浮文妨要，恐非當今所宜。』謝答曰：『秦任商鞅，二世而亡，豈清談致禍患耶？』」陳澧特加案語，云晉人清言，乃所以矯法家之弊。陳澧看待晉人何以尚清談這一問題的角度獨特而新穎，他敏銳抓住清談與言論自由之間的關係，揭示出晉之清談乃對秦以來高壓禁錮、限制言論的一種反撥。

四、郗公憎人學問與陸九淵易簡工夫

陳澧論晉士風，常拿宋人心學、道學來進行比附。

《世說新語·品藻》載卞壺議論郗鑒之語：「卞望之云：『郗公體中有三反：方於事上，好下佞己，一反；治身清貞，大修計校，二反；自好讀書，憎人學問，三反』。」卞壺云郗鑒身上有三種矛盾：一是侍奉君主正直，卻喜歡下級諂媚自己；二是以清廉節操修身，卻計較自身得失；三是自己喜歡讀書，卻憎恨別人讀書治學。陳澧引《世說新語·品藻》載郗鑒「自好讀書，憎人學

〔註46〕陳寅恪著：《金明館叢稿初編》，上海古籍出版社1980年版，第187～188頁。

問」，指出陸象山正是如此。宋陸九淵以「心即理」的哲學思想為基礎，推導出「存心」、「養心」、「求放心」，這種簡易直截的修養工夫，不必依託對書本道理的窮究考索，直接以內心道德觀念的樹立培養為目標，因此看起來並不強調讀書的重要性。這與清乾嘉樸學的治學路徑截然不同。更重要的是，陸九淵之學，對初涉學途的年輕士子而言，容易產生誤導，以致束書不觀。晚清學風，已極為浮躁，士子不肯靜心讀書，不肯窮究一經。基於對現實世風的深憂，陳澧於郗鑒「自好讀書，憎人學問」這一矛盾別有感發。

　　宋孝宗淳熙二年（1175），朱熹、陸九淵有鵝湖之會，開朱、陸公開辯論的端緒〔註47〕。陸九淵認為，「我」與古聖賢之心，「同此心」，「同此理」，無需「留情傳注」，只需憑「易簡」工夫體認「本心」。朱熹則以陸九淵之說不信古今，墜於空疏。隨著朱、陸異同之爭興起，朱熹門人及其後學紛紛以此攻擊陸學。如朱熹門生陳淳曰：「象山之學，不讀書，不究理，專做打坐工夫。」〔註48〕認為陸九淵專主體認本心，主張不讀書，此種看法成為當時對陸學的普遍認識。陸九淵對世傳有關他不主張讀書的論調亦不滿。《陸九淵集》載語錄云：「人謂某不教人讀書」，「何嘗不讀書來？只是比他人讀得別些子」〔註49〕，為自己辯護。

　　《番禺縣續志》著錄陳澧《陸象山書鈔》六卷，未刊〔註50〕。可見陳澧曾認真研讀陸九淵著作並摘鈔。陳澧發表陸九淵正如郗鑒「自好讀書，憎人學問」的議論，頗耐人尋味。若陳澧讀過《陸象山全集》，當知象山曾云「某何嘗不教人讀書」，為何仍以象山比郗鑒，認為象山正是如此，「自好讀書，憎人學問」？

　　在《東塾讀書記》中，陳澧屢次針砭晚清學風浮躁，許多士人不肯靜心讀書，不曾通讀一經，因不曾讀朱子書反誣朱子不重訓詁考據，又因不曾細讀漢儒書而不知漢儒也講義理。因如此深切的現實之憂，陳澧論歷代學術，無不時刻參照當下，以為針砭。基於陳澧學術論背後的現實關照，細揣批評陸九淵「自好讀書，憎人學問」之語，可知如下二層深意：其一，「自好讀書」

〔註47〕張立文著：《心學之路　陸九淵思想研究》，人民出版社 2008 年版，第 193 頁。
〔註48〕邢舒緒：《陸九淵研究》，何忠禮指導，浙江大學中國古代史博士學位論文，2003 年。原文出處為陳淳《北溪大全集》卷二三《答陳寺丞師復》一。
〔註49〕陸九淵著，鍾哲點校：《陸九淵集》，中華書局 1980 年版，第 446 頁。
〔註50〕吳茂燊、黃國聲：《〈陳東塾先生著述考略〉訂補》，《中山大學學報（哲學社會科學版）》1982 年第 4 期。

一語，針對世人對陸九淵的膚淺誤解，強調陸氏自己並非束書不觀，陸氏亦勤勉博覽之人；其二，「憎人學問」一語，批評陸九淵片面強調體認本心的觀點對初學和淺學之士的嚴重誤導。如果設身處地，回到陳澧所處晚清世風和學風背景之中，由《世說新語》論西晉郗鑒，聯想到南宋陸九淵心學之弊，可感陳澧憂世之深。與其說陳澧意在批評陸九淵自好讀書、憎人學問，寧勿說其意在表達對當下士子受陸學誤導、不肯讀書的痛心疾首。

《世說新語‧文學》注引《向秀別傳》述嵇康、呂安嗤向秀雅好讀書事云：「秀與嵇康、呂安為友，趣舍不同。嵇康傲世不羈，安放逸邁俗，而秀雅好讀書。二子頗以此嗤之。」〔註51〕陳澧評論曰：「然則嗤人讀書者，乃嵇、呂之風。」

《向秀別傳》此條可見：其一，向秀、嵇康、呂安三人為友，因此嵇康、呂安對向秀之嗤，並無惡意，僅為朋友之間趣舍不同；其二，向秀雅好讀書，是作為嵇康傲世不羈、呂安放逸邁俗的對立面而言。因此，《向秀別傳》此條陳澧之論，彰顯了以下兩個問題：第一，《向秀別傳》為何將向秀的雅好讀書視為傲世不羈、放逸邁俗的對立面？第二，陳澧為何認為嗤人讀書乃嵇康、呂安之風？

《世說新語‧文學》劉孝標注引《向秀別傳》此條鮮有其他學者注意到。陳澧特引此條，可見他敏銳的洞察。遺憾的是，因《東塾雜俎》為未成稿，陳澧未及深入析論，冀後來者延而論之。

五、兩晉儒者論

普遍認為，魏晉玄風之興以致儒學寖微。陳澧身為儒師，尤其注意在玄風裏挾中仍能堅守周孔之道的儒士，並特為表彰之。

（一）庾峻

陳澧引《晉書‧庾峻傳》峻疏所云「國無隨才任官之制，俗無難進易退之恥」，「始於匹夫行義不敦，終於皇輿為之敗績，固不可不慎」諸語，認為「此不愧儒者之言」。《晉書‧庾峻傳》曰，「時重莊老而輕經史，峻懼雅道陵遲，乃潛心儒典。屬高貴鄉公幸太學，問《尚書》義於峻。峻援引師說，發明

〔註51〕余嘉錫撰，周祖謨、余淑宜整理：《世說新語箋疏》，中華書局 1983 年版，第206 頁。

經旨，申暢疑滯，對答詳悉」，武帝踐祚後，「常侍帝講《詩》」〔註52〕，可見庾峻不被重莊老而輕經史的流俗所困，堅守儒道。庾峻上疏，基於「是時風俗趣競，禮讓陵遲」、士人爭名以競進的背景，勸諫武帝「隨才任官」，「進人以禮，退人以禮」，以德治天下，以禮任士子。可見陳澧對庾峻「此不愧儒者之言」的評價至當。

（二）范甯

《晉書》范甯本傳附其父范汪傳後。

唐杜佑《通典·總論為人後議》引范汪與范甯議大宗、小宗孰重之異議。漢宣帝石渠閣會議講論五經異同，議曰：大宗無後，族無庶子，已有一嫡子，當絕父祀以後大宗不？戴聖的看法是，當絕父，以後大宗。聞人通漢〔註53〕持相反意見，認為大宗有絕，子不絕其父。宣帝以聞人通漢說為是。范甯則以戴聖說為是，其《祭典》陳述理由如下：廢小宗，昭穆不亂；廢大宗，昭穆亂；故先王重大宗也。范甯以其父范汪說為非，以聞人通漢說為是，理由是：若廢小宗，乃捨重適輕，為親就疏；無大宗，唯不得收族，小宗各統昭穆，不至於亂，故當廢大宗。

陳澧論曰：晉人議禮，至於父子異議，其重視如此，雖清談之流蔑棄禮法而不能也；非東漢言禮既久，有不可毀棄者哉！陳澧之言，可謂感慨深重，因清談之流蔑棄禮法而痛心，因清談流俗下尚有范氏父子此等重儒重禮者而欣慰，於東漢儒風之盛、以使晉儒禮不至毀棄殆盡，則深感慶幸。

范甯《春秋穀梁傳集解序》云：「若至言幽絕，擇善靡從，庸得不並捨以求宗，據理以通經」。陳澧認為，「據理通經」四字，已開宋儒之先。「據理通經」，與訓詁之理訓一類相若。漢儒所重，多聲訓、形訓等。宋儒則多依經抒發己意，與理訓相當。陳澧將范甯「據理通經」一語與宋儒義理之說聯繫起來，其意在探尋宋儒義理之淵源。《東塾雜俎》述東漢學術、《東塾讀書記》述鄭學時，陳澧多次闡發宋儒義理之學，漢儒已及之。此處述晉范甯「據理通經」一語，又云「已開宋儒之先」，其意在探究從漢儒之學、晉時儒學直至宋儒義理學之間延續不絕的脈絡。

由此可見，陳澧有著清晰的學術史意識，在分論各代學術時，不僅著意

〔註52〕房玄齡等撰：《晉書》，中華書局 1974 年版，第 1392 頁，卷五十列傳第二十。
〔註53〕聞人通漢，習禮於孟卿，后蒼再傳弟子。

於把握各代學術的特徵，同時著意於追尋從古至今學術發展、流衍過程中延續不斷的脈絡。如果將學術史想像成一條河流，那麼必有其源頭和走向，必有其主乾和支流，河床之泥沙既有沉積的部分，又有被河流帶走的部分。在陳澧看來，學術史就是一條奔湧的河流，他細緻探求其源頭和走向，分辨其主乾和支流，仔細尋繹河床泥沙之沉積和遊走，並極目遠眺河流盡頭，以觀海納百川之雄偉壯觀。如此宏闊的學術史觀和所盡的學術努力，令人感奮。

范甯又云：「我之所是，理未全當」。陳澧尤為稱許此語，認為「此則後人所不肯言者」，「晉代儒風，猶近古也」。范甯謙遜的治學態度，深為陳澧欣賞和認同。自宋疑經之風起，謙遜之風寖微，學者、文人紛紛自說義理，以己為是。至晚清，經乾嘉樸學之風洗禮，士子雖重漢學，重訓詁考據，卻不肯通讀一經，對宋儒和朱子之學，不加審視，全盤否定，實則與宋儒殊途同歸，陷入浮躁粗疏學風之中。故陳澧深感於「晉代儒風，猶近古」，深歎於後人不肯言范甯所言「我之所是，理未全當」。

（三）干寶

今人提及干寶，多論其《搜神記》。干寶著《易注》、《周禮注》。二書已亡，《易注》唐李鼎祚《周易集解》採之，《周禮注》陸德明《經典釋文》、李賢《續漢書志注》引之，以存片羽。其《易注》云：「天地之先，聖人弗之論也。故其所法象，必自天地而還。而今後世浮華之學，強支離道義之門，求入虛誕之域，以傷政害民，豈非讒說殄行，大舜之所疾者乎？」對魏晉《易》學之浮華虛誕提出批評。其《周禮注》云：「古之王者，貴為天子，富有四海，而必置籍田。蓋其義有三焉：一曰以奉宗廟，親致其孝也。二曰以訓於百姓在勤，勤則不匱也。三曰聞之子孫，躬知稼穡之艱難，無違也。」肯定天子置籍田在延續儒家古禮方面的重要意義。

陳澧稱許干寶《易注》、《周禮注》之說，肯定干寶說《易》義平實，說《禮》義深通，皆有關世道。又贊其《晉紀總論》論周之興，貫串經義，論晉之學者以《莊》、《老》為宗而黜《六經》，觀阮籍之行而覺禮教崩弛之所由，足見其為醇儒。引南朝宋何法盛《晉中興書》，稱干寶《晉紀總論》之言切中，咸稱善之。又惜其《正言》、《立言》諸書不傳。

《晉書‧干寶傳》以主要篇幅介紹《搜神記》寫作緣由並採其自序，未

見醇儒之說〔註54〕。有賴陳澧考《李氏集解易》、李賢《續漢書志注》等文獻，採其儒說並彰表之，以使後世知其志怪小說作家身份之外、作為儒者的另一形象。

（四）葛洪

《東塾雜俎》卷三《晉》引葛洪《抱朴子外篇》《嘉遁》、《應嘲》、《辭義》、《名實》、《審舉》、《自敘》諸語，但引而未論。從其摘鈔內容看，如「興儒教以救微言之絕」，「若使海內背競逐之末，歸學問之本，儒道將大興」，意在突顯葛洪《抱朴子外篇》崇儒的思想傾向。

《晉書·葛洪傳》曰葛洪「以儒學知名」〔註55〕。因《抱朴子》《內篇》論道，《外篇》尊儒，世人對葛洪思想傾向歷來有爭議，儒道兼綜、尊道貴儒、由儒向道、道本儒末諸說並存。《駁雜與務實：〈抱朴子外篇〉政治思想新研》〔註56〕一文，對《抱朴子外篇》和《內篇》論儒、道之處分別做了統計分析和比較，認為葛洪在政治思想上，尊崇儒術，在宇宙論、知識論等形而上學問題上，則傾向於道家，可謂儒道並用，反映出魏晉儒道合流的時代特徵。

陳澧僅引《抱朴子外篇》，無一語及《抱朴子內篇》。雖引而未論，顯見意在強調葛洪的儒學思想，意在探究儒風寖微背景下儒道之未絕。

（五）袁準

《三國志·魏書·袁渙傳》附袁準傳，曰袁準「忠信公正，不恥下問，唯恐人之不勝己。以世事多險，故常恬退而不敢求進。著書十餘萬言，論治世之務，為《易》、《周官》、《詩》傳，及論《五經》滯義，聖人之微言，以傳於世。」陳澧引諸語，評論曰：「讀此，使人有高山景行之思。」

袁準是袁渙子，處於魏晉之交。《世說新語》述袁準與阮籍、嵇康交往事。《世說新語·文學》云「籍時在袁孝尼加，宿醉扶起」，《雅量》述嵇康臨行奏《廣陵散》，「曲終曰：『袁孝尼嘗請學此散，吾靳固不與，廣林散於今絕矣！』」可見他與阮籍、嵇康交好。《東塾雜俎》特引《三國志》本傳諸語，

〔註54〕房玄齡等撰：《晉書》，中華書局 1974 年版，第 2149 頁，卷八十二列傳第五十二。

〔註55〕房玄齡等撰：《晉書》，中華書局 1974 年版，第 1911 頁，卷七十二列傳第四十二。

〔註56〕范江濤：《駁雜與務實：〈抱朴子外篇〉政治思想新研》，張分田指導，南開大學中國政治思想史專業博士學位論文，2010 年。

「高山仰止」之評，乃對其儒行儒風的特別稱許。

六、陶淵明論

《東塾雜俎》卷三《晉》摘鈔析論陶淵明凡 11 條，占本卷篇幅三分之一左右，從以下諸方面論陶淵明。

（一）陶淵明與儒道

昭明太子《陶淵明集序》云：「其文章不群，詞采精拔，跌宕昭彰，獨超眾類，抑揚爽朗，莫之與京。橫素波而傍流，干青雲而直上。語時事則指而可想，論懷抱則曠而且真」，從言辭、氣度諸方面盛讚陶淵明；又謂「貞志不休，安道苦節，不以躬耕為恥，不以無財為病，自非大賢篤志，與道污隆，孰能如此乎」〔註57〕，盛讚其獨高的思想境界。

陳澧對昭明太子「大賢篤志」四字之評，深表認同，且掇引陶詩以證之。《榮木詩序》云陶公「總角聞道」，《連雨獨引詩》云「僶俛四十年」。《感士不遇賦》曰：「奉上天之成命，師聖人之遺書。發忠孝於君親，生信義於鄉閭。推誠心而獲顯，不矯然而祈譽。」《榮木詩》曰：「先師遺訓，余豈云墜。四十無聞，斯不足畏。脂我名車，策我名驥。千里雖遙，孰敢不至。」《雜詩》曰：「古人惜寸陰，念此使人懼。」《詠貧士詩》曰：「豈不實辛苦，所懼非飢寒。貧富常交戰，道勝無戚顏。」《飲酒詩》曰：「紆轡誠可學，違己詎非迷！且共歡此飲，吾駕不可回。」陳澧評曰：斯所謂「大賢篤志」歟！

陳澧所引陶詩，梳理了陶淵明與儒道的淵源之深，彰顯了陶淵明對儒道的篤守和信仰。陶淵明自敘，自總角聞道，四十餘年勤勉於此。「奉上天之成命，師聖人之遺書」之「聖人」，即周孔聖人，「遺書」即儒家經典。「發忠孝於君親，生信義於鄉閭」之「忠孝信義」，即儒家信奉之道德修養。「先師遺訓，余豈云墜」，意即不願捐棄儒家孔聖遺訓。「四十無聞，斯不足畏」引自《論語》。《子罕》篇曰：「後生可畏，焉知來者之不如今也？四十、五十而無聞焉，斯亦不足畏也已。」孔子此語，一則推重後生可畏，二則表達四十、五十歲若仍無為，則不值得為人敬畏之意。陶淵明《榮木詩》引孔子語，用儒家濟世之志自我鞭策，《雜詩》「古人惜寸陰，念此使人懼」亦即此意。《詠貧士詩》「所懼非飢寒」，「道勝無戚顏」則儒家安貧樂道之意。《飲酒詩》第九首

述田父勸之改道,「吾駕不可回」即屈原「安能能以身之察察,受物之汶汶者乎」、「寧赴湘流」之意。

自南朝梁鍾嶸《詩品》稱陶淵明「古今隱逸詩人之宗」,世人多賞譽陶淵明歸隱田園、平淡沖和的一面。至清初,顧炎武《菰中隨筆》稱陶淵明「非直狷介,實有志天下者」〔註58〕。龔自珍道光年間《己亥雜詩》「陶潛酷似臥龍豪」一語出,世人始多言陶公似「臥龍豪」的一面。魯迅《且介亭雜文》論陶潛云:「除論客所佩服的『悠然見南山』之外,也還有『精衛銜微木,將以填滄海,刑天舞干戚,猛志固常在』之類的『金剛怒目』式」〔註59〕,指出陶淵明既有表現平淡閒適思想的詩句,又有表現「金剛怒目」式思想的詩句〔註60〕。

二十世紀三十年代,以對陶淵明的評價問題為中心,學術界發生過較大爭論。朱光潛提出「靜穆」的美學理論,認為陶潛渾身是靜穆,所以偉大。由此引發魯迅對「靜穆」說的批判。因所處時代背景和自身經歷,魯迅更關注陶詩中金剛怒目的一面。但在《隱士》一文,魯迅又譏諷陶淵明「有奴子」,「漢晉時候的奴子,是不但侍候主人,並且給主人種地,營商的,正是生財器具。所以雖是淵明先生,也還略略有些生財之道在,要不然,他老人家不但沒有酒喝,而且沒有飯吃,早已在東籬旁邊餓死了」〔註61〕,以證陶淵明仍屬統治階級之一分子,生活境況並非窮困艱苦,以此順手再給朱光潛「靜穆說」以一擊〔註62〕。魯迅對陶淵明的譏諷,有著明顯的政治目的。若從學術層面而論,則顯得不甚嚴謹和狹隘。

陳澧對陶淵明思想中篤守儒道一面的梳理和強調,與顧炎武稱陶淵明「實有志天下者」、龔自珍「陶潛酷似臥龍豪」之論一脈相承。但與顧炎武、龔自珍相比,陳澧對昭明太子《陶淵明集序》「大賢篤志」四字的強調,進一步突顯了田園隱逸詩人陶淵明與儒道的淵源之深。顧炎武「實有志天下者」和龔

〔註58〕顧炎武撰,嚴文儒、李善強校點:《菰中隨筆》,黃坤、嚴佐之、劉永翔主編:《顧炎武全集》(二十),上海古籍出版社2011年版,第178頁。

〔註59〕魯迅著:《「題未定」草(六至九)》,《且介亭雜文二集》,《魯迅全集》(第六卷),人民文學出版社2005年版,第436頁。

〔註60〕吳云:《魯迅論陶淵明》,《天津師院學報》1978年第2期。

〔註61〕魯迅著:《且介亭雜文二集》,《魯迅全集》(第六卷),人民文學出版社2005年版,第231、232頁。

〔註62〕白振奎:《魯迅之陶淵明研究方法論特色及成因探析》,《復旦學報(社會科學版)》2001年第2期。

自珍「陶潛酷似臥龍豪」二語，只是籠統強調陶公欲有為於世。但有為於世者亦有別，名利之徒欲有為，不過為爭寵懷榮；儒者有濟世之志，則為奉行儒家仁義道德，以利天下黎民。陳澧強調陶淵明「大賢篤志」之「大賢」二字，充分彰顯了陶淵明之有志天下，非為名利，乃懷儒者濟世之志。可見陳澧對陶淵明思想中篤守儒道一面認識之精微。魯迅以政治為目的，譏陶淵明「有奴子」之說，可見他對陶淵明儒道思想認識不足，批評稍顯輕率。與陳澧引陶詩證其「大賢篤志」論之有據相比，魯迅之論顯得隨意和粗疏。

（二）陶公之學在好讀書

陳澧從陶淵明詩文出發，尋繹詩句，以證陶公之學在好讀書。如《五柳先生傳》云「好讀書，不求甚解」，《飲酒詩》云「少年罕人事，遊好在六經」，《始作鎮軍參軍經曲阿詩》云「弱齡寄事外，委懷在琴書」，《贈羊長史詩》云「得知千載上，正賴古人書」等，凡八處。「遊好在六經」之「六經」，即儒家六經，「古人書」，亦指《詩》、《書》等儒家經典。

於《五柳先生傳》「不求甚解」四字，陳澧特作解語。首先強調「不求甚解」「非不求解也」，次以《移居》「疑義相與析」解之。肯定陶淵明讀書非不求解，「奇文共賞析，疑義相與析」可見陶淵明樂與友朋論學析疑。

（三）陶公之學非得自仙佛

陶淵明《連雨獨飲詩》云：「天豈去此哉，任真無所先。云鶴有奇翼，八表須臾還。自我抱茲獨，僶俛四十年。形骸久已化，心在復何言。」陳澧如是解讀之：「夫任其天真，放之八表，還之須臾，從僶俛四十年而至此，殆入聖域者歟！形化心在，仙佛不過如是。然陶公之學非得自仙佛也。故云『世間有松喬，於今定何間』。他日遠公招之入社，則攢眉而去矣」。

陳澧認為，《連雨獨飲詩》可見：其一，陶淵明主張任真，即任從自然；其二，如能任真，殆入聖域；其三，聖域乃形化心在，仙佛不過如是；其四，「世間有松喬，於今定何間」句，質疑赤松子、王子喬二仙人亦不復存，可見陶公之學非得自仙佛。透過《連雨獨飲詩》，陳澧獨窺陶淵明任真和非仙佛的思想傾向。

陳寅恪《金明館叢稿初編》《陶淵明之思想與清談之關係》論陶淵明思想之淵源，肯定陶淵明「保持陶氏世傳之天師道信仰，雖服膺儒術，而絕不歸

命釋迦」〔註63〕。「服膺儒術」一語，與陳澧所論陶淵明篤守儒道的觀點一致。「絕不歸命釋迦」，則與陳澧論《連雨獨飲詩》所云「陶公之學非得自仙佛」相類。可謂智者所見略同。

值得注意的是，在陶淵明思想的認識問題上，陳寅恪一方面延續著陳澧的思路，另一方面憑著史學家寬廣的視野和敏銳的觀察力，由此尋繹探究，得出更多新穎、獨到、深刻的洞見。第一，除肯定陶淵明「服膺儒術」，「不歸命釋迦」，又結合天師道的視角，肯定其一直保持陶氏世傳天師道之信仰。第二，指出中國雖自來號稱儒釋道三教，其實儒家並非真正之宗教，決不能與釋道二家並論，故外服儒風之士可以內宗佛理，或潛修道行，其間並無所衝突。第三，《形影神》贈答詩可見陶淵明己身之創解乃一種新自然說：《形贈影》詩非舊自然說，主張舊自然說者求長生學神仙為不可能；《影答形》既謂長生不可期，神仙不可求，「身沒名亦盡」亦謂名教者期精神上之長生亦不可成；《神釋》之意謂形所代表之舊自然說與影所代表之名教說之兩非，且互相衝突，不能合一，但己身別有發明之新自然說實可以皈依，遂託於神之言，兩破舊義，獨申創解，所以結束二百年學術思想之主流，政治社會之變局，非僅淵明一人安身立命之所在〔註64〕。陳寅恪透過陶淵明《形影神》組詩，挖掘其獨申創解之新自然說，肯定其破舊自然說和名教說之非，從而結束魏晉以來名教與自然矛盾二說延伸出的社會思潮和風尚，「就其舊義革新，孤名先發而論，實為吾國中古時代之大思想家」〔註65〕，高度肯定陶淵明在中國古代思想史上的意義和地位。

與此同時，陳寅恪的一些見解和表達，實可在陳澧《東塾雜俎》論陶淵明的部分找出一些端倪。

首先，陳澧析論《神釋詩》，強調「縱浪大化中，不喜亦不懼。應盡便須盡，無復獨多慮」諸語。陳澧評曰，此述「處生死之道」，並特加小注，憶侍病張南山先生事，「先生曰：『縱浪大化中，不喜亦不懼。』余聞而心契焉。自是常讀陶詩。」陳寅恪《陶淵明之思想與清議之關係》一文，則全面分析《形影神》三首，亦特重《神釋》一首，認為《神釋》兩破舊義，獨申創解。

〔註63〕陳寅恪著：《金明館叢稿初編》，上海古籍出版社1980年版，第196頁。
〔註64〕陳寅恪著：《金明館叢稿初編》，上海古籍出版社1980年版，第197～200頁。
〔註65〕陳寅恪著：《金明館叢稿初編》，上海古籍出版社1980年版，第205頁。

其次，陳澧論《連雨獨飲詩》，謂陶公之學非得自仙佛，有「他日遠公招之入社，則攢眉而去」之語，從陶公與慧遠關係角度證陶公之學非得自仙佛。陳寅恪《陶淵明之思想與清議之關係》進一步引南朝梁《弘明集》釋慧遠沙門不敬王者論出家所云，認為與淵明所得持任生委運、乘化樂天之宗旨完全相反，從而得出結論，「陶令絕對未受遠公佛教之影響」，亦從淵明與慧遠關係角度論淵明思想與釋迦之學相異。

《東塾雜俎》最早由北京古學院於 1943 年刻成。陳寅恪《陶淵明之思想與清議之關係》1945 年單行本刻成出版。本文認為，雖未有確鑿證據可證陳寅恪曾見《東塾雜俎》刻本，從二人論陶淵明思想相關見解和說法來看，陳寅恪極有可能受到陳澧《東塾雜俎》相關論述的影響。

（四）陶淵明論東晉末年之弊

陶淵明《感世不遇賦》云：「自真風告逝，大偽斯興，閭閻懈廉退之節，市朝驅易進之心。」陳澧論曰：「東晉末年之弊如此，可歎也！夫人有易進之心，抑之且不暇，奈何復驅之乎！甚至驅之於朝，並驅之於市，舉世皆大偽矣。《讀史述·張長公章》云：『斂轡朅來，獨養其志。寢跡窮年，誰知斯意？』張長公之意，陶公知之。陶公之意，其亦可知矣。」

自魏晉至東晉末，士子變節而易，以自然、名教相同說自欺欺人。一面以清談玄虛之說以自飾，一面汲汲於求榮求寵，享受富貴厚祿，名利兼收。讀陶公《感世不遇賦》，陳澧感陶公所云「閭閻懈廉退之節，市朝驅易進之心」，正中東晉末年之弊。陶淵明《讀史述九章》詠西漢張摯。《史記·張釋之馮唐列傳》附張摯傳，述其不能取容當世，故終身不仕。陳澧認為，陶公《讀史述·張長公章》「寢跡窮年，誰知斯意」一語，雖云「誰知斯意」，實可窺陶公深知張摯不能取容於世、故終身不仕之意，陶公、張摯可謂相知。

（五）陶公之學博而不繁

顏延年《陶徵士誄》云：「廉深簡潔，貞夷粹溫，和而能峻，博而不繁。」陳澧認為，顏與陶公交好，故能言其道性如此，「博而不繁」一語，尤足見陶公學術。又考《集聖賢群輔錄》所引書，凡四十餘種。陳澧指出，以一卷之書而採摭之博如此，且每條記其所出，尤謹嚴有法，信乎「博而不繁」。高度評價陶淵明之學博而不繁。

（六）陶淵明詩文的價值和作用

言及陶淵明詩文價值和作用，昭明太子《陶淵明集序》云：「嘗謂有能觀淵明之文者，馳競之情遣，鄙吝之意祛，貪夫可以廉，懦夫可以立，豈止仁義可蹈，亦乃爵祿可辭！不勞復傍遊太華，遠求柱史，此亦有助於風教爾。〔註66〕」陳澧認同昭明太子之評，肯定陶淵明詩文有助世風教化；同時指出，讀陶淵明詩文者雖多，然如昭明太子所言，則能讀者不易有，可窺他對世風的感慨。

概而述之，陳澧《東塾雜俎》卷三《晉》以近三分之一篇幅摘鈔、論析陶淵明詩文和思想，可見他對陶淵明情有獨鍾。陳澧論析陶淵明與儒道關係之深，強調陶公之學在好讀書，釐清陶淵明思想非源自仙佛，稱許其博而不繁之學術思想，肯定其詩文有助於世風教化。陳澧曾著《陶詩編年》一卷〔註67〕，有鈔本存世，亦可見他在研究陶淵明生平和思想方面用力頗深。陳澧侍病於張維屏，與之論陶淵明《神釋詩》「縱浪大化中，不喜亦不懼」諸語，並深契於心，自是常讀陶詩。可見陳澧與張維屏能結忘年之交，與二人對陶淵明共同之鍾愛亦不可分。

第五節 《南北朝隋》卷

現有學術史著作，論南北朝和隋朝學術，在章節設置上，一般有兩種處理方式。其一，將南北朝學術和隋朝學術分列二章，分別析而論之；其二，將南北朝學術與魏晉學術部分合為一章，以「魏晉南北朝」為題，將隋朝學術部分與唐朝學術部分合為一章，以「隋唐」為題。前者如馬宗霍《中國經學史》，後者如吳雁南等主編《中國經學史》。皮錫瑞《經學歷史》和許道勳、徐洪興《中國經學史》章節雖皆不以朝代名，從具體內容看，仍大致歸於後者。

陳澧《東塾讀書記》卷十八目錄題名「南北朝隋」。與現有一般學術史著作章節設置不同處在於，將南北朝學術和隋朝學術二部分歸為一卷，合而論之。《東塾雜俎》依《東塾讀書記》未付刻稿本編錄而成，卷四題名「南北朝隋」，與《東塾讀書記》卷次設置保持一致。

〔註66〕陶淵明著，逯欽立校注：《陶淵明集》，中華書局1979年版，第10頁。
〔註67〕《廣州大典》（518）第五十八輯·集部詩文評類第二冊影印收錄。

皮錫瑞以「經學分立時代」為題述南北朝學術，以「經學統一時代」為題述隋唐學術。許道勳、徐洪興以「南學北學風尚的異同」為題述南北朝學術，以「漢學系統的總結」為題述隋唐學術。在他們看來，南北朝學術的顯著特徵是南學、北學分立，隋唐學術的顯著特徵是作為漢學系統的統一和總結階段。從《東塾雜俎》卷四《南北朝隋》內容來看，特別之處在於，此卷條目為《東塾雜俎》最少的二卷之一，篇幅又為所有卷次最少者。李緒柏《〈東塾雜俎〉敘錄》指出，《東塾雜俎》各卷內容分量輕重厚薄不同，「南北朝隋」、「遼金元」卷內容單薄，分量較少，個中原因，除某些朝代或時期經學發展較為貧乏、可寫內容不多之外，與陳澧興趣偏好、用功多寡及資料搜集難易皆有密切關係。姑且不論內容多寡，單從《東塾讀書記》和《東塾雜俎》將南北朝學術與隋朝學術合為一卷論之的設置來看，不論有意或無意，此種安排必有其特定的學術意圖。

本文以《東塾雜俎》卷四《南北朝隋》為論述對象，以探究陳澧對南北朝隋學術的認識，並試圖挖掘其將南北朝和隋朝學術歸為一卷、合而論之的學術意圖。

一、陳澧論南北朝隋學術的思路

《東塾雜俎》卷四《南北朝隋》凡 21 條。次第論南朝、北朝和隋朝。論南朝 11 條，論北朝 7 條，論隋朝 5 條。皆以人物為線索，附帶論及其著述。通過典型個案，突顯學術風尚。這樣的論述方式，由《東塾雜俎》筆記體的著述形式決定。因《東塾雜俎》乃《東塾讀書記》未付刻稿本編錄本的性質，從表面來看，卷四凡 21 條略顯單薄和雜亂。通過細緻尋繹，可發現其內容實際上仍頗豐富，重要學術史線索仍可尋究。與後來皮錫瑞、馬宗霍等人的學術史論述相較，其突出的優點是，以充分的史實材料為支撐，使觀點和結論客觀呈現。對材料的取捨、遴選和排列，又使得其觀點和結論的獨特性得以彰顯。

二、南朝學術論

《東塾雜俎》論南朝學術凡 11 條，涉及南朝學風，以及王曇首、王儉、傅映、王籛、范縝、陶弘景、岑之敬、庾持諸人。其中七條引而未及論，四條直接闡發議論。

（一）辭賦之盛和經學之衰弊

陳澧引《通典》二條文獻述南朝學風。其一引蕭子顯語云：「自宋以來，謝靈運、顏延年以文章彰於代，謝莊、袁淑又以才藻繼之，朝廷之士及閭閻衣冠莫不仰其風流，競為辭賦之事，《五經》文句，無復通其義者。」其二引唐武則天天授三年右補闕薛謙光疏云：「梁陳之間，時好詞賦，故其俗以詩酒為重。」二語可見南朝尚辭賦、輕經術的學風。

陳澧從文章辭賦之盛的視角，闡述南朝經學衰弊的原因。南朝文章辭賦之盛，從梁蕭統《昭明文選》的編選可見一斑。《昭明文選》是最早的詩文總集，「事出於沉思，義歸於翰藻」的編選原則，可窺當時尚辭賦、重文采的世風。對文學審美性的重視和張揚蔚成風尚，以致朝廷和民間皆仰其風流，以致鮮有通經義者。陳澧從辭賦之盛的角度，探析南朝經學衰弊的原因。

這一角度，與後來馬宗霍《中國經學史》的論述角度不同。馬宗霍《中國經學史》「南北朝之經學」章引《南史·儒林傳序》云：「自中原橫潰，衣冠道盡，江左草創，日不暇給。以迄宋齊，國學時或開置，而勸課未博」，「是時鄉里莫或開館，公卿罕通經術。朝廷大儒，獨學而弗肯養眾。後生孤陋，擁經而無所講習，大道之鬱也久矣」〔註68〕，從政治和官學的角度，述南朝儒道、經術衰弊的原因。

因此，陳澧對南朝尚辭賦、輕經術學風的探究，視角是重要和獨特的，是對馬宗霍等從政治和官學角度述經學衰弊原因的重要補充。

正因南朝學風經學衰弊不振，陳澧故特重有功於南朝經學振興的儒士。

（二）南朝儒士

1. 王曇首

《宋書》和《南史》皆載王曇首本傳〔註69〕。二史所述基本相同。

陳澧引《宋書·王曇首傳》曰，曇首「幼有尚業，除著作郎，不就。兄弟分財，曇首唯取圖書而已。辟琅琊王大司馬屬」，「曇首有識局智度，喜慍不見於色，閨門之內，雍雍如也。手不執金玉，婦女不得為飾玩。自非祿賜所及，一毫不受於人」。唯取圖書，有識局智度，喜慍不見於色，非祿賜一毫不受於人等，可見王曇首有儒者之風。

〔註68〕馬宗霍著：《中國經學史》，上海書店1984年版，第73～74頁。
〔註69〕沈約撰：《宋書》，中華書局1974年版，第1678頁，卷六十三列傳第二十三。
　　　　李延壽撰：《南史》，中華書局1975年版，第587頁，卷二十二列傳第十二。

值得注意的是，馬宗霍《中國經學史》等其他幾種經典經學史著作，述南朝學術部分，皆未論及王曇首。陳澧論南北朝學術，首述王曇首，當與其孫王儉有關。

2. 王儉

《南齊書》卷二十三載王儉本傳。《南史》卷二十二王曇首傳後亦附王儉傳。

《通典》卷一百《喪遇閏月議》載齊高帝建元三年有司奏議皇太子妃喪遇閏月事〔註70〕。有司疑喪遇閏月何以定小祥之期。王儉時任左僕射，議曰：「此國之大典，八座丞郎研盡異同。」陳澧認為，以此為國之大典，足見當時以禮為重。

馬宗霍《中國經學史》云，「五胡亂華而後，南北已成分立之局」，「江左疆理殊隘，規模不宏，人尚清談，家藏釋典。故《宋書》、《南齊書》儒林無傳。」〔註71〕。《南史·儒林傳序》云：「自是中原橫潰，衣冠道盡。迨江左草創，日不暇給，以迄宋、齊，國學時或開置，而勸課未博，建之不能十年，蓋取文具而已。是時鄉里莫或開館，公卿罕通經術，朝廷大儒，獨學而弗肯養眾，後生孤陋，擁經而無所講習，大道之鬱也久矣乎。」〔註72〕可見王儉所處的宋齊之際，公卿罕通經術。

《南齊書·王儉傳》云，儉「專心篤學，手不釋卷」，「超遷秘書丞，上表求校墳籍，依《七略》撰《七志》四十卷」，「又撰定《元徽四部書目》」〔註73〕。與劉歆《七略》相較，王儉《七志》類名作了更改：以「六藝」不足概括儒家全部經書，改名「經典」；「諸子」之名未變；以「兵」字淺薄，「軍」字深廣，改「兵書」為「軍書」；以「詩賦」不能包括其他文學形式，改名「文翰」；以「術數」之稱繁雜，改為「陰陽」；以「方技」無典可據，改為「藝術」；於六志之後，更立「圖譜」，以全七數；又條《七略》和《漢藝文志》經簿所缺之書，並方外佛經和道經各為一錄，雖繼七志之後，而不在其數〔註74〕。王儉

〔註70〕杜佑撰，王文錦、王永興、劉俊文、徐庭雲、謝方點校：《通典》（三），中華書局 1988 年版，第 2657 頁，卷一百《禮》六十《凶》二十二。

〔註71〕馬宗霍著：《中國經學史》，上海書店 1984 年版，第 73 頁。

〔註72〕李延壽撰：《南史》，中華書局 1975 年版，第 1730 頁，卷七十一列傳第六十一《儒林》。

〔註73〕蕭子顯撰：《南齊書》，中華書局 1972 年版，第 433 頁，卷二十三列傳第四。

〔註74〕喬好勤：《王儉論》，《武漢大學學報（社會科學版）》1985 年第 3 期。

《七志》的分類體系，可見其對當時書籍概貌的認識，將《七略》「六藝」更名「經典」，更可見其對儒家經典的重視。從專心篤學、手不釋卷之勤勉於學，到求校墳籍、撰《七志》、《元徽四部書目》等，可見王儉正《南史·儒林傳序》所云朝廷之大儒。

《南齊書·王儉傳》又云，「儉長禮學，諳究朝儀，每博議，證引先儒，罕有其例。八坐丞郎無能異者」，強調王儉擅長禮學，諳究朝儀，博聞精議遠出於八座丞郎之上。陳澧《東塾雜俎》所引《通典》述王儉議皇太妃喪遇閏月事，可見其雖博聞精議在八座丞郎之上，仍持議此事有待八座丞郎研盡異同，其一可知其議禮嚴謹，不輕下斷定，其二正如陳澧所論，以此小祥之禮為國之大典，足見其重禮。以朝廷大儒的身份，於公卿罕通經術的宋齊之際，堅守儒家古禮，可見王儉對南朝儒禮延續與傳承之功。

陳澧又引《南齊書·王儉傳》述王儉作解散髻、斜插幘簪事，「十日一還學，監試諸生，巾卷在庭，劍衛令史儀容甚盛。作解散髻，斜插幘簪。朝野慕之，相與放效。」洪亮吉《解散髻》詩云：「一代風流比謝安，插簪散髻解朝冠。」洪亮吉此詩典出《南齊書·王儉傳》，「儉常謂人曰，江左風流，宰相唯有謝安。蓋自比也」。據《南齊書》王儉本傳，儉輔佐蕭道成開基稱帝，「是歲，省總明觀於儉宅，開學士館，悉以四部書充儉家。又詔儉以家為府」，其時，儉任國子祭酒，主管國子監，學士館館於其家，詔儉以家為府，足見南齊開國皇帝蕭道成對之殊寵和重用。王儉之風流，在於他朝廷宰輔與士林領袖合一的特殊地位，在皇權眼裏，他代表著士大夫群體，在士大夫眼裏，他代表著朝廷，民望和朝望兼有之〔註75〕。

陳澧引《南齊書·王儉傳》述王儉作解散髻、朝野慕之事，憾引而不論。未知他對王儉風流、朝野慕之的具體評價。緊隨此條其後，《東塾雜俎》引隋末唐初王績《重答杜君書》評王儉《禮論》，「觀其製作，動多自任。周、孔規模，十不存一。恐不足以塵大雅君子試聽也」。王績此論，批評王儉《禮論》動多自任，周、孔規模，十不存一。陳澧引王績此評，可窺其對王儉《禮論》的看法與王績相合。

據《南齊書·王儉傳》，「時大典將行，儉為佐命，禮儀詔策，皆出於儉。朝廷初基，制度草創，儉識舊事，問無不答」，可知當時朝廷禮儀詔策皆出於

〔註75〕李磊：《王儉風流與南朝士風之轉變》，《歷史教學問題》2009年第4期。

儉，典章制度的草創亦賴之。《隋書‧經籍志》載王儉禮儀著作有《喪服古今集記》、《喪服圖》、《禮論要鈔》、《禮答問》等〔註76〕。陳寅恪《隋唐制度淵源略論稿》「禮儀」章引《南史‧王曇首傳》附王儉傳，「先是宋孝武帝好文章，天下悉以文采相尚，莫以專經為業。儉弱年便留意三《禮》，尤善《春秋》，發言吐辭，造次必於儒教，由是衣冠翕然，並尚經學，儒教於此大興」；又引《文選》任昉《王文憲集序》，「自宋末艱虞，百王澆季，禮紊舊章，樂傾恒軌，自朝章國記，典彝備物，奏議符策，文辭表記，素意所不蓄，前古所未行，皆取定俄頃，神無滯用。」陳寅恪認為，可見王儉「以熟練自晉以來江東之朝章國故，著名當時」〔註77〕。

由此可見以下三點：其一，王儉因弱年便留意三《禮》，故熟練儒家禮儀和自晉以來江東朝章國故；其二，當時朝廷禮儀詔策皆出於儉，典章制度草創亦賴之；其三，陳寅恪《隋唐制度淵源略論稿》「禮儀」章僅博引文獻以證王儉稔知禮儀、朝章國故，著名於其時，未見其對王儉《禮論》等發表具體意見。

陳澧引王績《重答杜君書》對王儉《禮論》具體內容的批評，則顯得耐人尋味。其引而未論，有以下二種可能：第一，因《東塾雜俎》未成稿的性質而未及評論；第二，以引代評，在引語裏暗寓評價。根據對《東塾讀書記》、《東塾雜俎》其他卷次的探究和認識，本文認為，陳澧此處用意屬後者，即以引代評，表達對王儉《禮論》的批評。其批評的角度在於：王儉《禮論》對周孔之禮的繼承和延續十不存一，動多自任的成分太多。意即批評王儉制禮率從己意、違背儒家周孔之禮的傳統。陳澧的批評和擔憂是有充分的合理性的。其時儒家禮制浸微紊亂，公卿罕通經術，獨王儉一人身居高位，朝野仰望，屢次與八座丞郎議禮，眾議皆未可抗。從主觀方面考慮，若以尼采權力意志理論稍加比附，可知此種情形之下，必然導致個體意志的無限擴張。其他公卿大臣因儒禮典章制度知識的缺乏，從而失去制約和干預的能力，又從客觀方面進一步促成王儉制禮的專任率己。

由此可窺，陳澧對王儉的認識，既有肯定，也有質疑，肯定其於宋齊之際有功於儒學和儒禮之復興，質疑其制禮率從己意，使周、孔規模十不存一。

〔註76〕姚曉菲：《略論宋齊之際琅邪王儉之學術成就》，《揚州大學學報（人文社會科學版）》2007年第1期。

〔註77〕陳寅恪著：《隋唐制度淵源略論稿》，生活‧讀書‧新知三聯書店1954年版，第13頁。

當然，王績對王儉《禮論》的批評，僅備一說，並非定論。後人論王儉制禮，也有觀點認為，其議論禮制多引經據典，以前有為準，亦有獨出新意、因時制宜、加以改革之處〔註78〕。《王儉著述考》一文指出，由殘本《崇文總目》、《中興館閣書目》不著錄可知，王儉之書多毀於唐末。王績對王儉制禮率從己意的批評是否確如其實，有待相關論述王儉文獻的繼續發現和鉤聯。陳澧引王績之說，對王儉《禮論》的質疑，通過上述分析，則可見並非不無道理。陳澧的此種質疑，也反映了他認同和篤守儒家禮儀和傳統的情感傾向。

再回到上文所論《東塾雜俎》《南北朝隋》卷首條述王曇首。可見陳澧引論王曇首，在於對琅邪王氏家族重視禮法、尚儒門風的留意和強調。王儉是曇首之孫，王儉弱年便留意三《禮》，當與其祖父曇首精於禮制不無關係，其父王僧綽亦「練悉朝典」，可見王儉精於儒家禮制，乃家學傳承〔註79〕。錢穆《略論魏晉南北朝學術文化與當時門第之關係》曾指出：「當時門第傳統共同理想，所希望於門第中人，上自賢父兄，下至佳子弟，不外兩大要目：一則希望其能具孝友之內行，一則希望其能有經籍文史學業之修養。此兩種希望，並合成為當時共同之家教。其前一項表現，則成為家風，後一項之表現，則成為家學。」〔註80〕陳澧先後引述王曇首和王儉，亦可窺其對崇儒家學、家風的重視和思考。

3. 范縝

陳澧《東塾雜俎》《南北朝隋》卷范縝條云，「梁范縝博通經術，尤精《三禮》，性質直。齊竟陵王子良精信釋教，而縝盛稱無佛，著《神滅論》」，「此論出，朝野諠譁，子良集僧難之而不能屈。當齊梁之時，釋教熾盛，而縝昌言攘斥，昌黎之先聲也。」陳澧所引諸語見《梁書·儒林傳》載范縝本傳〔註81〕，並詳引《神滅論》關鍵之處。如「神之於質，猶利之於刀，未聞刀沒而利存，豈容形亡而神在」，以刀與利的關係喻形與神的關係。「浮屠害政，桑門蠹俗」，「竭財以赴僧，破產以趨佛，而不恤親戚，不憐窮匱」，「又惑以茫昧之言，懼

〔註78〕喬好勤：《王儉論》，《武漢大學學報（社會科學版）》1985 年第 3 期。

〔註79〕姚曉菲：《略論宋齊之際琅邪王儉之學術成就》，《揚州大學學報（人文社會科學版）》2007 年第 1 期。

〔註80〕錢穆著：《中國學術思想史論叢》（三），生活·讀書·新知三聯書店 2009 年版，第 178、179 頁。

〔註81〕姚思廉撰：《梁書》，中華書局 1973 年版，第 664 頁，卷四十八列傳第四十二《儒林》。

以阿鼻之苦，誘以虛誕之辭，欣以兜率之樂。故捨縫掖，襲橫衣，廢俎豆，列瓶缽，家家棄其親愛，人人絕其嗣續。致使兵挫於行間，吏空於官府」，「其流莫已，其病無限」，述佛教造成的政治社會危害。「若乘夫天理，各安其性，小人甘其隴畝，君子保其恬素，下有餘以奉其上，上無為以待其下，可以全生，可以匡國，可以霸君，用其道也」，述儒家之道得以安民、全生、匡國、霸君。

陳澧引《梁書》范縝本傳諸語，可見以下三點：其一，對南朝梁佛教盛行的揭露；其二，對范縝《神滅論》的稱許；其三，篤守儒道，不認同佛教的態度。

此外，陳澧將范縝斥佛之語與錢辛楣《輪迴論》聯繫起來，認為錢辛楣「未聞花落而香留，安得身亡而神在」之語乃效范縝之論，將范縝刀與利之喻換成花與香之喻。陳澧意在強調，清朝錢辛楣對佛教的認識，受南朝梁范縝《神滅論》的影響。

（三）南朝道士與宋心性之說

除重南朝儒士，陳澧還特重南朝道士陶弘景，論陶弘景云：「陶弘景心如明鏡，遇物便了，此是何等人！」

《梁書‧處士傳》和《南史‧隱逸傳》載陶弘景本傳。

《梁書‧處士傳》云：「弘景為人，圓通謙謹，出處冥會，心如明鏡，遇物便了，言無煩舛，有亦輒覺。」〔註82〕《南史‧隱逸傳》諸語同〔註83〕。

陳澧稱譽陶弘景「此是和等人也」，可謂敬佩之情由衷而發。又將陶弘景的「心如明鏡，遇物便了」與宋道學家相提並論，認為「道學家明心見性，不過如此」。陳澧對陶弘景的評價，可見如下點：其一，陳澧對道家超然於世的態度心存欽佩，可見陳澧佛道觀的迥異；其二，「道學家明心見性，不過如此」，可見陳澧對宋代理學、心學與道家心性說聯繫的思考，「不過如此」四字又可窺，他認為宋代並理學和心學並未對道家心性說有所超越。

進一步推論，可知陳澧對中國本土宗教和外來宗教態度的不同。對於西土而來的佛教，陳澧持駁斥態度。宋代理學，與佛教的滲透關係緊密，故陳澧對之亦持審慎保守的態度。對歷史悠久的本土宗教之道教，陳澧表達了更

〔註82〕姚思廉撰：《梁書》，中華書局 1973 年版，第 743 頁，卷五十一列傳第四十五《處士》。

〔註83〕李延壽撰：《南史》，中華書局 1975 年版，第 1898 頁，卷七十六列傳第六十六《隱逸》。

為親和的態度，充分肯定其思想價值，由此可窺其傳統保守的思想傾向。這樣一種思想傾向，當然與他所處的晚清社會背景不無關聯。隨著西風東漸，西方宗教侵凌肆掠。洪秀全受基督教影響，以拜上帝教起家。太平天國運動對陳澧平靜的書齋生活曾造成震盪。為避太平天國戰亂，陳澧曾攜家避居。這樣的親身經歷，必然影響他對西方外來宗教的認識。道教則不然，乃中國本土宗教，源於戰國老子，其超然出世的思想，一直以來對儒家士大夫出處有所裨益，與《孟子》「窮則獨善其身」有相通之處。陳澧敬服陶淵明，篤愛陶詩，陶氏家族即道教天師道世家，且終身信奉天師道。總之，對本土道教的親和，對外來佛教的駁斥，是陳澧宗教觀的體現。

（四）文才與經術

陳澧還特別留意文才與經術的關係，論岑之敬云：「敬始以經業進，而博涉文史，雅有詞筆，不為醇儒。當時所謂儒者，猶後世所謂道學也。」

《陳書·文學傳》〔註84〕和《南史·文學傳》〔註85〕載岑之敬本傳。值得注意的有以下二點：

其一，陳澧對「雅有詞筆，不為醇儒」一語的強調，可見他對詞筆、文才的看法啊。《陳書》和《南史》撰者姚思廉和李延壽皆唐時人，李延壽延姚思廉此評，可見唐時在詞筆之文才與通經之儒士之間，有清晰的區分。據本傳，岑之敬五歲讀《孝經》，年十六策《春秋左氏》，以經業進，博涉文史，可稱通經之儒；但同時雅有詞筆，故不為醇儒。可見時人觀念認為，專意於儒家經典和儒道之人，才可配醇儒之稱，若旁涉詞筆，則不為醇儒。由此也可知，醇儒比一般旁涉詞筆之儒更為受人敬重。

陳澧早年好詩，詩才被張維屏讚譽，稱躍於紙上者。後科舉南歸途中，受同行學友提醒，從此專意經學。《東塾讀書記》《自述》云：「少好為詩，及長棄去，泛濫群籍。」其存世詩詞可謂寥寥。及長棄去，鮮作詩詞背後的原因，除同行學友的提醒，更多應當是受古人敬重稱譽醇儒的影響，故立志專意作醇儒。直至晚清，凡有詩才的士大夫，每被世人稱賞其文才，絕大多數皆自謙、自愧表達「向來無意於詩」、「無意作詩人」的意思，可知皆受自古以

〔註84〕姚思廉撰：《陳書》，中華書局1972年版，第461頁，卷三十四列傳第二十八《文學》。

〔註85〕李延壽撰：《南史》，中華書局1975年版，第1788頁，卷七十二列傳第六十二《文學》。

來醇儒觀念影響至深。以晚清常熟詩人楊圻為例，楊圻早年即以《檀青引》聞名京師，存詩二千餘首，被世人稱譽，其《江山萬里樓詩詞鈔》自序即云「余無意作詩人」，以表自愧，愧於僅有詩名，未能盡儒者兼濟天下之志。

其二，陳澧論曰：「當時所謂儒者，猶後世所謂道學也。」可見陳澧以宋時士道學之風比附魏晉南北朝。此語有如下二層意思：第一，南北朝延續魏晉玄風，尚虛誕士風和玄言。在此玄風盛行之世，崇尚儒道和儒行之士，講求心性修養，堅守修身之道，正與宋時道學家講求心性修養相類。當時所謂儒者，與後世所謂道學，相似之處即在於，致力於心性修養和修身之道；第二，陳澧意在尋繹宋時道學的淵源，欲追溯至南朝，以窺宋理學和心學的源頭。其學術意圖，仍在追尋宋學的源頭，以彌合漢學和宋學的鴻溝。可見陳澧歷述各朝學術，均不忘其溝通漢宋的學術宗旨。

（五）文人習性與儒行

陳澧對庾持引而未論，「持善字書，每屬辭，好為奇字，文士亦以此譏之。」《陳書・文學傳》載庾持本傳〔註86〕。陳澧何以專引《陳書》庾持本傳諸語？考《陳書・庾持傳》可見端倪。據庾持傳所載，一方面稱許庾持性至孝，居父憂過禮，篤志好學，尤善書記，以才藝聞，另一方面述及以下三件頗可指謫之事：第一，文帝時監臨海郡，以貪縱失民和，為山盜所劫；第二，天嘉初，封崇德縣，拜封之日，受令史餉遺，世祖怒之，因坐免；第三，臨安令任，杖殺縣民，免封。可見其性情有貪縱不潔、酷虐的一面。陳澧單引庾持好為奇字以被文士譏諷之事，若聯繫《庾持傳》以上三事來看，可窺陳澧對庾持文人馳縱性情的指謫。善字書，乃才藝，無可厚非，若屬辭好為奇字以耀才，不僅當時文士譏之，在陳澧看來，也是不值傚仿的劣行。結合上文對所述對醇儒的敬重稱許，庾持馳縱的文人習性與醇儒形成了鮮明對比，更可見陳澧心目中文人與儒者的高下之分。

陳澧令引《梁書・傅映傳》強調「傅映有文才，而不以篇什自命」，亦以傅映「不以篇什自命」的謙遜、謹嚴與庾持的馳縱自矜形成對照。

三、北朝學術論

陳澧《東塾雜俎》論北朝學術，凡 7 條，涉及崔浩、高允、李神儁、胡

〔註86〕姚思廉撰：《陳書》，中華書局 1972 年版，第 457 頁，卷三十四列傳第二十八《文學》。

叟、張偉、劉獻之、張吾貴、刁沖、劉蘭、孫惠蔚、徐遵明、董徵、蘇綽、顏之推諸人，從以下幾方面論之。

（一）崔浩徇私不公

陳澧引《魏書·高允傳》述崔浩事云：「著作令史閔湛、郗標性巧佞，為浩信待。見浩所注《詩》、《論語》、《尚書》、《易》，遂上疏，言馬、鄭、王、賈雖注述《六經》，並多疏謬，不如浩之精微。乞收境內諸書，藏之秘府。班浩所注，命天下習業。並求敕浩注《禮傳》，令後生得觀正義。浩亦表薦湛有著述之才。」〔註87〕

《魏書》載崔浩本傳，云崔浩乃清河崔氏，「少好文學，博覽經史，玄象陰陽，百家之言，無不關綜，研精義理，時人莫及」，「砥直任時，不為窮通改節」〔註88〕，可知崔浩乃通經大儒。

有意味的是，陳澧述崔浩，引《魏書·高允傳》而未引《崔浩傳》，僅述崔浩注《詩》、《論語》、《尚書》、《易》諸經，因著作令史閔湛等徇私上疏，得以命天下習業，崔浩也徇私表薦閔湛有著述之才。陳澧議曰：「王介甫之前，已有此事。」可見陳澧並非強調作為清河崔氏之崔浩通經大儒的一面，而是有意突出其徇私不公的一面。

陳寅恪《金明館叢稿初編》有《崔浩與寇謙之》一文，從胡漢關係和佛道關係的視角，切入崔浩被誅及國史之獄。陳寅恪認為，崔浩是東漢以來儒家大族經西晉末年五胡亂華留居北方未能南渡者之代表，胡人欲統治中國，必不得不借助此種漢人之大族，而漢人之大族亦欲藉統治之胡人以實現其家世傳統之政治理想，而鞏固其社會地位，此北朝胡漢互相利用之關鍵，北朝史中政治社會之大變動莫不與此點有關〔註89〕。又認為崔浩被誅，殺浩者必為鮮卑部落酋長，當時漢人士族首領為崔浩，鮮卑族部酋首領為長孫嵩，浩卒因胡漢民族內部之仇怨致死〔註90〕。陳寅恪對崔浩與著作令史互相徇私表薦一事之細節未表關注。

馬宗霍《中國經學史》「南北朝之經學」章同樣引述了《魏書·高允傳》

〔註87〕魏收撰：《魏書》，中華書局1974年版，第1069、1070頁，卷四十八列傳第三十六。

〔註88〕魏收撰：《魏書》，中華書局1974年版，第807頁，卷三十五列傳第二十三。

〔註89〕陳寅恪著：《金明館叢稿初編》，上海古籍出版社1980年版，第126頁。

〔註90〕陳寅恪著：《金明館叢稿初編》，上海古籍出版社1980年版，第136～137頁。

述崔浩與著作令史互以徇私此則材料。不過馬宗霍意在表明,「雖然北朝經學之偏尚漢學固已,然在魏初,崔浩當政,嘗奉敕遍解注經」,著作令史饒事浩,徇私得以令天下習業崔氏注,「是知鄭學之在河北,初亦甚見排斥,幸崔氏旋敗」,「否則崔學既興,鄭學息矣」〔註91〕。馬宗霍從魏初北朝亦甚排斥鄭學的角度,對此條材料加以解讀。

陳澧則不然,有意突顯崔浩的徇私不公,可見他對崔浩的態度,並非全然贊同。作為北朝大儒,崔浩延續振興北朝儒學之功不可否認。但崔浩極高的政治和學術地位,也使得他極度自大,私欲膨脹,目空一切,玩弄權術,隨意打壓不被他喜歡的其他漢族勢力,終因修國史一事觸怒胡族統治者,以致慘被誅殺,且連累「河東漢族大姓坐連謀夷滅者甚眾」〔註92〕。陳澧對他私欲膨脹的這一面,顯然不認同,以引代論,表示對他徇私不公的指謫和批評。

與此同時,陳澧還將崔浩與著作令史互徇私表薦一事,與北宋王安石加以聯繫,議云:「王介甫之前,已有此事。」可見陳澧對王安石看法之一斑,在指謫崔浩徇私不公的同時,又對王安石徇私不公表達了批評的態度,也可見他對王安石人品瑕疵的認識。

(二)李神儁、胡叟、成霄之集文雅與鄙俗於一身

陳澧將《魏書·李神儁傳》、《胡叟傳》、《成霄傳》三傳諸語牽合為一條。引《李神儁傳》云:「神儁風韻秀舉,博學多聞,篤好文雅,老而不輟,凡所交遊,皆一時名士。汲引後生,為其光價。四方才子,咸宗附之。而性通率,不持檢度,至於少年之徒,皆與褻狎,不能清正方重,識者以此為譏。」強調李神儁既篤好文雅,又通率不持檢度、不能清正方重的矛盾。引《胡叟傳》云:「既善為典雅之詞,又工為鄙俗之句。」又引《成霄傳》云:「亦涉學,好為文詠。閭巷淺識,頌諷成群,乃至大行於世。」皆強調胡叟、成霄二人既善典雅,又工鄙俗之詞的矛盾,與李神儁既篤好文雅、又不持檢度、與少年之徒褻狎、不能清正方重相類。

又議曰:「此與袁子才何其相似!」將李神儁、胡叟、成霄三人集文雅與鄙俗於一身的矛盾,與清文人袁枚相提並論。由此可見以下幾層意思:其一,陳澧對李神儁、胡叟、成霄鄙俗的一面頗有微詞,對李神儁褻狎少年之徒的

〔註91〕馬宗霍著:《中國經學史》,上海書店1984年版,第84頁。
〔註92〕陳寅恪著:《金明館叢稿初編》,上海古籍出版社1980年版,第134頁。

輕薄行止，最為不齒；其二，胡叟既善為典雅之詞，又工鄙俗之句，成霄既涉學，閭巷淺識又頌諷成群，陳澧對二人詩文鄙俗淺薄的一面也頗有微詞；其三，「此與袁子才何其相似」的議論，可見陳澧對清文人袁枚及其性靈說並不全然認同的態度，可窺陳澧雅正的詩文觀。

（三）魏之醇儒張偉、劉獻之、刁沖

　　陳澧引述魏張偉學通諸經，講授鄉里，儒謹汎納，勤於教訓，清雅篤慎；劉獻之博觀眾籍，以德行為首，四方學者莫不高其行義，希造其門，諸生五經大義遺滯咸決於之；刁沖學通諸經，遍修鄭說、陰陽、圖緯、籌數、天文、風氣之書，當世服其精博，以講學為心，四方學徒甚眾，且熱心壯烈，不畏彊禦。

　　陳澧認為，張偉、劉獻之、刁沖三人，乃魏之醇儒，雖東漢儒者，不過如是，夫以西晉放曠之後，北魏承之，乃有此醇儒，此不隨風氣而轉者，非南朝諸儒所及。陳澧之說可窺如下三點：其一，肯定北學篤守漢學傳統，不隨晉代放曠玄虛風氣而轉，批評南學尚玄，其二，肯定北魏醇儒非南朝諸儒所及，視北魏醇儒高於南朝諸儒；其三，南學北學之別，即在於南學染晉代玄風，而北學承漢學篤實之傳統。

　　除論以上三人乃魏之醇儒。陳澧還特為注意西魏蘇綽治心之論。蘇綽詔書論治心曰：「心者，一身之本，百行之本。心不清靜，則思慮妄生。思慮妄生，則見理不明。見理不明，則是非繆亂。是非繆亂，則一身不能自治，安能治民！是以治民之要，在清心而已。心氣清和，志意端靜，則邪僻之慮，無因而作。凡所思念，無不皆得至公之理。率至公之理以臨其民，則彼下民，孰不從化？是以稱治民之本，先在治心。」據《北史》蘇綽本傳〔註93〕，其時蘇綽授大行臺度支尚書領著作兼司農卿，宇文泰方欲革易時政，務弘強國富人之道，故綽得盡其智，能贊成其事，為六條詔書，奏施行之，其一即治心論。蘇綽治心論強調，治民之要在清心，心氣清和，志意端靜，則邪僻之慮無因而作，皆得至公之理，率至公之理以治民，則孰不從化。可見蘇綽治心之論，其本在儒家仁政之道。陳澧議曰：「蘇綽之精識如此。」高度評價蘇綽治心之論。實際上，蘇綽治心論之精識並不僅在於治民，若以之修養心性，亦確為精識。

〔註93〕李延壽撰：《北史》，中華書局 1974 年版，第 2229 頁，卷六十三列傳第五十一。

陳澧著《東塾讀書記》，意在論學術。《與胡伯薊書》論《東塾讀書記》大旨曰：「僕之為此書也，以擬《日知錄》」，「《日知錄》上帙經學，中帙法治，下帙博聞，僕之書但論學術而已。僕之才萬不及亭林，且明人學問寡陋，故亭林振之以博聞，近儒則博聞者固已多矣。至於法治，亦不敢妄談，非無意於天下事也。以為政治由於人才，人才由於學術，吾之書專明學術。」〔註94〕但觀《東塾讀書記》、《東塾雜俎》，陳澧論歷代學術之時，常關注政事，留意詔書、奏疏之類。原因其一，在於學術與政治本密不可分，其二，可見陳澧作為儒士的經世之懷。

（四）北學私學、師受與家族教育

陳澧特別留意北朝諸儒的師受。論曰：「劉獻之受業於渤海程玄。張吾貴從酈銓受《禮》，牛天祐受《易》。劉蘭受《春秋》、《詩》、《禮》於中山王保安。孫惠蔚師董道季講《易》，師程玄讀《禮經》及《春秋三傳》。徐遵明師屯留王聰受《毛詩》、《尚書》、《禮記》。董徵師清河監伯陽受《論語》、《毛詩》、《春秋》、《周易》，就河內高望崇受《周官》，後於博陵劉獻之遍受諸經。」抉搜、尋究北朝劉獻之、張吾貴、劉蘭、孫惠蔚、徐遵明、董徵儒學的師受情況。

又特別留意以北齊顏之推為代表的家族教育。引《顏氏家訓》曰：「夫聖人之書，所以設教，但明練經文，粗通注義，常使言行有得，亦足為人；何必『仲尼居』即須兩紙疏義，燕寢講堂，亦復何在？以此得勝，寧有益乎？」從表面而言，陳澧引《顏氏家訓》此語，乃強調顏之反對繁瑣注疏、主張明練經文、粗通注義的經學觀。若從北學之私學特徵的角度考慮，則可窺其意在探究北朝私學與家族教育之盛的關係。

陳澧對北朝諸儒師受情況的考察，可窺北朝官學影響浸微，私學盛行。北齊顏之推撰寫的《顏氏家訓》，是中國古代最系統、最完整而又最有影響力的家庭教育教科書〔註95〕。對顏之推《顏氏家訓》的關注，又可見其意在探究北朝私學與家族教育之盛的關聯。後有學者指出，南北朝私學的發展，與社會政治的頻繁動盪有密切的關係；南北朝私學的特點，則在於家庭教育的興起和私學的多向發展；為在眾多私學中獨佔鰲頭，在士族的相互傾軋中得

〔註94〕陳澧著，黃國聲主編：《陳澧集》（一），上海古籍出版社2008年版，第175頁。

〔註95〕周國光：《顏之推的教育思想》，《貴州社會科學》1984年第2期。

以立足，家庭教育的重要性得以突顯〔註96〕。

總之，陳澧考察北朝諸儒的師受，留意北齊顏之推《顏氏家訓》，可窺他對北朝私學與師受以及家庭教育之間關係的思考。

四、隋朝學術論

皮錫瑞《經學歷史》論隋朝學術，謂北學併入南學。馬宗霍《中國經學史》「隋唐之經學」篇論隋朝學術曰：「南北分立，至隋統一。學術政教於焉混同」，「上拾周陳之墜緒，下啟李唐之始規。當絕續之交，隋實介其中而為之係」〔註97〕，指出隋朝統一南北學術的總體特徵，個案方面，則推崇其時大儒劉焯、劉炫。許道勳、徐洪興《中國經學史》以「漢學系統的總結」為題論隋唐學術，於隋朝則以陸德明《經典釋文》為南北朝經學的總結，同時述劉焯、劉炫經學成就〔註98〕。吳雁南等主編《中國經學史》述隋朝學術，與許道勳、徐洪興相類處在於，重點述陸德明《經典釋文》，論劉焯、劉炫學兼南北，並論王通的儒風變古〔註99〕。葉純芳《中國經學史大綱》除述陸德明《經典釋文》和二劉之學，還談到《孝經》孔傳和陸法言《切韻》〔註100〕。

陳澧《東塾雜俎》論隋朝學術，重點論博陵李文博和王通及其《中論》。從內容而言，頗具特色和獨到見解。下面析而論之。

（一）李文博

陳澧論博陵李文博曰：「性貞介鯁直，好學不倦，至於教義名理，特所留心。每讀書至治亂得失，未嘗不反覆吟玩。守道居貧，衣食乏絕，而清操愈厲，不妄通賓客，恒以禮法自處，儕輩莫不敬憚焉。商略古今治政得失，如指諸掌」，可見其博學、正直、守禮的儒者形象。房玄齡問「激濁揚清，所為多少」，答曰：「夫清其流者必潔其源，正其末者須端其本。今治源混亂，雖日免十貪郡守，亦何所益！」又可見其戇直疾惡，鯁直不知忌諱。「於是朝政浸壞，

〔註96〕王建軍：《論魏晉南北朝的私學》，《華南師範大學學報（社會科學版）》1990年第4期。

〔註97〕馬宗霍著：《中國經學史》，上海書店1984年版，第89頁。

〔註98〕許道勳、徐洪興著：《中國經學史》，上海人民出版社2006年版，第160～164頁。

〔註99〕吳雁南、秦學頎、李禹階主編：《中國經學史》，人民出版社2010年版，第221～225頁，第237～241頁。

〔註100〕葉純芳著：《中國經學史大綱》，北京大學出版社2016年版，第205～231頁。

人多贓賄，唯文博不改其操，論者以此貴之。」則見其清正節操。「本為經學，後讀史書，於諸子及論尤所該洽。性長議論，亦善屬文，著《治道集》十卷，大行於世。」可見其博通經史、諸子之學，亦善屬文。陳澧引語俱見《隋書》李文博本傳〔註101〕。引文後，陳澧議曰：「此隋代之醇儒，而後世不稱焉，何哉！」極力稱許李文博為隋代醇儒，極其憤慨於後世不稱焉，義憤和不平之情溢於言表。

李文博何以後世不稱？《隋書》本傳可見端倪：第一，雖被薛道衡賞識，恒令在聽事帷中披檢書史，於古今治政得失，如指諸掌，然無吏幹之才，出為縣丞，遂得下考，數歲不調；第二，在洛下詣房玄齡，玄齡相送於衢路，謂之曰：「公生平志尚，唯在正直，今既得為從事，故應有會素心，比來激濁揚清，所為多少？」房玄齡相送於衢路，可見對其敬重，「激濁揚清，所為多少」之問，意在聽聞其政見和治事之才，絕無惡意。然文博奮臂屬聲，批評當朝統治者治源混亂，譏諷雖日免十貪郡守，亦無所益。其謇直疾惡、不知忌諱，雖表現了正直敢言的一面，但違背了與房玄齡之禮遇對等的基本禮節，且並未給出有益於世的建言。由此可窺，他必不再受重於房玄齡；第三，其結局乃「離亂播遷，不知所終」，可見自無端憤言於房玄齡，他便一直沉於下僚，又因離亂播遷，不知所終，可謂悲夫！

現所見中國古代學術史，皆未載李文博事蹟。《隋書》本傳雖稱其《治道集》十卷大行於世，據陳澧考古今書目，惟北宋《崇文總目·子部·雜家類》錄之，《宋史·藝文志·法家類》本於《崇文總目》亦錄之，南宋晁公武《郡齋讀書志》、陳振孫《直齋書錄解題》皆未見錄。可見自南宋起，李文博的《治道集》便漸至湮滅無聞。

唯陳澧論隋朝學術，特稱許李文博。陳澧何以如此稱許之，又何以如此憤慨於後世不稱焉？本文認為，原因有如下三點：第一，李文博貞介鯁直，好學不倦，不妄通賓客，恒以禮法自處，於古今治政得失如指諸掌，其好學博聞，正直耿介，篤守禮法，不愧醇儒風範；第二，面對房玄齡的禮遇，他無絲毫諂諛之意，不知忌諱，屬聲直言，雖為自己後來一直沉抑下僚、不知所終的命運埋下伏筆，但依然表現出儒者不畏權勢、勇於抗顏的氣節；第三，李文博本為經學、後讀史書，兼及諸子之學的治學經歷，恰與陳澧相類，他

─────────────

〔註101〕魏徵、令狐德棻撰：《隋書》，中華書局1973年版，第1431頁，卷五十八列傳第二十三。

終生沉抑下僚，經歷離亂播遷的人生經歷，也與陳澧尤為相似，使陳澧深有知音之感。

正因陳澧的極力稱許，使得未見其他學術史著錄其名的隋朝醇儒李文博，得以被世人重新所知。從這個角度而言，可見陳澧論隋朝學術獨特的視角，可見陳澧隋朝學術論獨特的價值和意義。

人之聞與不聞，有其必然，亦有其偶然。於李文博而言，他不愧醇儒行止，值得被世人所聞，此為其必然。沉抑下僚的遭際，又使他漸被人遺忘，此則有其偶然。陳澧《東塾雜俎》論隋朝學術，對他特為稱許、表彰，使他有了被世人重新瞭解、認識的機會，此亦其偶然。然斯人已逝千年，後世對之聞或未聞，於他而言，已全無所謂。對他的無知無聞，於後人而言，卻是一種遺憾。與此同時，陳澧所論，聞與不聞，於陳澧而言，亦全無所謂。對陳澧所論的無知無聞，於今人而言，同樣是一種遺憾罷了。可歎，可慨，可悲甚矣！

（二）王通

吳雁南等主編的《中國經學史》，在「隋唐經學的統一和變異」章，論「經學思想的活躍」一節時，述王通的「儒風變古」，從主張三教可一、恢復王道之志、提出「窮理盡性」論、主張存道寡欲四方面分析其儒風變古的貢獻〔註102〕。

陳澧對王通及其《中說》的態度，頗可耐人尋味。先引朱彝尊《齋中讀書詩》「嗟彼黎丘鬼，乃以祀替宗」〔註103〕，以黎丘鬼喻王通，以示譏諷之意。又將西晉夏侯湛擬《尚書》口吻作《昆弟誥》與王通擬《論語》作《中說》聯繫起來看，批評《晉書》對《昆弟誥》「作誥敷文，流英聲於孝悌，旨深致遠，有《大雅》之風烈」的稱譽不當，以致後人尚《文中子》。又批評王通《中說》表達對經史辭章之學的率意輕蔑，如「九師興而《易》道微，三傳作而《春秋》散」，「《齊》、《韓》、《毛》、《鄭》，《詩》之末也；《大戴》、《小戴》，《禮》之衰也」，「吾視遷、固而下，述作何其紛紛乎」。

陳澧又考王通之學的評價和影響。提出唐末始有推尊王通者，如司空圖

〔註102〕吳雁南、秦學頎、李禹階主編：《中國經學史》，人民出版社2010年版，第237～242頁。

〔註103〕朱彝尊著，王利民、胡愚、張祝平、吳蓓、馬國棟校點：《曝書亭全集》，吉林文史出版社2009年版，第259頁。此詩「嗟彼黎丘鬼」句旁小注云：「謂王通也。」

《文中子碑》云：「天生文中子，以改聖人之用」；陸龜蒙稱其「修先王之業」，讚譽其續修儒家先王道統；皮日休《文中子碑》稱其「復出千世，可繼孟氏」，稱許其繼孟子之後以承儒家之道。北宋司馬光《文中子補傳》云「宋興，柳開、孫何振而張之」，表彰其為宋柳開、孫何復興古道的先驅。北宋程頤《上仁宗皇帝書》云，學孟子、董仲舒、王通之學。《朱子語類》云：「太宗朝，一時人多尚文中子。」可見南宋時仍尚文中子之學。總之，從唐末文中子被司空圖、陸龜蒙、皮日休諸人推尊，中經北宋司馬光、程頤彰表之，直至南宋仍尚其學。文中子之學的盛行，陳澧議曰：「吁，可怪也！」表示極為可怪和不解。

那麼，陳澧對王通《中說》是否一意否定呢？其實不盡然。陳澧認為，唐李翱《答朱載言書》評王氏《中說》「其理往往有是」之評甚當，「詞章不能工」之評則為淺識。陳澧認為，《中說》之病在道未足而強言，其罪在以聖人自居，非詞章不能工而已。既肯定王通《中說》說理有是處，又指出其病在道未足而強言，以聖人自居更為其罪。

尹協理、魏明上世紀八十年代著《王通論》〔註104〕，考證王通其人是否存在時，也引了陳澧所引司空圖、陸龜蒙、皮日休、柳開評述王通的文獻材料，以證王通實有其人。同時，肯定其恢復王道之志，肯定其儒、釋、道三教可一、三教歸儒的思想，肯定其窮理盡性說對宋理學產生具有開創性的意義。

與今人對王通《中說》態度頗多贊許相比，陳澧既肯定「其理往往有是」，又多罪其以聖人自居，批評其道未足而強言。由此可見陳澧較為謹慎保守的態度。與對王通《中說》態度相似的，是陳澧對揚雄擬《論語》作《法言》、擬《周易》作《太玄》的批評。實際上，陳澧對揚雄、王通仿聖人、擬經典的著述方式的批評，集中在其狂妄、張揚的著述心態上。此種自負的著述心態，與陳澧信奉的博學知服恰相違背。此種著述方式，與儒者篤實的作風也相違背。

總體而言，陳澧對王通《中說》其理往往有是，其罪在以聖人自居，道未足而強言的評價是恰當和符合事實的。與此同時，他並未對王通《中說》具體內容加以述評，此則與《東塾雜俎》讀書劄記較為鬆散、隨意的著述形式有關。因此，他對王通及其《中說》的評價，並非全備，他的批評和指謫，則可謂獨到、精闢。若從學者著述的角度來看，王通的著述心態確過於張揚

〔註104〕尹協理、魏明著：《王通論》，中國社會科學出版社1984年版。

和自負，違背了學者冷靜、篤實的作風和傳統。

概而述之，陳澧論南朝學術，從辭賦之盛的獨特視角闡釋南朝經學衰弊的原因，表彰王曇首、王儉之王氏家族重禮尚儒的門風，稱許范縝《神滅論》破佛、崇儒道，述道士陶弘景心性修養與宋心性之說的內在聯繫，留意文才與經術的關係，稱許醇儒，微譏庾持的文人習性，贊許傅映謹嚴、謙遜的儒行。論北朝學術，讚譽魏之醇儒張偉、劉獻之、刁沖，思考李神儁、胡叟、成霄集文雅與鄙俗於一身的矛盾，留意劉獻之、徐遵明等北朝私學與師受、以顏之推為代表的家族教育與私學的關係，批評崔浩徇私不公、有辱儒行。論隋朝學術，以獨特視角極力稱許李文博為隋代醇儒，憤慨於後世不稱焉，肯定王通《中說》其理往往有是，批評他以聖人自居、道未足而強言，否定他過分張揚、自負的著述心態。由此可見，陳澧論南北朝和隋朝學術，雖不全備，但視角獨特，論他人所未論，且善於由此及彼進行聯繫、比較，善於發現他人未見的問題，因此具有充分的價值和意義。

第六節 《唐五代》卷

《四庫全書總目》《經部總敘》曰：「自漢京以後，垂二千年，儒者沿波，學凡六變」，「要其歸宿，則不過漢學、宋學兩家，互為勝負」〔註105〕。由漢至宋，歷經七百餘年，經三國、魏晉南北朝三百餘年漫長分裂，至隋唐王朝一統天下，又經五十餘年短暫割據，終至宋王朝再次統一。在歷史分合中，以經學史為主線的中國學術史由重訓詁、考據的漢學變為重義理的宋學。學術史本身的路徑走向如何，社會政治、歷史對學術史走向又怎樣施加影響？這個問題，歷來是治學術史者關注的焦點。有唐一代，從時間而言，近三百年；從國力而言，可稱盛世；從學術史而言，可視為由漢學走向宋學轉捩的關鍵節點。因此，唐代學術現象及其內在理路，可謂中國學術史值得特別留意的一段。

陳澧《東塾雜俎》卷五論唐五代學術，凡 93 條，可謂內容贍富，資料翔實。頗多觀點和論析，成為後來諸部有代表性經學史著作的先聲。亦有一些頗具啟發性的看法，未被後來經學史著作注意和採納。本文從以下諸方面析而論之。

〔註105〕永瑢等撰：《四庫全書總目》，中華書局 1965 年版，第 1 頁。

一、唐代儒學新變

（一）唐初經學風氣之變

陳澧深受乾嘉樸學影響，治學路徑偏於漢學。但基於晚清漢、宋之學互相攻訐的背景，他傾力於平復漢、宋門戶之爭，致力於彌合漢、宋鴻溝，以使學術免於歧途。《東塾遺稿》曾曰：「漢、唐、宋學，自來無兼之者，余之《學思錄》自成一家，不可不勉成之也。謝朝華於已披，啟夕秀於未振，其可傳者在此。」〔註106〕一方面欲兼綜漢、宋之學；另一方面又極重唐代學術，將唐代學術與漢學、宋學並而稱之，實則將之視為漢、宋學之間過渡的橋樑。從漢儒訓詁、考據之學到宋儒義理之學，唐代學術何以成為轉變之途的關鍵橋樑？陳澧於唐代學術關注的焦點之一，正在於此。

從《舊唐書》等史料中，陳澧注意到以下幾則文獻：其一，《舊唐書·王元感傳》述長安三年王元感上表《尚書糾謬》、《春秋振滯》、《禮記繩愆》與注《孝經》、《史記》稿草。此段文獻有以下二點值得留意：第一，當時朝廷學士對王元感上書一事，態度並不一致。祝欽明、郭山惲、李憲等專守先儒章句者為一派，對王元感上書持否定態度，深譏掎摭舊義。魏知古、徐堅、劉知幾、張思敬雅好異聞，對之持肯定態度，申理其義，連表薦之。第二，面對朝廷學士的異義，則天皇帝下詔褒嘉王元感：「王元感掎前達之失，究先聖之旨，是謂儒宗，不可多得。」站在了魏知古、劉知幾一邊，肯定王元感掎前達之失，究先聖之旨，以儒宗之稱給予他高度讚譽，又授太子司議郎兼崇賢館學士之職。

陳澧特加案語曰：「《正義》之成，至此五十餘年，乃有斯人。武曌下詔褒嘉，且得美官。經學風氣之變，始於此矣。劉知幾《史通》，亦掎前達之失，且有《惑經》、《疑古》之篇，宜乎與王元感相合也。王元感之後，遂有啖、趙。」

陳澧的案語，可見如下三層含義：其一，唐初經學風氣之變，始於王元感上表《尚書糾謬》、《春秋振滯》、《禮記繩愆》，受武曌褒嘉得美官；其二，其時武曌對王元感上表之書的嘉許態度，對經學風氣之變起了不可或缺的促成作用。若武曌持相反態度，經學風氣轉變的時間將會產生變化和推移；其三，唐初經學風氣變化，大致線索如下：先有劉知幾《史通》掎前達之失，作

〔註106〕陳澧著：《東塾讀書論學劄記》，黃國聲主編：《陳澧集》（二），上海古籍出版社 2008 年版，第 381 頁。

《惑經》、《疑古》篇；再有王元感撰《尚書糾謬》、《春秋振滯》、《禮記繩愆》，後有啖助、趙匡著《春秋集傳》、《春秋統例》。

除此之外，陳澧還注意到，唐玄宗《孝經序》云：「夫子沒而微言絕，異端起而大義乖。況泯絕於秦，得之者皆煨燼之末；濫觴於漢，傳之者皆糟粕之餘。」陳澧認為，唐玄宗《孝經序》所云，表達了「諸經不足貴，漢儒傳之者尤不足貴」的意思，亦可見風氣丕變。從時間而言，唐玄宗《孝經序》在武曌下詔褒嘉王元感二十餘年後。《孝經序》諸語認為，記載孔聖微言的經典被秦火燔滅，得之者皆「煨燼之末」，漢儒承續孔聖儒家思想傳統，傳之者皆「糟粕之餘」，固皆不足貴，可見對儒家經典、尤其對漢儒的輕視態度。唐玄宗《孝經序》是否真為親筆，陳澧有所思量，謂「不知出自玄宗之筆，抑元行沖所為也」。

《舊唐書‧元行沖傳》記載，玄宗「特令行沖撰御所注《孝經疏義》列於學官」。可見陳澧對玄宗《孝經序》抑或元行沖所為的懷疑，有其根據。後左衛率府長史魏光乘奏請行用魏徵注《類禮》，玄宗令行沖集學者撰《義疏》，將立學官，天寶十四年（755 年）奏上，尚書左丞相張說駁奏之，上然其奏，不得立於學官。陳澧引述此段材料，又謂元行沖以其書不得列於學官，忿恨而著《釋疑》，引王邵《史論》「寧道孔聖誤，諱言鄭、服非」之語，駁諸儒對魏徵《類禮》的指謫。陳澧議曰：「唐時經學風氣之變，亦始於是時矣。」王邵是隋時人，《史論》所述，乃南北朝隋尊鄭玄、服虔注疏的風氣。元行沖《釋疑》引王邵語，意在指謫唐天寶諸儒仍服尊鄭、服，不肯作變通。陳澧引《元行沖傳》，意在探究玄宗天寶年間經學保守、趨新兩派勢力的紛爭和互動。魏光乘奏請行用魏徵《類禮》，元行沖集學者撰《類禮義疏》，又著《釋疑》，皆為趨新一派。張說駁奏之，為保守一派。玄宗的態度先後有所變化，先因魏光乘的諫言傾向趨新，後因張說的駁奏轉至保守。從時間而言，此事晚於王元感上表五十餘年。

皇甫湜《答李生第二書》所云，亦引起陳澧相當的注意。皇甫湜曰：「近風教偷薄，進士尤甚，爭為虛張，以相高自謾，讀書未知句度，下視服、鄭。此時之大病，所當嫉者。」〔註 107〕陳澧議曰：「相去僅百年，而風氣相反如此，然而未始非元行沖倡之也。」

〔註107〕皇甫湜撰：《皇甫持正文集》（宋蜀刻本唐人集叢刊），上海古籍出版社 2013 年版，第 72 頁。

陳澧所言「相去僅百年」，指隋王邵《史論》所言「寧道孔聖誤，諱言鄭、服非」，與中唐皇甫湜所言「風教偷薄」，「下視服、鄭」之風相去百年。對漢儒鄭玄、服虔由尊服至輕視的經學風氣之變，陳澧認為，「未始非元行沖倡之」。

前所述王元感上表事，陳澧案語曰：「經學風氣之變，始於此矣」；於元行沖事，陳澧議曰：「唐時經學風氣之變，亦始於是時矣」；又述皇甫湜《答李生書》，陳澧再議曰：下視服、鄭之風氣「未始非元行沖倡之」。王元感上表為天帝長安三年（703 年），元行沖事為玄宗天寶四年至十四年（745～755 年）。由此可知，陳澧認為，武曌褒嘉王元感上表《尚書糾謬》、《春秋振滯》、《禮記繩愆》，預示著經學風氣始變；元行沖因《類禮義疏》不得列於學官，著《釋疑》，亦可見經學風氣之變；皇甫湜《答李生書》所言，又可見中唐士子輕視漢儒注疏的偷薄風氣。此一過程中，先有劉知幾《史通》掎前達之失，中有唐玄宗《孝經序》輕視秦火後存留的儒家經典和漢儒注疏，後有啖助、趙匡《春秋集傳》、《春秋統例》的出現。武曌對王元感褒嘉的態度，唐玄宗御注《孝經》、對魏徵《類禮》、元行沖《義疏》是否列為學官游移不定的態度，亦顯得猶有意味：其一，可見武曌褒嘉王元感《禮記繩愆》等著述，顯然有其政治考慮，作為中國幾千年歷史進程中唯一正式登基的女皇帝，她急需用儒家經典佐證自己稱帝的合法性，王元感疑經之作的出現，正與她私人的政治意圖暗合；其二，開元盛世的繁榮氣象，使唐玄宗指點江山的自信極度膨脹，為以孝示天下，御注《孝經》，為突顯御注《孝經》的地位，不惜言「諸經不足貴，漢儒傳之者尤不足貴」，輕視漢儒注疏的態度，又與唐初劉知幾《惑經》、《疑古》篇、武曌褒嘉王元感上表諸書開始的疑經之風一脈相承；其三，對魏徵《類禮》、元行沖《義疏》是否列為學官前後反覆不定的態度，又可見作為皇帝的唐玄宗，在經學問題上並無堅定主見，未擺脫人云亦云、首鼠兩端的從眾心理，先被趨新派魏光乘說服，「遂令行沖集學者撰義疏」，後因保守派張說駁奏，又率爾「然其奏」，「賜行沖等絹二百匹，留其書貯於內府，竟不得立於學官」。由此可見，朝廷對經學風氣所起的作用，一方面與帝王的態度密不可分，另一方面，仍取決於持有不同態度和看法的士大夫官員之間的博弈。

（二）盛唐疑經之風的延續——啖助、趙匡、陸淳之學

陳澧《東塾雜俎》論唐代學術，3 條述及啖助、趙匡、陸淳。

先論王元感上表，言「王元感之後，遂有啖、趙」。後引《新唐書·儒學

傳・啖助》云：「(助)善為《春秋》，考三家短長，縫綻漏闕，號《集傳》，凡十年乃成，復攝其綱條，為例統」，又引其言曰：「是知《春秋》用二帝、三王法，以夏為本，不一守周典」，「逮平王之東，人習餘化，苟有善惡，當以周法正之。故斷自平王之季，以隱公為始，所以拯薄勉善，救周之弊，革禮之失」。啖助提出《春秋》不一守周典、用二帝、三王法，理由有三：第一，孔子修《春秋》，從宜救亂，因時黜陟；第二，古語曰：「商變夏，周變商，春秋變周」；第三，公羊子言：「樂道堯、舜之道，以擬後聖」。又提出《春秋》始於隱公，乃因平王東遷，人習余化，當以周法正之。

啖助所論《春秋》不一守周典、用二帝、三王法，隨意引古語，穿鑿附會，不足為辯。論《春秋》何以始於隱公，陳澧駁曰：「《春秋》以隱為始，不因此。此所論皆膚浮，何以不始於惠公」，批評啖助認識膚浮。

陳澧《東塾讀書記》論《春秋三傳》，開篇即解《春秋》何以始於隱、桓。陳澧認為，魯幽公之弟魏公，弒幽公自立，懿公之兄子伯御，弒懿公自立，《春秋》不始於彼者，原因在於，周宣王伐魯，殺伯御立孝公，「是時天子尚能治亂賊」；至桓公弒隱公，天子不能治，「孔子所以懼而作《春秋》」。陳澧將魏公弒幽公自立、伯御弒懿公自立與桓公弒隱公此三例弒君事件區別對待，前兩次弒君事件發生時，周天子尚能治亂賊，表明禮尚在，世道尚未浸微。待桓公弒隱公，天子竟不能治，禮義崩塌，世道浸微，孔子懼，以隱、桓為始作《春秋》，欲以微言大義挽狂瀾於既倒。陳澧議曰：「《春秋》始於隱、桓，為惡桓弒隱，而孔子以王法治之，大義昭然也。」

述己見之餘，陳澧對啖助、趙匡《春秋集傳纂例》解始隱之義做出批評。《春秋集傳纂例》隱公下注「惠公二年，平王東遷」，顛倒《史記》年表載「平王東遷二年，惠公即位」，仍不可解始隱之義。陸淳《春秋集傳辨疑》凡例云「託始焉爾」。陳澧駁之曰，既始於隱公，則從始者書之，何云託乎？真不必謂之託，陸淳之言亦未解《春秋》何始於隱，且有畫蛇添足之嫌。

啖助有關《春秋》的其他看法是否可一概否定？當時統治者對此類疑經著述又持何種態度？陳澧對此特為留意。《新唐書》啖助本傳云：「助愛公、谷二家，以左氏解義多謬，其書乃出於孔氏門人。且《論語》孔子所引，率前世人老彭、伯夷等，類非同時；而言『左丘明恥之，丘亦恥之』。丘明者，蓋如史佚、遲任者。又《左氏傳》、《國語》，屬綴不倫，序事乖剌，非一人所為。蓋左氏集諸國史以釋《春秋》，後人謂左氏，便傳著丘明，非也。助之鑿意多

類此。」《新唐書》所載啖助見解有如下四層意思：其一，於《春秋三傳》，啖助愛公羊、穀梁二家，認為左氏解義多謬；其二，《論語》所引左丘明，如史佚、遲任等前世史官，非春秋時人；其三，後人謂左氏，乃附和《論語》，謂之左丘明；其四，《左氏春秋》出於孔氏門人，非一人所為。陳澧議曰：「謂《左氏傳》非一人所為，此語是也。」充分肯定啖助對《左氏春秋》著者的相關考證和論斷。啖助對《左氏春秋》著者的判斷，一直鮮有人注意。陳澧對啖助此論的重新發現和肯定，可見敏銳的學術眼光，亦具備重要的學術價值。

陳澧還注意到唐文宗對以啖助、趙匡、陸淳《春秋集傳纂例》、《春秋集傳辨疑》為代表的疑經著述的態度。《新唐書·儒林傳·啖助》云：「大曆時，助、匡以《春秋》，施士匄以《詩》、仲子陵、袁彝、韋彤、韋茝以《禮》，蔡廣成以《易》，強蒙以《論語》，皆自名其學」，「士匄撰《春秋傳》，未甚傳。後文宗喜經術，宰相李石因言士匄《春秋》可讀。帝曰：『朕見之矣，穿鑿之學，徒為異同，但學者如濬井，得美水而已，何必勞苦旁求，然後為得耶？』」陳澧意在說明，中唐自名其學的疑經著述頗多。又議曰：「中唐經師不過如此，經學之衰矣！」可見陳澧對始於唐初疑經之風，基本持否定態度。與此同時，對於此類著述所蘊含的獨到、中肯見解，陳澧亦秉持公允的治學精神，絕不隱善揚惡。

（三）唐末皆尊文中子

陳澧論隋代學術，專論王通及其《中說》。陳澧指出，唐末始有推尊文中子者，對文中子之學的盛行，議曰：「吁，可怪也！」頗感可怪、可歎。陳澧對文中子的看法，可謂有是有非。一方面，認同其理往往有是，另一方面，批評文中子以聖人自居、道未足而強言的著述心態，違背了博學知服、嚴肅謙謹的治學精神。

隋文中子在唐末如何被推尊？陳澧以皮日休、陸龜蒙、司空圖三人為中心，引而論之。其一，皮日休《文中子碑》曰：「設先生生於孔聖之世，余恐不在游、夏之亞。」將文中子與孔聖賢弟子子游、子夏相提並論。《請韓文公配饗太學書》又曰：「孟子、荀卿翼傳孔道，以至於文中子。」稱許文中子繼承孟、荀傳儒道之功。皮日休又著《鹿門隱書》，學文中子《中說》，以語錄、問答體形式，探討和尊崇儒家孔孟之道。其二，陸龜蒙尊文中子。《甫里先生傳》曰：「見有文中子王通仲淹所著書，云《三傳》作而《春秋》散，深以為然。」認同王通《中說》的經學見解，其學亦有從王通入處。《送豆盧處士謁

丞相序》云：「文中子修先王之業，九年而功就」，「文中子沒，門人歸於唐，
盡發文中子所授之道。」稱許文中子以九年之功，修成先王之業，受業門徒
入唐後，盡發所授之道。其三，司空圖作《文中子碑》云：「五胡繼亂，極於
周、齊，天其或者生文中子以致聖人之用，得眾賢而廓之，以俟我唐，亦天命
也。故房、魏數公，皆為其徒，恢文武之道，以濟貞觀治平之盛。」肯定王通
復儒道之功，強調房玄齡、魏徵受學於王通，以濟貞觀治平之盛。概而述之，
可見唐末皮日休、陸龜蒙、司空圖三人皆推尊文中子。

陳澧述皮日休、陸龜蒙、司空圖三人推尊文中子，與疑經之風結合論之。
其一，論陸龜蒙之學，引陸氏《求志賦序》云：「予以求聖人之志，莫尚乎
《春秋》。得文通陸先生所纂之書，伏而誦之。」強調陸龜蒙之學從陸淳《春
秋》學入。其二，論皮日休之學，謂《春秋決疑》「其源蓋亦出於陸氏」，認
為皮日休《春秋決疑》十篇受陸淳《春秋集傳辨疑》影響。其三，引司空圖
《疑經篇》，云《春秋》經「天王使來求車」、「求金」「必非聖人之文」，又
引《疑經後述》，稱許鍾陵陳嶽《春秋折衷論》「贍博精緻，足以下視兩漢迂
儒」，「有詆經之說，亦疑經文誤」。陳澧議曰：「所謂下視兩漢迂儒，則當時
風氣也」。

由此可知，在陳澧看來，唐末皮日休、陸龜蒙、司空圖推尊文中子之風
與當時疑經之風緊密結合。皮、陸、司空三人皆推尊文中子，同時皆崇尚疑
經之風，且皆與陸淳《春秋》學有密切聯繫。陸淳與趙匡又同為啖助高徒。可
見唐末皮、陸、司空三人疑經風氣與盛唐啖助、趙匡、陸淳疑經風氣一脈相
承。

陳澧雖肯定《中說》所論之理往往有是，亦批評其以聖人自居。文中子
雖志在復儒道，而以聖人自居的心態，不免狂妄自大。強以聖人自居，道未
足而強言之，此種著述方式，不足以將自己拉上聖壇，卻難免將孔子從聖壇
拉下，給人做了個壞榜樣，自認為並非孔子才能成為聖人，他亦能自居為聖
人。由此可見，文中子《中說》可視為唐初疑經之風的濫觴。先有隋文中子之
學，再有初唐王元感、元行沖疑經之風，再有啖助、趙匡、陸淳之學。至唐末
皮日休、陸龜蒙、司空圖，一方面承初唐、盛唐疑經之風，另一方面遠紹隋文
中子之學，成為唐疑經之風的尾聲。

在論唐末疑經之風時，陳澧還注意到唐宣宗大中年間《毛詩》博士沈郎
新添《毛詩》四篇上表之事。邱光庭《兼明書》卷二《沈郎新添》載此事，沈

郎質疑《關雎》不可為《三百篇》之首，又別撰二篇為堯、舜詩，取虞人之箴
為禹詩，取《大雅‧文王》篇為文王詩，請以四詩置《關雎》之前〔註108〕。
陳澧議曰：「沈郎論詩，一何狂謬！」此事可見當時人疑經之甚，不僅質疑
《詩》編次不當，且別撰詩篇，以為堯、舜詩摻入，陳澧斥之為狂謬。

　　陳澧又注意到王鳴盛《十七史商榷》對唐末文宗太和年間經學風氣的議
論。錢希白《南部新書》云：「太和中，上謂宰臣曰：『明經會義否？』宰臣
曰：『明經只念經疏，不會經義。』」王鳴盛議曰：「觀此，則知彼時所以輕明
經，重進士。」可見唐末經學已不甚景氣，明經只念經疏，不通經義，無用於
現實，惟進士科受士子和朝廷重視。

（四）儒、佛互混

　　陳澧議曰：「自唐以後，儒者混於佛，佛者亦混於儒，蓋學術未有久而不
變者。自東漢之初，佛教入中國，至唐初，五百餘年矣，其勢不得不變。且唐
以前多胡僧，自達摩以後，傳授者皆華僧。當其未為僧時，固嘗讀儒書矣。即
不識字，不讀書，而所見所聞，皆中國之俗、儒者之教，後雖出家學佛，而不
能盡棄也」，「大抵唐以後，儒者自疑其學之粗淺，而騖於精微；佛者亦自知
其學之偏駁，而依於純正。譬之西方之人向東行，東方之人向西行，必有相
遇於途者矣。」

　　陳澧從以下三方面論唐代儒、佛互混的學術風氣。其一，儒、佛互混的
學術內因，在於學術未有久而不變者，自東漢至唐初，佛教傳入五百餘年，
其勢不得不變；其二，從華僧角度而言，儒、佛互混原因在於，其未為僧時，
必受中國之俗、儒者之教的薰陶和浸潤，後雖出家學佛，不能盡棄。其三，從
儒、佛文化交流的角度而言，唐以後，儒者自疑其學粗淺，佛者自知其學偏
駁，譬之西方之人東行，東方之人西行，必有相遇於途者。

　　陳澧對唐代儒、佛互混學術風氣的析因，可謂精微、縝密。既注意學術
哲理的內因分析，亦注意周密詳實的外因分析，且從東西方儒、佛文化交流
的角度，以東行、西行之喻，進行形象化解讀，恰如其分。

　　概而述之，陳澧以劉知幾、王元感、唐玄宗《孝經序》、元行沖為典型代
表，述唐初經學風氣之變，以啖助、趙匡、陸淳《春秋》之學為中心，述盛唐
疑經之風的延續，以皮日休、陸龜蒙、司空圖推尊文中子為中心，述唐末疑

〔註108〕邱光庭撰：《兼明書》，明鈔本，卷二《沈郎新添》。

經之風。除論疑經之風自隋至唐的一脈相承，還充分注意儒、佛互混的學術風氣，並對之進行精微分析，還從東西方文化交流的視角給予形象解讀。

皮錫瑞《經學歷史》成書於 1905 年，比陳澧《東塾雜俎》晚 20 餘年。其書「經學統一時代」章論唐代經學。論唐疑經之風，重點述劉知幾《史通》詆毀聖人，尤多狂悖；啖助、趙匡、陸淳《春秋》之學開通學之途，背專門之法。馬宗霍《中國經學史》成書時間比皮錫瑞《經學歷史》又晚 30 餘年。其書論唐代經學，引陳澧之言，可見對陳澧著述早有所關注，所引文獻，與陳澧所引亦多有類似，不過所論頗有不同處。如王元感上表一事，馬宗霍議曰：「蓋官學雖尊，而執守一家之言，每不足以厭通人之望，緣罅思難，亦其勢也。」陳澧案語，強調學術風氣變化的外因，謂武曌下詔褒嘉王元感，且授美官，促成經學風氣之變，突顯統治者對學術的干預力量；馬宗霍的議論，重視學術內因的挖掘，突出學術新變的必然性，強調官學雖尊，不足以厭通人之望，私人之學緣罅思難，亦其勢也。許道勳、徐洪興《中國經學史》側重從經學統一的角度述唐代學術，重點論《經典釋文》、五經定本到《五經正義》，且將唐玄宗御注《孝經》看作《孝經》學的集結。吳雁南等主編《中國經學史》，以「經學思想的活躍」為中心，述唐代疑經之風，涉及王通之學的儒風變古、以王元感為代表的唐代學人對《五經正義》的駁議，劉知幾至啖助、趙匡、陸淳對《春秋三傳》的駁詰。葉純芳《中國經學史大綱》以唐玄宗時期為唐代經學的變革期，以唐代後期為新經學的萌發期，涉及人物和事件依然以唐玄宗御注《孝經》、劉知幾、王元感、啖、趙、陸氏《春秋》學為主。

總體而言，後人諸種經學史著述，從觀點論述、文獻挖掘二方面來看，基本均未超出陳澧《東塾雜俎》論唐代學術的範圍，只不過在文獻組織次序、論述線索和探究重點方面，各有差異。因此，本文認為，陳澧《東塾雜俎》論唐代學術，可以說是中國經學史論唐代學術的濫觴，其重要價值和意義，在於對後世治學術史者的啟發之功。後世學術史著作論唐代學術，呈現出的各種思路和觀點，皆可在陳澧《東塾雜俎》論唐代學術部分找到先聲，亦皆未能對陳澧的論述有明顯超越。馬宗霍《中國經學史》論唐代學術部分，還可顯見受陳澧《東塾雜俎》極大影響。

二、唐代統治者對經學的重視

陳澧論歷代學術，皆重視統治者對經學發揮的作用，論唐代學術亦然，

從以下諸方面述唐統治者對經學的干預和作用。

陳澧引《通典》「選舉」，以說明唐選舉初只試策，至貞觀八年，唐太宗乃詔進士讀一部經史。《舊唐書・儒林傳序》又載貞觀十四年唐太宗詔，表彰前代名儒梁皇侃、褚仲都、周熊安生、沈重、陳沈文阿、周弘正、張譏、隋何妥、劉炫等，勸所在學徒多行其疏，並訪其子孫現在者，錄名奏聞，加以引擢。陳澧稱許唐太宗襃揚前代名儒、引擢其子孫的做法，遺憾於今日知之者鮮矣，感慨此詔令人發思古幽情。可見，陳澧引唐太宗詔，意在表達對晚清統治者未能襃揚前代名儒的憂慮。

陳澧又引《通典》，述朝廷制令立先師、先聖事。貞觀二十一年，唐太宗制以左丘明、卜子夏、公羊高、穀梁赤、伏勝、高堂生、戴聖、毛萇、孔安國、劉向、鄭眾、杜子春、馬融、盧植、鄭玄、服虔、何休、王肅、王弼、杜元凱、范甯、賈逵，總二十二人，並為先師。永徽中，唐高宗制令改周公為先聖、黜夫子為先師，顏回、左丘明從祀。可見，唐太宗時，孔子乃先聖，至高宗時，單立周公為先聖，黜孔子為先師。由周公、孔子地位的升黜，可窺朝廷對周公、孔子及後代名儒態度的細微變化。

可以留意的是，陳澧述唐統治者對經學的重視，並未以《五經正義》為重點。論王元感上表，案曰：「《正義》之成，至此五十餘年，乃有斯人。」陳澧著《東塾讀書記》，曾自表明用意，在表彰、發明他人未顯的學術史實和人物。可見陳澧對《五經正義》之略，當有意為之。後來皮錫瑞《經學歷史》和馬宗霍《中國經學史》皆從不同角度詳述之。

三、韓愈論

其他諸部有代表性的中國學術史著述，論及唐代學術，絕少提及韓愈。陳澧《東塾雜俎》論唐代學術，凡 91 條，有 21 條論韓愈，近四分之一。可見韓愈學術思想在陳澧心目中的重要地位。

（一）韓愈的禮學觀

陳澧特重禮學。論及鄭玄學術思想，曾強調鄭學即禮學。對禮學的重視和發揚，既與陳澧所處時代的學術風尚有關，亦與其時社會現實有關。隨著清代樸學的興盛，禮學考索隨之興盛。晚清學風積弊、世風寖微的社會現實，也給予心懷世憂的陳澧以觸動，欲以儒禮挽救世風。《東塾雜俎》論歷代學術，總特別留意強調重古禮的儒者。

　　陳澧《東塾雜俎》論韓愈，先引《送陳密序》云：「子之業信習矣，其容信合於禮矣。抑吾所見者外也？夫外不足以信內，子誦其文，則思其義；習其儀，則行其道。」〔註109〕據《送陳密序》，陳密乃太學生，承訓於韓愈；舉明經，累年不獲選；將易其業，習《三禮》；將歸覲其親，願昌黎先生賜之言。陳澧所引，為韓愈的賜言，有如下三層意思：其一，肯定陳密習《三禮》之勤，儀容確合乎禮；其二，儀容合乎禮，仍為習禮的外層表現，不足以信內；其三，習禮不僅在誦其文，習其儀，更在思其義，行其道。

　　此語可窺韓愈的禮學觀。不僅講求儀容合乎禮，更講求對禮義的深層思考，由禮義尋繹儒道。行其道之「道」，與《原道》所論之「道」是一致的，皆為儒道之「道」。可以說，韓愈對習禮者的要求，不僅在形而下的表裏如一，知行合一，更在於形而上對道的追求和體悟。

　　此語中僅一「道」字，陳澧即敏銳洞見，此「道」與《原道》之「道」緊密聯繫，議曰：「此語可為講經學者之藥石，而尤為習《三禮》者之圭臬也。」可見陳澧對韓愈禮學觀的高度肯定，對「行其道」之「道」的高度讚揚，將之視為講經學者之藥石，習《三禮》者之圭臬。陳澧的評價，可謂深中肯綮。講經學、習《三禮》的終極目標，非為訓詁、考據，非為儀容，正在思其義，行其道。如果說，行其道之「道」是指儒家聖人之道，那麼思其義之「義」，即指儒家經典「義理」。由此可見，陳澧深刻理解到，韓愈此語的含義，乃透過儒家經典訓詁、考據和義疏，直達義理。在韓愈那裡，儒家經之訓詁、考據、義理三者密不可分，正與陳澧平息漢宋的學術意圖恰相吻合。

　　由此可見，對韓愈「思其義、行其道」禮學觀的高度認同，正是陳澧對自身訓詁、義理兼採學術意圖的再次強調和體認。

（二）韓愈的古文觀

　　陳澧曰：「余著《學思錄》，韓昌黎條下，論文筆，不從阮文達之說。以提倡古文之學，不可苟同於文達。而兼論方望溪一派古文，所謂『澄清無滓而發光精』者是也，所論『言有物』者是也。然澄清恐無光精，且無物耳。」

　　《學思錄》即《東塾讀書記》原名。《東塾讀書記》未見韓昌黎條。《東塾雜俎》此條，可窺端倪如下：其一，提倡韓愈古文之學；其二，不苟同阮元文筆之說；其三，不認同方苞《古文約選序例》所謂「澄清之極，自然而發其光

〔註109〕韓愈著：《韓昌黎全集》，中國書店1991年版，第281頁。

精」〔註110〕的古文理論，批評澄清恐無光精，流於空洞無物。

　　季鎮淮《韓愈的「古文」理論和實踐》一文，較早對韓愈古文理論有所論述。昌黎《答李秀才書》云：「愈之所志於古者，不惟其辭之好，好其道焉爾。」〔註111〕《題歐陽生哀辭後》云：「通其辭者，本志乎古道者也。」〔註112〕可見韓愈志在恢復古道。《答李翊書》云：「惟陳言之務去。」〔註113〕可見韓愈所提倡的古文，乃古人之意，今人之辭的新「古文」。《送孟東野序》又提出「不平則鳴」，將文辭視為作者「自鳴其不幸」〔註114〕的產物，實際又衝破了道統的束縛。〔註115〕

　　陳澧認同、提倡韓愈的古文之學，不從阮元文筆之說，其意何在？阮元《書梁昭明太子文選序後》曰：「專名為文，必沉思翰藻而後可也。自齊、梁以後，溺於聲律，彥和《雕龍》，漸開四六之體。至唐，而四六更卑。然文體不可謂之不卑，而文統不得謂之不正。自唐、宋韓、蘇諸大家以奇偶相生之文為八代之衰而矯之，於是昭明所不選者，反皆為諸家所取，故其所著者，非經即子，非子即史，求其合於昭明序所謂文者，鮮矣」，「惟沉思翰藻乃可名之為文也。非文者，尚不可名為文，況名之曰古文乎」，「言之無文，子派雜家而已」〔註116〕。《文韻說》又曰：「凡文者在聲為宮商，在色為翰藻，即如孔子《文言》『雲龍風虎』一節，乃千古宮商翰藻奇偶之祖」，「今人所便單行之文，極其奧折奔放者，乃古之筆，非古之文也。」〔註117〕可見阮元對文的看法如下：其一，以孔子《易·文言》為千古宮商、翰藻、奇偶之祖，視之為文統之正；其二，堅持劉勰「有韻者文」、「無韻者筆」的文筆之辨，認同蕭統「事出於沉思」、「義歸乎翰藻」的文學觀；其三，批評唐宋韓、蘇諸大家提倡之古文，尚不可名為文，更不可名為古文，其所著者，子派雜家而已。以清代乾嘉以來駢散之爭的視角視之，阮元顯然站在駢文一邊，同時譏刺唐宋韓愈、

〔註110〕方苞著，劉季高校點：《方苞集》，上海古籍出版社1983年版，第614頁。
　　　　　方苞《古文約選序例》此條首云：「古文氣體，所貴清澄無滓。」
〔註111〕韓愈著：《韓昌黎全集》，中國書店1991年版，第248頁。
〔註112〕韓愈著：《韓昌黎全集》，中國書店1991年版，第311頁。
〔註113〕韓愈著：《韓昌黎全集》，中國書店1991年版，第246頁。
〔註114〕韓愈著：《韓昌黎全集》，中國書店1991年版，第276頁。
〔註115〕季鎮淮：《韓愈的「古文」理論和實踐》，《北京大學學報（人文科學）》1958年第2期。
〔註116〕阮元撰，鄧經元點校：《揅經室集》，中華書局1993年版，第608、609頁。
〔註117〕阮元撰，鄧經元點校：《揅經室集》，中華書局1993年版，第1066頁。

蘇軾諸散文大家的文章不可名之為文。陳澧既然「不從阮文達公之說」，是否可以認為，他站在了遠紹唐宋八家文統的桐城派一邊呢？

「澄清恐無光精，且無物耳」一語，可窺陳澧對桐城派始祖方苞所謂「清澄無滓」古文理論的微譏。可見他也並非站在桐城派一邊。綜合陳澧對韓愈古文理論的提倡和認同、對阮元文筆觀的不認同、對桐城派「清澄無滓」古文觀的譏諷，可略窺陳澧欲繼承韓愈古文之說、兼採駢散的文學觀。

陳澧將韓愈的古文之學，作為唐代學術的一個重要議題提了出來，且將韓愈古文理論與阮元文筆之辨、方苞桐城派「澄清」說比而較之，合而觀之。因此，他對韓愈古文理論的關注，具有面向現實的開創意義。

（三）韓愈的道統說

陳澧從宋儒對韓愈《原道》一文的曲解出發，闡釋韓愈的道統說。

《原道》云：「堯以是傳之舜，舜以是傳之禹，禹以是傳之湯，湯以是傳之文、武、周公，文、武、周公傳之孔子，孔子傳之孟軻，軻之死，不得其傳焉。」〔註118〕陳澧議曰：「後儒因此遂有傳授心法之說。」後儒所指，乃宋儒謝良佐之輩。又引南宋黃震《黃氏日鈔》闡釋《原道》所謂「傳」、所謂「道」的含義：「所謂傳者，前後相承之名也。所謂道者，即《原道》之書所謂其位君臣、父子，其教禮、樂、刑、政，其文《詩》、《書》、《易》、《春秋》，以至絲麻、宮室、粟米、蔬果、魚肉，皆道之實也。故曰以是而傳。以是者，指《原道》之書所謂道者而言之。」簡言之，陳澧認同黃震所云，認為《原道》一文闡明儒家道統傳授之淵源，即堯、舜、禹、湯、文、武、周公、孔子、孟軻；且闡明道統之內涵，乃儒家經典所蘊含的禮樂教化和倫理觀。與此同時，陳澧又引韓愈《送浮屠文暢師序》「書之於冊」諸語，以駁宋儒謝良佐所謂傳授心法之說。

宋儒對韓愈《原道》的批評，還在於引《禮記‧大學》「古之欲明明德於天下者，先治其國；欲治其國者，先齊其家；欲齊其家者，先修其身；欲修其身者，先正其心；欲正其心者，先誠其意」諸語，而未引其後「欲誠其意者，先致其知，致知在格物」一句。《朱子語類》《或問》章以為不探其端而驟語其次。陳澧為昌黎辯解曰，昌黎引《大學》此段，欲駁佛氏言治心與儒家正心迥異，故引至「欲正其心者，先誠其意」，然後申言「古之所謂正心而誠意者，

〔註118〕韓愈著：《韓昌黎全集》，中國書店1991年版，第174頁。

將以有為也。今也欲治其心，而外國家天下」云云，以明佛氏治心非為有為，反為抽身於國家天下之外。簡言之，昌黎《原道》引《大學》諸語，用意在駁佛氏治心與儒家正心不同，佛氏不言致知格物，故《原道》不必引「致知格物」以申與佛氏之不同，可知朱子所譏非也。

宋儒又譏《原道》開篇「博愛之謂仁」。陳澧引《孝經》、《孟子》和《國語注》申之，以明《原道》「博愛之謂仁」由來有自，本於儒家經典，非昌黎造語。

概而言之，陳澧引《黃氏日鈔》諸語，對韓愈《原道》進行闡釋，闡發其道統說；且引《送浮屠文暢師序》「書之於冊」，駁宋儒謝良佐傳授心法之說；又對朱子譏《原道》不引「格物致知」進行了辯解。

（四）韓愈尊孟子與攘佛、老

韓愈為何作《原道》以明道統？《原道》有明言，當時言道德仁義者，「不入於老，則歸於佛」，故攘佛、老以尊孟子。陳澧議曰：「韓文公尊孟子，攘佛、老。」又曰：「韓文公生於唐代，天子尊元元，迎佛骨，而文公訟言攘斥，此大勇也。」稱許韓愈諫迎佛骨之大勇。

與此同時，陳澧注意到以下兩點。第一，宋儒理學排據佛、老二教，後世卻鮮少注意到，宋儒乃循韓愈之緒，遞相仿傚之。陳澧意在強調，從韓愈攘斥佛、老，至北宋石介、歐陽修、二程、張載批判佛、老，南宋朱子排據佛、老以維護儒家道統之間的一脈相承。可以說，韓愈攘斥佛、老，是宋儒批判和排據佛、老的先聲。第二，「韓文公尊孟子，攘佛、老，宋儒實傚之，而又輕視之。」陳澧指出宋儒對韓愈態度的矛盾之處，意在探究宋儒對韓愈的接受與批判。

（五）韓愈之學

陳澧任教學海堂和菊坡精舍期間，教弟子治學，強調擇其性近者習之。除經、史之外，特重韓愈文，鼓勵學子治韓愈之學。《東塾雜俎》論韓愈，從以下方面論韓愈之學。

1. 韓愈所讀之書

陳澧著意探究韓愈之學的根基，故搜尋韓愈自言所讀之書。從《進學解》得知，韓愈「以諸經為上規，其餘為下逮」，可見其經學功底之深。陳澧議曰：「近代為文章，知此者蓋少」，「吾謂讀韓所讀之書，是學韓者也；不讀韓所

讀之書，是不學韓者也」，「若夫讀韓文數篇而摹仿之，而謂之學韓，則吾不知之矣。」強調學韓重在讀韓所讀之書。

陳澧又引韓愈《答侯繼書》云：「僕少好學問，自五經之外，百氏之書未有聞而不求、求得而不觀者。然其所志，惟在其意義所歸。至於禮樂之名數，陰陽、土地、星辰、方藥之書，未嘗一得其門戶。雖今之仕進者，不要此道，然古之人未有不通此而能為大賢君子者也。僕雖庸愚，每讀書，輒用自愧。今幸不為時所用，無朝夕役役之勞，將試學焉，力不足而後止。」〔註119〕韓愈此語，要點有四：其一，少好學問，六經及百氏之書，未有不讀者；其二，讀書所志，在意義所歸；其三，自愧未通禮樂之名數、陰陽、土地、星辰、方藥之書，不得為大賢君子；其四，試學於未通之學，力不足而後止。陳澧引韓愈此語，一方面強調韓愈經學功底之深，學問之廣，用力之勤；另一方面，又恐普通學子困於此語，故解之曰，昌黎以己所未通者為愧，非一般淺人所及，學者識力有大有小，各得其性之所近，可也，建議學者從性之所近的實際出發，選擇習業對象。

2. 師其意，不師其辭

陳澧又引韓愈《答劉正夫書》「師其意，不師其辭」之語，強調韓愈讀書重在意義所歸，正與《答侯繼書》「然其所志，惟在其意義所歸」同。

韓愈《答李翊書》所云「惟陳言之務去」，與其「師其意，不師其辭」的主張，亦互為表裏。正因讀書重在意義所歸，故能惟陳言之務去；正因務去陳言，故讀書重在師其意、不師其辭。

3. 提要鉤玄之法

陳澧特為強調韓愈《進學解》所云「記事者必提其要，纂言者必鉤其玄」一語，又言《黃氏日鈔》得其法，讀書者當以《黃氏日鈔》為法。

4. 韓愈之學「洞視萬古」

陳澧特別重視門人李漢《昌黎先生集序》對韓愈的評價，引序言云：「經書通念曉析，諸史百子皆搜抉無隱。汗瀾卓踔，奫泫澄深。日光玉潔，周情孔思。洞視萬古，愍惻當世。遂大拯頹風，教人自為。時人始而驚，中而笑且排，先生志益堅，終而翕然隨以定。先生於文，摧陷廓清之功，比於武事，可謂雄偉不常者矣。」

〔註119〕韓愈著：《韓昌黎全集》，中國書店1991年版，第243頁。

　　陳澧引李漢此段序言，強調以下四層含義：其一，韓愈通曉經書，經學功底淵深；其二，韓愈尊奉周孔儒道；其三，排棄佛、老，大拯頹風；其四，摧陷廓清綺麗文風。值得特別注意的，陳澧特拈出「洞視萬古」四字，認為此四字「於昌黎之學術最能發明」。於陳澧而言，一向篤實，極少予人過高評價，以此四字稱譽韓愈的學術成就和地位，可謂獨高千古、空前絕後。由此可見，在陳澧心目中，韓愈之學術，不僅超越他所在的唐代，而且可以超越萬古時空，具有永恆的前瞻性。

　　與此同時，陳澧還注意到韓愈對漢儒和箋注的態度。韓愈《與孟簡尚書書》云：「漢氏以來，群儒區區修補，百孔千瘡，隨亂隨失，其危如一線引千鈞，綿綿延延，寢以微滅。」〔註120〕《施先生墓銘》又云：「古聖人言，其旨密微。箋注分羅，顛倒是非。」〔註121〕陳澧議曰：「譏漢儒自韓文公始。」又云：「韓文公輕視箋注。」陳澧客觀認識和分析韓愈對漢儒及其箋注譏刺、輕視的態度，此中深意頗耐人尋味。陳澧一向稱許漢儒，一向主張讀注疏，對漢儒及其著述持肯定態度。而韓愈所言，正如陳澧所分析，顯見對漢儒及其箋注的輕視。為何陳澧既不批評韓愈，反依然讚譽他洞視萬古呢？本文認為，原因在於，陳澧是站在韓愈道統說的立場，來理解韓愈對漢儒及其箋注的認識的。陳澧完全站在韓愈道統說的立場，以韓愈的眼光來看待漢儒及其箋注，看到了漢儒及其箋注對儒家道統闡釋的不足。韓愈論道統傳授淵源曰：「堯以是傳之舜，舜以是傳之禹，禹以是傳之湯，湯以是傳之文、武、周公，文、武、周公傳之孔子，孔子傳之孟軻，軻之死，不得其傳焉」。認為孟子之後，不得其傳，否認漢儒對儒家道統的傳承意義，即可窺其對漢儒的輕視態度。韓愈的用意何在？其一在於強調自身重續孔孟道統的意義，其二在於對漢儒及其箋注對道統發掘不充分的批評。問題是，陳澧一向強調漢儒並非只講訓詁和考據，漢儒亦講義理，為何會認同韓愈對漢儒的輕視和批評呢？本文認為，答案仍在於，陳澧對韓愈道統說的極其強調和重視，還在於瑕不掩瑜的光環效應。

　　遺憾的是，陳澧並未及詳細闡述此四字的含義。不過，至少可以肯定的是，惟陳言之務去，不平則鳴的文學理論，師其意、不師其辭，提要勾選的讀書法，皆為萬古真理。陳澧對韓愈學術「洞視萬古」的充分肯定，當為確論。

─────────────

〔註120〕韓愈著：《韓昌黎全集》，中國書店 1991 年版，第 268 頁。
〔註121〕韓愈著：《韓昌黎全集》，中國書店 1991 年版，第 332 頁。

陳澧對韓愈在學術史地位和價值的認識，可謂充滿膽識和前瞻性。與陳澧對韓愈學術思想的重視程度相比，現存其他諸種學術史著述均未論及韓愈。韓愈只普遍在中國古代文學史著作中占一席之地。可見人們普遍將韓愈當成文學家、散文家來加以把握和認識，極少將他視為學者。實際上，若不充分注意韓愈的經學功底和學術思想，將很難完整、深刻理解他的古文理論和文學創作。從某種程度而言，陳澧論唐代學術對韓愈的極其重視，對今天的研究者依然是個警醒。

（六）兼論陳寅恪《論韓愈》

陳寅恪有《論韓愈》〔註122〕一文，原刊於《歷史研究》1954年第2期。本文欲將陳澧《東塾雜俎》韓愈論與陳寅恪《論韓愈》一文比而較之，冀有所發現。

陳寅恪作《論韓愈》一文，寫作目的在於：「古今論韓愈者眾矣，譽之者固多，而譏之者亦不少。譏之者言則昌黎所謂『蚍蜉撼大樹，可笑不自量』者，不待贅辯，即譽之者亦未中肯綮。今出新意，仿僧徒詮釋佛經之體，分為六門，以證明昌黎在唐代文化史上之特殊地位。」

陳澧《東塾雜俎》論韓愈，對譏之者有具體論述。如朱子譏《原道》不引「致知格物」，譏《原道》「博愛之謂仁」無所本；宋儒實效韓愈尊孟子，攘佛、老，又輕視之。

陳寅恪從以下六門對韓愈析而論之：一，建立道統證明傳授之淵源；二，直指人倫，掃除章句之繁瑣；三，排斥佛、老，匡救政俗之弊害；四，呵詆釋迦，申明夷夏之大防；五，改進文體，廣收宣傳之效用；六，獎掖後進，期望學說之流傳。

陳寅恪所論第一點，陳澧已論之。陳寅恪所引《原道》「堯以是傳之舜」諸語，陳澧亦引之。不過，陳寅恪所論，既指出韓愈自述其道統傳授淵源「固由孟子卒章所啟發」，亦強調「從新禪宗所自稱者摹襲得來」〔註123〕，以韓愈所居之處與新禪宗的關係證之。《孟子》卒章指《盡心下》，《盡心下》卒段孟子曰：「由堯、舜至於湯，五百有餘歲，若禹、皋陶，則見而知之。若湯，則聞而知之。由湯至於文王，五百有餘歲，若伊尹、萊朱，則見而知之；若文

〔註122〕陳寅恪：《金明館叢稿初編》，上海古籍出版社1980年版，第285頁。
〔註123〕陳寅恪：《金明館叢稿初編》，上海古籍出版社1980年版，第286頁。

王，則聞而知之。由文王至於孔子，五百有餘歲，若太公望、散宜生，則見而知之；若孔子，則聞而知之。由孔子而來至於今，百有餘歲，去聖人之世若此其未遠也。近聖人之居若此其甚也，然而無有乎爾，則亦無有乎爾！」孟子歷述從堯、舜至湯、文王直至孔子世代相傳的道統，悲慨孔子之後再無人繼承道統。韓愈《原道》所述道統與《孟子》卒章之間的關係，二程已稍述；以韓愈居處與新禪宗之關係，證韓愈所述道統傳授淵源從新禪宗摹襲而來，雖後有學者駁之，認為未必為實證〔註124〕，仍可稱其獨見。

　　陳寅恪所論第二點，陳澧有所提及。陳澧引韓愈《與孟簡尚書書》「漢氏以來，群儒區區修補，百孔千瘡，隨亂隨失」諸語，《施先生墓銘》「箋注分羅，顛倒是非」，即韓愈批評漢儒及其箋注、章句之破碎。陳澧議曰：「譏漢儒從韓文公始」，「韓文公輕視箋注」，即含陳寅恪所云「掃除章句之繁瑣」之意。陳寅恪見解的獨特之處，仍在論新禪宗直指人心見性成佛之旨，對韓愈掃除章句繁瑣主張的影響。

　　陳寅恪所論第三點，陳澧重點論之。不過陳寅恪新引《唐會要》「議釋教」彭偃之言，以證韓愈所論「實具有特別時代性，即當退之時佛教徒眾多，於國家財政及社會經濟皆有甚大影響」，「退之之論自非剿襲前人空言，為無病之呻吟，實匡世正俗之良策」〔註125〕；又從道教始祖老子乃唐皇室所攀認之祖宗的角度，以證韓愈痛斥力詆道教的超人膽識。

　　陳寅恪論韓愈之第五點，改進文體，廣收宣傳之效用，與陳澧所論韓愈之古文觀相類。陳寅恪所論第六點，實陳澧《東塾雜俎》所論韓愈門人及後學對韓愈思想之傳承。

　　陳寅恪所論第四點，呵詆釋迦，申明夷夏之大防，陳澧未論及，正是陳寅恪《韓愈論》的獨絕之處。王永興《述陳寅恪先生〈論韓愈〉之作的重大意義》〔註126〕一文，正從此角度立論，認為陳寅恪申明「尊王攘夷」乃韓愈古文運動的中心思想，強調了吸收外來學說的同時，不忘本來民族之地位。又引陳寅恪《馮友蘭中國哲學史下冊審查報告》所云：「竊疑中國自今日以後，即使能忠實輸入北美或東歐之思想，其結局當亦等於玄奘唯識之學，在吾國

〔註124〕黃雲眉：《讀陳寅恪先生論韓愈》，《文史哲》1955年第8期。
〔註125〕陳寅恪：《金明館叢稿初編》，上海古籍出版社1980年版，第289、290頁。
〔註126〕王永興：《述陳寅恪先生〈論韓愈〉之作的重大意義》，《上海師範大學學報（哲學社會科學版）》2003年第3期。

思想史上，既不能居最高之地位，且亦終歸於歇絕者。其真能於思想上自成系統，有所創獲者，必須一方面吸收輸入外來之學說，一方面不忘本來民族之地位。此二種相反而適相成之態度，乃道教之真精神，新儒家之舊途徑，而二千年吾民族與他民族思想接觸史之所昭示者也。」陳寅恪所論，關鍵在於，認為韓愈用受佛氏影響之思想和方法攘佛，如從新禪宗摹襲而述儒家道統傳授淵源，因新禪宗直指人心、見性成佛之旨，以主張掃除儒家經典繁瑣章句而直指人倫；又因韓愈自身深受新禪宗浸潤和影響，故呵詆釋迦，申明夷夏之大防。暫不論陳寅恪申明夷夏大防思想中閃耀的民族光輝、蘊含的永恆真理，且從韓愈論而言，陳寅恪所論第四點，確可見其古今中外之學、佛氏之學的紮實根底。

其實，陳澧在讀書劄記中，亦曾述及自己對佛學的見解，「吾不為佛學，然頗知佛學」〔註127〕，可知陳澧闢佛的態度，又述佛教亦可不立。平允論之，陳澧對佛教，持完全排拒的態度。從此點觀之，陳寅恪對佛教吸收輸入而不忘本來民族之地位的姿態，可謂更高一籌。但這並不影響陳澧這位大儒在學術史上醇儒的形象。因為畢竟他比陳寅恪早 80 年出生，他生活的年代與陳寅恪不同，他所處的環境和所受的教育與陳寅恪不同。如果說，陳寅恪是新舊時代交替時期中西古今文化衝擊碰撞的歷史產物，陳澧則依然是西風東漸、風雨飄零的舊時代的歷史產物。陳寅恪思想的價值在於，融貫中西古今的同時，立足於本民族思想之根。陳澧思想的價值在於，面對強勢的西風襲來，面對風雨飄零、席捲屋瓦，仍懷著堅強的民族自信，相信中國幾千年儒家傳統文化無堅不摧的力量，懷著希冀，相信傳統文化的福澤終將帶領暫時落後挨打的偉大民族繼續屹立於蒼茫的大地。他以不變應萬變，這份堅強、隱忍、大音希聲的自信，足以成為我們民族永恆精神和力量的一部分。

為展現陳澧《東塾雜俎》論唐代學術的較完整面貌，本文將繼續梳理陳澧論唐代學術的其他要點。

四、唐代其他儒者論

陳澧《東塾讀書記》，特為留意表彰他人未顯之儒。基於此種著述意圖，對以下諸儒進行論述和彰顯。

〔註127〕陳澧著：《東塾讀書論學劄記》，黃國聲主編：《陳澧集》（二），上海古籍出版社 2008 年版，第 401 頁。

（一）李玄植

引《舊唐書·賈公彥傳》後附李玄植傳云：「時有趙州李玄植，又受《三禮》於公彥，撰《三禮音義》行於代。」又引賈公彥《儀禮疏序》云：「仍取四門助教李玄植，詳論可否。」陳澧議曰：「玄植受業於公彥，而公彥著書取玄植詳論可否，則玄植之學可知矣。」肯定李玄植精於禮學。由於《賈公彥傳》後附李玄植傳未明玄植精於禮學，故陳澧引賈公彥《儀禮疏序》特為彰顯此點。

（二）賈公彥

陳澧發現，《新唐書》無單獨的賈公彥傳，議曰：「《新唐書》不為賈公彥立傳，而但附於《張失衡傳》，謬也。」《張失衡傳》述士衡以禮教諸生，當時顯者即賈公彥、李玄植。故順述公彥曰「終太學博士，撰次章句甚多」，「傳業玄植」諸語，可謂甚簡。陳澧批評歐陽修《新唐書》不為賈公彥立傳，可謂謬也。

據《舊唐書》本傳，賈公彥撰《周禮義疏》五十卷，《儀禮義疏》四十卷。《新唐書·藝文志》載，他還曾參與《五經正義》之《禮記正義》的編纂。《周禮義疏》、《儀禮義疏》後又入《十三經注疏》。他對經學史的貢獻可謂據實可見。陳澧批評歐陽修不為他立傳。陳澧的批評可謂屬實。至於歐陽修《新唐書》不為賈公彥立傳，其背後的原因有待後人繼續探究。可幸的是，陳澧為後人提出了這個值得探究的問題。

（三）張九齡

張九齡是嶺南曲江人，又為開元名相。對於這位嶺南先賢，陳澧特為留意。《東塾雜俎》引《新唐書·張九齡傳》建言，皆九齡論政之語。如「朝廷能以令名進人，士亦以修名獲利」一語，陳澧特加小注曰：「范文正公之前，已有此語。湛甘泉《曲江集序》、阮文達《學海堂集序》，皆有辯論。」可見陳澧對張九齡此語有特別感慨。

陳澧與友人信札雖言《東塾讀書記》僅論學術，不論政治，實際上，時可見陳澧對歷史人物政論的極其關注。

（四）楊炯、王勃

陳澧特引楊炯《冕服議》三百餘字，以證楊炯「深明禮學，非止文人而已」。

觀楊炯《冕服議》，可見楊炯引《尚書·虞書·益稷》詳論冕服淵源，以

駁太常博士蘇知機表奏請改章服事。現存經學史著述,皆未述楊炯。人們普遍注意楊炯在文學史上的地位,將之視為初唐四傑。因此,陳澧特引《冕服議》,以表彰楊炯深明禮學,非止文人。

陳澧又引楊炯《王勃集序》云:「每覽韋編,思宏《大易》,為之發揮,以成注解」,「編次《論語》,各以群分,窮源造極,為之訓詁」。南宋洪邁《容齋隨筆》云,王勃等四子之文,皆精切有本原。陳澧對洪邁之評深表贊同,意在表彰王勃同樣深於經學,非止文人。

(五)杜佑

論前代學術時,陳澧曾屢次表示,杜佑《通典》不得不重視。論唐代學術時,較詳述杜佑及其《通典》。

先述杜佑作《通典》因由。據《新唐書·杜佑傳》,先有劉秩作《政典》三十五篇,房琯稱其才過劉向,杜佑以為未盡,因廣其闕,參益新禮,為《通典》二百篇,奏之,優詔嘉美,儒者服其書約而詳。再贊杜佑精博禮樂、刑政、典章之源,為政弘易,不尚繳察,以富國安民為己任;位極將相,手不釋卷,質明行事,燈下讀書,《舊唐書》稱其「始終言行,無所玷缺」。又引杜佑奏議朝廷官職設置,引《尚書·虞書·舜典》歷述官職淵源,引經自然,述論如流,讚歎杜佑經術淵深。又注意到王鳴盛《十七史商榷》述杜佑《通典》偶別創新說,開趙宋氣習。

與此同時,因杜佑晚年以妾為夫人,《新唐書》《傳贊》故曰:「以大節責之,蓋珉中而玉表歟!」可見歐陽修對杜佑的私德提出嚴厲批評,以珉中玉表毀之,不可謂不嚴苛。陳澧對此深以為非,議曰:「此太過矣!岐公為盧杞所惡,王叔文又謀逐之,其大節無可議。謂令狐楚為珉中玉表,可也。以議賈耽,已苛矣,況岐公乎!」陳澧所議,非關乎學術,乃關乎政事和人品。可見陳澧對杜佑、令狐楚、賈耽三人的看法,可窺對王叔文永貞革新事的隱約態度,亦可見對歐陽修嚴苛議杜佑的批評和不滿。

(六)陸贄

陸贄是中唐名臣,被後世稱譽不已。陳澧看重的,是他雖「不以經學名,而實深於經學」,其奏議多援引經語,融會貫通,足見經義洽熟於胸。如《奉天論前所答奏未施行狀》連引《書》八條,《詩》四條;《論敘遷幸之由狀》連引《書》五條,《易》四條,《春秋傳》二條,《禮記》二條,《詩》五條。

陳澧還特重陸贄讀書之法。《論關中事宜狀》云：「臣頃覽載籍，每至理亂廢興之際，必反覆參考，究其端由。」陳澧議曰：「讀書當如此，」「宣公之學，於此可見矣。」由此亦可窺陳澧讀書觀之端倪：覽載籍，非止為廣見聞，非止為學問，仍在於參理亂廢興之由。

陳澧又重陸贄奏、疏、狀文，議曰：「讀陸宣公文，使談古文者爽然自失。」細究此議，可知陳澧重文章內容、實質甚於外在樣式。陸贄之文雖非主張古文運動者所提倡的秦漢古文，但質實的內容、充裕的義理、深厚的底蘊和流暢的文氣，使得他的文章極具說服力和感染力。

（七）柳宗元

韓愈、柳宗元同被視為中唐古文運動的倡導者。陳澧從經學的角度關注韓愈，亦從經學的角度關注柳宗元。

引柳宗元《答嚴厚輿論師道書》云：「馬融、鄭玄者，二子獨章句師耳。今世固不少章句師，僕幸非其人。」陳澧從柳宗元此言，看出以下二點：其一，柳宗元其時不少章句師，此唐時經學之盛；其二，唐人始輕鄭君，輕章句。前已述陳澧認為譏漢儒自韓愈始，由此可見，韓、柳二人的經學觀有相似之處，基本可以代表其時經學風氣稍變的趨勢。

論韓愈輕視箋注時，陳澧又言柳宗元則不然，引柳宗元《與劉禹錫論周易九六書》證之。可見陳澧將箋注和章句別而視之。

正如後世常譏韓愈，陳澧又指出「世人好譏柳子厚」，引《與楊誨之第二書》以證柳宗元未可輕譏。是書引堯、舜、禹、湯、周公、孔子及其弟子之言，以明「狂之為聖」，以勸人「狂之克念」，以履行儒道為己任。可見柳宗元以復興儒道為己任的儒者之志。

陳澧又考柳宗元為文之本，本之《書》、《詩》、《禮》、《春秋》、參之《穀梁》、《孟子》、《荀子》、《老子》、《莊子》、《國語》、《離騷》、《史記》。正因本之諸經，故柳文可與韓文匹敵。陳澧認為，自宋以後為文者，求如韓、柳之取於諸經者，鮮矣，雖歐、蘇不能也。陳澧主張，欲學韓、柳文者，試如韓、柳之法而為之，或可以有成。

（八）李翱、皇甫湜

李翱、皇甫湜皆韓愈高弟，故陳澧特引而述之。

李翱作《復性書》，皇甫湜作《壽顏子辨》。陳澧案曰，此二文分別可見

李翱雜於佛氏之學，皇甫湜亦復不免，雖從昌黎遊而皆若此，可知佛教熾盛之時，不能不為風氣所移。陳澧意識到，即使身為韓愈高弟，李翱、皇甫湜二人也不免受佛教熾盛風氣所移，被佛氏學說影響。陳寅恪《論韓愈》則再進一步，申論韓愈本人深受佛教新禪宗影響，摹襲新禪宗，以述儒道傳授淵源；從新禪宗習得直指心性之法，以反對繁瑣章句、直指人倫；受佛經兼備散文及偈頌啟發，以改進文體。從某種程度而言，陳寅恪所發掘的韓愈與佛教新禪宗之關係，是陳澧所注意到的韓愈高弟與佛教關係的延續和遞進。

（九）李涪

因陳澧精於小學，故特為注意《新唐書‧藝文志》載李涪《刊誤‧切韻篇》。《刊誤‧切韻篇》云：「自周隨以降，師資道廢，既號傳授，遂憑精音。陸法言著《切韻》之初，士人尚多專業經史，精練罕有不述之文，故《切韻》未為時人之所急。後代學問日淺，尤少專經。或捨四聲，則秉筆多礙。自爾以後，乃為切要之具。」陳澧案曰：此言古人專業經史，罕有不識之字，後代多不專經，則有不識之字，必檢《切韻》；唐時經學小學之衰，於此可見，李氏慨然於學問之日淺，亦可謂知學問之本者。

陳澧引李涪《刊誤‧切韻篇》諸語的價值在於，因陸法言《切韻》早已佚，後人多難知其書寫作的真切歷史背景。李涪此語，可見《切韻》的出現，乃在於其時多不專經，有不識之字，必檢《切韻》乃可識。簡言之，《切韻》寫作的最初目的，在於助人識字以讀經書。

（十）盧履冰

《新唐書‧儒林傳》有盧履冰本傳。陳澧詳引盧履冰建言，駁武后請以母同父三年喪期。陳澧贊曰，此時儒者，猶有堅持古義者。

武曌欲改古禮，請以母同父三年喪，顯然有其明顯的政治意圖。盧履冰建言，以武曌之言為非，請求改如古禮。玄宗三番疑之，弗報，後乃下詔恢復古制。陳澧詳引盧履冰建言和此事曲折經過，可見對古禮的特別重視。

除以上諸儒，陳澧還引新、舊《唐書》，述崔玄暐、劉黃、徐文遠、徐有功父子、劉憲等人，篤志經籍，以經術有功於治世。

概而述之，陳澧論唐代學術，重點之一，在引述、梳理唐代儒學新變的複雜過程，重點之二，在論韓愈。述唐代儒學新變之時，將王元感上表、唐太宗《孝經序》、元行沖撰魏徵《類禮》義疏不得列於學官、乃著《釋疑》三事

作為唐初經學風氣初變的徵兆；將啖助、趙匡、陸淳《春秋》學視為盛唐疑經之風的延續；將唐末皮日休、陸龜蒙、司空圖皆尊文中子，看作濫觴於王通《中說》的唐代疑經之風在唐末的一脈相承。與此同時，特別注意挖掘和闡述唐代佛教之盛，對儒、佛互混社會風氣的闡發，更可謂精微、縝密，還注意從中西方儒、佛文化交流的角度，加以闡釋和形象化解讀，別具新意。陳澧韓愈論，闡釋和發明韓愈的禮學觀、古文觀、道統說和尊孟子、攘佛、老的學術主張，詳考韓愈治學根底，強調韓愈之學師其意、不師其辭，提要鈎玄之法等具體策略，盛讚韓愈之學洞視萬古的超越性。具體比而較之，可知近大半個世紀之後，陳寅恪《論韓愈》一文的絕大多數觀點，皆可在陳澧韓愈論中找到先聲。除此之外，陳澧還特別留意表彰其他學者隱而不論的唐代諸儒，如表彰初唐四傑楊炯、王勃深於經學，宰相杜佑經術淵深，中唐名臣陸贄深於經學，韓、柳之文取之於經，李涪知學問之本，盧履冰堅持古禮，崔玄暐、劉蕡、徐文遠、徐有功父子、劉憲等人，篤志經籍，以經術有功於治世。陳澧唐代學術論可謂後世經學史唐代學術論的先聲，觀點鮮明，論述據實，考敷詳密，可謂大有功於後世中國學術史和經學史的著述。

第七節　《北宋》卷

皮錫瑞《經學歷史》以「經學變古時代」為題論宋代經學，整理、論述了《易》、《書》、《詩》、《春秋》三傳、三《禮》諸學在宋代的研究概況，分析、闡述了宋代疑經、改經、刪經以就己說的經學風氣。馬宗霍《中國經學史》強調五代迄宋經書雕刻印板情況，梳理宋代道學傳授淵源，對宋學不守陳義、自闢新術的經學成就亦有所述及。

吳雁南等主編《中國經學史》「宋代經世致用的功利派經學」、「宋代經學的性理闡釋」二章論宋代經學。在章節總體設計上，採用形而上哲學視角；從具體內容來看，形成清晰的條貫和線索，分荊公新學、溫公朔學、蘇氏蜀學、事功之學四部分論北宋經學，將二程洛學納入南宋朱熹理學源流加以論述，並論陸氏心學。葉純芳《中國經學史大綱》「宋代經學」分「經書的刊刻」、「經學研究的發展」二部分內容。前者延馬宗霍《中國經學史》餘緒，述宋代經書刊刻情況，對南宋私家和坊肆刻書情況有所涉及。後者述宋代經學之變，將邢昺等奉詔撰《孝經》、《爾雅》、《論語》三經疏義作為漢唐注疏學的完成

加以論析；將孫復、胡瑗《春秋》學著述作為兩宋《春秋》學的主流，析其主旨，辨其傳授淵源；以劉敞《七經小傳》、王安石《三經新義》作為宋代新經義開創的先驅和典範；從建立形上哲學、確立道統傳承、強調修身養性三方面分析宋代經學義理化傾向的表徵，並將朱子之學視為宋代經學新典範的完成。葉純芳亦延皮錫瑞《經學歷史》論宋代經學的結構，分述《易》、《詩》、《書》、《禮》四經在宋代的研究發展情況。《易》學部分，論邵雍《皇極經世》、周敦頤《太極圖說》等，重點闡述程頤《易傳》；《書》學部分，論王安石《尚書新義》、蘇軾《東坡書傳》，強調朱熹等對偽《孔傳》、《孔序》的懷疑，將之視為宋末王柏《書疑》對《尚書》移易改補的先聲；《詩》學部分，論歐陽修《詩本義》、蘇轍《詩集傳》、鄭樵《詩辨妄》，強調王柏《詩疑》刪「淫詩」，王應麟《詩考》輯佚，以成清輯佚之風先聲；《周禮》學部分，從是否出乎聖賢，遭遇竄亂、以復原貌二方面把握宋代《周禮》研究；《儀禮》學部分，論王安石廢《儀禮》，李如圭《儀禮集釋》、朱熹《儀禮經傳通解》注《儀禮》，楊復《儀禮圖》、聶崇義《三禮圖集注》等以圖解方式推進《儀禮》名物制度研究；《禮記》學部分，述《大學》、《中庸》多種改本。除此之外，將衛湜《禮記集說》別為附論，突出其書保存宋儒《禮記》研究精華的文獻意義。

葉純芳《中國經學史大綱》論宋代經學部分，從以下三方面深層解析了宋人疑經改經的目的：其一，宋朝雖已統一，但外族威脅從未停止；其二，學者關心時政，對經書有經世期待；其三，漢唐注疏無法滿足宋代學者欲以儒經經世的意識需求。簡言之，講實用、講義理、關心政治的意識需求，投射在經書上，促成了宋代新經學疑經、改經、刪經合己意以解經風氣的最終盛行。葉純芳從政治時局的視角，闡釋了宋代經學新變的外部原因，並指出，「宋人從漢唐注疏中解放，不惑傳注、以意說經、發明經旨、崇尚新奇，開創了屬於宋人的經學」〔註128〕。葉純芳《中國經學史大綱》對宋代經學新變外部原因的分析，可謂精闢之見。

陳澧《東塾雜俎》依《東塾讀書記》未付梓稿本編錄成書，著述時間最遲至 1882 年。據皮錫瑞孫名舉《皮鹿門先生傳略》，皮錫瑞年三十「乃始治經」，「晚年復撰《經學歷史》、《經學通論》」〔註129〕。由此可知，《東塾雜俎》

〔註128〕葉純芳著：《中國經學史大綱》，北京大學出版社 2016 年版，第 301 頁。
〔註129〕皮錫瑞著，周予同注釋：《經學歷史》，中華書局 2012 年版，附錄一《皮鹿門先生傳略》，第 257、258 頁。

著述時間當早於皮錫瑞《東塾雜俎》二十餘年。因此，陳澧《東塾雜俎》有關宋代經學的觀點、看法和意見，對相關文獻史料的擷取和運用，皆可視為中國經學史論宋代經學的先聲。本文欲探究、挖掘陳澧《東塾雜俎》論宋代學術相關觀點和看法的獨特之處。

一、北宋經學復興的表現

皮錫瑞《經學歷史》「經學變古時代」開篇云：「經學自唐以至宋初，已陵夷衰微矣。」〔註130〕可見皮錫瑞的總體看法是，經學自唐至宋初，已呈陵夷衰微的下降趨勢。

陳澧的看法稍有不同。《東塾雜俎》從以下諸方面探究北宋經學之興。

（一）帝王禮遇經學之士

陳澧論歷代經學，素重帝王對經學所起的作用。論宋代學術亦然。陳澧引《名臣言行錄》，述宋太祖禮遇王昭事。王昭素少篤學，博通《九經》，著《易論》。年七十七，受詔赴闕。太祖賜坐，令講《乾卦》，拜國子博士。陳澧議曰：「當開國之初，特召斯人而加敬禮焉，足以振起一代風氣矣。」又云「宋太宗召陳摶赴闕，以賓禮見。宋代之重處士，其風氣由於此」。

陳澧看重帝王禮遇經學之士振起一代風氣，看重帝王重處士，一方面與他素重帝王對經學的促進作用有關，另一方面亦與他個人經歷息息相關。陳澧早年科舉之路可謂頗順，二十三歲即已中舉。會試之途卻屢遇蹇滯，六次赴京應試皆不中。大挑選授河源縣學訓導，亦極為不順，告病而歸。在現實打擊下，從此無意於仕途。在學海堂學長和菊坡精舍山長任上，專意於學術研究，諄諄於教授士子。雖英偉之士多出其門，作為儒者的經邦濟世之情仍深耿於懷。不論考證經史、輿地，或述歷代學術，皆可見其經世之志。遠離仕途的他，其身份正為處士。對宋代重處士風氣的遠懷，頗可窺其內心深處對王昭年老受詔經歷的深重感慨。

（二）制誥之臣多博雅

陳澧引趙翼《廿二史劄記》卷二十四「宋初考古之學」以下五事，強調宋初制誥之臣多博雅。事之一，乾德三年，獨相趙普，無宰相書敕。帝以問陶穀，陶穀獨能記古來偶有朝無宰相之故事，議尚書可書敕。事之二，趙普獨

〔註130〕皮錫瑞著，周予同注釋：《經學歷史》，中華書局 2012 年版，第 156 頁。

相後，帝欲置副而難其名，問宰相之副為何官。倉促一問，陶穀即能援引故事，可見熟於典故。事之三，太祖改年號乾德，以為古所未有，後於宮中得乾德錢，以問竇儀。竇儀對曰偽蜀曾有此號。詢知果自蜀中來，帝歎曰：「宰相須用讀書人！」事之四，太宗時張洎議皇子封王事，可見於朝章國典無不究心有素。事之五，五代十國吳越王錢俶薨，張佖駁張洎覆狀「受寵若驚，居亢無悔」語，張洎引《易》王弼注，且廣徵《漢書》史料，歷歷有據以反駁之。趙翼議曰：「北宋文學之臣，稽典故，援經史，俱確有依據，豈後代所可及哉！」

陳澧詳引趙翼所述及議語，對趙翼之言表示認同。北宋制誥之臣多博雅，與北宋文官制度息息相關，亦與其時距古未遠不無關係。陳澧對北宋制誥之臣多博雅的褒揚，可見他對北宋經學之興原因的又一認識。

二、北宋經學復興的原因

既然認為北宋經學呈復興之勢，接下來需要思考的問題是，北宋經學何以復興？

陳澧《東塾雜俎》論柳開之學，對這個問題作出了自己的回答，議曰：「北宋之初，更五代大亂之後，復見太平，有志之士自奮於學術，此世運使之然也。」陳澧從儒者社會責任感的角度切入，認為北宋經五代之亂，復見太平，有志之士自奮於學術。

姜廣輝《「宋學」、「理學」與「理學化經學」》〔註131〕一文，從宋儒面臨的時代課題、宋代士人的擔當精神二方面詮釋宋代經學由訓詁考據之學走向義理之學的新變。姜廣輝所論「宋代士人的擔當精神」，即承陳澧論北宋「更五代大亂之後」、「有志之士自奮於學術」觀點之餘緒。

三、北宋經學的特點

（一）對道統的繼續發掘和張揚

從漢唐訓詁、考據之學至宋義理之學，經學發展軌跡的轉變，關捩在於對道統有意識的發掘和張揚。宋儒沿唐韓愈的路子，繼續發掘和張揚道統，既是經學發展的內在慣性，亦有其社會政治原因。五代時期篡弒屢起，君臣之倫崩解；北宋遼與西夏強鄰壓境，夷夏衝突緊張；唐、五代以來，士大夫遁

〔註131〕姜廣輝：《「宋學」、「理學」與「理學化經學」》，《哲學研究》2007 年第 9 期。

於佛教尋求心靈安頓，儒學受到衝擊〔註132〕。現實倫理、時事政治、文化思想諸方面的危機情勢，促使有社會責任感的儒家豪傑之士，立志發揚儒家道統，重振儒學之盛。

隋王通以孔聖自居，唐韓愈欲上接孟子。北宋一方面接續韓愈道統說，另一方面，又有所改造以出新意。

陳澧論柳開，挖掘其初名、字蘊含的深意：「柳仲塗初名肩愈，謂肩昌黎也；字紹先，謂紹柳州也。此以古文自任也。」又引其言曰，「將開古聖賢之道於時」，「使古今由於吾也，庶幾吾欲達於孔子也」，陳澧認為，此直以聖賢之道自任矣。

與韓愈上接孟子之道統不同，柳開有過之而無不及，撇開孟子不言，直欲達於孔子。

陳澧並引歐陽修、王安石、曾鞏論道統之語。歐陽修《新唐書·禮樂志》云：「漢興，《六經》在者皆錯亂、散亡、雜偽」，「諸儒方共補輯，未得其真」；《新唐書·藝文志》又云：「自《六經》焚於秦而復出於漢，其師傅之道中絕，而簡編脫亂訛缺，學者莫得其本真，於是諸儒章句之學興焉。其後傳注、箋解、義疏之流，轉相講述，而聖道粗明」。歐陽修之言有如下三層含義：其一，《六經》焚於秦，復出於漢時，在者皆錯亂、散亡、雜偽；其二，諸儒補輯，未得其真，其道中絕；其三，章句之學興焉，其後傳注、箋解、義疏之流轉相講述，聖道粗明。在歐陽修看來，漢時《六經》已不得其真，漢儒章句僅得其粗，未能彰明聖道。王安石《書洪範傳後》的觀點相類，認為孔子沒，儒道日以衰熄，至漢傳注出，不足以善其心，況其有不善者，故聖人之經卒以不明，詆毀漢儒傳注未得明聖道。曾鞏《筠州學記》之語則可見以下三點：其一，對漢儒章句、訓詁之學的批評更嚴苛，謂「以私見穿鑿，故先王之道不明」，其二，表彰揚雄獨明先王之道，指謫劉向之徒不免為眾說所蔽；其三，表彰宋儒乃有特起於千載之外、明先王之道者。陳澧案曰，歐陽修、王安石、曾鞏三家之論大略相同，可知其時師友間風氣如此；曾鞏云「士有特起於千載之外，明先王之道者」，蓋自謂也，猶程伊川所謂「生於千四百年之後，得不傳之學」也；其褒揚雄，貶劉向，則不可解。陳澧的案語可見：其一，其時師友間以漢儒章句未得明聖人儒道而輕視之；其二，曾鞏自謂為特起於千載之外、明先

〔註132〕姜廣輝：《「宋學」、「理學」與「理學化經學」》，《哲學研究》2007 年第 9 期。

王之道者，與程伊川所謂生於千四百年之後、得不傳之學相類；其三，曾鞏褒揚雄、貶劉向，陳澧對之不認同。

簡言之，陳澧注意到柳開、歐陽修、王安石、曾鞏直至程伊川諸人對儒家道統的繼續發掘和張揚，強調曾鞏、程伊川以特起於千載之外、得不傳之學自謂對道統的繼承，表明曾鞏納揚雄於道統的主張。

（二）以新意傳注諸經

陳澧論歐陽修之學時，注意到一件猶有意味之事。據《朱子文集》載《考歐陽文忠公事蹟》，歐陽修《詩譜後序》嘗謂：「世之學者好以新意傳注諸經，而嘗力詆先儒。先儒於經不能無失，而其所得者固多矣。正其失，可也；力詆之，不可也。」又指出學者之大患，正在各持好勝之心，務欲掩人而揚己，一切易以己說，欲盡廢前人自成一家。基於此種治學態度，歐陽修作《詩本義》，止改易百餘篇，其餘二百篇無所改易，且曰：「毛、鄭之說是也，復何云乎？」歐陽修之言可見如下之意：其一，指出其時學者好以新意傳注諸經、力詆先儒的風氣；其二，指出學者之大患正在持好勝之心，掩人揚己；其三，秉持此治經態度，身體力行，作《詩本義》，毛、鄭是處絕無輕率改易。

歐陽修之言讓陳澧頗感疑惑之處在於，歐陽修是力詆先儒最甚者，其議論卻醇正如此，批評世之學者力詆先儒，以己說盡廢前人之說。在陳澧看來，歐陽修治經的言論與其實踐之間存在著矛盾。陳澧認為，歐陽修的此種矛盾，可見當時學者以新意傳注諸經，力詆先儒者，其常也，非歐公倡之。

陳澧此種解釋的合理性在於：其一，窺見當時學者以新意傳注諸經、力詆先儒以成普遍風氣；其二，指出此風並非歐陽修首倡。

後世學者將歐陽修視為宋初儒學復興運動、疑古新變經學思潮和古文運動的精神領袖，由此普遍認為，以新意傳注諸經、力詆先儒的經學新風乃由歐公首先力倡。於《易》，歐公批《十翼》，排《繫辭》；於《詩》，疑《詩序》作者、《魯頌》、《生民》等詩篇，作《詩本義》糾毛、鄭之失；於《春秋》三傳，批三傳之失，捨傳從經；於《書》，以《今文尚書》《泰誓》篇為偽書；於《周禮》，質疑其所述官僚體制過於龐雜、令人生疑，以《禮記》為雜亂之書，質疑《儀禮》制度的真實性〔註133〕。

〔註133〕曾建林：《歐陽修經學思想研究》，束景南教授指導，浙江大學中國古典文獻學專業博士學位論文，2007年。

陳澧深究歐公《詩譜後序》諸語細微之處，窺見歐公已云「世之學者好以新意傳注諸經」，可見好以新意傳注諸經非始自歐公，且以成風氣；歐公亦批評當時學者於先儒「力詆之，不可也」，可知歐公亦非一意力詆先儒。陳澧對文獻的細察和深究，窺探出後世學者籠統認識和習見的偏差。

自唐啖助摭訕三家，憑私臆決，尊之曰「孔意」，趙匡、陸淳從而倡之，可知疑經之風始於唐，亦可見疑經非為毀經，實為詆漢儒傳注以返本經、以尊孔意。至歐陽修其時，學者以新意傳注諸經，已蔚然成風。歐公雖慣於疑經，但其質疑皆有本，皆是其是、非其非，其態度嚴謹審慎。歐公批評當時學者力詆先儒，顯然並非站在保守立場維護先儒經傳，其出發點在於，對審慎治經態度的強調，認為不可持好勝之心以治經，不可不顧是非，掩人揚己。

若深究之，陳澧關於歐公雖議論醇正如此，然力詆先儒公為最甚「何也」之問，卻可窺陳澧對歐公疑經的保守態度。顯然，陳澧並不理解和認同歐陽修對諸經的質疑性探究。陳澧此種保守態度，可謂十分明確。以宏觀角度放眼回望經學歷史，陳澧表現出的保守實有其侷限。但若回到陳澧所處晚清歷史現場，又不得不見其保守態度實有必要。晚清西學東漸，時局風雨飄搖，世風澆漓，人心浮躁，士子不肯通讀一經，經今文學者因功利目的草率解經。陳澧本著儒家學者的社會責任感，欲挽救頹喪不正的學風，欲正學風以重樹人才，以挽救社會危機。從終極目的言之，以陳澧為代表的經古文樸學學者與經今文學者並無二致；以具體路徑和方式而言，二者卻絕然迥異。以劉逢祿以至後來康有為等公羊派代表為例，以經學為政治的手段，放棄傳統經學質實的精神和原則，大膽妄議，徹底疑經，將政治淩駕於學術之上，以達成短期的社會效應。後來的那段歷史已經證明，此種做法是短視的，對世風的破壞亦具毀滅性，較長遠而言，並非最妥的歷史選擇。反觀陳澧政治由於人才、人才由於學術的主張，則顯得更為穩妥和有遠見。陳澧並非不主張變，只不過主張兩不相毀的穩妥之變，絕不主張犧牲學術實事求是精神和原則、以求一蹴而就的突變。如果說十年樹木、百年樹人，那麼世風和學風的重振，則需要更為久遠的時間。若以敗壞學風為代價，換取短暫的社會及時效應，可謂無異於飲鴆止渴！簡言之，若回到陳澧所處的歷史現場，陳澧對唐宋疑經之風的態度和評價是合適的。在一個已經傾向於失去信仰、失卻原則、率意懷疑的年代，對信仰的重樹，對經典不容置疑性的強調，對博學知服精神

的稱頌，皆極為必要。陳澧以一己之力糾偏學風、世風，他的努力實為可貴、可崇。

於北宋經學好以新意傳注諸經，陳澧還試圖從以時間為線索進行梳理。李覯《寄周禮致太平論上諸公啟》云：「世之儒者，以異於注疏為學。」陳澧指出，其時二程甫二十餘歲，風氣已好以異於注疏為學。司馬光《論風俗劄子》云：「新進小生不知臧否，口傳耳剽，翕然稱風。循守注疏者謂之腐儒，穿鑿臆說者謂之精義。」其時好新意風氣已有過猶不及之弊，以穿鑿臆說為精義，以循守注疏者為腐儒。陳澧認為，司馬溫公此札上於熙寧二年，距李覯卒後十年，可見此風更熾。陳澧對於北宋傳注好新意風氣時間的梳理，可見以下二點：其一，二程之學興起之前，以新意解經的風氣已成，其二，十餘年之後，熙寧二年，司馬溫公劄子可見此風更熾。

陳澧引王應麟《困學紀聞》卷八云：「自漢儒至於慶曆間，談經者守訓故而不鑿。《七經小傳》出，而稍尚新奇矣。至《三經義》行，視漢儒之學若土梗。古之講經者執卷而口說，未嘗有講義也。元豐間，陸農師在經筵，始進講義。自時厥後，上而經筵，下而學校，皆為支離曼衍之詞」，「道愈散而習愈薄矣。陸務觀曰：『唐及國初，學者不敢議孔安國、鄭康成，況聖人乎？自慶曆後，諸儒發明經旨，非前人所及，然排《繫辭》，毀《周禮》，疑《孟子》，譏《書》之《胤征》、《顧命》，黜《詩》之《序》，不難於議經，況傳注乎？』斯言可以箴談經者之膏肓。」從王應麟此言觀之，可見其觀點如下：其一，漢儒至慶曆之前，經學風氣尚守訓故；其二，劉敞《七經小傳》出，經學風氣稍尚新奇；其三，王安石《三經義》行，治經之士輕視漢儒之學若土梗；其四，元豐間陸佃始進講義，此後經筵至學校，支離曼衍之詞盛行，道愈散，習愈薄。陸游之言同樣強調慶曆後經學風氣丕變。

綜而論之，陳澧認為，歐陽修、劉敞、王安石諸人可視為北宋以新意傳注諸經、影響力較大的代表人物。於王應麟之言深而析之，可推測王應麟以慶曆間劉敞《七經小傳》之出作為北宋經學新變的時間節點。細而考之，陳澧指出此風並非歐陽修首倡，其時已成普遍風氣。陳澧的揭示，使後人有關北宋首開經學新風之功該歸歐陽修或劉敞的問題，變得沒有那麼關鍵。陳澧以文獻為基礎，揭示了人們一直以來的籠統習見的偏差，即北宋經學新風丕變之始，其實早於後來被人們熟知的歐陽修、劉敞諸人的經學實踐，只不過

他們較為知名，所以被人們當作了代表人物。於北宋經學新變潮流而言，先始一批疑經士子及其疑經實踐，可能已被歷史大浪淘去，未留下名字，但正是在他們所形成的歷史合力作用下，使得歐陽修、劉敞、王安石受時代經學風氣薰陶，挺身而出，被後世悉知，成為北宋經學新變的代表人物。

（三）好為極高之論

陳澧引王安石《太平州新學記》、《答吳孝宗論先志書》諸語，指出可見北宋時風氣，已好為極高之論。

王安石《太平州新學記》云：「積善而充之，以至於聖而不可知謂之神；推仁而上之，以至於聖人之於天道，此學者之所以當以為事也。」王安石此言論積善和推仁，原本符合孔孟之道。其「至於聖」的假設，陳澧卻並不認同，認為可見王介甫妄為高論。王安石被後世學者看作北宋理想主義的改革家，其思想觀念中理想主義的色彩亦表現在此語中：論積善，高揚聖人的境界；論推仁，亦以聖人之天道為目標；且高調宣揚「此學者之所以當以為事」。王安石的出發點是好的，但正如陳澧批評，論調過高，有虛妄之感。王安石此種帶有濃鬱理想主義色彩的論調，顯與樸學家陳澧講求質實、立論有據、不好為高論的作風相違背。王安石《答吳孝宗論先志書》贊許吳孝宗「自以為才不及子貢，而所言皆子貢所欲聞於夫子而不得者」，以吳孝宗比子貢，更以吳孝宗所言高於孔子，更可謂浮虛不實。

陳澧以王安石、蘇洵相關諸語為依據，指出北宋時風氣已好為極高之論。又引顧亭林言曰：「可見非二程倡之。」可知陳澧意在探尋二程心性之學好為虛高之論的淵源。

北宋好為極高之論的風氣，除表現在虛妄追求聖人境界、自謂可比孔聖或孔門賢弟子，還表現在蔑視古人的狂妄風氣方面。

陳澧引司馬光《涑水紀聞》述神宗熙寧初成都進士李戒投書見訪事。李戒自謂少學聖人之道，不在顏回、孟軻之下，又曰孟軻以降，蓋不足言，今日復有明公可繼孔子。可見當時進士狂妄自大，先自謂不在孔聖賢弟子之下，復投書更高一層，謂可繼孔聖。溫公《涑水紀聞》所記，正如陳澧所議，可見北宋士子狂妄風氣之端倪。於此等狂妄之徒，溫公謂「余駭懼，遽還其書」，可知溫公並不認可，且駭懼之。此亦北宋狂妄士人之極其特立、以至使人驚懼者，可見北宋士人蔑視古人以自高。

（四）唐疑經風氣在北宋的延續和升級

不論以新意傳注諸經，或好為極高之論，實際皆以疑經為前提。敢於質疑前儒經典注疏，故不憚於以新意傳注諸經；敢於質疑先聖及其弟子不可企及的崇高地位，故不憚於以聖人及賢弟子自比，不憚為極高之論。

西漢揚雄仿聖人口吻作《法言》，隋王通《中說》以聖人自擬，唐啖助捃訕三家，憑私臆決，尊之曰「孔意」，趙匡、陸淳從而倡之。從擬聖人口吻，至疑先儒諸經傳注，再至歐陽修批《十翼》、排《繫辭》、疑《詩》篇、辯《泰誓》等，大規模懷疑諸經、大膽質疑的治經思路，可謂唐疑經風氣在北宋的延續和升級。

（五）佛學對儒學的滲透

陳澧從語言滲透的獨特角度，論析宋代佛學對儒學的滲透。他指出，因佛書之「佛」譯為「覺」，宋儒乃訓「仁」為「覺」，如謝良佐《上蔡語錄》云：「心有所覺謂之仁」；因佛書「般若」譯為「智慧」，宋儒乃解「明德」為「虛靈不昧」；因禪家「不思善，不思惡，本來面目」之語，宋儒乃以「喜怒哀樂之未發」當之。陳澧此論視角新穎，可謂獨見，對後世從比較語言學角度進行文化闡釋，具有啟發之功。

除此之外，陳澧還析論曾鞏序《梁書》目錄，借題議論聖人與佛不同、蘇軾慢侮不信佛僧與談禪的矛盾，以及《程氏遺書》斥佛精語。陳澧指出猶有意味的兩個矛盾：其一，蘇軾在《中和勝相院記》中，極言學佛之苦，表達自己於佛僧慢侮不信的態度，然詩文多談禪；其二，《程氏遺書》卷十五可見闢佛精語，明道先生《與張子論定性書》又顯見以禪語說儒道。蘇軾和程子既闢佛、又深受佛禪之學影響的矛盾，正可視為佛學對儒學滲透之深的有力證據。

四、北宋儒者論

吳雁南等主編《中國經學史》分荊公新學、溫公朔學、蘇氏蜀學、事功之學二程洛學論北宋經學，形成清晰學派脈絡，具體而言，論王安石、司馬光、三蘇、陳亮、葉適、周敦頤、張載、邵雍、二程之學。

陳澧論北宋學術，論柳開、石介、孫復、胡瑗、孫奭、范仲淹、歐陽修、曾鞏、王安石、司馬光、蘇軾、黃庭堅、劉敞、李覯、二程、周敦頤、邵雍、張載、李侗、謝良佐等。因《東塾雜俎》筆記體著述形式，在系統、脈絡方面

有所欠缺，但在廣度、深度方面尤顯突出。與後來諸部經學史相較，陳澧《東塾雜俎》對北宋學術面貌的展現、論析更為全面、細緻和真切，更能還原學術現場。與此同時，後來學術史著述論述北宋學術的內容，在陳澧《東塾雜俎》北宋卷皆可尋端倪。陳澧的論述在時間方面為最早，其開端的意義、引用史料的文獻價值皆不可忽。

（一）柳開、孫復、石介、胡瑗

陳澧強調柳開初名肩愈、字紹先所蘊肩昌黎、邵柳州之意，強調以古文自任的責任感，《補亡先生傳‧答梁拾遺改名書》又可見以聖賢之道自任。除此之外，陳澧認為《默書》「有命有性，有性有情，得其性理之靜」諸語，已講性理，主靜，可見並非二程最先言性理、主靜，意在追溯二程性理之學的淵源。雖肯定柳開於五代大亂、宋初復見太平之際，立志自奮於學術的開創進取精神，對其浮躁性格，卻給予「德不量力」的批評。又特引《夢溪筆談》述柳開以文章千軸投主司事。《夢溪筆談》云，柳開少好任氣，大言凌物，應舉時，以千軸文章載以獨輪車，投主司於簾外，引試日衣襴擁車以入，欲駭眾取寵；時張景能文有名，惟袖一書，簾前獻之，主司稱賞，擢為優等；時人語曰：「柳開千軸，不如張景一書。」陳澧詳引《夢溪筆談》述柳開駭眾取寵事，對浮躁、誇飾行止表示不認同。柳開之事，看似笑話，對後人不無警醒，直至今日，仍可作鏡，照出今人駭眾取寵、浮躁誇飾的種種醜態。值得深究的是，為何偏如柳開此類大膽、浮躁、誇飾之人，留名歷史，被後世視為開風氣之先的重要人物？仿聖賢語氣的揚雄、以聖賢自擬的王通皆如此，陳澧不認同他們浮誇自大的言語、行為方式，卻無法否認，後世立儒家道統，對他們極為重視。內斂、謹嚴的醇儒，被陳澧稱許、表彰，亦在歷史中被遺忘。這是矛盾，亦是遺憾，同時彰顯了陳澧歷代儒者論的價值和意義。

陳澧又引韓琦、范仲淹對柳開反五代宋初華靡文風之功的稱許。陳澧認為，韓魏公和范文正公皆非妄言者，並由此揣測，蓋柳開年長後亦無浮躁之氣。於石介對柳開的推尊，則不認同。石介將柳開納入孟子、荀子、揚雄、王通、韓愈之道統，陳澧認為，推尊太過，石介尤浮躁之甚者，其言固不足重。

石介與孫復齊名，曾拜孫復為師，嚴執弟子禮〔註134〕，同為宋初三先生。陳澧注意到，後世對孫復的評價存在分歧。南宋朱熹《名臣言行錄》採張安

〔註134〕徐洪興：《石介論》，《中國哲學史》1993 年第 1 期。

道語，謂其「狂譎盜名」，清全祖望《宋元學案》稱其「巖巖氣象」。陳澧傾向於朱熹《名臣言行錄》之言，不認同全祖望對他的稱許，對孫復老而娶當朝宰相女一事，給予微譏，批評石介請成諂媚之舉。

孫復推重儒家道統，乃宋學重要先驅；著《春秋尊王發微》，捨傳求經，闡揚《春秋》尊王之義，對宋儒義理之學的產生，起了重要作用〔註135〕。值得注意的是，陳澧未提及孫復學術成就，僅就老而娶宰相女一事給予微諷，可見並不認同孫復的經學成就。徐洪興《孫復論》認為，學術價值和歷史價值二概念並不完全重合，有的著作學術價值很高，但因受各種條件限制，歷史價值無法實現；反之，有的著作學術價值並不高，但由於因緣際會、各種條件的促成，使其歷史價值相當高。孫復《春秋尊王發微》可歸入後一種，從對漢唐章句、注疏之學的衝擊、否定而言，具有很大貢獻，就著作本身內容而言，成就絕不能算高。徐洪興的看法，可謂對陳澧不認同孫復經學成就原因的合適解釋。

胡瑗與孫復、石介同為宋初三先生，因遠祖世居安定，被尊稱「安定先生」。許道勳、徐洪興《中國經學史》以「蘇湖學」論胡安定之學，認為其《易》學為宋代以「義理」說《易》之宗，於象數掃除略盡，亦程頤《程氏易傳》的淵源。陳澧從以下五方面論胡安定之學：其一，肯定胡安定之學切實有用，朱子使弟子修《通鑑綱目》、《三禮》，尚有其遺意，強調朱子之學受胡安定影響；其二，肯定胡安定《周易口義》言性情之理平實明白；其三，安定先生尤患隋唐以來仕進尚文辭、遺經業，苟趨祿利；其四，強調胡安定仁宗朝上書，請興武學；其五，胡安定經義齋，擇疏通有器局者居之，可見治經之士最忌繁碎迂僻。簡言之，陳澧對胡瑗之學極為認同，肯定其學切實有用，肯定其言性理平實，認同他對仕進尚文辭、遺經業的憂患，認同興武學的建議；從經義齋擇士原則，體會到治經之士繁碎迂僻之大忌。

由此可見，陳澧對胡瑗的態度，與對孫復、石介的態度絕然不同。還特意言明孫復與胡瑗不合，在太學常相避。徐洪興《孫復論》指出，隨著清代學者對宋明理學的反動，孫復及其《春秋》學，遭到包括四庫館臣在內、崇尚樸學之清儒的反動。陳澧對胡瑗、孫復態度迥異，既可見典型的樸儒身份，亦可窺對質實的崇尚，對浮躁盜名之士的不齒，同時可見一向趨於平實的治學風格。

〔註135〕徐洪興：《孫復論》，《孔子研究》1990 年第 3 期。

（二）孫奭

包括皮錫瑞《經學歷史》、馬宗霍《中國經學史》在內，現存諸種重要經學史著述，均未單論孫奭之學。陳澧論北宋學術，特重孫奭，且每稱論，皆尊稱孫宣公，對孫奭推崇和敬仰。

陳澧稱許孫奭「講解諸經，校定正義，奏正禮樂，忠孝方重，直言敢諫，為政寬厚，真大儒也」，肯定孫奭在經學、禮學方面卓然有功，褒揚忠孝人品，表彰仁厚治政，不愧為大儒。又引孫奭上疏所云「孰謂上天為可罔，下民為可愚，後世為可欺」，肯定其語切直，真宗容之而弗斥；又謂王欽若等姦臣之流，不敢諂害，稱許他使姦邪心服，忠誠有凜然氣度；推重《經典徽言》掇取《五經》，切於治道，強調後儒讀經者，當師其意而為之。陳澧有《朱子語類日鈔》，又抄《象山語錄》，可見受孫奭《經典徽言》影響。

除此之外，陳澧還從門弟子角度，稱許孫奭之學的影響。馮元從學宣公，趙師民、楊安國皆宣公所薦，諸人皆以經術進講，行義淳質，為北宋醇儒碩學。孫復曾為邇英閣祗候說《書》，楊安國以其講說多異先儒罷之。陳澧議曰：「此不愧為宣公所薦。」在陳澧心目中，孫奭及其門弟子皆簡厚、淳質醇儒，恰與孫復、石介諸人的浮躁誇飾、狂譎盜名形成鮮明對比。

（三）范仲淹

皮錫瑞、馬宗霍以及今人經學史著述皆未論范仲淹。正如後人所云，范仲淹在政治、文學上的盛名，掩蓋了他在學術思想方面的貢獻，不為治學術史者注意〔註136〕。

陳澧論北宋學術，對范仲淹之學有足夠的注意。且每稱之范文正公，敬仰之情溢於言表。首先，摘錄范仲淹《上資政晏侍郎書》「但信聖人之書，師古人之行。上誠於君，下誠於民」諸語，議曰：「文正公之學，蓋盡於此四語。」將此語視為范仲淹之學的關鍵。

如何理解陳澧對范仲淹「但信聖人之書，師古人之行。上誠於君，下誠於民」四語的尊奉和認同？本文認為，可從如下方面進行解讀：其一，「但信聖人之書，師古人之行」，首先是文化保守主義的體現。本文認為，文化保守主義絕非貶義。聖人之書，蘊含傳統文化價值精髓；古人之行，體現傳統儒

〔註136〕楊渭生：《范仲淹與宋學之勃興》，《浙江大學學報（人文社會科學版）》1999
　　　　年第 1 期。

者行止精華。此二語用意，在於保留、汲取傳統經典和古代儒者思想、行止有價值的精髓。陳澧對范仲淹此語的認同，可見文化保守主義的立場。後有學者論近代中國文化保守主義，如此描繪它的內涵：文化保守主義是堅持傳統文化變與不變相統一、民族文化個性與時代文化共性相統一、文化的返本與開新相統一的社會心理和理論主張〔註137〕。此種定義，體現了文化保守主義的價值和意義，糾正了文化保守主義一味守舊、拒絕新變的偏見，強調了近代中國文化保守主義在古今、中外雙重維度中，在返本與開新的宏闊視野中，尋求新變的強大生命力。陳澧所處的晚清，正是中西文化激烈碰撞與激蕩的時代。鴉片戰爭、中法戰爭等諸次軍事交鋒、政治較量的失敗現實，使得價值觀的抉擇問題，嚴峻矗立於儒者、士大夫眼前。作為樸學家的陳澧，堅守文化保守主義的立場，堅信儒家傳統文化的價值和意義，認同儒家經典和古代儒者行止包含和體現的傳統思想文化的價值和精髓。

余英時先生《中國現代價值觀念的變遷》一文，對近代革命暴力給予傳統價值暴風驟雨似的徹底洗禮，提出了疑問和反思。余英時先生認為，傳統和現代並非在每一方面都必然勢不兩立，現代化有時反而需要借助傳統的健康力量；在傳統與現代長期互相激蕩之下，中國價值體系具有自我調整的能力，趨向於多元和開放，生成具有新質的價值體系；此種新價值體系，可以在發生問題或危機時，提供比較合理的解決方式〔註138〕。由此可見，余英時先生認同文化保守主義的觀點。

陳澧對范仲淹「但信聖人之書，師古人之行」思想的挖掘和認同，且將之視為范仲淹之學的關鍵，當視為近代明確的文化保守主義立場的宣言。

其二，「上誠於君，下誠於民」二語，則是典型儒家君子理想的體現。余英時先生認為，孔子理想中的「君子」，以內心的「仁」為根本，外在行為方面，完全合乎「禮」〔註139〕。范仲淹此二語，即對「師古人之行」的闡釋。具體而言，「上誠於君」，即對「忠」的強調，即傳統君臣關係「忠君」之意；「下誠於民」是仁政的要求，同時是「忠君」的另一維度，即以仁德治國、平

〔註137〕何曉明：《近代中國文化民族主義與文化保守主義的關係》，《新視野》2007年第4期。

〔註138〕余英時著：《中國現代價值觀念的變遷》，《中國思想傳統及其現代變遷》（《余英時文集》第二卷），廣西師範大學出版社2004年版，第70頁。

〔註139〕余英時著：《儒家君子的理想》，《中國思想傳統及其現代變遷》（《余英時文集·第二卷》），廣西師範大學出版社2004年版，第142頁。

天下，輔佐君主，達成清明政治。如果重回歷史現場，設身處地來看，陳澧對北宋范仲淹此種政治理想的認同，雖不具備後來革命派的先進性，但亦絕非簡單的迂腐落後。余英時先生認為，最先向儒家價值系統名教綱常公開發難、提出尖銳批評的是譚嗣同，重點在對君臣一綱的攻擊〔註140〕。那已是陳澧逝世二十餘年之後、在西方政教風俗影響下出現的現代思想之光了。於陳澧的時代而言，對君臣一綱的繼續維護，是時代使然，不能完全超越時代侷限，對之進行簡單批評。如果能夠放下偏見，正視「忠君」、「仁」、「禮」背後的思想價值，正如余英時先生所言，這些因素，正是後來現代化不得不借助的傳統中的健康力量。

其次，陳澧摘錄范仲淹《近名錄》、《與省主葉內翰書》、《奏上時務書》，從以下方面強調、表彰范仲淹之學：第一，「聖人崇名教而天下始勸」、「人不愛名，則聖賢之權去矣」，可見范文正公之學在崇名教，無矯激沽名之弊；第二，「自古王者外防夷狄，內防姦邪」、「姦邪之凶，甚於夷狄之患」，可見論當時之務，實百世不易者，不可不察；第三，「善國者莫先育材，育材之方莫先勸學，勸學之道莫尚宗經」，可見教育人材觀；第四，《易義》所存者精義不少，文正公之經學，於此可見大略，《四德說》尤切於儒者身心，明白易知，遠勝於空說陰陽者。

陳澧《東塾讀書記》仿顧亭林《日知錄》，自謂不論政治，只論學術。事實上，在論歷代學術過程中，常評析歷代人物的政治見解、歷史觀和教育觀，委婉、間接表達了自己的政治、歷史、教育觀。以評析范仲淹之學為例，可見陳澧以下政治、教育人材觀：其一，認同范仲淹的名教觀，認為人愛名，聖賢乃可馭之，釐清愛名與矯激沽名之別；其二，重夷狄之防，強調姦邪之凶甚於夷狄之患；其三，重視朝廷考察政教源流，不可謂之淺末之議；其四，重視育材、勸學和宗經。陳澧論析范仲淹《易義》、《四德說》，又可見崇尚切近身心、明白易知、反對空說陰陽的經學觀。

綜觀之，陳澧重視范仲淹之學。除評析《易義》、《四德說》，其餘皆重點摘錄、評析范仲淹論政之文。對范仲淹「善國者莫先育材，育材之方莫先勸學，勸學之道莫尚宗經」的肯定，可見在陳澧的觀念裏，學術與政治關係緊密，經學乃政治之源。正是基於此種經學觀，陳澧論北宋學術，才尤重被其

〔註140〕余英時著：《中國現代價值觀念的變遷》、《中國思想傳統及其現代變遷》（《余英時文集》第二卷），廣西師範大學出版社 2004 年版，第 49、50 頁。

他經學史著述忽略的范仲淹之學。

（四）歐陽修

在黃宗羲《宋元學案》，全祖望補修廬陵學案述歐陽修，詳述其生平，錄《易童子問》等，附錄記時人及後人的評價〔註141〕。

吳雁南等主編《中國經學史》「宋代經世致用的功利派經學」章「文士解經」論之，認為歐陽修經學思想直接師承韓愈宗經明道傳統，主張體、用、文三者合一，超越注疏，直接把握經義，對儒家經典大膽懷疑。對文士解經與知道者解經的不同做了區分，認為文士解經專在求經的意義，知道者解經，務在繩經以性理，歐陽修解經屬於文士解經。

陳澧論歐陽修之學，態度稍存矛盾。一方面對其疑經說表示批評，另一方面，又引其醇正議論，不解為何力詆先儒最甚。從如下方面，論歐陽修疑經說：其一，歐陽修著《新唐書‧禮樂志》，謂《六經》在者皆錯亂、散亡、雜偽，諸儒補輯，以意解詁，未得其真，《藝文志》又謂自《六經》焚於秦而復出於漢，師傳之道中絕，簡編脫亂訛缺，學者莫得其真，章句之學興，其後傳注、箋解、義疏之流轉相講述，聖道粗明，然其為說不勝其繁。簡言之，認為秦火後《六經》不可信，諸儒補輯、解詁皆未得其真，且不勝其繁；其二，力詆《易‧繫辭》、《文言》、《說卦》皆非聖人之作，眾說淆亂，害經惑世，詆《論語》非盡夫子之言，詆《中庸》虛言高論無益，詆《春秋三傳》妄意聖人，惑學者，遍詆《書》、《詩》、《禮》；其三，褒荀卿，使其與游、夏並進孔子之門，不知其先後，率天下輕子思、孟子。

簡言之，從陳澧所引，可見歐陽修遍疑六經，否定漢唐注疏、章句之學，率天下輕視孔子嫡孫子思、孟子一派所傳道統。陳澧對此並不認同，引翁方綱《經解目錄序》，謂「未有觀此而不為之髮指者」，「澧詳觀其卷，觀其遍詆諸經，且謂之『作俑』，不勝駭異，固無怪覃溪之盛怒」，表達對翁方綱盛怒的同感。

與此同時，陳澧注意到《朱子文集‧考歐陽文忠公事蹟》李本憶歐陽修之言，謂：「世之學者好以新意傳注諸經，而常力詆先儒。先儒於經不能無失，而其所得者固多矣。正其失，可也；力詆之，不可也。」又謂：「前儒注諸經，

〔註141〕黃宗羲原著，全祖望補修，陳金生、梁運華點校：《宋元學案》，中華書局1986年版，第179～203頁。

唯其所得之多，故能獨出諸家而行於後世。而後之學者各持好勝之心，務欲掩人而揚己，故不止正其所失。雖其是者，一切易以己說，欲盡廢前人而自成一家。於是至於以是為非，牽強為說，多所乖謬，則並其書不為人所取。此學者之大患也。」

歐陽修此語，批評學者力詆先儒，持好勝之心，掩人揚己，以之為學者大患。陳澧特加案語，謂歐陽公議論醇正如此。歐陽公此語恰與《新唐書》《禮樂志》、《藝文志》力詆諸經之言產生明顯矛盾。陳澧惑於為何歐公力詆先儒最甚的同時，又為此醇正之語，批評當世學者力詆先儒。陳澧為歐公開解，曰此語可見當世學者以新意傳注諸經，力詆先儒已成風氣，非歐公最先倡之。陳澧的解釋有合理性，除此之外，亦可見歐公雖疑經，然疑經的態度並非為掩人揚己，仍在實事求是。

陳澧論歐陽修之學，獨特價值在於，最先搜抉文獻史料以論歐公疑經之學，挖掘歐公議論的矛盾之處，以探其經學思想的精微深幽，以見當時經學風氣。

（五）曾鞏

《宋元學案》全祖望補修《廬陵學案》論廬陵門人，述「文定曾南豐先生鞏」。其後經學史著述皆未論曾鞏之學。

陳澧《東塾雜俎》論北宋學術，凡 130 條，有 9 條述曾鞏，可謂尤其重視。從以下方面述之：

第一，引《王深父文集序》「破去百家傳注，推散缺不全之經，以明聖人之道於千載之後」諸語，以見曾鞏推崇棄百家傳注以解經、以明聖道的經學觀。

第二，引《筠州學記》「夫《大學》之道，將欲誠意正心修身」、《熙寧轉對疏》「《大學》所以誠意正心修身」、《洪範傳》「古之欲明明德於天下者，必始於知至意誠心正」、「以是為《大學》之道，百王莫不同然」諸語。陳澧認為，此於《大學》已尊信而表章之矣。後有學者論《大學》，注意到在朱子之前，有韓愈、李翱及二程對《大學》篇的重視〔註142〕，卻未注意到曾鞏尊信表章《大學》。陳澧從曾鞏文集特拈出重《大學》諸語，特指出曾鞏長程顥十四歲，又引《重刻南豐先生文集序》云「先生生洛學未興之前，致知誠意之說

〔註142〕姜亦剛：《〈大學〉簡論》，《大同高專學報》1996 年第 2 期。

率先啟鑰，功良偉矣」，肯定曾鞏早於二程洛學，啟鑰致知誠意之說。

其三，曾鞏《說苑目錄序》云：「孔子之徒三千，其顯者七十二人，然獨稱顏氏之子」，「及回死，又以謂無好學者」。陳澧認為，此與程伊川之說略同，世人知有伊川之說，不知有曾子固之說，意在探尋伊川之說淵源於曾鞏。

其四，《梁書目錄序》「此之謂『窮理』，知之至也」，可見程、朱「窮理」說此開其先，朱子《補格物傳》似取於此。

其五，《南軒記》、《請令州縣特舉士剳子》、《送丁琰序》諸語，可見南豐之學最似道學，至二程，更親切一層耳。

簡言之，陳澧強調曾鞏棄百家傳注以解經明道的經學觀，追尋二程、朱子之學淵源於曾鞏，指出曾鞏早於程子尊信表章《大學》，程頤對顏回的看法源於曾鞏，開程、朱窮理之說，早於二程最似道學。陳澧的探尋和發現，皆《宋元學案》和其後經學史著述未能述及、發明處，對南豐之學具有開先的意義。

（六）王安石

《宋元學案》全祖望補立《荊公新學略》。許道勳、徐洪興《中國經學史》「熙豐前後諸派」之「新學」論王安石之學，認為王安石「新學」指《三經新義》、《字說》；《三經新義》體現「以經術造士」的思想，官方的正式頒行，標誌著漢唐經學的真正結束和宋學的全面展開，可謂北宋後期最有勢力的學派。吳雁南等主編《中國經學史》認為，因王安石引李覯高足曾鞏為友，受李覯思想影響，在「周禮致太平」這一認識上達到高度一致；在把握經義方面，主張讀經不可囿於傳注；以《易》與《春秋》最難知，作《易泛論》諸篇，充分顯示對《易》理把握之深刻與精到；編撰《三經新義》以培養文士，為變法鳴鑼開道；晚年《字說》強並許慎六書為象形、會意，附會佛典，引佛語釋字，多穿鑿之說，參禪入經。葉純芳《中國經學史大綱》「新經義的開創」論王安石《三經新義》，認為展現了脫離舊有詮釋藩籬、自由發揮本身意識的特點和方向，是宋代經學家發揮經書實用意義的典範；《周禮新義》對後來《周禮》學著作多有影響，直至孫詒讓《周禮正義》，亦有所採用。

陳澧《東塾雜俎》論北宋學術，對王安石之學從以下方面持否定態度：其一，批評妄為高論；其二，批評《書洪範傳後》以學者「蔽於傳注之學久矣」之說壞經學；其三，《引宋史·唐介傳》、《孫固傳》，批評王安石狷狹少容，不可為相，敗世之運會；其四，批評王安石令考試之文不得用古事，廢絕

史學。後有學者進一步將尊經卑史看作王安石學術思想的重要特點，至北宋後期新舊黨爭，學術思想被嚴重扭曲、變形，與權力合謀，成為新黨打擊舊黨的意識形態工具，為北宋後期史學進程帶來厄運〔註143〕。總體而言，陳澧站在樸學家的保守立場，以王安石之學為偏謬之學。

（七）司馬光

許道勳、徐洪興《中國經學史》「熙豐前後諸派」之「涑水學」論司馬光。吳雁南等主編《中國經學史》以「溫公朔學」論之，認為無論進諫或修史，堅持「以禮樂正天下」的原則；以君子和而不同的諍友姿態，勸誡變法中的王安石；《迂書》乃究心求理的精粹之作，以「治心以正，保躬以靜；進退有義，得失有命；守道在己，成功在天」諸語為司馬光經學思想的核心；又論《切韻指掌圖》、《潛虛》和《溫公易說》。

與對王安石之學的否定態度不同，陳澧對司馬光之學多存肯定。

其一，引「自幼誦諸經讀注疏以求聖人之道，直取其合人情物理目前可用者而從之」、「學者貴於行之而不貴於知之，貴於有用而不貴於無用」諸語，肯定其學醇實。

其二，引《論風俗劄子》「新進小生不知臧否」、「循守注疏者謂之腐儒，穿鑿臆說者謂之精義」諸語，以見宋人輕蔑注疏之風氣，熙寧二年已然，不可全歸咎於道學。尤值得注意的是，陳澧最先引用司馬光《論風俗劄子》諸語，其後皮錫瑞《經學歷史》、馬宗霍《中國經學史》，以及今人諸部經學史皆引之，可見此則史料的重要性，亦可見陳澧對史料的發掘之功。

其三，引《迂書》「學者所以求治心」諸語表彰之；引《潛虛》，稱許可謂吐辭為經。

其四，引「天下安危治亂不在於他，在於人主方寸之地」諸語，認為如此類者，可謂敷其道與伊說爭衡，考其文與《典》、《謨》接軫，肯定溫公此言敷說道學，可與程子媲美，文可與《典》、《謨》接軫。

其五，尤值得注意的是，還注意到溫公《論風俗劄子》「是知選士者，治亂之樞機，風俗之根原也」諸語，又引黃庭堅「溫公論政，以學為原」之說。陳澧認為，溫公論《禮記》精要，以《學記》「化民成俗，其必由學」為首，

〔註143〕劉成國：《尊經卑史——王安石的史學思想與北宋後期史學命運》，《四川大學學報（哲學社會科學版）》2006年第1期。

論政以學為原。由此可見,陳澧有關政治由於人才,人才由於學術的看法,亦受司馬光影響。

其六,肯定溫公《名苑序》欲以文字、音韻總括訓詁、名物、制度,規模宏遠;肯定溫公《易說》皆用《說文》之文,《說文》近時所尚,涑水之學固已兼之,可見大儒學問,無所不窺如此。

總之,陳澧對司馬光之學給予充分肯定,引蘇軾《溫公神道碑》「公之德,至於感人心,動天地,魏巍若此」稱許其至高之德,又引邵雍「腳踏實地之人」之評,讚譽其踏實穩健的人品和學品,並表達欲「好學之士專心致志讀之,以求涑水之學」的希冀。同時認為,道學家不以司馬溫公入道統,乃門戶偏私之見。又指出「道統」二字,本屬杜撰,司馬公正不必入道統耳,可窺陳澧對道統說的態度。

(八)蘇軾

許道勳、徐洪興《中國經學史》以「蜀學」論蘇軾,所論頗簡,謂其《易》學,屬宋《易》中義理一派,切近人事。

陳澧論蘇軾,從以下諸方面言之:其一,東坡論學醇實。《大悲閣記》云,學者宜盡力於天文地理、音樂律曆、宮廟服器、冠昏喪紀之法,春秋之所去取,禮之所可,刑之所禁,歷代之所以廢興與其人之賢不肖。可見蘇軾重學,主張天文地理、音樂律曆、禮制、刑法、歷史、人事無所不學,批評其時廢學徒思、棄跡逐妙的道學風氣。陳澧議曰,東坡論學,醇實如此。其二,注意蘇軾闢佛與談禪的矛盾。《中和勝相院記》極言學佛之苦,又言於佛僧慢侮不信,詩文又多有談禪者,可見蘇軾在對佛學態度上的矛盾之處。陳澧揣測,蘇軾詩文談禪者或遊戲語。其三,於《蘇氏易解》,陳澧有不同見解,認為蘇氏所謂性者乃佛性,非古君子所謂性,更比其弟蘇轍《孟子解》之說愈高,不可信,與許道勳、徐洪興所謂其《易》學切近人事的看法有差異。

(九)二程

其一,陳澧引朱子《黃州州學二程先生祠記》所云「先生之學,以《大學》、《論語》、《中庸》、《孟子》為標指,而達於《六經》。使人讀書窮理,以誠其意,正其心,修其身,而自家而國,以及於天下」諸語,以明二程之學的宗旨。

其二，試圖尋求二程之學在漢儒那裡的源頭。程子曰：「由經窮理。」〔註144〕陳澧指出，此四字乃學問之準，漢儒論事，輒引經句，正所謂由經窮理；《韓詩外傳》皆由經窮理，《孟子》「小弁之怨，親親也。親親，仁也」亦由經窮理之式。此亦陳澧彌合漢宋鴻溝的努力，欲證二程由經窮理源自漢儒。又論伊川之說與鄭玄「如有不同，即下己意」無異者，探尋二程之學與鄭學相通處。

其三，引程伊川謂方道輔曰：「經，所以載道也。誦其言辭、解其訓詁而不及道，乃無用之糟粕耳。覬足下由經以求道，勉之又勉！」可見程伊川之學強調經以載道，由經以求道。

其四，引程子「敬義夾持達，天德在此」之言，肯定此真從讀《易·文言傳》心得躬行。後有學者專論敬義夾持視域下的程頤哲學工夫論〔註145〕，所論於陳澧處已見端倪。

除此之外，陳澧還肯定肯定程子《四箴》平實之善；肯定二程雖受學於周敦頤，不道太極，與邵雍為友，不肯學先天，可見卓識；肯定《程氏遺書》「釋氏自己不為君臣、父子、夫婦之道，即謂他人不能如是。容人為之而己不為，別作一等人。若以此率人，是絕類也」為斥佛最確之語；考其時二程之年齡，以證輕蔑注疏的風氣不可歸咎於程子道學；引顧亭林語，以見北宋好為高論王安石已為之，非二程倡之；注意程子稱安定必曰胡先生，稱濂溪則曰周茂叔，試圖探究程子對其師周敦頤和胡瑗態度的差異。

陳澧論北宋儒者，還論劉敞、李覯、黃庭堅、周敦頤、邵雍、張載、李侗、謝良佐諸人。論黃庭堅，多稱引論學之語，如「學有要道：讀書須一言一句，自求己事」，「讀書欲精不欲博」，「經術者，所以使人知所向也」，「博學者，所以使人知道里之曲折也」。陳澧認為，世人稱涪翁者，詩與書法，其言可見非深於經學、道學者不能言之，強調黃庭堅經學、道學精深。論劉敞，強調《七經小傳》稍尚新奇，王安石《三經新義》本於敞，《易外傳》有宗主而有不同，得鄭玄箋《毛詩》之法。論李覯，留意《與胡先生書》所論胡瑗《原禮篇》非議禮者。覯曰大懼，陳澧亦以胡安定議論之乖謬為殊不可解，揣測或因惡孫復，為此說以譏之。論周敦頤，引黃庭堅稱其「灑落如光風月霽」

〔註144〕程顥、程頤著：《河南程氏遺書》，王孝魚點校：《二程集》，中華書局1981年版，第158頁。

〔註145〕李敬峰：《敬義夾持視域下的程頤哲學工夫論》，《理論界》2012年第8期。

者，認為學濂溪之學者當於此學之，而「陋於希世」四字最有意味；強調濂溪
讀注疏，說《易》用韓康伯義；留意蘇軾傾倒、推尊濂溪，謂「先生本全德，
廉退乃一隅」，過於黃庭堅「光風霽月」之評。論李侗，稱許義利之論。論張
載，謂其輕視先儒，為宋儒通病；又言求諸天、求諸聖人，為論過高，亦宋時
學者大蔽；同時肯定其志最高，力最奪，故成道學。論謝良佐，引朱子《論語
或問》曰「不止其所而放乎言外以為高，此最謝氏之大弊也」，批評謝良佐放
言過高。論北宋《易》學，引《日知錄》，以呂希夷之圖、邵康節之書為道家
之《易》，以程子《易》學為義理之《易》。

概而述之，陳澧論北宋學術，從帝王禮遇經學之士、制誥之臣多博雅二
方面論北宋經學之興；從世運和儒者社會責任感角度切入，析論北宋經學復
興的原因；從繼續發掘和張揚道統、以新意傳注諸經、好為極高之論、疑經
風氣的延續和升級、佛學對儒學之滲透五方面述北宋經學的特點。陳澧論北
宋儒者，雖未見清晰脈絡，實已囊括宋初三先生之學、歐陽修廬陵之學、荊
公新學、溫公涑水之學、蘇氏蜀學、二程洛學、濂溪之學、橫渠之學、康節
《易》學諸多方面。可以說，後來經學史和學術史所述北宋學派和儒者之學，
極少有陳澧論北宋未述及者。在文獻史料的發掘、觀點的提出方面，陳澧確
有開先之功。尤值得注意的是，陳澧論北宋學術，極重孫奭、范仲淹、曾鞏之
學，而此三者之學均被其他學術史和經學史著述忽略。陳澧稱許孫宣公之學、
范文正公之學，注意曾南豐之學對後來二程、朱子之學的影響，此部分內容
成為《東塾雜俎》論北宋學術獨異的閃光點，可謂暗夜星火，獨予後人啟發。

第八節 《南宋》卷

皮錫瑞《經學歷史》、馬宗霍《中國經學史》以及後來諸部經學史著作，
皆合論北宋、南宋學術。皮錫瑞《經學歷史》論宋代《詩》學，述南宋鄭樵
《詩傳》、呂祖謙《讀詩記》、馬端臨《文獻通考》、王柏刪詩說；論宋代三《禮》
學，述朱子《儀禮經傳通解》；論宋代《書》學，述王柏《書疑》；皆分述南宋
《詩》、《書》、三《禮》諸學。馬宗霍《中國經學史》論南宋重點述朱熹、陸
九淵。由此可見，皮錫瑞、馬宗霍述南宋學術皆較簡。許道勳、徐洪興《中國
經學史》以「程朱理學派」，「陸王心學派」、南宋「浙東學派」論程朱、陸王、
呂祖謙和葉適之學。吳雁南等主編《中國經學史》以「理學體系的確立」論朱

熹理學和陸氏心學。葉純芳《中國經學史大綱》以「經學新典範的完成」論朱子之學。可見今人諸部經學史著作對南宋學術皆以學派論之，且不一而同、各有側重。

陳澧著《東塾讀書記》，原本列「宋」一卷。《東塾雜俎》編錄時，析之為《北宋》、《南宋》二卷。殆因《北宋》卷凡 130 條，內容繁多，故單獨析出，以成一卷。

陳澧論南宋學術，注意探究「道學」、「性理」、「宋學」的詞源，細緻考究語錄體，稱許呂祖謙《皇朝文鑒》，詳論象山之學，注意朱子之學與象山之學的關係，彰表《黃氏日鈔》。對後世未給予充分重視的李燾、胡宏、王炎、張洽、王萬諸人給予公允評價，對鄭樵《通志》進行批評，探尋清朝漢學在南宋的萌芽。以下依次析而論之。

一、道學、性理、宋學的詞源

陳澧論南宋學術，首先探究「道學」、「性理」、「宋學」的詞源。

陳澧指出，「道學」二字見於王充《論衡》「人無道學，仕宦朝廷，其不能招致也，猶喪人服粗不能招吉也」一語；「性理」二字見於《爾雅》孫炎《注》「明明，性理之察也」一語；「宋學」一詞見於《明史》，李于鱗本傳云，文自西京，詩自天寶而下，俱無足觀，王元美、宗子相諸子翕然和之，非是，則詆為宋學。

可見「道學」一詞的意義原與道德相類，與宋「道學」之意不同，「性理」一詞的意義原與今天理性之意相類，與宋「性理」之意不同，「宋學」一詞的意義原與宋代詩文見解之意相類，跟與漢學相對的「宋學」不同。

宋學者拈出「道學」一詞指稱宋代講求性理之學的新儒學，拈出「性理」一詞指稱講求心性的本體論和工夫論、帶有哲學論色彩的宋代理學[註146]。後來明學者又拈出「宋學」一詞，特指宋代道學和性理之學。值得指出的是，宋代道學和宋代性理之學所指極為相似，皆指宋代講求心性本體論和工夫論的理學，本質上屬於哲學範疇。不過，「道學」一稱呼的切入點，在於儒家道統，「性理學」一稱呼的切入點，在於心性本體論和工夫論；儒家道統從一開始即講求心性之辯和修身養性，與後來宋儒性理學對心性修養的要求完全一致。「宋學」一詞被明儒拈出，專門指稱宋代道學和性理、心性之學，屬於詞

義的縮小。

陳澧如何看待「道學」、「性理」二詞在宋儒那裡詞義的變化，如何看待「宋學」一詞被明儒縮小詞義，專門拈出指稱宋代道學和性理學，又如何看待《宋史》列《道學傳》述周敦頤、二程、張載、邵雍、朱熹、張栻及程氏門人、朱子門人呢？

陳澧認為，《宋史·道學傳序》開篇「『道學』之名，古無是也」首句即失考。唐魏徵撰《隋書·經籍志》已有《道學傳》二十卷，著錄《嵩高寇天師傳》、《華陽子自序》、《太上真人內記》，乃道家書。可見唐時道學指道家之學。又《太平御覽》五百十卷「逸民十」嘗引《道學傳》樂鉅、孔總凡二條，乃清淨棲逸之士。由此，陳澧認為《宋史·道學傳》對「道學」之名未考詳實，率意因襲唐魏徵撰《隋書·經籍志》和宋李昉撰《太平御覽》舊目，以「道學傳」指稱周、程、朱子等宋理學家之傳，亦屬未安。

那麼，如果不因襲「道學傳」之名，何以指稱周、程、朱子之傳呢？陳澧對此有進一步思量，以錢大昕之說為最善，即不必立此名，當以周、程、張、朱自為一卷，其餘皆為《儒林》。本文認為，因《宋史》原有《儒林傳》，若將程氏門人和朱子門人列入《儒林傳》，則當分列二卷以區別原有《儒林傳》一至八卷。

二、語錄體的探究

陳澧特別留意宋語錄體，《東塾雜俎》卷八論南宋學術凡 50 條，有 7 條論語錄體，可謂筆墨頗多。

陳澧留意宋語錄體，背景在於，其時「近儒多惡『語錄』之名，以為出於禪僧」，清儒普遍認為語錄之名出於禪僧。如朱彝尊《雜詩》云：「奈何君子儒，語錄效緇褐」，譏諷儒者傚仿禪僧語錄體；錢大昕《十駕齋養新錄》云：「釋子之語錄始於唐，儒家之語錄始於宋」，認為釋子語錄出現時間早於儒家語錄。陳澧認為，朱彝尊、錢大昕之說皆失之未考，由此細考語錄一體。

首先，以文獻為依據，考究儒家語錄、禪僧語錄出現的時間孰先孰後。唐劉知幾《史通》《雜述篇》述瑣言類提及孔思尚《語錄》，《書志篇》有云「作者猶廣之以《拾遺》，加之以《語錄》」。陳澧認為，雖未知孔思尚為何時人，其所作《語錄》記劉宋時瑣言，則必南朝齊、梁、陳人。而禪僧以慧能為祖，慧能乃唐武后時人，遠在孔思尚之後。由此可證，禪僧《語錄》在孔思尚《語

錄》之後，儒家《語錄》在禪僧《語錄》之先，即禪僧《語錄》乃襲儒家《語錄》之名。簡言之，清儒認為語錄之名出於禪僧的看法是錯誤的，實際上，禪僧語錄之名出於儒家語錄。

那麼，趙宋之時，語錄是否始於道學家呢？考晁公武《郡齋讀書志》、陳振孫《直齋書錄解題》，可見《張忠定公語錄》、《魏公語錄》、《杜祁公語錄》，其人皆非道學，其書則家傳之類；又有《富公語錄》、《生辰國信語錄》等，皆非關道學；《東坡集·論高麗買書利害劄子》述及與外國使命往還、記其言語而成之《語錄》。總之，以上文獻皆可見，趙宋時「語錄」非道學家語錄，亦非效釋子之書。

其次，語錄之語言，是否鄙倍？陳澧對這個問題的思考，源於錢大昕《十駕齋養新錄》所認為語錄之體行而儒家有鄙倍之辭的觀點。《論語·泰伯》引曾子言曰：「鳥之將死，其鳴也哀；人之將死，其言也善。君子所貴乎道者三：動容貌，斯遠暴慢矣；正顏色，斯近信矣；出辭氣，斯遠鄙倍矣。」錢大昕《十駕齋養新錄》從曾子「出辭氣，斯遠鄙倍」一語，得出語錄體使儒家有鄙倍之辭的結論。陳澧對之進行如下辯駁：第一，曾子所謂「出辭氣」，是指口之所說，非謂筆之所記；第二，曾子所謂「鄙倍」，乃指鄙陋背理，非謂俗語，若以俗語為鄙陋，然則君子必「之乎者也」、出口成文者耶？概言之，陳澧認為，語錄體之語言，乃質言，非鄙倍，即具有質樸風格，而非鄙陋背理。

第三，既然宋時語錄體興起，著書用俗語是否始自宋人語錄呢？陳澧認為，答案是否定的。唐人經疏已有俗語。如《周禮·載師疏》《考工記·栗氏為量疏》、《禮記·檀弓疏》、《公羊·隱六年》徐《疏》皆雜以俗語。以《公羊·隱六年》「鄭人來輸平」徐《疏》為例，《疏》云：「一個『人』字，兩國共有」，如此之類，皆為俗語。可見著書雜用俗語非始自宋人語錄。

第四，如何看待著書雜以俗語這種現象呢？陳澧引南朝宋裴松之《三國志注》曰：「凡記言之體，當使若出其口。辭勝而違實，固君子所不取。」可見陳澧認同著書雜以俗語的方式，更重內容之實，不認可辭勝於質或辭勝違實。又引劉知幾《史通》論王邵《齊志》以為依據。王邵《齊志》多記當時鄙語，時有人非議之。劉知幾駁之曰，《六經》諸子，多載晉、楚方言、齊、魯俗語；王邵《齊志》雖言兼鄙野，若苟得其理，遂忘其文。可知劉知幾不以王邵《齊志》語言鄙野而非之。由此可見，陳澧對俗語雜入著書之體的看法，基本持肯定態度。

　　第五，清桐城派雅潔說與宋語錄體的關係。從陳澧引方苞《答程夔州書》評價宋五子語錄體之言，可窺他對此有所思考。方苞《答程夔州書》曰：「宋五子講學口語亦不宜入散體文，司馬氏所謂『言不雅馴』也。」〔註147〕宋五子指北宋周敦頤、二程、邵雍、張載五位哲學家和易學家。方苞作為桐城派四祖之一，倡雅潔說，謂宋五子講學口語不宜入散體文，提出雅潔說，對宋語錄體著述不認可，認為其言不雅馴。陳澧引方苞此言，將宋語錄體與清桐城派散文理論雅潔說聯繫起來進行思考。很顯然，桐城派古文尚雅潔的觀念與語錄體的俚俗相悖。桐城派古文家論文尚雅潔，主張語錄蕪雜俚近之辭，不可入於古文，從方苞到姚鼐都持此觀點〔註148〕。可以揣測的是，在方苞看來，宋語錄體是反面的批評術語，不認可語錄體的俚俗。由此可見，宋語錄體對清桐城派雅潔散文理論的形成，起到了反向的促進作用。陳澧論南宋學術，對此已有所考量。

　　第六，對語錄體師長稱謂或自稱的思考。陳澧注意到，不同語錄體著述，對師長稱謂有細微區別。王通《中說》擬《論語》自稱「子曰」，不辟孔子，陳澧認為僭妄已極。《公羊傳》曰「子沈子曰」，以辟孔子。後來二程《粹言》從王通《中說》而效尤。可揣陳澧對二程《粹言》的稱謂亦持批評態度。陳師道《答江端禮書》稱老師曾鞏「子曾子」，於陳師道對老師的稱謂，陳澧表示贊同。又注意探究朱子稱其師二程「子程子」的淵源，認為朱子本好陳後山文，可揣朱子取法、仿傚陳師道稱「子曾子」。總體而言，陳澧肯定和認同後世以子冠姓氏、稱謂老師的方式，批評王通《中說》、二程《粹言》不辟孔子的僭妄方式。對稱謂禮儀的堅持，可見陳澧對古禮的堅守，對聖人孔子始終如一的崇仰之情。

三、陸九淵之學

　　《東塾雜俎》凡50條中，有13條論陸象山，可見陳澧對象山之學極為留意。《東塾讀書記》屢次表達對象山之學的擔憂，陳澧認為，晚清之際，士子不肯讀書，與受象山之學的誤導不無關係，因此，宋理學若有復興之時，惟恐象山之學復興。與防範象山之學復興的憂慮相對照，對於晚清儒者對朱子理學的厭棄，陳澧深感遺憾，希望士子能全面瞭解、從事朱子之學的研究。

〔註147〕方苞著，劉季高校點：《方苞集》，上海古籍出版社1983年版，第166頁。
〔註148〕任競澤：《論宋代「語錄體」對文學的影響》，《文學遺產》2009年第6期。

陳澧對象山之學的留意，可見其防範象山之學的憂慮真有所本。正因瞭解之深，故嚴密防範之。陳澧從三方面肯定象山之學，又從五方面對象山之學進行批評。

第一，陸象山之學亦主張讀書。

陸九淵以「心即理」的哲學思想為基礎，推導出「發明本心」、「存心」、「養心」、「求放心」的簡易直接修養工夫，以內心道德觀念樹立為目標，不以對書本道理的窮究、考索為依託，故多次遭至朱熹的批評；隨著朱、陸之爭興起，朱熹門人及其後學紛紛攻擊陸學不讀書、不窮理，連陸門弟子包顯道亦認為其師不主張讀書，故有「讀書親師友是充塞仁義」的議論；但陸九淵本人，對攻擊他不讀書的觀點非常反感，多次進行辨白〔註149〕。

陳澧論陸象山之學，首先肯定陸象山亦主張讀書。象山《語錄》曰：「束書不觀，遊談無根。」可見陸學亦必讀書。象山《與曹挺之書》又云：「若有事役，未得讀書，未得親師，亦可隨處自家用力檢點」，「若事役有暇，便可親書冊。所讀書，亦可隨意自擇，亦可商量程度無不有益者。」陳澧對象山此書特為稱許，認為平實深切，不減於《白鹿洞書院講義》，李紱《陸子學譜》以此壓卷，可見精擇。此書亦可見象山並非主張不讀書。與朱子主張讀書窮理不同，象山主張無暇時亦可隨處自家用力檢點，用力進行內心道德修養；有暇時便可親書冊。簡言之，陸象山「易簡」工夫論，強調內心道德修養，視讀書為本心發明的輔助手段，而非道德修養的根本手段。但不可否認的是，陸象山絕非主張不讀書。

第二，象山之學主張度量寬大。

陳澧引象山言曰：「象山說：『包荒甚好。』」《易·泰》王弼注「包荒」云「能包含荒穢」，即度量寬大之意。陳澧特拈出象山「包荒甚好」一語，可見對其主張度量寬大的強調，亦可見陳澧以度量寬大為道德理想。

第三，象山儒釋之辯明白切至。

陳澧引象山《與王順伯書》辯儒釋之言。象山認為，釋氏以人生天地間有生死，有輪迴，有煩惱，以為甚苦，而求所以免之；釋氏所憐憫者，吾儒之聖賢無之，吾儒之所病者，釋氏之聖賢則有之；試使釋氏之聖賢而繩之以春秋之法，童子知其不免。象山之言明白切至，闡明儒釋之別，釐清儒釋之辯，

〔註149〕邢舒緒：《陸九淵研究》，何忠禮教授指導，浙江大學中國古代史專業博士學位論文，2003年。

釋氏憐憫世人未出世，而釋氏所言出世，乃吾儒聖賢以為無者；釋氏主張輪迴和出世之說，而吾儒恰以之病釋氏；若以歷史的眼光視之，則童子知釋氏不免於死。陳澧稱許象山儒釋之辯「自來未有如其明白切至者」。儒者不知釋氏之學，故雖攘斥之而不中肯綮，儒者知其學者，則又歸心於釋教。惟象山深於釋氏之學又不歸之，故能抉其要害而為此論。

以下論析陳澧對象山之學的批評。

第一，批評象山仿伊川之語而排去伊川。

象山《與李省干書》云：「此學之不明，千有五百年矣。」《與侄孫濬書》又云：「由孟子而來，千五百餘年之間，荀、楊、王、韓獨著」，「至於近時伊洛諸賢」，「然未見其如孟子之有以承三聖也」。陳澧認為，象山仿伊川「千四百年」之語，曰「千五百年」，又言伊洛之學「所植立成就可謂盛矣，然未見其如孟子之有以承三聖」，批評伊川未能承三聖之學，可謂仿伊川之語而排去伊川。

第二，象山以顏子沒，聖人事業無傳，欲直接孔子，其說比伊川更高、更加厲。象山《語錄》云，顏子問仁之後，夫子許多事業皆分付顏子，顏子沒，夫子事業自是無傳，雖曾子傳子思、子思傳孟子，夫子分付顏子事業竟不復傳。陳澧以象山《語錄》「道外無事，事外無道」一語反駁象山，認為既然道外無事、事外無道，故曾子、子思至孟子所傳即道。陳澧治學講求質實，不喜高論，故駁象山此說。

第三，象山其病正在大膽，故訕毀聖門諸賢。

象山《語錄》云不喜有子之言；又云子貢反為聰明所累，為私見所禁錮，卒不能知德；子夏之學，傳之後世尤有害；子夏、子貢、子張之徒，如苗民之未格，商民之未化，鄉原之未知其非，楊、墨之未歸於儒，未能克己而復禮。可見象山於聖門諸賢，歷加訕毀，甚至以苗民、鄉原、楊、墨比之。陳澧批評象山之病正在大膽，故敢訕毀聖門。陳澧站在樸學醇儒的立場，批評象山大膽妄為，率意訕毀孔門諸賢，敗壞了博學知服的學風。

第四，象山不考據，而以己意定論古人。

象山《與李省干書》云，孔子於高子羔、曾子二人，尤屬意於子羔，不幸子羔前夫子而死。陳澧考《左傳‧哀公十七年》，可知孔子卒後一年子羔仍在世，又據《孟子》知子羔及見申詳，可知子羔壽甚長。陳澧批評象山尚率意論古人，不考據而以己意隨意度之，可見象山立論草率。

第五，批評象山讀書斷不及朱子。

雖然肯定象山亦讀書，陳澧依然批評象山讀書不及朱子。朱子《答葉味道書》云，陸子靜居母喪時，主既祔之後不當復於寢之說；其兄子壽疑之，以書來見問；子靜初乃不曾細看，率然立論，以經之本文看作注說，而不以據信；其後子壽來書伏其謬。陳澧認為，觀朱子此書，可見朱子細看《儀禮注》，而陸氏初不曾細看，誤以經文為注說而不以據信。由此可知，陸氏讀書斷不及朱子仔細，以致率然立論。

除平允肯定和批評象山之學善與不足，陳澧還從朱、陸之爭延伸論及朱、陸之學的關係和學風之弊。首先，陳澧深究朱、陸之學的關係，得出以下精闢見解：尊象山之學者，未必真尊象山也；慕道學之名而不能為朱子之學，則遁而尊象山耳；詆象山者，亦未必真詆象山也；慕朱子之名而不能為朱子之學，則託為詆象山以尊朱子耳。此論可謂精闢、深微，發人之未發，是對朱、陸之學關係的洞見。其次，陳澧從朱、陸之爭，窺見講學大病在互相排斥之風，必當以為戒。再次，朱、陸之爭以朱子之學占上鋒，故導致藉重朱子之學以為象山之學者。如李紱鈔《朱子文集》，凡其語近虛高者則取之，其序云：「學朱子即學陸子，陸子固不必居其名也」，借朱子之書為象山之學。陳澧深刻認識到，尊朱子者謂陸與朱異，尊陸者謂朱與陸同；尊朱者屢拒而異之，尊陸者猶引而同之。又提出殷切希冀，「將來如有復理其說者，吾願尊陸者自讀陸氏之書，不必藉重於朱；尊朱者亦自讀朱子之書，雖有藉重者，不必與辯，則無爭鬥之患矣」，陳澧此語可謂意味深遠，對學風具有前瞻性的指導價值。

概而述之，陳澧論象山之學，既論其善處，又述其短處，既關注歷史真相的發掘和重現，又關注前瞻性學風的建設，析論之語常常精闢、深微，發人之未發，予人以深啟，極具學術價值和思想意義。

四、黃震之學

皮錫瑞《經學歷史》、馬宗霍《中國經學史》和後來今人諸部經學史著述，皆未論黃東發。陳澧尤重黃震《黃氏日鈔》，從以下四方面彰而表之。

其一，周、程、張、邵及後來諸儒說《易》之偏者、謬者，黃東發一一辯正，其功甚大。

宋代《易》學，周敦頤、張載、邵雍以太極說《易》。周敦頤著《太極圖

說》，對宇宙觀進行闡釋。張載著《橫渠易說》，以「氣」為世界本源。邵雍著《皇極經世》，運用易理和易數推究宇宙起源、自然演化和社會歷史變遷。

《黃氏日鈔》云，自《太極圖》得朱晦翁剖析分明，令三尺童子皆可曉，遂獲聞性命之源，以為脫去凡近基本；其後之人因其餘說，或演或辨，遂成風俗；自此惟言太極，不事躬行。朱熹《太極圖說解》對周敦頤《太極圖說》進行解說，藉以闡發自己的本體論思想。《黃氏日鈔》之言，可見自朱子《太極圖說解》出，後人因其餘說，遂成言太極而不事躬行的風氣。黃震以「孔子惟教人躬行」一語，對惟言太極、不事躬行之風進行批評；又將周、程、張、邵以來諸儒或言太極、或言義理以說《易》之偏者、謬者，一一辯正之。

陳澧認為，黃震生於宋末，親見宋學末派之弊，故能於切要處辯之、正之，糾偏、糾謬之功甚大。又指出，觀黃東發此言，可知宋人言太極者有不事躬行者；近人慾尊宋學者，常詆漢學家不躬行，可知宋末亦同。此語意味深長，表面批評宋人言太極者不事躬行，實則批評近儒尊宋學者對漢學家不躬行的指謫不公，宋末言太極者亦不事躬行。言下之意，在於指出近儒尊宋學者對漢學家不事躬行的批評，並非公允確鑿，近儒所標榜宋學之盡力躬行亦不確切。陳澧此言，借言宋末學術，以言當下學風，借批評宋儒言太極不事躬行者，以批評近儒尊宋學者對漢學家不公允的評價。

其二，黃東發生於宋季，著書以救宋一代之弊，大有功於宋之儒者。陳澧稱許黃震著書以救當世之弊，詳言之曰：如於《易》，不取太極先天之說；於《書》，不取人心道心之說；於《詩》，稍助《序》說；於《論語》，不談一貫與默之說；若象山之學，尤其所深闢者。可見黃震之學的平實、精微和有用於世。

其三，稱許黃東發的人格和治學精神。認為黃東發讀書宅心平實，無偏黨，無客氣，稱心而言，不近名，不使才氣；即有淺處、誤處，皆見其真誠。簡言之，可謂人格真誠、平實，治學精神平允、公正。陳澧認為，本朝諸儒，惟江慎修近之，其餘皆不及；惠、戴之學，超卓矣，心地遠不及也。借評價和稱許黃東發的人格和治學精神，引而伸之，對清儒進行評價，稱許皖派經學創始人江慎修近似之，直言惠棟、戴震二儒雖學問超卓，心地卻遠不及黃東發和江慎修。可見陳澧內心對清儒江慎修的真實崇敬、對惠棟、戴震二儒的真實看法。

其四，從治學取徑、歸宗和讀書方法諸方面稱許東發之學。陳澧認為，

東發之學，從治學取徑而言，讀經、史、諸子、諸大家文集，取其犖犖大者，分析是非；從歸宗而言，以朱子為宗，更去其偏處；從讀書方法而言，最得韓文公提要鈎玄之法，是為讀書定法。陳澧從治學取徑、歸宗和讀書方法諸方面，皆對黃東發之學深感心悅誠服。《東塾讀書記》亦屢次徵引、稱許《黃氏日鈔》的觀點和看法。

可以說，陳澧著《東塾讀書記》，一方面受顧亭林《日知錄》影響深，此為人所熟知；另一方面，受南宋黃震《黃氏日鈔》影響極深，此則未細究《東塾讀書記》引語、未細讀《東塾雜俎》者所不易知。陳澧云，昔嘗有人慾以澧為師，澧辭之曰：「盍以我之師為師？《黃氏日鈔》是也。」又謂「今著《學思錄》，豈敢竊比於《日鈔》，亦師其意云耳」。

陳澧此言猶有意味。在與友人信札中，陳澧屢次言及，著《學思錄》意在仿顧亭林《日知錄》，不過《日知錄》既論學術，又論政治、博聞等，《學思錄》只論學術。研究者一般以此認為，顧亭林乃陳澧最為膺服的清儒。細究《東塾讀書記》、《東塾雜俎》遍論十三經、通論古今學術，特別從引語方面觀之，陳澧隨處屢引《黃氏日鈔》之語，且論之、稱許之。遍觀現存陳澧與友人信札，卻鮮見陳澧論《黃氏日鈔》對他的深刻影響。此種反差，不可謂不引人深思。

總體而言，以上所論道學、性理、宋學詞源，語錄體，陸象山之學，黃震之學，是陳澧《東塾雜俎》論析南宋學術的四個重點問題。

朱子之學理當為南宋學術重中之中。但因《東塾讀書記》已列《朱子》卷，單論朱子之學，故《東塾雜俎》不再將之列為重點，僅言以下五點：其一，引《黃氏日鈔》，謂晦庵先生《近思錄》以本朝議論為本；其二，引《黃氏日鈔》，謂讀《朱子語錄》，如仰觀造化之大，莫知所措辭，盛讚《朱子語錄》深宏、博大、精深；其三，引朱子《小學序》，謂古者以《小學》教人，全書不可見，雜出於傳記者亦多，讀者以古今異宜而莫之行，殊不知其無古今之異者，未始不可行，可見朱子重小學；其四，宋時甚輕章句之學，朱子注《大學》、《中庸》獨名曰「章句」，可見朱子好古，不隨風氣，卓然獨立；其五，引《朱子語類》，述朱子解答時人「漢儒何以溺心訓詁而不及理」的提問，朱子認為，漢初諸儒專治訓詁，只教人自尋義理，至漢末，漸有求得稍親者，終是不曾見全體。陳澧認為，朱子所答誠是，然澧更有說焉，指出漢儒若不訓詁，則不能遽及於理；若漢初儒者不訓詁，漢末無以求得稍親者。陳澧之

言，重在強調漢儒訓詁的價值和意義，意在說明漢儒實已及於義理。

考《東塾讀書記》《朱子》卷，未議《近思錄》和《朱子語錄》；論朱子小學，亦僅言朱子深於《說文》，重反切之學，深於禮學，未明言朱子重小學，由此獨窺《東塾雜俎》可貴的文獻價值。

除此之外，陳澧《東塾雜俎》稱引、表彰呂祖謙、李燾、王炎、張洽、朱質、真德秀、王萬、王應麟之學。引朱子言，稱許呂祖謙《皇朝文鑒》編次「篇篇有意」，所載奏議「係一時時政事大節，祖宗二百年規模與後來中變之意盡在其中，非《選》、《粹》可比」；引張栻之言，讚譽李燾如霜松雪柏，引朱彝尊、葉適之言，謂宋儒史學以之第一，稱許李燾學行醇實，自朱子外無與抗衡；引戴表元《剡源集》，彰表王炎及其《尚書小傳》；引《宋史·道學傳》，稱譽張洽以道學家身份而留意地理沿革，著《歷代郡縣地理沿革表》，不可多得；肯定盧刻《方言》朱質《跋》的先見獨識，為南宋人尊漢儒訓詁、譏當時談性命者；稱譽真德秀《文章正宗》論詩有精語，以詩講道學，轉為清超，真通人之論；引《宋史·王萬傳》，贊王萬為宋末真儒，《時習編》所得至精至真，程門不及；肯定王應麟當道學極盛之後、學者視名物數度若弁髦之時，著《急就篇補注》，以開後世漢學萌芽。概言之，肯定呂祖謙《皇朝文鑒》經世之價值，讚譽李燾學行醇實，彰表王炎《書》學成就，稱譽張洽輿地學著作，肯定朱質重漢儒訓詁學的先見獨識，稱譽真德秀以詩論道學，贊許王萬為宋末真儒，肯定王應麟開漢學萌芽。

陳澧論南宋學術，還對張栻、晁補之《續楚辭》、鄭樵《通志》提出了批評。論呂祖謙《皇朝文鑒》時，言張栻好為高論，言不足為憑；引朱子語，謂晁補之《續楚辭》更易序引，增廣篇帙，不過為刪述之作；引袁枚《隨園隨筆》，批評《宋史》最繆處，乃在當道學之風初熾，偏袒道學家，立論不公；批評鄭樵《通志》徒費筆墨，鈔人之說，且自為案語，甚為可笑、可歎。

概而述之，陳澧論南宋學術，探道學、性理、宋學詞源，究語錄體淵源與影響，論陸象山之學，彰表黃東發之學；稱引、表彰呂祖謙、李燾、王炎、張洽、朱質、真德秀、王萬、王應麟之學；批評張栻、晁補之《續楚辭》、鄭樵《通志》、《宋史》偏袒道學家之謬。除陸象山之學被後世學術史和經學史重視，其餘所論，絕大多數皆可謂發人之所未發，極具獨特的文獻價值和學術史意義。陳澧所論，亦可體現他自己的文學、詩學、史學觀念。簡言之，陳澧《東塾雜俎》論南宋學術，價值獨特，意義重大，有待繼續挖掘和深探。

第九節　明代學術論

　　陳澧《東塾雜俎》筆記體的性質，使其一方面缺乏明晰條貫性，另一方面又被天然賦予了史料採擇的極大自由度。如果說，條貫性使歷史得以被清晰、簡明地把握和再現，極大自由度的史料採擇則使歷史的諸多細節和側面得以被更好地還原。兩種方式各有優劣，在彰顯的同時，亦各有遮蔽。條貫性彰顯的，是歷史的整體框架和重要節點，卻有可能遮蔽某些看似不起眼的細節；筆記體便於突顯歷史細節，卻有可能使整體框架和重要節點被細節湮沒。

　　如果將陳澧《東塾雜俎》論明代學術與後來皮錫瑞《經學歷史》、馬宗霍《中國經學史》和今人諸部重要經學史著作比而較之，就會發現：第一，陳澧首引《明史‧儒林傳序》論明代經學風氣之變諸語，後來經學史著作皆沿引之；第二，諸部經學史著作論明代學術部分，呈現的面貌皆各異。皮錫瑞將重點放在明代經學之衰，總體看法是：元不及宋，明又不及元，經學至明謂極衰時代；明人株守元人之書，於宋儒亦少研究；正如顧亭林所言，八股行而古學廢，《大全》出而經說亡。馬宗霍首論明代官學，引皮錫瑞、黃宗羲、阮元語，總體看法是：科舉盛而儒術衰，理學昌而經學微。又略舉明代《易》、《書》、《詩》、《春秋》、三《禮》較可稱者述之。許道勳、徐洪興《中國經學史》述「宋學系統」之後，即述「清學系統」，對明代經學略而未論。吳雁南等主編《中國經學史》先述明初理學家方孝孺、曹端、薛瑄、胡居仁等，認為明初理學家襲前人糟粕，不敢稍越藩籬，基本無建樹；又延吳與弼、陳獻章、湛若水一線述心學興起，重點論析王學，兼及王門後學。葉純芳《中國經學史大綱》述明代經書的刊刻、《五經大全》的承襲情況，又從對宋學的推崇轉向質疑、考辨經書真偽、考據學興起、漢唐注疏重新受重視諸方面論明代經學研究的發展和走向，再從清人對明代經學的評價，反觀明代經學得失。總體來看，各種著述對明代經學的論述，呈現出很不一樣的面貌。此種面貌紛呈，一方面與後來著述者的有意求新不無關係，另一方面，分明體現了著述者各異的學術觀念。

　　本文的意圖，正在於通過論述陳澧《東塾雜俎》論明代學術所呈現的面貌，剖析內在學術觀念與後來著述者相異之處，挖掘陳澧明代學術論的獨特價值。

一、歸有光之學醇正精博

　　不論皮錫瑞、馬宗霍及後來今人諸部中國經學史著述，或侯外廬《中國思想通史》等思想史著述，皆未述歸有光。學者普遍將他列入明代文學的論述對象，稱其散文為「明文第一」。

　　陳澧論明代學術，卻極為看重歸有光。《東塾雜俎》《明》一卷凡 50 條筆記，有 4 條篇幅頗長者摘錄、評析歸有光的學術思想。

　　第一，引歸有光《送狄承式青田教諭序》述明代學術淵源。其言曰：「浙東道學之盛，蓋自宋之季世。何文定公得黃勉齋之傳，其後有王會之、金吉父、許益之，世稱為婺之四先生。益之弟子為黃晉卿，而宋景濂、王子充皆出晉卿之門。高皇帝初定建康，青田劉文成公，實與景濂及麗水葉景淵、龍泉章三益四人，首先應聘而至。當是時，居禮賢館，日與密謀。浙東儒者皆在。蓋國家興禮樂，定制度，建學養士科舉之法，一出於宋儒。其淵源之所自如此。」歸有光此語，清晰道出明初學術淵源有自：其一，朱子傳黃榦，黃榦傳何基，何基與王柏、金履祥、許謙同為婺之四先生；其二，許謙傳黃溍，黃溍傳宋濂、王褘，宋濂與劉基等同為明朝開國功臣，又同為明初詩文三大家。由此可見，明初學術淵源由來有自，從開國文臣之首的宋濂可上溯自許謙，許謙可上溯自黃榦，而黃榦乃朱子晚年受業弟子。歸有光此段論述，對於追溯明代學術淵源，可謂極為關鍵。因歸有光散文家名聲之盛，人們多從文學家角度，認識和探究歸有光的散文成就。陳澧從經學家的立場出發，以經學家的眼光看待歸有光散文，充分挖掘出其中的論學精語。

　　第二，引《經序錄序》對唐代學術的論斷：「唐貞觀間，始命諸儒粹章句為義疏，定為一是。於是前世儒者僅存之書，皆不復傳」，「至啖助以己意說《春秋》，史氏極詆其穿鑿。蓋唐人崇進士之科，而經學幾廢。故楊綰、鄭餘慶、鄭覃之徒欲拯救其弊而未能也。」唐《五經正義》統一經學分歧、刪削繁冗章句的正面作用多被人述，此種統一背後的弊端，卻少有人言。啖助以己意說《春秋》，開闢、創新之功多被宋儒肯定和稱許，其消極作用自明以來少有精闢論說。歸有光的深刻之處在於：其一，認識到唐《五經正義》正面作用背後的消極影響，使唐以前儒者僅存之書皆不復傳；其二，注意到史家對啖助以己意說《春秋》穿鑿的批評，站在傳統儒學保守立場揭露率意疑經對學風產生的消極影響；其三，揭示有唐一代崇進士之科、輕明經一科對經學造成的消極作用。陳澧議曰：「此等語，明人無人能言之者。歸熙甫有卓識也。」

陳澧認為，即使在明代，亦無人有此等精闢獨見，可見歸有光的卓識。即使以今天的眼光來看，歸有光對唐《五經正義》消極作用的揭示仍令人深警。陳澧對歸有光此語的發現，具有極其重要的文獻價值，它代表了明儒對唐代經學的重要認識和見解。

　　第三，陳澧長段摘引《送何氏二子序》、《送王子敬之任建寧序》、《送計博士序》，議曰：「以上三篇，乃《震川集》中大文章。明儒學問，純正精博無有如震川者矣。」〔註150〕《送何氏二子序》批評自宋時起講道之風氣，認為如漢儒講經，能明於聖人之經，斯道明矣。《送王子敬之任建寧序》批評尊陽明之學者講學之盛，囂然求名，求勝於朱子，不知孟子之言性善已盡之，不必揭良知以為標的。《送計博士序》批評取士之途專為一科，學者捨六藝，徒攻應試之文，以博富貴，無以明道德性命之精微，以致儒林衰。陳澧稱許歸有光此三篇論學之文，將其視為明儒學問純正精博的代表。細觀此三文，可見歸有光鮮明的漢學立場，正與陳澧同。文中對漢儒之功的肯定，對講學風氣的批評，對陽明末學的批判，對科舉應試之文的揭露，亦深得陳澧認同和稱許。又摘引《山舍示學者》、《史論序》、《跋小學古事》，批評俗學以通經學古為拙，進士之業滋盛，以致敗壞人材，為害世道。

　　總體而言，自清初錢謙益始，學者皆稱道歸有光的散文成就。黃宗羲更推許歸有光之文為「明文第一」。人們多以審美的眼光看待歸有光的散文，較少從學術角度認真推究，以至後來經學史和學術史著作皆未見其名。身為經學家的陳澧，以經學眼光讀歸有光文，挖掘、發現其文所包含深刻、獨到的經學思想。正因秉持紮實、不囿於俗見的治學精神，陳澧方能撇棄歸有光身上籠罩的散文家光環，細緻研讀其文，對其精邃學術思想有所認識和發現，從而使《東塾雜俎》論明代學術顯示出獨樹一格的內容。

　　據錢謙益校定《震川集》，卷一題名「經解」，收錄歸有光《易圖論》、《尚書敘錄》等9篇經解文。可見錢謙益在重新編錄、校定歸有光文集時，已充分注意到體現經學思想的此類文章，並將之列為首卷。但錢謙益重在編錄，而非細緻研讀和探究，並未對其經學思想進行專門闡述，亦未及從「序」、「跋」等各類體裁文章挖掘歸有光學術思想。可以說，陳澧《東塾雜俎》論歸有光，可謂最先對歸有光學術思想進行專門挖掘和探究。但他的相關論述顯然並未

〔註150〕陳澧著：《東塾雜俎》（卷十），黃國聲主編：《陳澧集》（二），上海古籍出版社 2008 年版，第 633 頁。

引起後人的充分注意，以至後來的經學史和學術史著述，對歸有光學術思想依然採取忽略的態度。當然，亦有可能是有意的忽略和捨棄。但更大的可能，依然是無意的忽略。對歸有光學術思想無意的忽略，與文學史著述對其文學成就和文學思想有意的張揚，似乎形成一種共生的必然。陳澧獨特的學術眼光由此顯得更為珍貴和有價值。直至 20 世紀 90 年代，有學者再次注意到歸有光繁富著作中體現學術思想的文章，難得的學術勇氣值得特別肯定，但因與傳統經學的時代性隔膜，難以具備深廣的學術視野，論析不免陷於瑣碎之嫌〔註 151〕。本世紀初，有學者從明清之際學風轉向的角度看待歸有光，注意到歸有光對陽明之學標榜門戶、講學風氣之盛、對八股取士的批評〔註 152〕，所引關鍵文獻，正是陳澧《東塾雜俎》長段摘錄和論析的《震川集》三篇大文章之《送何氏二子序》、《送王子敬之任建寧序》二篇，不過比陳澧的首次發掘和摘引晚了百餘年。當然，此文推進之處在於，從錢謙益對歸有光學術思想的繼承方面，彰顯了歸有光之學對後世的深遠影響。

二、方孝孺以氣節振道學

陳澧論明代學術另一獨特之處，在於強調和彰顯明儒氣節，議曰：「明人學問文章遠遜唐、宋，惟氣節獨高千古。其倡之者，方正學也」，「宋儒道學，至元末而已衰，得方正學以氣節振之，一代忠臣烈士，接踵而出。論明儒者，當以方正學為第一。《明儒學案·師說》始於方正學，得之矣。」引方望溪《請矯除積習興起人才劄子》云：「士大夫敦尚氣節，東漢以後，惟前明為盛。」再引朱竹垞《黃先生遺文序》云：「講學莫盛於宋，然汴京、臨安之陷，道學諸臣以身殉國者不數見。至於明，死靖難，則有若方公孝孺；死閹禍，則有若高公攀龍；而山陰劉公宗周、漳浦黃公道周與先生後先自靖：咸以道學兼忠節，即宋儒有未逮焉。」於朱竹垞之言，陳澧特加案語：「明儒之卓越千古者，竹垞此數語盡之，真千古定論也。」

陳澧將前二條議論與方望溪、朱竹垞評明儒氣節之語先後並列，強調和彰顯明儒以氣節卓越千古，稱許方孝孺首倡之功。陳澧於東漢學術，一重質實的儒學風氣，二重敦尚氣節的儒者之風。論明代學術，以明儒敦尚氣節，

〔註 151〕劉璞：《從歸有光被忽視的文章中看歸有光》，《昆明師專學報（哲學社會科學版）》1990 年第 2 期。

〔註 152〕孫之梅：《歸有光與明清之際的學風轉變》，《文史哲》2001 年第 5 期。

可與東漢儒者相媲美。論明代儒者，以方孝孺為第一。他對方孝孺的盛讚和稱許，首先在於其氣節之高，不畏明成祖威逼，凜然赴死，十族被夷，毅然無悔。

撇開明成祖靖難之役功過是非不論，明成祖稱帝後，誅殺當初力主明建文帝削藩的齊泰和黃子澄，株連九族，誅殺方孝孺，株連十族，女眷遣送教坊為妓。據《奉天刑賞錄》，「永樂十一年正月十一日，本司右韶舞鄧誠等於右順門裏口奏：『有奸惡齊泰的姐並兩個外甥媳婦，又有黃子澄妹四個婦人，每一日一夜，二十條漢守著，年小的都懷身孕，除夜生了小龜子，又有一三歲的女兒。』奉欽：『依由他小的長到大，便是搖錢的樹兒。』」〔註153〕據《四庫全書總目》提要，《奉天刑賞錄》「所載建文死事，諸臣家屬被禍慘毒，殆非人理。稱皆得於官府故牘，似不盡誣。成祖毒虐之政，至於此極，亦可證史書所載，尚未能得其什一矣」〔註154〕，可知《奉天刑賞錄》所載並不盡誣，成祖毒虐可謂令人髮指。

成祖如何對待不願草擬詔書的方孝孺呢？《明史》方孝孺本傳曰：「成祖欲使草詔，召至，悲慟聲徹殿陛。成祖降榻，慰勞曰：『先生毋自苦，予欲法周公輔成王耳。』孝孺曰：『成王安在？』成祖曰：『彼自焚死。』孝孺曰：『何不立成王之子？』成祖曰：『國賴長君。』孝孺曰：『何不立成王之弟？』成祖曰：『此朕家事，先生無過勞苦。』顧左右授筆札曰：『詔天下，非先生草不可。』孝孺大書數字云云，投筆於地，且哭且罵，曰：『死即死，詔不可草。』成祖怒曰：『汝焉能遽死，朕當滅汝十族。』令以刀抉其口至耳，復繫之獄。拘其宗族，及母妻黨，脅之執，不從，遂並其門生、朋友等為十族，誅之。然後磔孝孺於市，孝孺慨然就死。」〔註155〕

值得注意的是，並非僅陳澧《東塾雜俎》論明代學術述方孝孺。吳雁南等主編《中國經學史》論明初理學家，將方孝孺與曹端、薛瑄、胡居仁並而論

〔註153〕袁袠撰：《奉天刑賞錄》，明金聲玉振集本。

〔註154〕永瑢等撰：《四庫全書總目》，中華書局1965年版，第482頁，卷五三史部雜史類存目二。

〔註155〕萬斯同撰：《明史》，清鈔本，卷一百八十三列傳三十四。清張廷玉等撰《明史》卷一百四十一列傳第二十九載方孝孺本傳，與清鈔本萬斯同撰《明史》方孝孺本傳相較，刪「成祖怒曰：『汝焉能遽死，朕當滅汝十族。』令以刀抉其口至耳，復繫之獄。拘其宗族，及母妻黨，脅之執，不從，遂並其門生、朋友等為十族，誅之」數句，僅曰：「成祖怒，命磔諸市。」（張廷玉等撰：《明史》，中華書局1974年版，第4019頁。）

之，主要強調其學宗朱熹，強調踐履，並未著意突顯其氣節。而陳澧論方孝孺，有意略其學術宗旨，著意突顯其氣節。那麼，陳澧對方孝孺氣節的強調，是否背離了論學的宗旨？答案是否定的。陳澧議曰：「宋儒道學，至元末而已衰，得方正學以氣節振之，一代忠臣烈士，接踵而出。論明儒者，當以方正學為第一。」可見陳澧視方孝孺為振宋明道學的關鍵人物。

《禮記·中庸》云：「故君子尊德性而道問學，致廣大而盡精微，極高明而道中庸。溫故而知新，敦厚以崇禮。」《中庸》篇將「尊德性」和「道問學」並而列之，「尊德性」雖在前，而「道問學」不可偏廢。朱熹注曰：「尊德性，所以存心而極乎道體之大也。道問學，所以致知而盡乎道體之細也。二者，修德凝道之大端也。」從朱子注來看，朱子將尊德性、道問學二者視為修德凝道的二端，而二者旨歸，仍在修德凝道。由此可知，朱子的道問學，仍以道德踐履為旨歸〔註156〕。方孝孺宗朱子之學，強調踐履，其凜然氣節可謂將道德踐履做到了極致。由此可見，陳澧正是從振興朱子道學的角度，來看待方孝孺振興明代學術的功績和意義。表面略其學、突顯其氣節的論述方式，可謂別有用心，可見陳澧對宋明道學由盛而衰、由衰而振發展路徑的精闢認識。

陳澧所引朱竹垞《黃先生遺文序》，除論方孝孺死靖難，還稱許死閹禍之高攀龍，殉明朝之劉宗周、黃道周。陳澧認為朱竹垞此語述盡明儒卓越千古者。從學術淵源和宗旨而言，諸位先生不盡相同。高攀龍宗程朱理學，劉宗周師從湛若水門下唐樞弟子許孚遠，黃道周被《明儒學案》作為獨立的思想大家列於「諸儒學案」。學雖有異，咸以道學兼忠節，並立為明末大儒。陳澧認同朱竹垞的評論，將宗程朱理學的高攀龍、陳湛心學一脈的劉宗周、獨立一派的黃道周三者並而稱之，可見並無所謂傳統理學與心學的門戶之見，獨重道德踐履與氣節的思想意識。

三、陽明之學

今人諸部經學史著作中，吳雁南等主編《中國經學史》最重陽明之學，分析其經學思想，兼述其後學；總的立場，乃充分肯定陽明之學突破程朱理學傳統的創新價值和意義。

〔註156〕路新生：《「尊德性」還是「道問學」——以學術本體為視角》，《天津社會科學》2008 年第 4 期。

陳澧《東塾雜俎》論明代學術，凡 50 條筆記，論王陽明多至十餘條，可謂筆墨最重。與今人經學史相關論述相比，陳澧論王陽明之學的不同之處在以下幾點：

（一）陽明之學何以興起

後人論陽明之學興起原因，多言陽明之學乃朱子學之反撥，認為程朱理學在官學化之後，逐漸僵化，先是陸學發明本心，至白沙之學倡「天地我立，萬化我出，宇宙在我」，再至陽明之學致良知。此種思路將心學視為朱子學的反駁，追尋從南宋陸九淵，至明代陳獻章、王陽明心學發展路徑。但何謂程朱理學之僵化，程朱理學僵化的表現何在？卻依然未得以澄清。

陳澧認識的深度恰在於此。其議曰：

> 明自中葉以前，講學者皆宗朱子。然於朱子之學，所失者已多矣。朱子兼博約以為學，明儒惟得其約而不得其博，故根柢單薄。至其極弊，則名為宗朱子，實則荒陋迂腐。故陽明乘其衰頹而盡力攻之，遂以不振也。物必先腐而後蟲生之，未可專罪陽明也。〔註157〕

陳澧特重朱子之學，《東塾讀書記》單列《朱子》一卷，表彰朱子之學，從朱子的治學對象、治學方法、治學宗旨等方面充分肯定朱子之學。因此，陳澧首先肯定明中葉以前，講學者皆宗朱子。白沙之學、陽明之學為何以心學異端的姿態、沖決程朱理學藩籬脫穎而出呢？陳澧認為，原因在於，明代朱子末學，所失者已多。在他看來，朱子之學在於完備，在於既博且約，由博返約。而明儒宗朱子者惟得其約，不得其博。以禮學言之，朱子特重禮學，編《禮》書，撰《儀禮經傳通解》，垂歿之時，猶諄諄不已，而明儒竟無一人治《儀禮》。又以《四書》學為例言之，明儒治朱子《四書》學者蔚為大觀，各類《四書解》及刪節本層出不窮，丟棄朱子學之博，惟得朱子學之約。棄博求約的傾向，亦與科舉應試求捷徑有很大關係。未博而約，以致名為宗朱子，實則荒陋迂腐，「故陽明乘其衰頹而盡力攻之」，沿著心學的路徑，對朱子之學發起徹底的反動。

陳澧對陽明之學興起原因的探究，在前人基礎上，澄清了程朱理學僵化的具體表現，正在於棄博求約。

〔註157〕陳澧著：《東塾雜俎》（卷十），黃國聲主編：《陳澧集》（二），上海古籍出版社 2008 年版，第 627 頁。

（二）龍場悟道與良知之說

後世學者普遍將王陽明「龍場悟道」視為陽明心學發展、形成的關鍵節點。錢德洪《陽明先生年譜》「三年戊辰先生三十七歲在貴陽」條云：「春至龍場」，「晝夜端居，澄默以求靜一。久之，胸中灑灑」，「因念聖人當之，或有進於此者。忽中夜思格物致知之旨，若有語之者，寤寐中不覺叫呼躍躍。從者皆驚。自是始有大悟」〔註158〕。黃宗羲《明儒學案・姚江學案》云：「逆瑾矯旨逮南京科道官，先生抗疏救之，下詔獄，廷杖四十，謫貴州龍場驛丞。」又云：「及至居夷處困，動心忍性，因念聖人處此更有何道？忽悟格物致知之旨，聖人之道，吾性自足，不假外求。」〔註159〕「居夷處困」當指謫居龍場，並未直接命之曰「龍場悟道」。《明史》王守仁本傳曰：「謫龍場，窮荒無書，日繹舊聞。忽悟格物致知，當自求諸心，不當求諸事物，喟然曰：『道在是矣。』遂篤信不疑。」〔註160〕可見錢德洪《陽明先生年譜》、黃宗羲《明儒學案》、《明史》皆述陽明龍場悟道之事，然皆未直接用「龍場悟道」一詞。至晚清山陰陳錦《勤餘文牘》光緒刻本《王文成公弟子擬祀記》云：「先生龍場悟道，窮則思通，實踐事功，已屬彪炳朝野。片言指點，名曰『良知』。」〔註161〕首以「龍場悟道」一詞述之。眾人關注的焦點，皆在陽明謫居龍場、突然徹悟良知之旨。

陳澧思考的深刻之處在於，王陽明悟道，是謫居龍場時的遽然徹悟，還是由漸悟終至龍場徹悟？換言之，即謫居龍場是王陽明悟道的起點，或是漸悟過程的關鍵突破點？再者，「致良知」一語，是否即龍場悟道所悟？

陳澧注意到《傳習錄・黃直錄》載陽明云：「吾『良知』二字，自龍場後，便已不出此意。只是點此二字不出。與學者言，費許多辭說。今幸點出此意，一語之下，洞見全體。」陳澧議曰：「據此，則陽明初有此意而未有名目，其後乃以《孟子》『良知』二字為名目也。」據陽明自語，可知正如陳澧所議，龍場悟道已不出良知此意，卻依然點此二字不出，其後乃點出此意，拈出《孟

〔註158〕陳立勝：《王陽明龍場悟道新詮》，《中山大學學報（社會科學版）》2014 年第 4 期。

〔註159〕黃宗羲著、沈芝盈點校：《明儒學案》，中華書局 1985 年版，卷十《姚江學案》，第 179、180 頁。

〔註160〕張廷玉等撰：《明史》，中華書局 1974 年版，第 5168 頁，卷一百九十五列傳第八十三。

〔註161〕陳錦撰：《勤餘文牘》，清光緒四年刻本，續編卷一。

子》「良知」二字為名目。陽明龍場悟道之時，尚點此二字不出，若從語言與思維的關係著眼，實際上「龍場悟道」所悟之道，仍是未與概念建立明晰聯繫、混沌不明之道。直至此道與「良知」二字建立明晰的對應關係，才可稱徹悟之時。

簡言之，龍場悟道乃陽明「致良知」之學形成、發展不可或缺的關鍵節點。《陽明先生年譜》所載「忽中夜思格物致知之旨，若有語之者，寤寐中不覺叫呼躍躍」，乃思維火花濺起四射的一剎，但仍憤而未悱，啟而未發。其後，直至拈出「良知」二字，方乃徹悟之機。

由此可知，人們習慣於將「龍場悟道」視作王陽明「致良知」心學最終建立的關鍵突破點。此種看法其實與實際情況並不完全相符。陳澧細緻尋繹《傳習錄》，從王陽明自語中發現端倪，首次意識到，龍場悟道時的王陽明，雖心知其意，但思想意識尚處於混沌不明中，未能恰如其分找尋到對應的概念，其後乃拈出「良知」二字。至此，陽明心學的宗旨才劃然明晰。

那麼，良知二字到底應當如何理解？良知一詞，出自《孟子・盡心上》，「人之所不學而能者，其良能也；所不慮而知者，其良知也」，朱子注曰：「良者，本然之善也。」陽明所謂良知，是否與《孟子・盡心上》意同？

陳澧引焦里堂《良知論》云：「良知者，良心之謂也。雖愚、不肖、不能讀書之人，有以感發之，無不動者」，「余讀《文成全集》，至橄梨頭、論頑民、札安宣慰，及所以與屬官謀、告士卒者，真能以己之良心，感動人之良心。」陳澧議曰：「里堂此論，發明陽明良知之說，公允之至矣。」焦里堂以良心解良知。《孟子・告子上》云：「雖存乎人者，豈無仁義之心哉？其所以放其良心者，亦猶斧斤之於木也。」朱子注云：「良心者，本然之善心。即所謂仁義之心也。」朱子解良心為本然善心，焦里堂又以良心解良知，推導可知，良知即本然善心，與良心意同。那麼，焦里堂《良知論》所謂良知即良心，即本然善心，以《文成文集》真能以己之本然善心感動人之本然善心。陳澧認同焦里堂《良知論》對陽明良知說的闡發，可知陳澧肯定良知即良心，即本然善心。

（三）「良知」之說與禪家「不思善不思惡」之說

王陽明《天泉問答》云：「無善無惡者，心之體；有善有惡者，意之動。知善知惡，是良知；為善去惡，是格物。」「無善無惡，心之體」一語，容易讓人產生一個疑問，即其意是否與性無善無惡等同。陳澧的看法是否定的。

黃梨洲《明儒學案·姚江學案》前言指出，今之解者，以為陽明「無善無惡，心之體」乃謂「心體無善無惡是性」，此解乃權論；其實無善無惡者，無善念惡念耳，非謂性無善無惡也。陳澧對黃梨洲此解深表認同，同時指出，無善念無惡念，即禪家所謂不思善不思惡耳。

若追溯王陽明的問學之道，清晰可見其學與禪家之間的聯繫。黃宗羲《明儒學案·姚江學案》述王陽明治學道路，謂陽明之學始泛濫於詞章，繼而遍讀朱子書，循序格物，然以物理吾心終判為二，無所得入；於是出入於佛、老者久之；及至龍場忽悟格物致知之旨，又拈「良知」二字名之，乃徹悟聖人之道吾性自足。正如陳澧所論，陽明所謂無善無惡，即無善念無惡念，亦即禪家所謂不思善不思惡。

觀黃梨洲對王陽明《天泉問答》「無善無惡」的理解，有意澄清「非謂性無善無惡」，乃肯定王陽明良知之說與孟子性善論的一致性。再觀陳澧引焦里堂《良知論》，肯定良知乃良心之謂，從朱子注推而導之，又可見良知、良心皆謂本然善心。由此可知，陳澧引黃梨洲、焦里堂之言解良知，實則以明王陽明良知之說與孟子性善之說一脈相承，並無二致。

在《答陸原靜書》中，王陽明自將良知之說與佛氏相關說法比而較之，以佛氏「不思善不思惡時認本來面目」之「本來面目」，即聖門所謂「良知」，聖門「隨物而格」即佛氏之「常惺惺」，聖門與佛門體段工夫亦大略相似。據此，陳澧進一步申明，以佛氏「不思善不思惡本來面目」為《中庸》「喜怒哀樂之未發」，始於蘇子由，極於王陽明，至此儒、佛遂合二為一。《答陸原靜書》陽明自語可證佛氏之學對陽明思想的滲透。陳澧之議，更進一步從宋明以來儒、佛互滲的視角看待陽明之學對佛學的吸收，既從宋儒那裡追溯其淵源，又闡明其儒、佛合流的趨勢和走向。

雖以王陽明「無善無惡心之體」之說並非違背孟子性善之說，但陳澧依然著意指出此說對陽明後學的誤導。晚明周汝登以陽明之學為宗，卻主張告子性無善無不善之說。陳澧認為，周汝登以無善無惡為宗，其病由於陽明「無善無惡心之體」之說，陽明之病則由於宋人以《中庸》「喜怒哀樂之未發」比附佛氏「不思善不思惡本來面目」之語。簡言之，宋儒以《中庸》「喜怒哀樂之未發」解佛氏「不思善不思惡本來面目」；陽明汲取宋儒之說，又借佛氏「不思善不思惡本來面目」之說解「良知」，以成「無善無惡心之體」之說；陽明後學誤解「無善無惡心之體」為「性無善無惡」，以致周汝登以性無善無

惡為宗。由此可見，陳澧雖能站在儒家性善論的立場闡明和理解王陽明「無善無惡心之體」的含義，但並不贊同王陽明借佛氏之說解良知，如此以來，客觀上造成了陽明後學對儒家性善論的反叛。

一方面，陳澧不認同陽明之學以佛解儒，亦不認同其廢學傾向；另一方面，仍能站在公允立場，充分肯定良知之說的價值和意義。陳澧認為，人有資質鈍而不能學問者，有政事繁而無暇學問者，有居處僻而無由學問者，教以激發良心，則志仁無惡，客觀肯定陽明良知之說大有益於不能學問、無暇學問和無由學問者激發良心，志仁無惡。又以鹿善繼、孫奇逢、湯斌三人為例，稱許陽明之學治身之功。方望溪《重建陽明祠堂記》曰：「自余有聞見數十年間，北方真儒死而不朽者三人：曰定興鹿太常、容城孫徵君、睢州湯文正，其學皆以陽明王氏為宗。」方望溪認為，陽明之學為世詬病久矣，然北方真儒三者皆以陽明之學為宗，其立身各有本末，一時從之遊者亦多重質行，立名義，當官則守節不阿，可見學者苟能以陽明之學治身，雖程朱復起，必引而進之以為徒。萬斯同《明史》鈔本《忠義傳》載鹿善繼本傳，稱其「端方緊愨，少讀王守仁《傳習錄》，慨然有必為聖賢之志。鄙章句，薄溫飽，不與俗浮沉」〔註162〕，崇禎九年，清兵攻定興，守城，與敵相持六日，城破死之。孫奇逢《清史稿》有本傳，「奇逢之學，原本象山、陽明，以慎獨為宗，以體認天理為要，以日用倫常為實際。其治身務自刻厲」〔註163〕，鼎革後隱居夏峰，人稱夏峰先生。《望溪集》另有《孫徵君傳》。湯斌《清史稿》也有本傳〔註164〕，述其師從孫奇逢，習宋諸儒書，篤守程、朱，亦不薄王守仁，身體力行，不尚講論。據本傳，可知望溪之說不誣，不論抗清的鹿善繼，或先仕後隱的孫奇逢，或官至工部尚書的湯斌，皆本陽明之學，重名節，務踐履，為官則剛正不阿。陳澧認同方望溪的看法，以方望溪之說尤為公論，充分肯定陽明之說激發良心以治身之功。

總體而言，與今人從突破程朱理學藩籬的角度肯定陽明之學創新價值的

〔註162〕萬斯同撰：《明史》，清鈔本，卷三百八十一《忠義傳》。清張廷玉等撰《明史》，鹿善繼本傳在卷二百六十七列傳第一百五十五，未入《忠義傳》，刪「少讀王守仁《傳習錄》，慨然有必為聖賢之志。鄙章句，薄溫飽，不與俗浮沉」數句（張廷玉等撰：《明史》，中華書局 1974 年版，第 6889 頁）。

〔註163〕趙爾巽等撰：《清史稿》，中華書局 1977 年版，第 13101 頁，列傳二百六十七《儒林》一。

〔註164〕趙爾巽等撰：《清史稿》，中華書局 1977 年版，第 9929 頁，列傳五十二。

總體評價相比，陳澧對陽明之學的看法趨向保守。他力詆陽明之學以讀書為禁的廢學傾向，不認同陽明之學以佛解儒，與此同時，亦稱許陽明良知說大有益於治身。

　　如果從對陽明之學的認識和理解而言，陳澧的論析顯然深於後來經學史和學術史。基於對陽明之學的精微探究，陳澧方能從明儒棄博求約之弊闡發陽明之學何以興；獨脫世人對陽明龍場悟道的習見，理解良知說漸悟的複雜過程；獨明陽明良知說與儒家孟子性善論的一脈相承；獨窺陽明以佛解儒對後學造成的誤導。憑藉對陽明之學精闢深微的認識，陳澧一方面能獨道陽明學之弊，另一方面，又能公允稱許陽明之學治身之大功及其對清儒的深遠影響。陳澧這些深刻獨道的見解，皆是後來皮錫瑞、馬宗霍所著經學史未能詳細闡發的，對今人理解王陽明仍深有啟發。

　　除論歸有光、方孝孺、王陽明之學，陳澧於明儒還論梁寅、趙汸、薛瑄、王鏊、邵寶、湛若水、呂柟、羅欽順、朱廉、王應電、林承芳、唐伯元、傅宗皋、馮從吾諸人。稱許元末明初儒者梁寅、趙汸淳篤；引薛瑄《讀書錄》述宋儒絕口漢、唐駁雜之學；肯定王鏊開博學鴻詞科之奏；稱許邵寶願為真士大夫、不願為假道學的清高純雅；引《明史・儒林傳》、魏象樞《答白東谷先生書》述湛若水隨處體驗天理為宗的工夫論；以呂柟、羅欽順、朱廉為明儒獨守程朱不變者；以王應電《周禮傳詁》、《經傳正訛》等為清代禮學、小學的萌牙；著意表彰廣州鄉賢林承芳、唐伯元，於林承芳曰「其人廣州人也，今廣州人宜知之」，稱許唐伯元為「嶺海士大夫儀表」，曰「今廣東無稱述之者，故特著之耳」；肯定傅宗皋創五經書院，仿漢世專門之法立《五經》師；引馮從吾《語錄》，以見明萬曆有「漢儒躬行，宋儒空談」之說；贊毛子晉刻汲古閣書，稱毛氏之名今亦永垂藝苑。

　　於明代學風，陳澧《東塾雜俎》可見以下總體看法：其一，批評科舉時文使士子不讀書，以通經學古為時文之蠹，史學益廢不講；其二，批評《永樂大全》對學術的破壞，學者惟讀宋儒書，古注疏廢；其三，批評明人講學風氣之弊，以講學為號，收召好名之徒，以為聲氣；其四，述明中葉以後，儒、釋之道混然之風氣，儒而遁於釋者，多猖狂妄行，釋而慕乎儒者，多溫雅可近。

　　除此之外，特別值得一提的，是陳澧對明儒不知曆算之學的批評和憤慨。《東塾雜俎》論明代學術，末條議曰：「明儒不知曆算之學，故西洋人以此技

入中國，貽禍於今，如此其甚也！若明儒識曆算，則西洋人為遼東豕耳。今人必當習此學，此吾所以殷殷然勸勉後生也。考工之事，亦當講求。」陳澧所言曆算之學，即西方所謂科學，考工之事，即西方所謂科技。他親見、親歷晚清中國落後，被西方列強堅船利炮轟開國門，踐踏國土，割讓領土，深慨於中國學術亟須重視曆算和考工之學，即重視科學和技術。

客觀而言，清代科技、特別是武器技術的落後，確與明代不重曆算之學、考工之事息息相關。據《禮記》、《周禮》等典籍所載，可知中國自先秦至漢代，曆算之學、考工之事已極為發達，璀璨文明熠熠生輝。歷經大唐帝國的極盛，宋代經濟的極度繁榮，中經短暫的異族統治，至明代已有落日餘暉之勢。明朝所用曆制，已與實際情況屢不相符，但朝廷並不以為意。晚明西方傳教士湯若望來華，傳播西方科學技術，為明廷改進曆制，製造火炮。醇儒劉宗周時為吏部左侍郎，極力反對火炮，以至不行。至滿清異族統治，更是腐朽落後。科學技術發展的腳步，漸漸遠落後於西方。陳澧的歷史假設不無道理，如明儒識曆算，重考工，擁有先進的科學和武器技術，滿清入關的歷史就極有可能被改寫，晚清被西方堅船利炮侵略的慘痛教訓也有可能無存。陳澧對晚清學術方向的把握和認識極為準確，必當習曆算之科學，當求考工之科技，正合其時社會發展的趨勢。他的觀點在當時無疑是先進的，可見雖身為晚清樸學醇儒，在經學立場上趨於保守，在經世之治方面，卻絕無迂腐。

第十節　清代學術論

於古代史而言，有清一代距離最近。較近的歷史，卻往往因距離之近反顯紛繁。將皮錫瑞《經學歷史》、馬宗霍《中國經學史》、梁啟超《中國近三百年學術史》、錢穆《中國近三百年學術史》以及今人諸部重要經學史比而較之，可見：第一，對重要人物、學派的紬繹雖趨向一致，但敘述角度、觀點各異；第二，論述框架和細節的呈現各異，以至整體面貌更顯繁雜和豐滿。

時間對再現歷史面貌具有雙重作用：沉澱和剝離。久遠的歷史，因時間的沉澱作用，清晰的主乾和脈絡得以呈現；較近的歷史，因時間沉澱不夠，紛繁的細節未得以剝離，以至主乾和脈絡未及清晰呈現。

以陳澧《東塾雜俎》《國朝》卷而言，亦即如此。與《東塾雜俎》其他卷次相較，《國朝》卷尤顯紛雜。與後來經學史相較，史料採擷、論述角度和觀

點呈現皆有異。由於《東塾雜俎》著述時間在先，文獻價值尤顯突出。對於諸多歷史細節而言，陳澧尚身在其中，他的態度、看法和論述，具有後世敘述未能具有的現場感。基於此，陳澧《東塾組織》論清代學術具有了獨特的價值和意義。

一、救弊的主觀意圖——對漢宋兼採的突顯

綜觀《東塾雜俎》凡 190 餘條，文獻採擇最突出的特徵，即對漢宋兼採的強調。此與陳澧救弊的主觀意圖息息相關。

有清一代，作為整個古代學術的總結階段，既有突出成就，又有諸多末端之弊。清代學術，以乾嘉漢學為傑出代表，訓詁、考據、校勘、輯佚，可謂凌跨漢、唐與宋。然當乾嘉漢學鼎盛之時，漢學陣營內部就已出現自省的聲音。段玉裁《左海文集》云「淺嘗剿說，騖鶩獵名」，批評治漢學者非求自得於學，只為盜取漢學之名；又云「專言漢學，不治宋學」，「真人心世道之憂」。程瑤田《論學小記》云「不原於道德仁義之意，而力去其求利達之心」，批評漢學與現實疏離。段玉裁、程瑤田皆乾嘉漢學大儒，他們對治漢學者的批評，是漢學陣營內部有識之士的真實呼聲。他們已自覺意識漢學之弊，一在獵名，一在拘守，以至不顧修身行事之道，由此希冀以宋學救之。

與此同時，治宋學者對漢學亦非簡單排斥。陳澧指出，方苞於經學用力甚多，治《儀禮》至垂老之年，姚鼐著《九經說》，尤勝於方苞，二人經學，為古文之根柢。可見桐城派雖力主宋學，但亦受漢學滋養，有意識以餘力從事漢學研究。雖然，據漆永祥《乾嘉考據學家與桐城派關係考論》一文所考，以錢大昕為首的乾嘉考據學家對方苞的考據成果並不認可，且提出嚴厲批評〔註165〕。不可否認的是，其時治宋學者亦有意從事考據等漢學研究，頗期許治漢學者的認同。

以上所引段玉裁、程瑤田、方苞、姚鼐諸則材料，皆《東塾雜俎》論清代學術所引。採擇、引用材料時，陳澧有意突顯漢學家對宋學之重視和治宋學者對漢學之重視。此種選擇，可見陳澧清晰的漢宋兼採學術意圖。後來章太炎、劉師培等人，站在純粹漢學立場，批評和譏諷陳澧有意掇取，曲意逢迎，不過摭拾之學。直至上世紀九十年代，朱維錚《漢宋調和論——陳澧和他未完成的〈東塾讀書記〉》一文「趨於時髦」的說法，與九十餘年前章太炎、劉

〔註165〕漆永祥：《乾嘉考據學家與桐城派關係考論》，《文學遺產》2014 年第 1 期。

師培二人之言有相似之處。本文認為，如果能跟隨陳澧回到學術現場，懷著更多感同身受之理解，體會陳澧漢宋兼採意圖背後的學術和現實憂慮，恐怕會有助於作為後人的我們，採取更為客觀公允的態度。

陳澧寫作《東塾讀書記》時，已值咸同年間，乾嘉漢學已陷入碎屑瑣細。阮元《題凌次仲校禮圖》詩云：「淺儒襲漢學，心力每浮躁。」漢學末流的浮躁，一在不肯自首至尾讀一部注疏，專糾前人注疏之誤，或以新奇之說自矜，凌駕古人；二在非正心誠意讀書，盜漢學之名以自飾。於漢學已衰之時，可否攻訐漢學？陳澧給出的答案是否定的。他指出，今漢學已衰，讀書者千中之一二，其餘皆不知經書為何物，若於此時攻訐之，天下之人翕然從之，普天下無讀書之人矣。他認為，唯一出路在於，以兼採宋學救漢學之弊，以道德仁義之理，使治漢學者修養身心倫紀，正心誠意讀書。陳澧又指出，若講陸、王之學，則可不讀書，講朱學如元、明諸儒，但讀朱子書，必提倡朱子之學，才可挽本朝士子不讀書之病，使本朝諸儒所講《說文》、古韻、理學諸書皆不廢。由此可見，其時漢宋兼採的治學路徑，實為挽救學風之弊的唯一出路，不可以掇拾、趨時譏之。

二、辨明惠棟、戴震之學有別

論及乾嘉漢學，惠棟、戴震二大儒地位最顯。惠氏家族四世傳經，至惠棟，成為乾嘉之學吳派奠基人。戴震出自朱子故里，博聞強記，有奇才，開創乾嘉漢學之皖派。考《東塾雜俎》《國朝》卷，陳澧於惠棟、戴震二人，實態度有別。

陳澧引阮元《周易注疏校勘記序》，謂惠棟改字，多似是而非，不顧經典相沿已久之本，突為擅易；又引《雕菰樓易學》卷首《王伯申先生手札》：「惠定宇先生雖考古甚勤，而識不高、心不細，見異於今者則從之，大都不論是非」〔註166〕，批評惠棟一憑己意，擅自改經。對惠棟《明堂大道錄》亦持批評態度，其書論八卦方位及明堂，陳澧認為，惠氏之意，欲與宋儒《先天圖》相匹敵，實則大道本不在此。陳澧在《東塾雜俎》《國朝》卷某條作自我批評，謂「余自知其病，凡遇囿於惠氏之學者，余頗厭之，因而並不喜惠氏，此余之

〔註166〕陳澧所引《雕菰樓易學》卷首《王伯申先生手札》，《雕菰樓易學》陳居淵校點本《附錄序跋》載。焦循著，陳居淵校點：《雕菰樓易學》，北京大學出版社 2012 年版，第 679 頁。

病也，當除之」，可見對惠棟之學的真實態度，又自以之為病，亦可窺內心之謙謹。

陳澧何以不喜惠棟之學？考《東塾雜俎》可知，主要在於惠棟專言漢《易》。惠棟著《易漢學》一書，凡八卷。《四庫全書總目》曰：「是編乃追考漢儒易學，掇拾緒論，以見大凡。孟長卿《易》二卷，虞仲翔《易》一卷，京明君《易》二卷（干寶《易》附見），鄭康成《易》一卷，荀慈明《易》一卷。其末一卷則棟發明漢易之理，以辨正河圖、洛書、先天、太極之學」，「費氏學自陳元、鄭眾、馬融、鄭玄以下，遞傳至王弼，是為今本」，「與孟、京兩家體例較異，合是三派」〔註167〕。惠棟述漢代孟喜、虞翻、京房、鄭玄、荀爽五家易學，依四庫館臣看法，漢代象數易學，大略可分孟喜、虞翻一派、京房、鄭玄一派、費直、荀爽一派〔註168〕。

惠棟主張象數《易》學，融合漢學各家之長，建構象數《易》法模型〔註169〕。陳澧《東塾讀書記》有《易》一卷，引元朝理學家黃澤《易學濫觴》云：「象學不易明」，「但象不可明」。陳澧特加案語：「說《易》而以明象自任者，莫如黃楚望，其用力勞且久，猶不能強通，象不可明，誠哉是言，澧謂若言象，則惟有仍從漢儒之說，而去其煩瑣支離誕漫者，若真欲明之，則恐終古無斯人也。」〔註170〕又指出，孔子言《易》，但揣度其世與事，未明言文王所作，惠棟撰《周易述》，必以為文王作，用孟喜之徒趙賓說而小變之，又據《禹貢》、《爾雅》說謂岐山亦冀州之望，夏都冀州，王用亨於岐山者為夏王，紆曲如此，更可以不必〔註171〕。由此可見，陳澧既不贊同圖書《易》學和先天、後天、太極《易》學，亦不贊同後世言《易》者強解《易》之象數。惠棟說《易》，承漢《易》孟喜、京房、虞翻、荀爽等餘緒，直欲構建自己的象數《易》學體系，對此陳澧並不認同，強調《易》象不易明，亦不可明，不能強解以通之，當闕疑處且闕疑，對《易》學研究持質樸、徵實的態度。

〔註167〕永瑢等撰：《四庫全書總目》，中華書局1965年版，第44頁。

〔註168〕陳居淵：《簡論惠棟標幟「漢學」的易學特色》，《周易研究》2007年第4期。

〔註169〕鄭朝暉：《論惠棟易學的思想特點及其思想史意義》，《周易研究》2009年第3期。

〔註170〕陳澧著：《東塾讀書記》（卷四），黃國聲主編：《陳澧集》（二），上海古籍出版社2008年版，第83頁。

〔註171〕陳澧著：《東塾讀書記》（卷四），黃國聲主編：《陳澧集》（二），上海古籍出版社2008年版，第70頁。

　　惠棟以《易》學為標幟的漢學成就，雖可謂犖犖大矣，但在陳澧看來，存在嗜異以求新、與古人爭勝的傾向，與陳澧知服先儒、質樸平實的治學風格有異。這正是陳澧不喜惠棟之學的背後深層原因。平心而論，當咸同漢學已衰之時，治漢學者紛紛求異、求新，駁古儒注疏以自顯，此種治學風氣與惠棟治學之弊頗為相似。因此，陳澧不喜惠棟之學，歸根結底，仍源於對其時浮淺學風的憂慮，並非單純一己私見，一方面坦誠明言對惠棟不喜，另一方面，又深自反省，以此為己病。實際上，若上升至挽救學風之弊的高度，陳澧對惠棟之學的嚴肅箴砭並不為過。

　　陳澧特別注意釐清惠、戴之學相異，於戴震之學，態度又有不同。陳澧指出，後為經學者，不分惠、戴兩派，皆名為漢學，實則惠、戴之學不同，惠定宇提倡漢學，戴東原不然，多採宋儒說。如戴震《毛鄭詩考正》、《詩經補注》，有不從毛、鄭而從朱子者。戴震弟子孔廣森著《公羊通義》，亦多採宋儒之說。可見陳澧對戴震之學的肯定，首先在戴震對宋儒之學的汲取上，此正合陳澧漢宋兼採之意。惠棟之父惠士奇有手書楹帖云：「《六經》尊服、鄭，百行法程、朱。」陳澧惑於惠棟背其家學與師承，拘守漢學。戴震雖治漢學，於宋儒之說採取開放的態度，正與惠棟相異。

　　陳澧對戴震之學的首肯，即在戴震對待宋儒之學的汲取態度。陳澧詳引王昶《戴東原先生墓誌銘》云：「東原謂：『經之至者，道也。所以明道者，辭也。所以成辭者，字也。必絲字以通辭，絲辭以通道，乃可得之。』」又謂：『古今學問之途大致有三：或事義理，或事制數，或事文章。漢儒窮其制數，宋儒窮其義理，馬、班、韓、柳諸君子根柢之以為文章。若分途而馳，異次而宿，不知其不可以闕一也。』」可見戴震之學漢宋兼採傾向。又從師承方面探究戴震漢宋兼採的淵源，指出其學出於江永，江氏之學不分漢、宋，故戴氏早年亦不分漢、宋。

　　陳澧認為，戴震之學唯一值得深惋處，在以《孟子字義疏證》一書攻宋儒。他一方面肯定戴震《孟子字義疏證》、程瑤田《論學小記》、凌次仲《復禮》、阮元《性命古訓》、《論語論仁論》、《孟子論仁論》，諸人治漢學未嘗不講義理；另一方面，深惋戴震《孟子字義疏證》始攻宋儒，又辨其書解庖丁解牛依天理、取水於川之喻實源自朱子，不當反駁朱子。陳澧議曰：「東原若不詆毀程、朱，真大儒也。惜乎一念之差，欲並奪朱子之席。江慎齋開其先，東原

繼之而益精，真可遠紹考亭矣。惜乎其詆之也。」深歎戴震《孟子字義疏證》詆程、朱，認為戴震若不詆程、朱，真可稱大儒。

戴震《孟子字義疏證》抨擊程、朱理學截然分理欲為二，控訴程、朱絕人之情，滅人之欲，以理殺人。如陳澧所言，本朝諸儒，惠棟始講漢學，戴震始攻宋學。又如今人所言，戴震片面誤讀和歪曲，企圖全面顛覆和否定程、朱理學，建立全新道德哲學，以與宋儒分庭抗禮，其實除了突顯欲望，與程、朱理學相比，戴震道德哲學並無太大超越，其必然之理義仍是仁義禮智和五倫，並無新的道德內容〔註172〕。戴震《孟子字義疏證》之說出，整個學界掀起排擊宋學的浪潮，從戴震其時至嘉道，再至辛亥革命，直至近人各類思想、哲學史，對理學殺人說皆多以肯定。今人提及程、朱理學，最先想到的，仍是理學殺人。今人對朱熹的片面理解，仍在於朱子之學以理殺人。可見戴震《孟子字義疏證》以理殺人說誤人之深遠。無怪乎陳澧深歎戴震不當反駁朱子，欲奪朱子之席。

若不論戴震駁朱子之理，仍可見陳澧對戴震之學的稱許。正如陳澧所言，若不詆毀程、朱，戴震真大儒也。陳澧對戴震的稱許，與對惠棟的不喜，形成鮮明對照。陳澧惟歎戴震駁朱子，其實仍在於奪朱子之席的治學風氣，引治學者與前人爭勝，不知博學知服，對學風產生不良影響。與不喜惠棟相同之處在於，歎戴震欲奪朱子之席，陳澧的著眼點仍在挽學風之弊，並非出於私心。

三、肯定姚鼐解經遠勝方苞

《東塾雜俎》《國朝》卷凡190餘條，引論方苞之言，超過15條，不可謂不多。方苞為桐城三祖之首。陳澧《東塾讀書記》、《東塾雜俎》屢見對文人解經的謹慎態度。作為桐城派文人的方苞，頗受陳澧重視，尤值得注意。

考《東塾雜俎》對方苞之言的引論，本文認為，陳澧對方苞的態度，否定仍多於肯定。肯定之處在於，方苞對東漢儒行的稱許。方苞《全椒縣教諭寧君墓誌銘》曰：「昔朱子嘗歎歷代之人材，惟東漢為最真。其守官行法不避權倖者，前罹禍災而後者踵接焉；而余觀范史所載獨行之士，艱難危困，懇懇於人紀之中，與夫守卑官，安隱約，而盡其道以化於人者，不可勝數

〔註172〕武道房：《宋儒是「以理殺人」嗎？——對戴震批判朱熹理學的再認識》，《東方叢刊》2005年第4期。

也。」〔註 173〕方苞對范曄《後漢書》所載東漢儒行的極力讚譽，正與陳澧之意相合。當然，方苞的出發點，是站在宋學立場，稱許三王以道化天下，使人明於性命之理，生死禍福不足以亂其心，勤守人道而不敢貳。而陳澧顯然不同，是站在漢學立場，首先肯定東漢儒者訓詁、考據之偉功，同時稱許其儒行，希望後世治漢學者學東漢之學的同時，不忘其儒行。其時漢學末流陷於瑣屑訓詁、考據，全然不知行事，不顧義理，故陳澧推崇東漢儒行以矯之。

對方苞的漢學成就，陳澧並不認同。方苞曾主三禮館，以禮學稱，《擬定纂修三禮條例劄子》謂「《周官》、《儀禮》，則周、程、張、朱數子皆有志而未逮，乃未經墾闢之經」〔註 174〕。陳澧指出，朱子著《儀禮經傳通解》，《答李孝章書》云「梳洗此書頭面出來」，可見朱子於《儀禮》，遠不止墾闢而已，不認同方苞所謂朱子於《周官》、《儀禮》未經墾闢，貶詆朱子以抬高《三禮義疏》的開闢之功。陳澧又引方苞《與鄂少保論修三禮書》所謂「王學士分主《儀禮》，甘司馬主《戴記》，更立條例，計人數，俾各纂數篇」〔註 175〕諸語，批評《三禮義疏》「如此纂修」，草率湊泊而成；又譏方苞《與呂宗華書》謂宋元經解「能脫去舊說，而與聖人之心相接者，蓋亦無幾」〔註 176〕，頗自得於己著，貶詆前學，自視甚高。陳澧還指出，方苞謂《齊風·著》詩旨為一女淫奔三男，《東方之日》詩旨為二女淫奔一男，其言甚穢，又謂因班固《地理志》得其徵，可見方苞說經謬論屢出，徵引無實，疏誤如此。

與對方苞否定多於肯定的態度相較，陳澧於姚鼐有較多肯定。《東塾雜俎》十餘條述姚鼐。他對姚鼐的肯定，主要集中於兩點。第一，屢次肯定姚鼐經解文遠勝方苞。謂姚鼐《九經說》尤勝於方苞，姚鼐說經之作多非淺陋，歆尊姚鼐者不知姚鼐經學成就。又贊姚鼐《三傳國語補注筆記》，與漢學家考據、訓詁者無異。究其由，陳澧認為，姚鼐多與漢學家友善，得益於漢學家者深，故所著書合注疏體裁，與方苞說經為元、明人體格相較，甚為雅正。第二，姚鼐之言，多見溝通漢宋之意，正與陳澧漢宋兼採之說暗合。姚鼐對江永之學甚為贊許。姚鼐《吳石湖家傳》云：「婺源自宋篤生朱子，傳自元、明，儒者繼起。雖於朱子之學益遠矣；然內行則崇根本而不為浮誕，講論經義，

〔註 173〕方苞著，劉季高校點：《方苞集》，上海古籍出版社 1983 年版，第 753 頁。
〔註 174〕方苞著，劉季高校點：《方苞集》，上海古籍出版社 1983 年版，第 565 頁。
〔註 175〕方苞著，劉季高校點：《方苞集》，上海古籍出版社 1983 年版，第 154 頁。
〔註 176〕方苞著，劉季高校點：《方苞集》，上海古籍出版社 1983 年版，第 160 頁。

精敷貫通，猶有能守大儒之遺教而出乎流俗者焉。近世若江慎修永，其尤也。」姚鼐以桐城派宋學立場稱許乾嘉漢學家江永，可見姚鼐對漢學的通達態度。姚鼐《九經說目錄》云：「漢儒說義理，未嘗無精當之語；宋以後考證，又未始無過越漢說者。」肯定漢儒亦說義理精當，宋儒考證亦有過越漢儒處，此說正與陳澧《漢儒通義》、《東塾讀書記》溝通漢宋之意同。

簡言之，陳澧一方面對桐城派方苞、姚鼐皆特為關注，另一方面，又將二人別而視之。多批評方苞解經文人習氣，貶詆前人，自視甚高，草率浮淺，謬論屢出。於姚鼐則較多肯定，稱許姚鼐說經遠勝方苞，體裁雅正，對漢學持通達立場。雖漆永祥《乾嘉考據學家與桐城派關係考論》一文，謂錢大昕不認同姚鼐經說，被考據諸家輕視，終其一生不被認可〔註177〕，本文認為，從《東塾雜俎》所論來看，可見至少陳澧對姚鼐經學是有相當認可的。姚鼐在漢學、考據學領域諸多努力，能在多年後得到晚清樸儒陳澧的認可，亦可謂「空谷曠野」〔註178〕的遼遠回聲。

陳澧於文人解經，除論方苞、姚鼐，還述袁枚、魏禧、汪琬。陳澧認為，袁枚《隨園隨筆》即考據之書，解《郊特牲》「郊之日，喪者不哭，不敢凶服」，可謂精確之至，勝於無謂之文遠矣，又深憾袁枚以考據為不美之名而詆之。又云魏禧雖鮮為經學，然其言有益於經學者頗多，汪琬《汪堯峰文鈔》有《經解》六卷，然不識漢儒之學，如《易問》解《易·乾》「或躍在淵」為「龍之或躍或在淵」，不通如此。陳澧指出，儒林、文苑自漢已分，兩不相妨，然近時經生鄙文士，文士亦鄙經生，此種相爭、相鄙習氣不可取。可見陳澧並不鄙文苑，不過不贊同儒林、文苑相爭。

《東塾雜俎》《國朝》卷末引《顏氏家訓》云：「學問有利鈍，文章有巧拙。鈍學累功，不妨精熟；拙文研思，終歸蚩鄙。但成學士，自足為人。必乏天才，勿強操筆。」又謂閻若璩《潛邱劄記》兩引顏氏此條，云「此十言，可以教天下萬世，不獨吾徒之藥石」。可見陳澧對學問之筆與文章之筆的差異深有思量。顏之推之言，道出鈍學無妨，精熟可成，拙於文思，終歸蚩鄙，故若乏天才，勿強操文筆，但成學士，亦可自足成人。如閻若璩所言，此語可謂深

〔註177〕漆永祥：《乾嘉考據學家與桐城派關係考論》，《文學遺產》2014 年第 1 期。
〔註178〕漆永祥《乾嘉考據學家與桐城派關係考論》一文云：「對姚鼐而言，最痛苦孤寂的不僅僅是終其一生也未得到像戴震在四庫館，或者錢大昕在江南那樣舉足輕重的學術地位與話語權利，而且還為考據諸家所輕視，如同在空谷曠野發出強烈的呼喊聲，都被消解在漢學大潮的風雨中。」

警。又如陳澧所引，此語可予後人深啟，道出了文章之筆僅天成、學人之筆勤可成之理。

四、批評王引之《經義述聞》，稱許金榜、孔廣森

　　裴學海《評高郵王氏四種》云：「先儒對於漢語研究之成績卓著者以清代樸學家為最，而清代樸學家之傑出者以高郵王氏父子為首，這是學術界所公認的。王氏於音韻、訓詁皆精而訓詁尤為其所專長」，「王氏四種即《經義述聞》、《經傳釋詞》、《讀書雜志》、《廣雅疏證》。此四部書之內容，《述聞》是解群經中的疑義，《釋詞》是釋經傳中的虛字，《雜誌》是對於子史的正誤與析疑，《疏證》是探討古代漢語的語義。就其成果言，一言以蔽之曰『大醇小疵』。」〔註179〕王氏四種之《讀書雜志》、《廣雅疏證》為王念孫所著，《經義述聞》、《經傳釋詞》為王引之所著。裴學海從就音求義，不拘字形等六個方面述王氏四種的優點，又從忽於審證，校音不妥等七個方面述王氏四種的缺點。

　　陳澧雖充分肯定乾嘉訓詁成就，對王引之《經義述聞》評價卻並不高。表現在如下諸方面。第一，視《經義述聞》為王肅家法，以金榜《禮箋》為鄭箋家法，顯見對金榜《禮箋》的肯定，對王引之《經義述聞》的否定。何謂王肅家法？陳澧《東塾讀書記》《三國》卷謂王肅著書，好發鄭短，輕率駁斥，敗壞學風。由此可見，陳澧對王引之《經義述聞》實持否定態度。第二，引孔廣森《經學卮言》云：「究心於唐以前箋疏，乃知治經貴有家法，向之鑿空臆說如此類者，悉痛自刪汰。」謂高郵王氏「見不及此」，在稱許孔廣森《經學卮言》同時，批評高郵王氏說經鑿空臆說，擅自改經。第三，王氏自出己說，易古儒解字，引證詳博，文氣精銳，讀者每為所奪，不過勝在文辭而非義理，所失實多，以至學者以駁古儒、易新說為能事。第四，王氏《經義述聞》最善者，如解「終風且暴」為「既風且暴」，「自土沮漆」為「自杜徂漆」，雖誠為毛、鄭所未及知之可驚可喜者，若毛、鄭知之，讀者亦不覺可驚可喜，獨喜《經義述聞》。究其原因，僅因古人說經平淡，而王引之《經義述聞》「詭其新見，異彼前儒，鼓怒浪於平流，震驚飆於靜樹」〔註180〕。可見陳澧批評王引之說經故作詭譎。

〔註179〕裴學海：《評高郵王氏四種》，《河北大學學報（哲學社會科學版）》1962年第2期。
〔註180〕陳澧著：《東塾雜俎》，黃國聲主編：《陳澧集》（二），上海古籍出版社2008年版，第654頁。

　　裴學海《評高郵王氏四種》一文對王引之《經義述聞》的批評，在陳澧《東塾雜俎》論清代學術中，皆有端倪可尋。由此可見，陳澧對王引之《經義述聞》的冷靜批評，實有開創性意義，對後來學者具有啟發。

五、尊奉顧炎武

　　顧炎武是陳澧最為膺服的清儒。因王惠榮《陳澧思想研究》、李緒柏《清代嶺南大儒——陳澧》書中對之已有所述及，故本文將此要點移至於此，稍加補充。

　　陳澧對顧炎武的推崇，首先在於對「博學於文」、「行己有恥」二語的尊奉。《東塾雜俎》《國朝》卷首引顧炎武《與友人論學書》此語。《日知錄》又言，今日莫急於勸學、獎廉二事。陳澧指出，勸學一事，即博學於文，獎廉一事，即行己有恥；《論語》首句「學而時習之」，即博學於文之初基，《孟子》首句「何必曰利」，即行己有恥之要道；可見亭林之言與《論語》、《孟子》若合符節。陳澧將顧亭林「博學於文」、「行己有恥」二語分別與《論語》、《孟子》首句繫而論之，追溯與孔孟儒道一以貫之內涵的聯繫。任菊坡精舍山長時，又取「博學於文」、「行己有恥」二語大書於講堂前軒，曰：「取顧亭林說大書『行己有恥，博學於文』二語揭於前軒，吾不自立說也。」〔註181〕將之作為菊坡精舍師生治學宗旨。

　　康乾理學名臣陳宏謀《從政遺規》指出，顧炎武雖未歷仕路，所論治道皆親切得理，規模宏遠，鉅細不遺，皆由平時讀書隨處體認，與記誦詞章之學無裨世用者不同。陳澧對此深表認同。可見顧炎武學之根基在於讀書隨處體認，在於有裨世用，正是清初經世之學興起的標誌。

　　自宋明理學興起，漢、唐注疏不再被儒者普遍重視。鄭玄之學作為漢代經學的巔峰和標誌，日益被冷落。乾嘉漢學興起時，鄭氏家法重新被重視，鄭氏注疏重新回到儒者視野，成為治經圭臬。陳澧認為，清儒對鄭玄的尊服，尤始自顧炎武。顧炎武《述古》詩云：「六經之所傳，訓詁為之祖。仲尼貴多聞，漢人尤近古。禮器與聲容，習之疑可睹。大哉鄭康成，探賾靡不舉。六藝既該通，百家亦兼取。至今《三禮》存，其學非小補。」〔註182〕盛讚鄭玄探

〔註181〕陳澧著：《東塾集》（卷二），黃國聲主編：《陳澧集》（二），上海古籍出版社2008年版，第96頁。
〔註182〕顧炎武著，華忱之點校：《顧亭林詩文集》，中華書局1959年版，第384頁。

賾六藝、兼取百家、疏解《三禮》之大功，可視為清儒重新重視鄭玄之學的開始。

顧炎武《與施愚山書》云：「愚獨以為理學之名，自宋人始有之。古之所謂理學，經學也，非數十年不能通也」，「今之所謂理學，禪學也，不取之五經而但資之語錄，校諸帖括之文而尤易也。」〔註183〕此即後來全祖望《亭林先生神道表》以「經學即理學」〔註184〕概括顧炎武思想之所本。顧炎武所謂經學即理學，意在箴砭以心學為代表的明代理學之空疏，意在強調闡發義理繞不開訓詁，且將清代學術引向訓詁、考據之實學。將此語與《述古》詩聯繫起來看，可見對鄭玄之學的尊奉，是「經學即理學」思想形成的前提。《述古》詩對鄭玄《三禮》學稽古之功的讚譽，又成為後來凌廷堪、阮元等人「以禮代理」思想的重要淵源。

陳澧對顧炎武亦有細微不贊同之處。顧炎武《郡縣論》欲使知縣世襲，陳澧認為，此說誠不可行，又考顧炎武郡縣論觀點源自北宋李覯《慶曆民言》《崇衛篇》。郡縣制自實行以來，歷經褒貶，柳宗元等對之持肯定態度，孫樵等持相反意見，認為郡縣制流弊極深，禍害社會；清初顧炎武、黃宗羲等提出知縣世襲以限制皇權，構建社會權利結構新模式〔註185〕。陳澧雖謂《東塾讀書記》僅論學術，不論治世，實不避對治世思想的評價。陳澧不贊同顧炎武《郡縣論》知縣世襲的觀點，可窺他對社會權利結構的認識。結合晚清社會背景，對知縣世襲觀點的堅決否定，具有進步性。

六、陸隴其之學

李緒柏、王惠榮等著作未論陳澧對陸隴其的看法和認識。綜觀《東塾雜俎》論清代學術，可見於清初儒者，陳澧還特重陸隴其。

陸隴其學宗朱熹，排斥陸、王。此點陳澧與之一脈相承。陳澧稱許陸隴其《新修文昌祠記》〔註186〕一文，譽之近代文章「有破邪曉俗之功者」。《新

〔註183〕顧炎武撰，華忱之點校：《顧亭林詩文集》，中華書局 1959 年版，第 58 頁。

〔註184〕全祖望撰，朱鑄禹匯校集注：《全祖望集匯校集注》，上海古籍出版社 2000 年版，第 227 頁。《亭林先生神道表》述顧炎武治學經歷曰：「晚益篤志六經，謂古今安得別有所謂理學者，經學即理學也。自有捨經學以言理學者，而邪說以起，不知捨經學則其所謂理學，禪學也。」

〔註185〕萬昌華：《郡縣制度評價理論述評》，《文史哲》2002 年第 3 期。

〔註186〕陸隴其撰：《三魚堂文集》，《清代詩文集彙編》編纂委員會編：《清代詩文集彙編》（117），上海古籍出版社 2010 年版，第 471 頁。

修文昌祠記》指出，民間合文昌、梓潼一而祭之，不經甚矣；文昌乃天神，梓潼乃人鬼；祭文昌以求富貴功名而不知有道者，乃文昌之所擯也。此文引經據典，澄清了文昌神的來龍去脈，批評了陋儒對文昌的功利、迷信思想。

於陸隴其讀書、治學思想，陳澧特為贊同。陸隴其《跋讀書分年日程後》答「世益遠而書益多，後之讀者，不愈難乎」此讀書人普遍之疑曰：「一代卓然不可磨滅之書，固不多有；其他紛然雜出之書，隨出隨沒。惟患讀之無法耳，不患其多也。以讀書為支離，是固近年以來陽儒陰釋之學，非我所敢知也。」面對後世浩如煙海的書籍，如何進行選擇，是讀書人不得不深自思量的關鍵問題。陸隴其之言有如下三層意思：第一，卓然不可磨滅之書並不多，紛然雜出之書隨出隨沒；第二，讀書關鍵在讀卓然不可磨滅之書，惟患讀之無法；第三，近時以讀書為支離者，所奉實釋氏之學，而非儒學。陸隴其首先在卓然可讀之書與紛然雜出、可不讀之書之間，作了清晰區分，強調書不患其多，惟患讀之無法，對主張不讀書者進行了批判，戳穿陽儒陰釋的實質。

除此之外，陳澧又對陸隴其的觀點申而論之，強調有專門而後有博學，無專門則涉獵而已，不可謂博學；故博學於經，則多讀經部之書，於史不必盡讀；博學於史，則多讀史部之書，其餘子、集不必盡讀；若博學於《易》，則多讀《易》類之書，博學於《詩》，則多讀《詩》類之書。陳澧進一步澄清了博學與涉獵的區別，使讀書人明白專門是博學的基礎，涉獵非博學，無專門則僅為涉獵而非博學的道理。

七、反思科舉取士制度

陳澧《東塾集》有《科場議一》、《科場議二》、《科場議三》、《推廣拔貢議》、《送蘊玉仲赴順天鄉試序》、《學校貢舉私議序》等文，集中表達對晚清取士制度的思考。王惠榮《陳澧思想研究》「對舊教育體制的批判」一節，主要以陳澧此部分文章為依據，從批判八股制藝、恢復專經考試、改對策為史論、改試詩為試賦、廣行薦舉之法諸方面論述和評價了陳澧的科舉改良思想〔註187〕。

除此之外，《東塾雜俎》《國朝》卷多處摘引、論述對科舉取士的看法。這些材料暫未被人注意，本文引而論之如下：

〔註187〕王惠榮著：《陳澧思想研究》，中國社會科學出版社 2008 年版，第 222～232頁。

其一，欲治天下致太平，必自立科舉之法始。

清初魏象樞《重經學端士習正文體議》提出，方今文運初闢，宜盡罷八股帖括，以兼通諸經及博洽子史詞賦者，列甲榜；以孝悌力田舉於鄉，通二經及論策者，列乙榜。陳澧認為魏象樞的看法正大切實，極為贊同。

陳澧對科舉之法自有思量，將之視為治天下致太平的關鍵之處。從主觀上來說，他欲倡導經術，使士子通經術、有實學。但也深知，若沒有合適的激勵措施，經術必不敵科舉。若以經術開制科，又不足以敵現行科舉科目。如康熙時博學宏詞科諸人，盡為科舉者排斥。由此，他理想的假設是，必使天下士皆由經史之學以進，則無排斥之患；通經史之士尚有迂拘不可治事者，於其中擇有器識者而後用之。由此可見，陳澧的觀點與魏象樞有相似之處，主張盡廢現行科舉科目，使士子皆由經史之學以進，再於其中挑選有器識者用之。

但正如王惠榮所論，《科舉議一》又可見陳澧並不同意驟然廢除時文，主張漸行：首先，去掉代古人語氣，允許引用諸儒說，引證史事；其次，考過三科之後，再去掉破題、承題等八比陋格，八股文自然消失，改為經說、史論；再過三科，經史之學盛，文章之道昌，士習醇，人才出。由此可知，從態度上來說，陳澧堅決主張盡廢八股時文，從策略上來說，則主張有步驟地漸行，最終達到以經史取士、盡廢時文的目的。

其二，批評重小楷的風氣。

陳澧引曾國藩奏摺云，自道光中葉以來，朝士風氣專尚浮華，小楷工益求工，試帖巧益求巧；翰林院、詹事最優之途乃兩書房行走，閣部最優之途乃軍機處行走，保薦、保送之時，皆但求工於小楷者；只論工小楷而不復顧文義之淺深。陳澧將《宋史·選舉志》與今時重小楷之風比而較之，宋時以書學推恩降一等，今則寫字可以得狀元，陳澧認為此種現象極不合理。

其三，作八股者當先讀古文、作古文。

逐漸盡廢八股時文，只是陳澧的理想。面對晚清八股取士的時局，陳澧考慮的是，如何在現有局面下，儘量使士子具備實學。他注意到唐翼修《父師善誘法》裏的一段話，謂不習舉業之人，必當教之讀漢、晉、唐、宋之古文，學作書簡論記，以通達其文理；由此提出作八股文當先讀古文，作古文，即以歷代古文作為八股文的基礎。他反對以時文倡導學者，認為若如此，士愈愚陋。

其四，山阪海澨之士，以《孝經》論性理取之。

除了考慮現有八股取士局面下，如何增進士子實學，陳澧還從地域差異的角度進行思量。他認為，山阪海澨，乃荒僻之地，信息閉塞，士人不能作時文，宜以《孝經》論性理取士，士人必甚願也。從地域差異角度酌情考慮取士科目，可見陳澧在全局範圍內對教育取士公平的追求。

第六章　陳澧的經今古文觀、
　　　　讖緯觀、禮學觀

第一節　在經今文和經古文之間——陳澧的經今古文觀

　　在中國經學史上，既有今文經學、古文經學之分，又有漢學、宋學之分。許道勳、徐洪興《中國經學史》學派界說之「晚清系統」，將龔自珍、魏源、戴望等作為「近代今文經學諸家」，將曾國藩、陳澧等作為「近代漢宋兼容諸家」，將章炳麟、劉師培等作為「近代古文經諸家」〔註1〕。將陳澧歸於近代漢宋兼採一派的判斷，並未同時闡明他在今文經、古文經方面的歸屬和立場。可見此種論述框架，留下一個懸而未決的問題，即作為「近代漢宋兼容諸家」之一的陳澧，他的經今古文觀是怎樣的。

　　許道勳、徐洪興《中國經學史》從對《公羊傳》、《穀梁傳》的態度、對孔廣森、劉逢祿的看法切入，指出陳澧「既肯定《公羊》勝於《左傳》，又時時迴護《左傳》；既稱孔廣森為公羊功臣，又認為劉逢祿優於孔廣森」〔註2〕。雖已論及經今古文觀的問題，若細究之，觀點仍不明晰。第一，若肯定《公羊》勝於《左傳》，似傾向今文，若時時迴護《左傳》，又似傾向古文；第二，

〔註1〕許道勳、徐洪興著：《中國經學史》，上海人民出版社 2006 年版，第 270～309 頁。

〔註2〕許道勳、徐洪興著：《中國經學史》，上海人民出版社 2006 年版，第 299 頁。

從清代公羊學派內部對立而言，孔廣森對何休謹守今文學家法不屑一顧，主張打破今古文界限，劉逢祿則一概以何休《春秋公羊經傳解詁》為準則。若稱孔廣森為公羊功臣，似認同打破今古文界限，若以劉逢祿優於孔廣森，又似認同劉逢祿對《公羊傳》的墨守。

　　與許道勳、徐洪興《中國經學史》的語焉不詳相較，王惠榮《陳澧思想研究》觀點更為鮮明。論陳澧經學思想，王惠榮提出，陳澧「偏尚古文經學」〔註3〕，從以下二方面述之：第一，尊信鄭玄，鄭玄注經雖雜糅今古文，但仍以古文為主；第二，認為《春秋》三傳各有得失，不可偏廢一家。

　　本文認同王惠榮關於陳澧「偏尚古文經學」的結論，但同時以為，王惠榮的論據和論證過程尚顯粗疏，難以使人信服。通過對陳澧《東塾讀書記》、《東塾雜俎》、《東塾遺稿》的仔細爬梳，本文認為，陳澧對古文經的偏尚，還可從諸多方面加以證實。

　　在此之前，本文先欲對經今古文概念和分野稍加回顧。

一、今文經學、古文經學之分

　　周予同《經今古文學》一書指出，經今古文名稱的對立，從西漢末年才產生。秦火之後，六經殘缺散佚。漢興，立五經博士，所用經書，用漢時流行的隸書所寫，故稱今文。散佚民間、藏於壁間的古書逐漸被發現，用漢以前的文字書寫，故稱古文〔註4〕。孫欽善《漢代的經今古文學》一文指出，今古文區別主要如下：第一，經書寫本不同，表現在書寫字體、文字或語句不同、篇章不同三方面；第二，說解不同，今文家認為六經皆孔子作，用以垂教萬世，或託古改制，於是多闡發微言大義，古文家認為六經皆史，孔子述而不作，於是側重訓詁名物、典制；第三，宗旨不同，今文家標榜經世致用，強調經書直接的實用目的，古文家以求對經書本身作確實理解，多從弄通語言文字入手〔註5〕。

　　周予同作西漢經文十四博士和西漢末年所發現古文經傳列表。據列表，經文《詩》有魯（申培）、齊（轅固）、韓（韓嬰）三家，古文《詩》為《毛詩》；今文《尚書》有歐陽生、大夏侯（勝）、小夏侯（建），古文為孔安國傳《古文

〔註3〕王惠榮著：《陳澧思想研究》，中國社會科學出版社2008年版，第91頁。
〔註4〕周予同著：《經今古文學》，中華書局1955年版，第1頁。
〔註5〕孫欽善：《漢代的經今古文學》，《文獻》1985年第2期。

尚書》；今文《禮》有大戴（德）、小戴（聖）和慶（普），古文為《逸禮》和
《周官》；今文《易》有施仇、孟喜、梁丘賀、京房四家，同出於田何，古文
《易》有費氏（直）、高氏（相）二家；今文《春秋》有公羊、穀梁二家，古
文主要為左氏《春秋》〔註6〕。周予同又作西漢末至東漢末四次經今古文爭論
列表：第一次爭論時間是西漢哀帝建平元壽間（前6～1），劉歆與太常博士爭
立古文《尚書》、《逸禮》、《左氏春秋》、《毛詩》博士；第二次爭論時間是東漢
光武帝建武間（25～55），陳元等代表古文一方，與代表今文的范升爭立古文
費氏《易》、《左氏春秋》；第三次爭論時間是東漢章帝建初元年至四年（76～
79），賈逵代表古文一方，與李育就古文《左氏春秋》、今文《春秋公羊傳》相
互問難；第四次爭論時間是東漢桓帝至靈帝光和五年（147～182），今文家何
休作《春秋公羊解詁》，與其師羊弼追述李育意，作《公羊墨守》、《左氏膏
肓》、《穀梁廢疾》，以難二傳，鄭玄作《發墨守》、《箴膏肓》、《起廢疾》駁何
休〔註7〕。

　　姜廣輝、鄧林《今文經學與古文經學再認識——從經學史的分派談起》
一文，將漢學、宋學的分立與今文經學、古文經學的分立放在一起討論，注
意到四庫館臣和周予同對經學史分派問題的不同說法〔註8〕。《四庫全書總
目·經部總敘》云：「要其歸宿，則不過漢學、宋學兩家互為勝負。」其後江
藩《國朝漢學師承記》、《宋學淵源記》、阮元《擬國史儒林傳序》〔註9〕皆取
此說。周予同認為，他們所謂漢學，其實專指東漢古文經學，並不包括西漢
今文學〔註10〕。與此同時，周予同取西漢今文經、東漢古文經、宋學三分法
〔註11〕。

　　周予同、孫欽善諸前輩的梳理和論述，闡明了今文經學、古文經學的基
本區分。姜廣輝等人則從經學史分派的角度，梳理了四庫館臣、周予同二分
法、三分法的不同。由此可見，在乾隆初直至嘉慶年間，不論四庫館臣或漢

〔註6〕周予同著：《經今古文學》，中華書局1955年版，第2、3頁。
〔註7〕周予同著：《經今古文學》，中華書局1955年版，第15、16頁。
〔註8〕姜廣輝、鄧林：《今文經學與古文經學再認識——從經學史的分派談起》，《哲
　　　　學研究》2016年第2期。
〔註9〕阮元撰，鄧經元點校：《揅經室集》，中華書局1993年版，第36頁。
〔註10〕周予同著：《經學史與經學之派別——皮錫瑞〈經學歷史〉序》，朱維錚編：
　　　　《周予同經學史論著選集》，上海人民出版社1983年版，第95頁。
〔註11〕周予同著：《經學史與經學之派別——皮錫瑞〈經學歷史〉序》，朱維錚編：
　　　　《周予同經學史論著選集》，上海人民出版社1983年版，第93頁。

學家，皆取漢學、宋學二分法；至清亡後十餘年，現代經學史家周予同在古人二分法基礎上，將漢學一派細分為西漢今文學、東漢今文學兩派，與宋學並列，以成三分法。

那麼，陳澧作為道咸、同光時期漢宋兼採一派，所採之漢，究竟是乾嘉漢學家所專指東漢古文經學，還是亦兼採西漢今文學？此問題實有必要進一步闡明和釐清。

二、晚清道咸、同光時的漢學流派

龔書鐸《晚清的儒學》一文指出，鴉片戰爭前後，乾嘉漢學已趨衰落，程朱理學有所抬頭，顧云《盍山文錄》卷五《羅文學蔣孝廉別傳》云：「道光之末世，儒講漢學者寖微，於是唐碻滇公鑒、文端公倭仁、吳侍郎廷棟諸人起而講宋學，曾文正公國藩亦會焉。」唐鑒專主程朱理學，任太常寺卿時，倭仁、曾國藩、吳廷棟等皆隨之考德問業〔註12〕。可見許道勳、徐洪興《中國經學史》所論「近代漢宋兼容諸家」中，曾國藩是主程朱理學之宋學派，與陳澧漢學立場有別。

繼程朱理學之後，今文經學興起。其實，今文經學乾嘉間常州學派莊存與、劉逢祿公羊學已起；道光間龔自珍、魏源接緒之；真正盛行則在光緒時，王闓運主四川尊經書院教席，倡今文經學，影響及於弟子。後康有為遇廖平，受廖平啟發，借今文經學微言大義，以為經世致用，主張變法維新。當然，康有為與今文經學緣起，已在光緒十五年以後，陳澧已離世七年，已不在本文探討範圍內，暫不必論。

簡言之，當陳澧力倡漢宋兼採時，程朱理學之宋學派、常州公羊學派皆已起。程朱理學之宋學派的曾國藩，與陳澧同為晚清漢宋兼採一派。從漢學、宋學的對立而言，常州公羊學派屬漢學派之今文學派。由此可窺，晚清漢學、宋學之對立，漢學內部今文學、古文學之對立，加之漢宋兼採一派，可謂學派宗旨、取徑錯縱複雜，交織難辨。

三、陳澧與宋學派、常州公羊學派的交往

若單從學海堂師承而言，陳澧應該傾向於承續阮元乾嘉漢學古文經觀念。乾嘉四庫館臣、學者諸人，言及漢學，皆專指東漢古文經學，未慮及西

〔註12〕龔書鐸：《晚清的儒學》，《北京師範大學學報（社會科學版）》1992年第5期。

漢今文經學。其後今文經學在晚清重新復活，並激起一場社會變革，此為他們遠未料及。

若考陳澧與當時學者交遊，可窺情形的複雜性。《東塾集》有《書海國圖志後呈張南山先生》、《送巡撫郭嵩燾入都序》、《禮記質疑序》、《復戴子高書》、《柳賓叔穀梁大義述序》，可見陳澧與魏源、郭嵩燾、戴望、柳興恩皆有交往。

錢穆《中國近三百年學術史》云：「繼劉、宋而言今文者有龔、魏」，「初尚宋儒理學，後主今文。謂《毛詩》晚出，據齊、魯、韓三家撰《詩古微》，又申《史記》、伏生《大傳》及《漢書》載歐陽、夏侯、劉向遺說難馬、鄭，為《書古微》。又謂孔、劉皆公羊專家，亦止為何氏拾遺補缺，於董書未之詳，撰《董子春秋發微》。」〔註13〕將魏源視為常州公羊學派劉逢祿、宋翔鳳之後言今文者。齊、魯、韓三家《詩》、伏生《尚書大傳》、歐陽、夏侯、劉向遺說、董仲舒之說皆今文學，確可見魏源今文經的治學傾向。

魏源年長陳澧十六歲。《書海國圖志後呈張南山先生》稱魏源「有志之士，毅然以振國威、安邊境為己任」，又謂「後數年，魏君來粵，余以此書所說質之，魏君大悅，遂定交焉。且屢改《海國圖志》之書」，可見陳澧於前輩魏源內心之敬服、關係之交好。管林先生有《魏源與陳澧的交往》一文，從時間上確鑿考證，陳澧與魏源以文交友，始於 1845 年在張維屏處見《海國圖志》，1848 年魏源南遊廣州，特意拜訪陳澧〔註14〕。《書海國圖志後呈張南山先生》一文，雖未言及對魏源今文經公羊學說看法，但對魏源之敬服和推崇，以及後來之定交，皆可見陳澧並不反感魏源的公羊今文觀。《東塾遺稿》另有一條論龔自珍，以北齊劉晝《六合賦》之愚比附龔自珍《五經大義終始論》〔註15〕，則顯見對龔自珍的否定態度。

龔自珍比魏源長兩歲，二人被並稱「龔魏」。錢穆《中國近三百年學術史》云：「常州之學，起於莊氏，立於劉、宋，而變於龔、魏，然言夫常州學之精神，則必以龔氏為眉目焉。」〔註16〕以「輕古經而重時政」為常州學之精神，

〔註13〕錢穆著：《中國近三百年學術史》，商務印書館 1997 年版，第 587 頁。
〔註14〕管林：《魏源與陳澧的交往》，《邵陽學院學報（社會科學版）》2016 年第 2 期。
〔註15〕陳澧：《東塾讀書論學箚記》，黃國聲主編：《陳澧集》（二），上海古籍出版社 2008 年版，第 365 頁。
〔註16〕錢穆著：《中國近三百年學術史》，商務印書館 1997 年版，第 585 頁。

定庵之眉目。可知龔自珍、魏源同治常州今文學。但陳澧對龔、魏二人態度和看法的迥異，實令人尋味。若將《海國圖志》與《五經大義終始論》比而較之，可見如下異同：第一，二者皆重時政；第二，魏源《海國圖志》詳述世界輿地、各國歷史、政治制度、風土民情，將「師夷長技以制夷」的政治主張建立在詳實的輿地、歷史考證基礎上，而龔自珍《五經大義終始論》借用公羊三世說，提出經濟是社會發展基礎的歷史發展觀，雖以五經大義為題，卻並非以五經大義詳實訓詁、考據為基礎。簡言之，魏源《海國圖志》不違背詳實考證的治學精神，龔自珍《五經大義終始論》脫離訓詁、考據，打著五經的幌子，恣然倡言己意，違背了質實的樸學精神，陳澧站在樸學的立場，必然與之對立。

郭嵩燾經學著述有十餘種，因政治家、外交家的顯赫身份，世人對他的經學著述鮮少關注。陳澧《送巡撫郭嵩燾入都序》一文，寫於同治五年（1866）、郭嵩燾奉旨入朝離粵時。陳澧長郭嵩燾八歲，從年紀來說，陳澧是前輩。但郭嵩燾身居廣東巡撫之位，從政治地位來說，郭嵩燾顯遠高於陳澧。陳澧回憶與郭嵩燾的交往，認可、敬服郭嵩燾以仁治政，還曾固辭其任局事之請。自是以後，陳澧與郭嵩燾「不數數見，見則公與論經史，不及時事」，深服其「議論之深且大」〔註17〕。由此可見，陳澧與郭嵩燾論經史，頗相契。郭嵩燾以封疆大吏退歸田里後，研治經學，兼治三《禮》，著《禮記質疑》。陳澧作《禮記質疑序》，稱許其書「紬繹乎禮文，反覆乎注疏，必求心之所安而後已」，「其有未安，則援據群經，稽核六書而為之說」，「於國朝經師中卓然為一家」，可謂極為認可。書序雖不免溢美，但觀陳澧序言，可謂言之鑿鑿，肯定郭嵩燾紬繹禮文，反覆注疏，援據群經，稽核六書，難者不避，復存其慎，卓然成家。

湘陰郭嵩燾受晚清湖湘理學薰陶，治《禮》崇鄭學訓詁、考據，言《易》重象數，崇朱子《四書集注》，讀四書以治心性。從學統而言，可見與曾國藩以宋學立場漢宋兼採之意相近。陳澧對郭嵩燾其人其學的認可，亦可見他對宋學派的接納態度。《東塾雜俎》《國朝》卷有一條詳引曾國藩批評官吏選拔重小楷的奏摺，贊曾國藩此奏摺「鳳鳴朝陽，近時第一篇奏疏」，又贊曰：「曾侍郎，天下第一人物。」從年紀而言，陳澧僅比曾國藩大一歲，可謂年紀相

〔註17〕陳澧著：《東塾集》，黃國聲主編：《陳澧集》（一），上海古籍出版社2008年版，第106頁。

仿。如此讚譽年紀相仿、且小一歲的曾國藩，可見陳澧對他特別的欽慕和敬重。郭嵩燾與曾國藩同為摯友，此種關係，使得陳澧對郭嵩燾的親近和認可更添一層。簡言之，對於傾向宋學立場的郭嵩燾、曾國藩諸人，陳澧的態度同樣親近、認可。

陳澧還有《復戴子高書》。其書云：「得手示，講譽之過，稱謂之謙，不勝惶恐」，「閣下之學，通《毛詩》、《尚書》、《公羊春秋》，卓然為當代經師，盍勝敬仰」，又謂「承賜所著《論語疏》，高古博奧，如先秦、西漢人之筆」云云。可見後輩戴望對陳澧的讚譽、崇敬，陳澧對戴望之學的肯定。錢穆《中國近三百年學術史》將戴望稱為「常州公羊學後勁者」，「從遊於陳奐、宋翔鳳，治西漢經說，欲以窺孔門微言大義」〔註18〕。《復戴子高書》與戴望論儒、佛關係，並未言及公羊學，但言語相往之間，可窺戴望對陳澧的由衷崇敬，陳澧與戴望之間論學之誠懇。

陳澧《柳賓叔穀梁大義述序》〔註19〕一文序柳興恩《穀梁大義述》。甲辰春（1844），陳澧謁阮元於揚州，知柳興恩《穀梁大義述》之書，見海內有為此學者，甚為喜慰。柳興恩與陳澧同年舉鄉試，實早有緣分。因特求其書，讀之歎其精博。又與其遇於京師，遂定交。此序除敘二人交往，還懇切陳述對《穀梁》大義之一己見解。

概言之，不論與常州公羊學派魏源、戴望，還是與湖湘宋學派郭嵩燾、曾國藩的交往或遙相膺服，或是對柳興恩經今文著作《穀梁大義述》的由衷讚譽，可見陳澧對西漢今文經學絕無偏見的通達態度。

四、《東塾讀書記》、《東塾雜俎》對經今古文的立場

王惠榮《陳澧思想研究》論陳澧經學思想，從以下二方面述陳澧偏尚古文經學：第一，尊信鄭玄，鄭玄注經雖雜糅今古文，但仍以古文為主；第二，認為《春秋》三傳各有得失，不可偏廢一家。本文認同王惠榮的結論，但同時認為，王惠榮的論證過程仍有諸多可補充處。本文欲從以下方面加以論述。

第一，尊信《周禮》。

〔註18〕錢穆著：《中國近三百年學術史》，商務印書館1997年版，第608頁。
〔註19〕陳澧著：《東塾集》，黃國聲主編：《陳澧集》（一），上海古籍出版社2008年版，第117頁。

據《漢書·藝文志》，「漢興，至高堂生博士傳十七篇。孝宣世，后倉最明禮，戴德、戴聖、慶普皆其弟子，三家立於學官。」高堂生傳十七篇，為《儀禮》；戴德所傳，為《大戴禮》；戴聖所傳，為《小戴禮》，即《禮記》。賈公彥《序周禮廢興》云：「《周官》孝武之時始出，秘而不傳。《周禮》後出者，以其始皇特惡之故也」，「秦自孝公已下，用商君之法，其政酷烈，與《周官》相反。故始皇禁挾書，特疾惡，欲絕滅之，搜求焚燒之獨悉，是以隱藏百年。孝武帝始除挾書之律，開獻書之路。既出於山巖屋壁，復入於秘府，五家之儒，莫得見焉。至孝成皇帝，達才通人劉向、子歆校理秘書，始得列序，著於錄略。然亡其《冬官》一篇，以《考工記》足之」。〔註20〕

可見據經古文家的觀點，始皇特惡《周禮》，欲絕滅之，搜求焚燒，是以隱藏《周禮》；至挾書之律除，復出於山巖屋壁，入於秘府；至孝成皇帝時，劉歆校理秘書，始得列序，著於錄略。劉歆作《讓太常博士書》，認為今文經皆書缺簡脫，主張將得於壞壁之古文《左氏春秋》、《毛詩》、《逸禮》、《尚書》立於學官。至王莽篡漢時，終得以立。東漢時，鄭興、鄭眾、賈逵、馬融倡之，《周禮》大行於世。鄭玄注《三禮》，列《周禮》於首。《周禮》遂成東漢古文經學的旗幟。

由此可知，是否尊信《周禮》，是經今文、古文家的分野之一。陳澧《東塾讀書記》《周禮》卷，肯定《周禮》所載確周室典制，考《周禮》師承，強調杜子春首創之功，重《周禮》今用。除《東塾讀書記》《周禮》卷，《東塾遺稿》論《學思錄》大旨，還特列「辯《周禮》之謗」〔註21〕一條，更可見陳澧欲有所著，以使《周禮》之謗大白於世。概言之，尊信《周禮》，欲辯《周禮》之謗的立場，是陳澧偏尚經古文的明證。

第二，肯定《尚書》偽孔傳的價值。

對古文《尚書》的看法，亦可見經今文、經古文家的不同立場。

據《史記·儒林列傳》，「秦時焚書，伏生壁藏之。其後兵大起，流亡。漢定，伏生求其書，亡數十篇，獨得二十九篇，即以教於齊、魯間」。此 29 篇即今文《尚書》。梅賾獻古文《尚書》58 篇，其中 33 篇與今文傳本大抵同，

〔註20〕鄭玄注，賈公彥疏：《周禮注疏》，阮元校刻：《十三經注疏》（清嘉慶刊本），中華書局 2009 年版，第 1369 頁。

〔註21〕陳澧著：《學思自記》，黃國聲主編：《陳澧集》（二），上海古籍出版社 2008 年版，第 762 頁。

比今文傳本多 25 篇。學者多以《尚書孔傳》始出於東晉梅賾獻書，以古文《尚書》晚出、傳授關係可疑而疑之。朱熹以今文多艱澀、古文反平易疑之。顧炎武《日知錄》論古文《尚書》，以《泰誓》篇為魏晉間偽撰。閻若璩《尚書古文疏證》列 128 條論據，證古文《尚書》之偽。自此古文《尚書》之偽似成定論。

陳澧《東塾讀書記》《尚書》卷通過詳實訓詁、考據，以證近儒所疑偽孔傳為王肅所作之說不足信，又辨析鄭義、偽孔傳相異處，以證偽孔傳不乏勝於鄭者。簡言之，充分肯定偽孔傳的價值和意義。由此可見，受限於新出土文獻的缺乏，雖未能徹底駁斥閻若璩《尚書古文疏證》之非，陳澧依然站在經古文的立場，駁王肅作偽之說，明偽孔傳勝於鄭者，給予古文《尚書》充分肯定和認同。

第三，贊費氏《易》，批虞氏《易》。

西漢傳《易》者有施仇、孟喜、梁丘賀、京房四家，同出於田何。武帝時立《易》經博士，宣帝時分立施、孟、梁丘三家，元帝時又立京氏。四家皆為今文《易》。據《漢書·儒林傳》，費直「徒以彖象繫辭十篇文言解說上、下經」。學者以費氏《易》為古文《易》。

陳澧《東塾讀書記》《易》卷以費氏《易》為「千古治《易》之準的」，「孔子作十篇，為經注之祖，費氏以十篇解說上、下經，乃義疏之祖」，「鄭康成、荀慈明、王輔嗣皆傳費氏學」〔註 22〕。陳澧強調，此後諸儒之說《易》者，凡據十篇以解經，皆得費氏家法，其自為說者，皆非費氏家法，充分肯定古文《易》之費氏家法。對三國吳虞翻《易》，提出批評，虞翻自稱傳今文孟氏《易》，說納甲、卦氣，實不過《易》之外道；宋儒辟卦氣而用先天，近人雖知先天之非，又復理納甲、卦氣之說。

《東塾雜俎》《北宋》卷亦批評「漢儒、宋儒自為法以說《易》」，「孟、京、虞之說自為漢《易》，邵氏之《易》自為宋《易》，可也」，「以為《周易》，以為伏羲之《易》，則不可」〔註 23〕。《東塾遺稿》某條云：「澧老矣，所欲著甲部書，無一成者。欲以付後之學者」，後列書名若干，首列《周易費氏易》

〔註 22〕陳澧著：《東塾讀書記》，黃國聲主編：《陳澧集》（二），上海古籍出版社 2008 年版，第 70 頁。

〔註 23〕陳澧著：《東塾雜俎》，黃國聲主編：《陳澧集》（二），上海古籍出版社 2008 年版，第 580 頁。

之名〔註24〕，更可見陳澧對費氏古文《易》的重視，希望後學者於費氏《易》學發揚光大。

簡言之，陳澧肯定費氏《易》質實，希冀後學者發揚費氏《易》學，不認可孟氏、京氏今文《易》，以虞翻納甲、卦氣之說虛妄不可信，皆可見陳澧尊尚古文《易》說。

第四，重《毛傳》。

今文《詩》有魯申培、齊轅固、韓韓嬰三家。文帝時魯詩、韓詩立博士，景帝時齊詩立博士。《漢書·儒林傳》謂毛公趙人，為河間獻王博士。《藝文志》云，自謂子夏所傳。劉歆《讓太常博士書》始倡立《毛詩》於學官。

陳澧《東塾讀書記》《詩》卷特重《毛傳》，贊《毛傳》精奧、簡妙，且多載禮制，獨具價值。又參陸機《草木鳥獸蟲魚疏》，以考《毛傳》脫文。《東塾遺稿》《默記》欲後學者承其未完之願，著甲部書，列《毛詩鄭朱合鈔》〔註25〕之名。皆可見陳澧尊尚《毛詩》的古文立場。

概而論之，從陳澧《東塾讀書記》等學術著述考之，可見尊信《周禮》，肯定古文《尚書》偽孔傳，肯定古文費氏《易》，重古文《毛詩》，顯見經今古文觀偏於古文一方；從與常州公羊學派魏源、戴望，與湖湘宋學派郭嵩燾、曾國藩之交往，對柳興恩《公羊大義述》之讚譽而言，又可見陳澧對西漢今文經學絕無偏見的通達態度。簡言之，陳澧一方面偏尚古文經學，另一方面，對《公羊》、《穀梁》二傳亦能平允觀之，無今、古文門戶偏見。由此亦可窺，晚清道咸、同光時，學界之爭仍集中於漢學、宋學畛域，於經今古文，尚能平允視之。廖平以及稍後康有為其時，今、古文之爭塵埃方起。漢、宋之爭，尚在學術範圍之內。今、古文之爭，則逐漸越出學術範圍，實以政治為目的。若回望漢代經今古文之爭，劉歆《讓太常博士書》欲立古文《左氏春秋》、《毛詩》、《逸禮》、《尚書》，當時博士竭力自衛、攻擊，從公心而言，一為保存經典古籍，一為相信今文經傳完備無缺；從私心而言，也難免對博士席位之爭奪和覬覦，難逃政治爭鬥的陳腐路數。二千年之後，康有為駁斥古文之妄，力證今文之真，從某種程度而言，不過是兩漢經今古文之爭的另一翻版。不

〔註24〕陳澧著：《默記》，黃國聲主編：《陳澧集》（二），上海古籍出版社 2008 年版，第 749 頁。

〔註25〕陳澧著：《默記》，黃國聲主編：《陳澧集》（二），上海古籍出版社 2008 年版，第 749 頁。

過前者僅爭博士之席，後者為爭統治者根本的政治權力。

第二節　陳澧的讖緯觀

言及讖緯，今人頗感神秘。在習見看來，讖緯與迷信相關，與科學對立。綜觀陳澧《東塾讀書記》、《東塾雜俎》，有關讖緯問題的論述，頗使人留意。河圖、洛書、神龜負文的古老傳說，漢儒引緯書注經的深層心理，東漢帝王對讖緯的篤信不疑，既引人好奇，又頗顯撲朔迷離。基於此，本文欲以《東塾讀書記》、《東塾雜俎》相關材料為基礎，對讖緯觀念稍加梳理與回顧，論述和評析陳澧對讖緯的認識和看法。

一、讖緯的來源

若從字源考慮，讖緯二字，應分而析之。

《說文解字注》云：「讖，驗也。有徵驗之書，河洛所出書曰讖。」河洛所出書即河圖、洛書。《尚書‧洪範》述武王詢問箕子，上天關於治國常理的規定。箕子云：「我聞在昔，鯀堙洪水，汩陳其五行。帝乃震怒，不畀洪範九疇，彝倫攸斁。鯀則殛死，禹乃嗣興，天乃錫禹洪範九疇，彝倫攸敘。」箕子答曰，鯀治理洪水，擾亂五行，天帝震怒；禹繼父業，天帝將九種治國大法賜給禹，治國常理因此確立。《洪範》孔安國傳曰：「天與禹，洛出書。神龜負文而出，列於背，有數至於九。禹遂因而第之，以成九類常道，所以次敘。」孔穎達《尚書正義》引《易‧繫辭》云：「河出圖，洛出書，聖人則之九類，各有文字，即是書也。而云天乃錫禹，知此天與禹者，即是洛書也」，「龜負洛書，經無其事。中候及諸緯多說黃帝、堯、舜、禹、湯、文、武受圖書之事，皆云龍負圖，龜負書。」

簡言之，許慎《說文解字》云，讖，驗也，有徵驗；段玉裁《說文解字注》云，河圖、洛書即有徵驗之讖書；《尚書‧洪範》箕子所言和孔安國傳，可知禹繼父業，治洪水，天帝賜予他九種治國大法，所賜之書，即洛書，所賜方式，即神龜列於背，負文而出；孔穎達《尚書正義》所言，又可知中候諸緯多說上古帝王受圖書事，皆云龍負圖，龜負書，龍所負圖即河圖，龜所負書即洛書。由此可知，所謂讖，最早指河圖、洛書，早已出現在遠古帝王傳說中；遠古帝王黃帝和英雄禹諸人，是天帝將河圖、洛書賜予人間的中介；龍、龜分別是河圖、洛書來到人間的載體。

《說文解字》云：「緯，織橫絲也。」《說文解字注》云：「漢人左右六經之書謂之祕緯。」可見緯與經相對，緯書指漢時左右六經之書。由此可知，所謂緯，於時間而言，晚於讖，自六經出現之後，才有緯；於內容而言，依託、附會儒家經義，以進行占驗和預言。

《四庫全書總目》《易緯坤靈圖》案語云：「儒者多稱讖緯，其實讖自讖，緯自緯，非一類也」，「讖者詭為隱語，預決吉凶」，「緯者經之支流，衍及旁義」〔註26〕。鍾肇鵬不認同《四庫全書總目提要》「讖自讖，緯自緯」的觀點，引《後漢書》、《東觀漢紀》材料，以證漢人著述所謂經讖、圖讖，皆包括緯書，讖、緯亦往往互稱，異名同實〔註27〕。

概而述之，讖即驗，河圖、洛書為最早徵驗之書；緯與經相對，依附儒家經義，進行占驗和預言；讖、緯異名實同；與讖相較，緯的名稱後出。

二、《尚書·洪範》篇與五行說

陳澧《東塾讀書記》《尚書》卷尤為注意《洪範》篇。「洪」，即「大」；「範」，即「法」；洪範九疇，即大法九章。

第一，陳澧指出，《洪範》篇的神秘性，首先在於，箕子告訴武王，洪範九疇，天帝不賜鯀而賜禹，此事已奇；其次在於，箕子其時，距離鯀、禹已千年，箕子告武王洪範九疇事，已是遠古傳聞；更奇之處，在於《洪範》孔安國傳所云「天與禹，洛出書，神龜負文而出」，此說將天帝賜禹洪範九疇事與神龜負洛書的傳聞聯繫起來，使得洪範九疇來歷愈加神秘。陳澧的觀點是，劉向《洪範五行傳論》、劉歆《五行傳說》，或以為龜背有三十八字，或以為有二十字，徒為臆度，實無人見之，故龜文說尤當存而不論。「存而不論」四字，可見陳澧對遠古傳說的審慎態度。一「存」字，表現出對遠古人類神話的敬畏之心，「不論」二字，又避免了對遠古神話的穿鑿、附會。

因距今時代之遙遠、人類科學認知之侷限，對先祖流傳下來的遠古神話，既要有所敬畏，又不可超出現有認知，作率意闡釋。陳澧「存而不論」四字，可謂的當之論。

第二，陳澧尤為注意，《尚書·洪範》所述五行，與後來伏生、董仲舒、劉歆諸人所述五行，既有聯繫，又絕不相同。《尚書·洪範》云：「五行：一

〔註26〕永瑢等撰：《四庫全書總目》，中華書局1965年版，第47頁。
〔註27〕鍾肇鵬著：《讖緯論略》，遼寧教育出版社1991年版，第4～11頁。

曰水，二曰火，三曰木，四曰金，五曰土。」劉起釪《〈洪範〉成書時代考》
認為，《洪範》所述五行，是樸素唯物的五種客觀事物〔註28〕。陳澧指出，
至伏生《五行傳》，尚以五事分配五行，又以「皇極」與五事為六，又以「五
福」、「六極」分配之；再至《漢書‧五行志》，又云董仲舒治《公羊春秋》，
始推陰陽，劉向治《穀梁春秋》，傳以《洪範》，與董仲舒之說相應，至向子
劉歆治《左氏春秋傳》，其意已乖，言《五行傳》又頗不同。澧謂，「此漢儒
術數之學，其源雖出於《洪範》，然既為術數之學，則治經者存而不論可矣。」
〔註29〕

　　簡言之，陳澧的觀點是，漢儒伏生《五行傳》、董仲舒《春秋繁露》論陰
陽五行、劉向《洪範五行傳論》、劉歆《五行傳說》及《左氏春秋》對五行說
的附會，皆漢儒術數之學，雖源出《尚書‧洪範》，但與《洪範》樸素五行說
已頗不同，既為術數之學，治經者當存而不論。

　　對《尚書‧洪範》洪範九疇天帝賜禹、神龜負洛書神秘遠古傳說的存而
不論，對漢儒源出《洪範》五行之術數之學的存而不論，皆可見陳澧治經實
事求是、對讖緯之源河圖洛書說的審慎態度。

三、董仲舒《春秋繁露》與讖緯迷信

　　《東塾雜俎》《西漢》卷特重董仲舒之學，重點論析《春秋繁露》陰陽五
行、災異說。

　　陳澧一方面肯定董仲舒《春秋繁露》在天人哲學層面的建構意義，指出
《天地陰陽篇》「天意難見，其道難理，是故明陽陰入出實虛之處，所以觀天
志，辨五行之本末、順逆、小大、廣狹，所以觀天道也」諸語，是董生陰陽五
行說的根源。此說溝通了天道、天治與人，將天、人合一視之，構建了天人哲
學。董仲舒以水漸魚的關係，比喻陰陽之氣與人的關係，認為水常漸魚，陰
陽之氣漸人，其理相同，異於水者，不過水可見，陰陽之氣不可見，天地陰陽
之氣流通相淆於人，以成人間治亂之氣。陳澧認為，董仲舒此說陰陽之氣的
道理，可謂精微確實，雖不可見，然實可見。

　　與此同時，陳澧又指出，董仲舒「人之陰氣起，而天地之陰氣亦宜應之
而起」，「明於此者，欲致雨則動陰以起陰，欲止雨則動陽以起陽。故致雨非

〔註28〕劉起釪：《〈洪範〉成書年代考》，《中國社會科學》1980 年第 3 期。
〔註29〕陳澧著，黃國聲主編：《陳澧集》（二），上海古籍出版社 2008 年版，第 93 頁。

神也」之說,「言陰陽而及於致雨、止雨」,「則近於術士之所為也」〔註30〕,批評《春秋繁露》《求雨》、《止雨》二篇荒謬無稽。

簡言之,陳澧既肯定董仲舒《春秋繁露》對天人哲學觀念的建構意義,對其中術士迷信之說,則分別視之,絕不苟同。

四、何休《春秋公羊解詁》與緯書

陳澧《東塾讀書記》《春秋三傳》論何休《春秋公羊解詁》,特別留意何休用緯書注《公羊春秋》。如莊公三十一年傳注:「禮,天子外屏,諸侯內屏,大夫帷,士簾」,「禮,天子有靈臺以候天地,諸侯有時臺以候四時」,「天子外闕兩觀,諸侯內闕一觀」。陳澧指出,據唐徐彥疏,何休所言,皆《禮說》文,「此等禮制,見於緯書,何邵公習而熟之」,襄公二十九年傳注竟曰「孔子曰」云云,「此用緯書語,而竟稱為『孔子曰』,蓋緯文本有『孔子曰』三字,而何氏仍之耳」〔註31〕。

此處有以下二點值得特別闡明。第一,徐彥疏云,何休所言,皆《禮說》文。據俞林波《論讖緯在東漢的禁燬》,東漢其時,一方面因開國之主劉秀借讖緯登帝位,故篤信讖緯,其後明帝、章帝亦篤信之,另一方面,唐賈公彥《周官疏》云,鄭玄注所言《孝經說》,即《孝經緯》,時禁緯,故云「說」,《禮記》孔穎達疏亦云鄭引《易說》即《易緯》,時禁緯候,故轉「緯」為「說」,可見東漢中、後期已有禁緯之說〔註32〕。如鍾肇鵬《讖緯論略》所云,統治階級利用讖緯製造福瑞,農民階級利用讖語煽動起義〔註33〕,本文認為,東漢中、後期已有禁緯之說,殆因農民起義利用讖語組織起義,故統治階級禁燬之。讖緯神學自東漢後,早已衰微,民間讖語之說,卻從未絕跡。直至十九世紀太平天國起義,仍利用讖語而起。讖語自遠古人類傳說,經幾千年漫長歷史,直至今時,仍不曾絕。一方面可見人類預知未來的好奇心生而有之,另一方面可見人類認知和科學的侷限。第二,東漢緯書與經書,存在相互影

〔註30〕陳澧著,黃國聲主編:《陳澧集》(二),上海古籍出版社 2008 年版,第 333 頁。

〔註31〕陳澧著,黃國聲主編:《陳澧集》(二),上海古籍出版社 2008 年版,第 198 頁。

〔註32〕俞林波:《論讖緯在東漢的禁燬》,《福州大學學報(哲學社會科學版)》2012 年第 1 期。

〔註33〕鍾肇鵬著:《讖緯論略》,遼寧教育出版社 1991 年版,第 161 頁。

響。鍾肇鵬《讖緯論略》指出，今文經學《公羊春秋》對讖緯影響極大，多處例證可見，《春秋緯》或直接抄錄《公羊傳》原文，或對傳文略加解釋，或對傳文疏證、闡發，可見《公羊》學派直接參與了讖緯的造作〔註34〕。

陳澧還指出，何休《春秋公羊解詁》注文多本於董仲舒《春秋繁露》。如《春秋繁露·重政》云：「《春秋》變一謂之元。」隱公元年何注亦云「變一為元」；《春秋繁露·玉杯》云：「先質後文。」隱公七年何注遂謂《春秋》「變周之文，從殷之質」。可見何休對董仲舒《春秋繁露》的汲取。

陳澧又云，《春秋》所書災異，惟僖公十五年「震夷伯之廟」，《公羊》云「天戒之」，其餘但云「何以書？記異也」；何休注則或取後事而言，如隱公三年日食，何注云日食後衛州吁弒殺君主完，諸侯初僭，公子翬諂謀云云；或取前事而言，如隱公八年螟災，何注云先有狐壤之戰，中丘之役，又受邴田煩擾之應云云；皆取《公羊》所無之說，前後附會、引證。陳澧認為，「此乃漢儒好言災異風氣」，「自古國家治亂，每有吉凶先見，此必然之理；儒者陳說以為鑒，其意甚善。然其所說，必使人可信，乃為有益；若隨意所指，則人將輕視之」〔註35〕。意在強調以下四點：其一，何休《公羊解詁》注，發揮了《春秋》經文災異徵驗之說，可見漢儒好言災異風氣；其二，國家治亂，本有吉凶顯見，此為自然之理；第三，儒者將吉凶、災異與國家治亂聯繫起來，以為治國之鑒，用意甚善；第四，此種吉凶、災異之說，必使人可信，才有益，若牽強附會、隨意發揮，則使人輕視。由此可見，陳澧對漢儒讖緯災異之說，秉持實事求是精神，公允論之，既肯定漢儒以災異諫言政治的善意，亦批評穿鑿謬說，反使人輕視儒者之言。陳澧的論析，既闡釋了漢儒引緯書注經的深層心理原因，也揭示出隨意引讖緯之說穿鑿附會的負面影響。

五、鄭玄注經不盡信緯說

在《東塾讀書記》《鄭學》卷，陳澧特別強調，「鄭玄注經，不信緯書者多矣，後儒疏漏未考耳」〔註36〕。如《詩經·周頌·良耜》「有捄其角」，毛傳云：「社稷之牛角尺。」鄭箋不據《禮緯稽命徵》宗廟社稷角握之說以易毛

〔註34〕鍾肇鵬著：《讖緯論略》，遼寧教育出版社1991年版，第116～120頁。
〔註35〕陳澧著，黃國聲主編：《陳澧集》（二），上海古籍出版社2008年版，第201頁。
〔註36〕陳澧著，黃國聲主編：《陳澧集》（二），上海古籍出版社2008年版，第271頁。

傳;《禮記・月令》「反舌無聲」,注云:「反舌,百舌鳥。」不從《通卦驗》「蛤蟆無聲」之說。可見鄭玄不盡信緯書。

本文認為,鄭玄不盡信緯書,一方面可見鄭玄注經實事求是,自有取捨;另一方面,與東漢中、末期始禁讖緯也不無關係;陳澧對鄭玄不盡信緯書材料的挖掘,既源於對鄭玄之學的尊崇,也源於對東漢讖緯審慎、科學的態度。

六、東漢儒士與讖緯災異說

顧頡剛《中國上古史研究講義》將最早讖語追溯至《史記・趙世家》記秦繆公讖。春秋秦繆公疾,七日而寤,告人曰,之帝所,帝告曰:晉國將大亂,五世不安,其後將霸,霸者之子且令國男女無別。此即秦讖。後晉獻公亂,文公霸,襄公敗秦師於殽,歸而縱淫〔註 37〕。顧頡剛還指出,西漢時,因方士、儒生鼓吹,讖書更增勢力,王莽時風氣更盛。《漢書・王莽傳》記武功長孟通濬井,得白石,上圓下方,丹書著石,文曰「告安漢公莽為皇帝」,符命之起,自此始。後光武帝亦以《赤伏符》受命,即位後,尊信圖讖,宣布天下,東漢遂進入讖緯全盛時代〔註 38〕。

陳澧《東塾雜俎》《東漢》卷述東漢儒士與讖緯災異說,最具價值之處,一在於對《後漢書・方術列傳・樊英傳》、《黃瓊傳》、《鄭興傳》、《桓譚傳》、《張衡傳》、《黨錮傳序》李膺事諸則材料的貫而引之。

樊英習京氏《易》,善風角、河洛七緯,推步災異,隱居教授,受業者眾。《後漢書》李賢注云,風角謂候四方、四角之風以占吉凶。章懷注云,七緯指《易緯》、《書緯》、《詩緯》、《禮緯》、《樂緯》、《春秋緯》、《孝經緯》。《後漢書》李賢注,推步謂究日月五星之度,昏旦節氣之差,即推算天象曆法。由此可知,樊英善以風角占卜,善以天象曆法推算災異。《黃瓊傳》云,樊英被徵,朝廷設壇席,猶待神明,因並無奇謨深策,故俗論皆言處士純盜虛聲。陳澧將《後漢書・方術列傳・樊英傳》、《黃瓊傳》二者有關樊英材料並列之,意在突顯樊英因善占卜、推算,被朝廷尊奉,最終並不能使人信服,反得盜虛聲之名。

陳澧還特將《鄭興傳》、《桓譚傳》述二人與帝抗顏不言讖,《張衡傳》、《後漢紀》述張衡、華嶠諫收藏、禁絕圖讖諸材料串連為一條。《鄭興傳》曰:

〔註 37〕顧頡剛著:《中國上古史研究講義》,中華書局 1988 年版,第 215 頁。
〔註 38〕顧頡剛著:《中國上古史研究講義》,中華書局 1988 年版,第 218、270 頁。

－356－

帝嘗問興郊祀事，曰：「吾欲以讖斷之，何如？」興對曰：「臣
不為讖。」帝怒曰：「卿之不為讖，非之耶？」

可見鄭興不言讖，不惜惹帝怒。

《桓譚傳》曰：

是時帝方信讖，多以決定嫌疑。譚復上疏曰：「今諸巧慧小才伎
數之人，增益圖書，矯稱讖記，以欺惑貪邪，詿誤人主，焉可不抑
遠之哉！臣譚伏聞陛下窮折方士黃白之術，甚為明矣；而乃欲聽納
讖記，又何誤也！其事雖有時合，譬猶十數隻偶之類。陛下宜垂明
德，發聖意，屏群小之曲說，述《五經》之正義，略雷同之俗語，
詳通人之雅謀。」帝省奏，愈不悅。其後有詔會議靈臺所處，帝謂
譚曰：「吾欲讖決之，何如？」譚默然良久，曰：「臣不讀讖。」帝
問其故，譚復極言讖之非經。帝大怒曰：「桓譚非聖無法，將下斬
之。」譚叩頭流血，良久乃得解。出為六安郡丞，意忽忽不樂，道
病卒。

陳澧詳引此段，可謂感慨甚深。帝王議靈臺處所，亦靠讖語，可見讖緯
已成為國家政治統治的重要部分；桓譚冒死抗帝顏，不肯讀讖，可見儒者可
貴的樸素良心；因極言讖語非經，幾受死罪，叩頭流血，良久得解，卻病卒於
貶謫之途。儒者、帝王因讖緯而起的較量，不可不令人心生感慨、歎息和悲
涼。

《張衡傳》曰：

初，光武善讖，及顯宗、肅宗，因祖述焉。自中興之後，儒者
爭圖讖，兼復附以妖言。衡以圖緯虛妄，非聖人之法，乃上書曰：
「宜收藏圖讖，一禁絕之。」又云：「往者侍中賈逵摘讖互異三十餘
事，諸言讖者皆不能說。」

可見張衡上書勸諫帝王，宜收藏圖讖，一禁絕之。

《後漢紀》華嶠曰：

後世爭為圖讖之學，以矯世取資，是以通儒賈逵、馬融、張衡、
朱穆、崔實、荀爽之徒忿其若此，奏皆以為虛妄不經，宜悉收藏之。

陳澧所引《後漢書·張衡傳》和《後漢紀》華嶠兩則材料，還可窺東漢
讖緯之風前後期的細微變化。東漢前期，鄭興、桓譚抗顏不為讖，以至帝怒，
甚至幾死、流放。東漢中後期，張衡、華嶠上書諫言收藏、禁絕圖讖，已無

前期激烈衝突、對抗。可見其時，民間以妖言附讖，以使朝廷對讖緯消極作用有所警覺，故張衡、華嶠的諫言不再引起帝王震怒。亦可見東漢中後期，禁絕圖讖的聲音已出現於統治者內部，故鄭玄注已出現以「說」代「緯」之辭。

概而述之，陳澧《東塾讀書記》、《東塾雜俎》相關部分多處關注讖緯問題。論《尚書‧洪範》篇，強調龜文說當存而不論，注意漢儒伏生、董仲舒、劉向、劉歆所述五行與《洪範》五行說實不相同，《洪範》五行是先秦樸素物質觀，漢儒五行雖源出《洪範》，已衍變為術數之學，治經者當存而不論。論《春秋三傳》，注意何休《公羊解詁》以緯書注經，闡釋漢儒用緯書注經的深層心理原因，揭示隨意引讖緯、穿鑿附會的負面影響。論鄭玄之學，揭示後世誤以鄭玄信緯說的疏漏。論西漢董仲舒《春秋繁露》，既肯定董仲舒《天地陰陽》篇對天人哲學觀念的建構價值，又指出《同類相動》、《求雨》、《止雨》諸篇為術士迷信之說的本質，採取不苟同的態度。論東漢儒者與讖緯災異，微譏樊英終盜虛聲，稱許鄭興、桓譚與帝抗顏不信讖語，注意東漢讖緯之風前後期變化，由光武初興篤信讖緯，至中後期統治者對讖緯的警覺。綜觀《東塾讀書記》、《東塾雜俎》陳澧引述有關讖緯問題的材料，可見陳澧不信讖緯的堅決態度；還可見站在哲學高度，對董仲舒天人合一觀念的肯定，對其中所摻雜讖緯術數之學的清醒認識；又可見站在心理學高度，闡釋以何休為代表的漢儒引緯書注經的深層心理原因。

第三節　清代禮學視域下的陳澧禮學觀

論及中國文化，人們首先想到的是禮樂文化。論及中國的邦國特徵，人們首先想到的是禮儀之邦。鄧爾麟《錢穆與七房橋世界》回憶他與錢穆先生的一次交談，並以「一堂中國文化課」命名〔註39〕。據鄧爾麟回憶，錢穆先生認為，中國的核心思想就是「禮」，中國人之所以成為民族，即因為「禮」為全中國人民樹立了社會關係準則，「禮」是整個中國人世界裏一切習俗行為的準則，標誌著中國的特殊性。

儒家經典《周禮》、《儀禮》、《禮記》被稱為三《禮》。三《禮》研究貫串

〔註39〕（美）鄧爾麟著，藍樺譯：《錢穆與七房橋世界》，社會科學文獻出版社1998年版，第8頁。

了自漢代直至晚清、民國二千餘年學術史。正如錢穆先生所言，禮是中國思想的核心，標誌著中國的特殊性。對禮的重視，顯示出中國文化與西方文化的截然不同。與「禮」相對應的範疇，一般認為是「法」。早在先秦時期，以法家諸子為代表，中國人已經開始思考禮與法的關係。隨著西漢儒家思想一統天下，禮成為上至朝廷統治者、下至閭巷百姓社會生活的首要準則。

　　林存陽《清初三禮學》指出，從學術史角度而言，明清之際，理學式微，以經學濟理學之窮的為學思路應時而起，以禮代理的思想漸趨萌芽；從社會史角度而言，清朝統治者為迅速鞏固新生政權，穩定社會局勢，努力彌合滿族後進文化形態與漢族先進文化形態之間的差異，以開博學鴻儒及經學特科為標誌，崇儒重道，以確立維繫統治的思想準則。禮學作為儒學研究的一個主要方面，受到統治者的重視和扶植。官方意識形態的取向，不期然與知識界的倡禮之風相契合，為禮學研究提供了客觀的學術空間〔註40〕。由此可見，三禮館的開館，並非偶然；乾嘉學者凌廷堪、阮元「以禮代理」說的出現，除學術內因的促動，亦有背後的社會原因。晚清《東塾讀書記》一書《周禮》、《儀禮》、《禮記》三卷所體現陳澧的禮學觀，亦應置於清代禮學研究的大背景下加以考察。

一、理學即禮學

　　清初顧炎武倡經學即理學，以矯晚明心學空疏之弊。林存陽指出，顧炎武治經學的宗旨和落腳點，即在禮學。顧炎武《與人書九》云：「目擊世趨，方知治亂之關，必在人心風俗，而所以轉移人心，整頓風俗，則教化紀綱為不可闕焉。百年必世養之而不足，一朝一夕敗之而有餘。」〔註41〕可見他將教化紀綱看作世之治亂的關鍵，必以教化紀綱轉移人心、整頓風俗。教化紀綱的核心，即為禮。由此可知，顧炎武對禮的重視，出於對社會治亂的關注。顧炎武為張爾岐《儀禮鄭注句讀》作序，曰：「禮者，本於人心之節文，以為自治、治人之具。」〔註42〕於己而言，將禮作為修身之具；於人而言，將禮作為治世之具。簡言之，禮是修身、治國的根本。

〔註40〕林存陽：《清初三禮學》，陳祖武指導，中國社會科學院研究生院歷史系中國古代思想史專業博士學位論文，2000年。

〔註41〕顧炎武著，華忱之點校：《顧亭林詩文集》，中華書局1959年版，第93頁。

〔註42〕顧炎武撰，劉永翔校點：《亭林詩文集》，《儀禮鄭注句讀序》，黃坤、嚴佐之、劉永翔主編：《顧炎武全集》（21），上海古籍出版社2011年版，第81頁。

沿顧炎武禮學觀的思路，至乾嘉時，凌廷堪首揭以禮代理說，阮元作同調之鳴。凌廷堪《與王蘭泉侍郎書》述為學經歷云：「廷堪幼而孤露，學賈不成，貧困無聊，漫為古今體詩洎宋元人詞曲以自怡。未幾棄去，治古文辭。年二十餘，負米出遊，經史尚未之全睹，由是發憤手錄諸經文，伏而讀之，復取漢唐宋人說經者比勘之，入乎其中，茫無畔岸。所深好者雖在《士禮》一經，而性喜旁騖，不自揆度，兼及六書九度之等」，「成進士後，乞一氊以養母，始得重理舊業。」〔註43〕可知凌廷堪早歲發憤治經史，所深好者在禮學，因性喜旁騖，雖曾兼及六書九度之等，成進士後，重理舊業，仍專意於治禮，禮學研究可謂貫穿他治學生涯之終始。乾隆五十三年（1787），凌廷堪撰《禮經釋名》，五年後，又撰《禮經釋例》。還作《復禮》三篇，「聖人之道，一禮而已」，「禮之外，別無所謂學」〔註44〕，「《論語》記孔子之言備矣，但恒言禮，未嘗一言及理也」〔註45〕。凌廷堪之言，強調孔子未嘗言理，卻處處言禮，將聖人之道歸於禮，由此主張棄理不言，以禮代理。阮元作《次仲凌君傳》，稱許凌廷堪《復禮》三篇「卓然可傳」〔註46〕，對凌氏以禮代理觀念充分認可。《書東莞陳氏學蔀通辯後》云：「朱子中年講理，固已精實，晚年講禮，尤耐繁難，誠有見乎理必出於禮也。古今所以治天下者，禮也。」〔註47〕以禮為治天下之具，與顧炎武一脈相承；同時強調理必出於禮，與凌次仲為同調。

陳澧《東塾讀書記》一書《禮記》卷先謂《中庸》、《大學》即後世所謂理學，又引《仲尼燕居》「禮也者，理也」、《樂記》「禮者，理之不可易者也」，最後直揭出「故理學即禮學也」一語〔註48〕。可以說，陳澧「理學即禮學」觀念的產生，與顧炎武、凌次仲、阮元論禮的思路一脈相承。顧炎武強調經學即理學，又以禮為修身、治世之具，於清初重倡禮學，意在轉移人心，整頓風俗。凌次仲治學始終貫串對禮的重視，《復禮》三篇謂聖人恒言禮，未嘗一言及理，禮之外別無所謂學，倡以禮代理，在顧炎武經學即理學觀念上推進

〔註43〕凌廷堪著，王文錦點校：《校禮堂文集》，中華書局1998年版，第216、217頁。
〔註44〕凌廷堪著，王文錦點校：《校禮堂文集》，中華書局1998年版，第27頁。
〔註45〕凌廷堪著，王文錦點校：《校禮堂文集》，中華書局1998年版，第31頁。
〔註46〕阮元撰，鄧經元點校：《揅經室集》，中華書局1993年版，第468頁。
〔註47〕阮元撰，鄧經元點校：《揅經室集》，中華書局1993年版，第1062頁。
〔註48〕陳澧著，黃國聲主編：《陳澧集》（二），上海古籍出版社2008年版，第171頁。

一步。阮元盛讚凌廷堪《復禮》卓然可傳，又在凌廷堪基礎上，進一步揭出理
必出於禮。陳澧早年被首舉為學海堂專科肄業生，後又為學海堂學長多年，
深受學海堂創始人阮元學術觀念影響，承阮元理必出於禮之說，直揭出理學
即禮學之說。阮元理必出於禮之說，強調禮是理的根本和來源。陳澧「理學
即禮學」，進一步用判斷句式，揭示理學與禮學的同一性。表面視之，此一判
斷似顯絕對，將理學拘囿於禮學的範圍，以禮學涵蓋理學。細審之，可見陳
澧此說背後對世風、學風的深重隱憂。

晚清之時，乾嘉考據學漸衰。世風澆漓，人心浮躁，鮮有人靜心讀書、
治學。士子不讀書，不肯從頭至尾讀一部注疏，而欲求科第；官者不讀書而
欲求榮、求顯、求騰達。學風衰頹，直有由質實漢學重墮入空疏宋學的險境。
陳澧最為擔心的，是後世講宋學，不講朱子之學，而講陸、王之學；不知朱子
之學講訓詁、考據，只知陸、王之學求簡易。在此種隱憂之下，陳澧倡漢宋兼
採，欲以漢學救宋學空疏之弊，欲以宋學救漢學支離、瑣屑之病。

由此可知，陳澧「理學即禮學」之說的揭出，實與漢宋兼採之說互為表
裏。陳澧以鄭玄之學為漢學標杆。鄭玄最重禮學，注三《禮》。陳澧兼採之說
所採漢學，很大一方面即指鄭玄三《禮》之學。陳澧又以朱子之學為宋學標
杆。朱子之學亦特重禮學，晚年為《儀禮經傳通解》，釐析經文，亦出鄭玄之
學。可見朱子之學與鄭玄之學的重要交匯點，即在禮學。陳澧兼採之說，所
採之宋學，表面言之為朱子之學，深究之，朱子之學與鄭玄之學一脈相承，
可知陳澧所採宋學，仍實為朱子之學承鄭玄漢學的重要方面，禮學即為其中
的重中之重。若以兩個交匯的圓形打比方，鄭玄之學為一圓形，朱子之學為
另一圓形，朱子之學與鄭玄之學二圓相交甚多，其相交部分即為禮學。由此
可知，陳澧兼採漢宋之學的學術主張，與他「理學即禮學」之說雖不可謂同
一，實有極大部分的重合。

因此，陳澧對禮學的重視，既與顧炎武、凌次仲、阮元一脈相承，又在
前人基礎上推進和昇華。「理學即禮學」之說，用最簡單的判斷句式，顯示出
禮學、理學兩個相交圓的最大重合，揭示出漢學、宋學兼採的學理基礎。與
此同時，又可顯陳澧欲以禮學為旗幟，重振不讀書學風、澆漓世風的良苦用
心。

在《東塾讀書記》一書《儀禮》卷，陳澧云，嘗欲取《儀禮》經文，依吳
廷華《儀禮章句》分節寫之，於每節後附張惠言《儀禮圖》，又以凌廷堪《禮

經釋例》分寫於經文各句下，名曰《儀禮三書合鈔》〔註49〕。陳澧認為，如此則《儀禮》真不難讀矣。可惜此書為之而未成，不得不謂此亦陳澧禮學實踐的遺憾。

二、《周禮》必周室典制

秦燔書後，《周禮》後出，又因《漢書·景十三王傳》、賈公彥《序〈周禮〉廢興》等對《周禮》重現於世經過記載之異，以至後世於《周禮》一書眾說紛紜，存疑諸多。

《周禮》為古文經。西漢第一次經今古文之爭，劉歆《移讓太常博士書》尚未爭立博士。先後由劉向《別錄》、劉歆《七略》著錄，時稱《周官經》。至王莽時由劉歆置為博士。因《周禮》後出，又因史書記載相異，後世頗疑劉歆偽造《周官》，助莽篡漢。

陳澧《東塾讀書記》《周禮》卷的重要觀點是，《周禮》所載必周室典制，不可疑。陳澧引汪中《周官徵文》凡六條，先後用《逸周書·職方解》、《漢書·藝文志》、《大戴禮·朝事》、《禮記·燕義》、《內則》、《詩·生民》六則史料，以證《周禮》所載為周室典制。又從《禮記·雜記》、《郊特牲》等考作記者之辭，謂足可徵《周禮》是周室典制。

與此同時，陳澧還提出以下三方面看法。第一，《周禮》所載雖為周室典制不可疑，但無以見必皆為周公所作。《逸周書·職方解》序言穆王所作，則在周公之後有明徵。第二，《周禮》所載非皆周初之制。如「諸侯之地，封疆方五百里」云云，即可見非周初之制。《尚書》《武成》篇孔疏云，周室既衰，諸侯相併，自以國土寬大，皆違禮文，除去本經，妄為說。陳澧認為，孔疏此說可為定論。從《周禮》述諸侯國封疆面積考，可知《周禮》所言四五百里諸侯封地，為兼霸之國所造之文。第三，《周禮》必有後世增入者。《四庫全書總目》提要云「此如後世律令條格，數十年一修，修則有所附益」，此說亦可為定論。

概言之，陳澧尊信《周禮》，信奉周公之禮、以《周禮》所載必周室典制。與此同時，認為《周禮》必有後世增入的成分。如穆王有所作，諸侯兼霸之國亦有所造之文。因此《周禮》所載非皆周初之制。但總體而言，陳澧相信古文

〔註49〕陳澧著，黃國聲主編：《陳澧集》（二），上海古籍出版社 2008 年版，第 147 頁。

經《周禮》是傳自周公的古代典籍，絕非後世偽造。與此同時，《周禮》可視為後世累積類型的先秦典籍，故所載並非皆周初典制，亦有穆王或兼霸之國所造之文。即此一點，亦可見陳澧以經古文為主的經學立場。

　　林存陽《清初三禮學》指出，清初顏元立學，既不滿於陸王、程朱，又不滿於合會朱、陸，其思想出路在於直承堯舜周孔之道；所選擇倡明聖道的突破口，即對古禮的反思和倡導；所謂堯舜周孔之道，即《尚書》三事、六府、《周禮》大司徒六德、六行、六藝〔註50〕。《尚書・大禹謨》記帝舜曰：「俞！地平天成，六府、三事允治，萬世永賴，時乃功。」〔註51〕據孔穎達疏，所謂三事，即正德之身、利民之用、厚民之身，此三事惟當諧和。《左傳・文公七年》曰：「六府、三事，謂之九功。水、火、金、木、土、穀，謂之六府。正德、利用、厚生，謂之三事。」〔註52〕《周禮・地官・大司徒》曰：「以鄉三物教萬民，而賓興之。一曰六德：知、仁、聖、義、忠、和。二曰六行：孝、友、睦、姻、任、恤。三曰六藝：禮、樂、射、御、書、數。」〔註53〕顏元倡明聖道，特重《周禮》。顏元弟子李塨闡揚師說，於《周禮》六德、六行、六藝重視有加，將《周禮》視為治國之書。林存陽指出，清廷於康熙五十一年（1712）升朱熹於大成殿，尊朱子之學，因顏李指斥朱子，忤逆於官方，致使其學長期沈寂；但顏、李二人對古禮的倡導和踐履，卻為清初禮學復興開闢了先路。

　　陳澧尊信《周禮》，謂《周禮》可行，重《周禮》今用，與清初顏李之學一脈相承。陳澧認為，謂《周禮》不可行者，徒以王安石之故。李塨《論學》曰：「自漢後言《周禮》而敗者二人，王安石，方孝孺。然安石法《周禮》，不知生眾用舒諸大政，而行青苗以擾民；孝孺當大敵逼至，不知治兵，且更改朝廷門制。此正不知禮者，而豈禮之偏蔽歟？況孟子時行井田、學校，尚須潤澤，今取六藝，但要其有實用耳。古法固有斟酌，不必盡依樣葫蘆也。」〔註54〕李塨指出，王安石行《周禮》之法，敗在不知生眾用舒，行青苗法擾民。「生眾用舒」出自《禮記・大學》：「生財有大道，生之者眾，食之者寡，

〔註50〕林存陽：《清初三禮學》，陳祖武指導，中國社會科學院研究生院歷史系中國古代思想史專業博士學位論文，2000年。
〔註51〕李民、王健撰：《尚書譯注》，上海古籍出版社2004年版，第27頁。
〔註52〕李夢生撰：《左傳譯注》，上海古籍出版社2004年版，第368頁。
〔註53〕楊天宇撰：《周禮譯注》，上海古籍出版社2004年版，第156頁。
〔註54〕李塨著，陳山榜等點校：《李塨集》，人民出版社2014年版，第985頁。

為之者疾,用之者舒,則財恒足矣。」〔註55〕指生產多,消費少,創造迅速,開支緩慢,財富就得以恒足。王安石行青苗法,原本意在緩和民間高利貸盤剝,同時增加政府財政收入,改善北宋積貧。在推行過程中,因制度設計缺陷,諸多偏差出現,弊端顯露,反使民眾苦不堪言。李塨認為,王安石法《周禮》敗,敗在王安石行古禮不當,非敗在《周禮》不可行。李塨既重古禮今用,又主張斟酌用之以適今。陳澧《東塾讀書記》《周禮》卷引趙翼《廿二史劄記》,以宇文泰開國尊用《周禮》事,作為正面例子,以證行《周禮》之效。概言之,陳澧對《周禮》今用的肯定,與清初李塨為同調。

三、重視《儀禮》的踐履

《儀禮》原指《禮經》,武帝時已立為五經博士之一。東漢鄭玄注三《禮》,三國魏王肅作《喪服經傳注》、《喪服要記》。王肅論禮,與鄭玄為異。南北朝鄭、王之爭演變為南、北學分立。唐代隋立,官方主持成書三禮《正義》,杜佑《通典·禮典》從禮制沿革、建制方面,對禮學進行系統總結。宋明時禮學衰微,惟王安石以權力創《周禮新義》、朱子作《儀禮經傳通解》,使二禮稍有所振。明《五經大全》使理學官學化,禮學亦趨於僵化。至清初,學術界經學即理學思想應時而起,以禮代理思潮漸趨萌芽,統治者為鞏固政權,崇儒重道,重視、扶植禮學,可謂禮學復興。〔註56〕

清儒《儀禮》研究成就,其犖犖大者,有張爾岐《儀禮鄭注句讀》、姚際恒《儀禮通論》、欽定《儀禮義疏》、方苞《儀禮析疑》等。《大清通典》、徐乾學《讀禮通考》、秦蕙田《五禮通考》亦有《儀禮》研究的重要內容。

陳澧《東塾讀書記》《儀禮》卷特重讀《儀禮》之法,拈出昔人分節、繪圖、釋例數端讀《儀禮》之法。認為賈疏分節出自鄭注,朱子《儀禮經傳通解》釐析經文之法亦出自鄭注,後徐乾學《讀禮通考》、秦蕙田《五禮通考》分節,皆習自朱子釐析經文之法。又謂鄭玄、賈公彥為《儀禮》作注、作疏之時,皆必先繪圖,故於行禮涉及各種複雜方位皆能了然確知。肯定楊復《儀禮圖》創始之功,張惠言《儀禮圖》詳密有加。除此之外,注意發掘《儀禮》凡例,強調韓愈掇其大要之法。

〔註55〕楊天宇撰:《禮記譯注》,上海古籍出版社2004年版,第808頁。
〔註56〕林存陽:《清初三禮學》,陳祖武指導,中國社會科學院研究生院歷史系中國古代思想史專業博士學位論文,2000年。

《東塾讀書記》《儀禮》卷從讀《儀禮》之法的角度切入，正可見陳澧「習《儀禮》者必為容」的禮學觀念。「習《儀禮》者必為容」一語本出自阮元《張皋文〈儀禮圖〉序》：「昔漢儒習《儀禮》者，必為容」，「他日亦欲使家塾子弟畫地以肄禮，庶於治經之道，事半而功倍也。」〔註57〕陳澧引阮元此語，又謂畫地之法，澧嘗試為之，真事半而功倍。「習《儀禮》者必為容」，「容」本意指裝扮，此處當指按《儀禮》所言畫地演習或實地踐履。陳澧對阮元此語深表認同，可見陳澧重視《儀禮》的踐履。

隨著晚清、民國經學的衰微直至被排棄，民間對禮產生隔膜，對禮的認識存在偏差，從形式層面，膚淺理解「禮」，以禮為繁文縟節。若追溯古代禮的觀念，可知事實並非如此。《禮記·哀公問》記哀公問孔子禮，孔子曰：「為政先禮，禮其政之本與。」〔註58〕可見在孔子看來，禮是治世之具，絕非繁文縟節的形式，充分認識到禮的實質性功能。後來唐孔穎達《禮記正義》曰：「禮者，理也。其用以治，則與天地俱興。」〔註59〕與孔子的觀點一脈相承，以禮為治世之具，禮與天地俱興，賦予禮天理的色彩。由此可知，中國古代禮的觀念，從誕生之初即與政治相依，是行政之本，治世之基。這意味著，禮與生俱來具備了踐履的特性，從社會群體角度而言，需要人人遵守、付諸實踐的統一行為準則才可稱為禮。

禮踐履的特性，在後世儒者的禮學研究中，一再被重視。以清初儒者為例，孫奇逢倡復古禮，重視禮的躬行實踐，「以身作範」，「立家之規」〔註60〕；顏元治禮，尤重習、行，依禮行事，以禮自範，又立族約、置常儀、設規制。〔註61〕阮元《張皋文〈儀禮圖〉序》謂漢儒習《儀禮》者必為容，又謂欲使家塾弟子畫地以習禮。陳澧引阮元序言，對阮元之說深表認同，憶昔日李能定教家侄讀書，嘗邀澧畫地習禮。陳澧對畫地習禮方法的認同，一方面受學海堂前輩阮元師說的影響，另一方面，李能定昔日畫地習禮教家侄的做法，恰與阮元師說契合，理論和昔日實踐相結合，加深了陳澧對習《儀禮》者必

〔註57〕阮元撰，鄧經元點校：《揅經室集》，中華書局1993年版，第244、245頁。

〔註58〕楊天宇撰：《禮記譯注》，上海古籍出版社2004年版，第657頁。

〔註59〕孔穎達等撰：《禮記正義》，阮元校刻：《十三經注疏》（清嘉慶刊本）（三），中華書局2009年版，第2653頁。

〔註60〕孫奇逢著：《家規》，朱茂漢點校：《夏峰先生集》，中華書局2004年版，第188頁。

〔註61〕林存陽：《清初三禮學》，陳祖武指導，中國社會科學院研究生院歷史系中國古代思想史專業博士學位論文，2000年。

為容的認識和體悟。

從習《儀禮》者必為容觀念的角度來看，《東塾讀書記》《儀禮》卷對讀《儀禮》之法的細緻闡發、對《儀禮》凡例的發現、對禮意的強調、對《儀禮圖》的重視，皆源自習禮的實際需求。欲畫地習禮，必對《儀禮》分節析之、繪圖摹之、釋例明之，在明訓詁的基礎之上，透徹明晰行禮的具體方位、明晰禮的動作背後的真實禮意。

若僅以《東塾讀書記》《儀禮》卷觀之，陳澧對習《儀禮》者必為容的強調，看似僅停留在畫地習禮的層面，並非主張古禮的真實踐行。若結合陳澧論《周禮》、追憶魯地儒者傳禮教，對韓愈《讀儀禮》的批評，可知其實不然。陳澧論《周禮》，特別強調《周禮》可行於今；論西漢學術，引《史記‧儒林傳》追懷魯中諸儒世世傳其禮教，至太史公時，三百年猶未絕，冠、昏、喪祭之禮，家家行之；鄉飲、大射則習之於孔子家。可知陳澧踐履古禮的觀念和理想。韓愈《讀儀禮》云：「考於今誠無所用。」陳澧謂韓愈此言過甚。陳澧認為，可命精學洽聞之士，刪定三《禮》，割棄不要，總合其事，條牒各別，令易案用，強調對《儀禮》的躬行實踐。因《儀禮》所述文繁、物博，或有人病其力之不足。陳澧引朱子《跋三家禮範》，強調禮書之文雖多，若身親試之，不過頃刻；其物雖博，亦有所謂不若禮不足而敬有餘者。從躬行禮的實際過程，體悟繁文之禮過程實不繁，禮不足而敬有餘。由此更可見，陳澧對踐履《儀禮》的重視。

四、禮以義為重

禮學的復興，是清初經學復興最重要的組成部分。從經學復興的角度視之，顧炎武倡「經學即理學」，以糾晚明心學空疏之弊，將理學牽引至經史實學研究之途。乾嘉考據學漸興，又將經學研究聚焦於漢學訓詁、考據一途。雖以考據學為名，乾嘉學者並非不重義理。戴震《題惠定宇先生授經圖》云：「故訓明則古經明，古經明則賢人聖人之理義明。」〔註62〕阮元《擬國史儒林傳序》云：「崇宋學之性道，而以漢儒經義實之。」〔註63〕戴震將故訓、古經明視為賢人、聖人理義明的前提，阮元宋學性道、漢儒經義兩重之。顯見乾嘉學者亦重義理，強調以訓詁、考據為徑，以求聖人義理。

〔註62〕戴震撰，趙玉新點校：《戴震文集》，中華書局1980年版，第168頁。
〔註63〕阮元撰，鄧經元點校：《揅經室集》，中華書局1993年版，第37頁。

從禮學復興的角度視之，繼顧炎武「經學即理學」觀念的提出，凌廷堪倡「以禮代理」說，阮元引為同調。凌廷堪揭出「孔子恒言禮，未嘗一言及理」，此說關鍵之處在於，引孔聖為範，棄理不言，以禮代理。沿清初顧炎武以經學代理學的路子，凌廷堪繼之以禮學代理學之路。這意味著，從宏觀角度而言，「以禮代理」說的蔚為風氣，已然使經學研究聚焦於禮學之上。

可以說，清初至乾嘉經學、考據學復興的過程，在很大程度上與禮學復興的過程有著相當多的合轍之處。始於乾嘉學者戴震、阮元既重訓詁、考據，亦重義理的治學思路，同樣體現在禮學研究中。

後人將陳澧視為晚清漢宋兼採集大成者，充分肯定他溝通、彌合漢宋之功，但鮮少論及其禮學觀如何受其漢宋兼採學術觀念的具體影響。觀《東塾讀書記》《禮記》卷，多處端倪可窺。

總體而言，陳澧論《禮記》，特別強調禮以義為重。他尤為注意，《禮記》四十九篇目，以「義」為題者，有《冠義》、《昏義》、《鄉飲酒義》、《射義》、《燕義》、《聘義》、《祭義》凡七篇。不止於此，《冠義》既自為一篇，《郊特牲》復有「冠義」〔註64〕一節，「天地合，而後萬物興焉」〔註65〕一節，亦即「昏義」。此二節間，有一節云：「禮之所尊，尊其義也。失其義，陳其數，祝史之事也。故其數可陳也，其義難知也。知其義而敬守之，天子之所以治天下也。」陳澧強調，此記禮者明言「禮以義為重」。

今人因對古禮的隔膜，將古禮視為繁文縟節。觀陳澧此言，殆可知在他所處的時代，已有人僅從禮數層面看待古禮，而忽略禮義。因此，他才會引導人們特別注意《禮記》以「義」為題的七篇，特別強調「禮之所尊，尊其義也」諸語。如《禮記》諸語所云，禮之尊貴，在於它的意義，而不在於它的禮數、儀節。綜觀《禮記》以「義」為題的七篇，如《冠義》述冠禮的意義，在「可以為人，而後可以治人」；《昏義》述婚禮的意義，「將合二姓之好，上以事宗廟，而下以繼後世」；《鄉飲酒義》述鄉飲酒禮的意義，在「尊讓、絜、敬」，「君子之所以相接」，「所以免於人禍」；《射義》述射禮的意義，在「所以觀盛德」；《燕義》述燕禮的意義，在「明君臣之義」；《聘義》述聘禮的意義，在「天子之所以養諸侯，兵不用，而諸侯自為正之具」。只有從深層理解禮的意義，才能真正體悟禮的尊貴所在，而不再從禮數層面視禮為繁文縟節，從

〔註64〕楊天宇撰：《禮記譯注》，上海古籍出版社 2004 年版，第 320 頁。
〔註65〕楊天宇撰：《禮記譯注》，上海古籍出版社 2004 年版，第 322 頁。

而做到知其義而敬守之。

因對禮義的重視，必然重視從義理的角度探尋禮。《東塾讀書記》《禮記》卷論《祭義》、《祭統》、《中庸》、《大學》、《樂記》諸篇特別強調之。

其一，《祭義》、《祭統》皆說義理。《祭統》說博大之理，《祭義》說精微之理。陳澧指出，《禮記》《曾子問》、《喪服小記》、《雜記》上下、《喪大記》、《奔喪》、《問喪》、《服問》、《間傳》、《三年問》、《喪服四制》、《檀弓》凡十二篇，皆屬喪服、喪禮之類，故可知古人最重喪祭之禮。對生死的切膚之感，人生而有之。從先秦諸子書始，多有對生死問題的探討。如《列子》託仲尼言曰：「人胥知生之樂，未知生之苦；知老之憊，未知老之佚；知死之惡，未知死之息也。」《荀子·禮論》曰：「禮者，謹於治生死者也。生，人之始也；死，人之終也。終始俱善，人道畢矣。故君子敬始而慎終，終始如一。」生死問題即現代哲學所謂人從何處來、去往何處的問題。因生死為重，故古人最重喪祭之禮。陳澧指出，《祭統》從博大方面言祭祀之禮的意義，如「祭者，所以追養繼孝」，謂祭祀用以追養雙親、繼續盡孝；「祭有十倫」，謂祭祀在十個方面的意義，「事鬼神之道」、「見君臣之義」、「見父子之倫」云云。《祭義》說精微之理，如「致愛則存，致愨則著」，說鬼氣「焄蒿，悽愴」，因致愛、致愨而使逝去親人光影存著於心目。如此之類，皆言義理，而非禮數、禮節，又恰從義理角度以明施行各種複雜禮數、禮節的意義。

其二，《中庸》、《大學》即後世所謂理學。陳澧認為，《中庸》、《大學》皆屬通論，且皆後世所謂理學。《中庸》從性道的角度論君子應循之禮，《大學》從修德的角度論君子修身之德。如此之類，亦非具體禮數、禮節，皆言義理，可見禮以義為重。將後世宋儒理學追溯至《禮記》《中庸》、《大學》二篇，亦可證「禮學即理學」之說實不誣。

其三，《樂記》，可謂後世宋儒理學的淵源。陳澧特重《樂記》篇，以「人生而靜，天之性也；感於物而動，性之欲也。好惡無節於內，知誘於外，不能反躬，天理滅矣」諸語為《樂記》最精要者。陳澧指出，此數語為孔門之微言，亦可知宋儒理學上接孔孟。

概言之，以《中庸》、《大學》、《樂記》諸篇為宋儒理學的淵源，既是陳澧彌合漢宋之治學思路的呈現，又是禮以義為重之禮學觀的表徵，亦是禮學即理學之說的明證。

綜上所述，陳澧論禮，篤信《周禮》為周代典制，重視《儀禮》的踐履，

持禮學即理學、禮以義為重的觀念，既是清初至乾嘉禮學復興治禮路徑的延續，又是晚清經學式微時對禮學的重振。對古禮的尊奉，對踐履古禮的執著，表現了他身為儒者的文化自覺，亦體現了他欲振古禮以挽世風頹喪的經世之責。

與此同時，若從追溯漢宋兼採學術觀念背後的意圖析之，可見禮以義為重的禮學觀，是促成陳澧選擇漢宋兼採治學路徑的重要因素。從經學即理學，至以禮代理，再至禮學即理學，經學研究聚焦於禮學。禮以義為重的本質屬性，客觀促成了漢宋兼採治學路徑的必然形成。與其說，是陳澧選擇了漢宋兼採的治學之路，不如說，是禮學即理學的禮學觀，是禮以義為重的本質屬性，客觀促成了他的治學路徑，亦客觀造就了乾嘉至晚清漢宋兼採學術思潮的最終形成。

林存陽《三禮館：清代學術與政治互動的鏈環》一書，以欲為世宗行三年之喪引發的爭議作為高宗開詔三禮館的直接導火索〔註66〕。雍正去世翌日，乾隆命總理事務大臣議行三年之喪，以報答其父文治武功的恩澤。依大清成例，應以二十七日釋服。經反覆廷議，對服喪禮制折衷調整，最終成全乾隆為雍正行三年之喪的心願。行三年之喪的風波，促使乾隆絕意抬出漢族古禮，以對抗來自大清統治階級內部的牴觸勢力。在此政治對抗的背景下，乾隆開詔三禮館，與民間學者復興禮學的思路恰相契合，促成了清代禮學的復興。

依林存陽解析乾隆開詔三禮館的思路，本文認為，若從社會背景言之，世風、學風的澆漓，亦是導致陳澧重視禮學、踐履古禮的重要原因所在。《左傳・僖公十一年》曰：「禮，國之幹也；敬，禮之輿也。不敬，則禮不行；禮不行，則上下昏。何以長世？」〔註67〕先秦古儒者，已從政治治亂的角度認識禮的重要性，以禮為國之幹，以敬禮為國家長治久安的前提。陳澧於晚清世風澆漓、學風衰頹之時，倡禮學即理學，重視禮的踐履，強調禮意，同樣可見他欲以古禮引導世道人心的良苦用心。

〔註66〕林存陽著：《三禮館：清代學術與政治互動的鏈環》，社會科學文獻出版社2008
　　　　年版，第24～29頁。
〔註67〕李夢生撰：《左傳譯注》，上海古籍出版社2004年版，第226頁。

第七章　陳澧的諸子論、鄭學、朱子學及小學觀

第一節　明清諸子學的復興與陳澧諸子論

　　蔣伯潛《諸子通考》指出，以「諸子」為書類名稱，自《七略》始〔註1〕。西漢成帝命劉向領校中秘書，至劉歆《七略》列《諸子略》。《七略》原書已佚，東漢班固刪其要，以成《漢書·藝文志》，仍《七略》之舊。《諸子通考》述官書、諸子書之別，以五經為官書，諸子書自成一家之言，非官書〔註2〕。又論諸子名「某子」，原因有三：其一，「子」為古代弟子稱師之辭；其二，諸子書多非自著，由弟子後學記述成書；其三，少數自著亦本為單篇，由後人編纂成書，故徑題「某子」〔註3〕。

　　自西漢孝武初立，罷黜百家，表彰六經，儒學成為官方統治學說。若往先秦追溯，儒家雖曾與墨家並立顯學，亦不過諸子百家之一〔註4〕。《漢書·藝文志》以劉歆《七略》為基礎，述《諸子略》曰：「凡諸子百八十九家」，以儒家為首，論儒家、道家、陰陽家、法家、名家、墨家、縱橫家、雜家、農家、

〔註1〕蔣伯潛：《諸子通考》，浙江古籍出版社1985年版，第1頁。
〔註2〕蔣伯潛：《諸子通考》，浙江古籍出版社1985年版，第3頁。
〔註3〕蔣伯潛：《諸子通考》，浙江古籍出版社1985年版，第4頁。
〔註4〕韓非著，王先謙撰，鍾哲點校：《韓非子集解》，中華書局1998年版，第456頁。卷十九《顯學》：「世之顯學，儒墨也。儒之所至，孔丘也。墨之所至，墨翟也。」

小說家凡十家，又曰：「諸子十家，其可觀者九家」，「皆起於王道既微，諸侯力政，時君世主，好惡殊方，是以九家之術蜂出並作。」〔註5〕可見先秦時期，諸子興起，各以思想、政見輔君王，佐諸侯。隨著王朝由衰微走向重新統一，諸子群星耀目的思想史奇觀不再，儒家一統天下，其餘諸子遭遇罷黜的命運。此種轉折，與其說是孝武帝、董仲舒等重要人物的主觀選擇，寧勿說是歷史關鍵節點的必然選擇。

自百家罷黜，推明孔氏，儒家與先秦諸子的關係發生根本轉變，從與百家並列，一躍至高高在上的獨尊地位。後世學者雖時常嚮往思想的百家爭鳴，批駁思想的獨尊天下，於儒家獨尊天下二千年的歷史事實，卻心存敬服，無可置喙。若無儒家思想的絕對權威，泱泱古國歷經分合，終不至於分崩離析，得以於二千餘年後維持大一統局面，實有賴於此。

歷史上諸子學說燦若群星的局面，一去不復返。作為思想史、學術史研究對象的諸子學復興，卻終究重返歷史舞臺。在述明清諸子學復興之先，本文首先欲對諸子學的概念稍加梳理和回顧。

一、諸子學的概念

章太炎《諸子學略說》云：「所謂諸子學者，非專限於周秦，後代諸家，亦得列入，而必以周秦為主」，「周秦諸子，推跡古初，承受師法，各為獨立」。〔註6〕章太炎雖言後代諸家亦得列為諸子，其意大旨，仍在強調諸子學者必以周秦為主。由此可知，所謂諸子學，首先指周秦時期諸子百家的思想學說，又指後世思想史、學術史上以諸子思想學說為研究對象的學問。

若細而究之，將章太炎《諸子學略說》所述周秦諸子興起之源與《漢書‧藝文志》相較，顯見認識角度的差異。《漢書‧藝文志》引《易‧繫辭下》「天下同歸而殊塗，一致而百慮」一語，曰「今異家者各推所長，窮知究慮，以明其指，雖有蔽短，合其要歸，亦《六經》之支與流裔」，將其餘諸子視為《六經》流裔，強調《六經》為包括儒家在內諸子百家的共同源頭。章太炎《諸子學略說》與之相反，肯定周秦諸子推跡古初，承受師法，各為獨立。簡言之，班固《漢書‧藝文志》作於孝武抑黜百家之後，回溯諸子百家興起之源時，受

〔註5〕班固撰，顏師古注：《漢書》，中華書局1962年版，第1746頁，卷三十《藝文志》第十。

〔註6〕章太炎著：《諸子學略說》，廣西師範大學出版社2010年版，第1頁。

西漢政治、學術思潮影響，以《六經》為諸子百家共同之源；章太炎《諸子學略說》作於晚清，受晚清諸子學復興思潮影響，將儒家從高高在上的神壇重新拉至與諸子平等的地位，強調諸子興起自有其獨立思想源頭和師法。

二、諸子學的潛流

一種思想得以出現，即使即刻消融，或遭抑制，仍必然以某種潛流的形態影響於後來。若以河流打比方，以潛流形態存世的思想，即如河流的地下河階段，表面不顯，暗自流動，隨自然環境的因地制宜，隨時存在重新浮出地表的可能。

自西漢抑黜百家，春秋、戰國諸子思想以何種具體形態留存、影響於世？楊國榮《歷史視域中的諸子學》認為，諸子學所體現思想的突破性、創造性，與後來經學思想內容的相容性，在中國思想發展過程中，不斷得到延續：漢代董仲舒、揚雄等人，既成為其時重要的經學家，其個性化的思想系統，又可視為漢代的諸子；魏晉時期，諸子思想呈復興之勢，道、墨、名家思想得到多方面闡發，王弼《周易注》、何晏《論語集解》、郭象《莊子注》，既可見思想的歷史延續性，又不乏思想的創見，可見他們既是經學家，又是魏晉時代的諸子；隋唐時期，韓愈、柳宗元、劉禹錫等人，既上承傳統思想，又對傳統儒學作進一步闡發，就思想品格而言，皆可視為隋唐的諸子；宋明時期，理學基於儒學傳統，又有嶄新的發展、創見，亦湧現以北宋五子等宋代諸子〔註7〕。

楊國榮對諸子的看法，實與章太炎《諸子學略論》所謂諸子學者非專限於周秦、後代諸家亦得列入的看法一脈相承。即狹義而言，諸子指先秦諸子；若廣義言之，後代諸家凡思想有創見者，皆可視為後世諸子。關鍵之處在於兩點：第一，回溯觀之，其思想是否體現了歷史的承繼性、延續性，第二，向前瞻之，其思想是否具有突破性、創造性。前一點體現了諸子思想與傳統思想的聯繫，保證了諸子思想與傳統思想作為某一民族思想不同方面的整體統一；後一點體現了諸子思想從傳統思想中脫穎而出的獨立品格，是諸子思想得以自立的前提條件。

然而，不論漢代董仲舒、揚雄，魏晉時期王弼、何晏，隋唐時期韓愈、柳宗元，還是北宋五子等，其思想勇於突破、創見的因素，使得他們可視為各

〔註 7〕楊國榮：《歷史視域中的諸子學》，《中華讀書報》2013 年 5 月 8 日。

自時代的諸子，若從一般層面而言，他們依然被普遍視為不同時代的儒者。因為他們各自思想中傳承、延續的成分，仍多於創見、突破的成分。或者說，他們的主觀本義，仍在於傳承儒家思想，傳承過程中的創見、突破，皆不過傳承方式的具體不同策略。不過，此亦諸子思想潛流的具體表徵，先秦諸子學的思想特徵，以暗流的形式存在於儒家思想家思維的具體策略之中。

三、明清諸子學的復興

若以先秦諸子爭鳴局面而言，自儒家思想一統於世，直至晚清、近代巨變之前，後世再無諸子燦若群星、耀目於世時代的出現。若以先秦諸子為研究對象的學問而言，明清時期，諸子學可謂呈現復興之勢。

魏宗禹《明清時期諸子學研究簡論》指出，明代中葉興起研究諸子學的風尚，楊慎、李贄為其先驅；楊慎評點諸子書，達六十餘種之多，諸子著作評述，時見精思；李贄踵武於楊慎，對道家、兵家、墨家展開研究，在儒釋道三教相通主張的啟動下，提出經學、子學平等思想〔註8〕。魏宗禹還認為，明清之際學者從諸子學中闡發新思想的形態各異，黃宗羲、唐甄等以諸子著述形式表述，王夫之、顧炎武循著「六經責我開生面」的思路探索，傅山、方以智則從諸子著作中闡發實學思想，如傅山提出重工商的思想；乾嘉學者則用漢學訓詁、校勘、考據、輯佚的方法整理、總結諸子典籍。

魏宗禹從社會背景、思想、政治三方面論析明清諸子學復興的原因：第一，明萬曆以來，市民意識的興起，促使諸子學思想受到重視；第二，明中葉儒學內部明道致用、振興實學的思想潮流，使先秦諸子思想作為有用之學得以挖掘；第三，明清易代，清廷高壓酷政，導致有識之士走上反專制道路，欲以先秦諸子自由思想反抗專斷思想。又因清廷文化鉗制之緊、文字獄之盛，諸子學研究趨於漢學路徑一途。

四、道咸年間諸子學研究與陳澧《東塾讀書記》《諸子書》卷

羅檢秋《近代諸子學與文化思潮》從學術內在理路視角論析乾嘉考據學與校勘、訓詁諸子學之風氣的內在關聯，一為以子證經的需要，二為儒經考證一途山窮水盡之後的必然延伸〔註9〕。羅檢秋還指出，從清初至乾隆年間，

〔註8〕魏宗禹：《明清時期諸子學研究簡論》，《孔子研究》1998年第3期。
〔註9〕羅檢秋著：《近代諸子學與文化思潮》，中國社會科學出版社1998年版，第23、24頁。

諸子學主流從注釋老莊轉移至以荀學、墨學為中心。對荀、墨研究有開創之功的人物是汪中；乾嘉至嘉道年間，出現「子儒平等」的先進言論，調和子、儒的學術傾向；道咸年間，「通子致用」成為諸子學研究的重要特徵，魏源、陳澧是其時廣泛、綜合研究子書的代表學者。

羅檢秋將陳澧視為道咸年間廣泛、綜合研究子書的重要代表之一，原因正在於《東塾讀書記》《諸子書》卷。

陳澧述《東塾讀書記》寫作主旨，有尋求「經學源流、正變得失所在」一語。若嚴格論之，自儒學成為學術正統，諸子學通常被視為異端。《東塾讀書記》特設《諸子書》卷，正可見受乾嘉以來諸子學研究的影響。《諸子書》論諸子儒家、法家、道家、墨家、名家、縱橫家、陰陽家、滑稽家八家；儒家論《荀子》、《孔叢子》、屈原、宋玉諸子；法家論管子、尸佼、慎子、申不害、商鞅、韓非子、李斯；道家論《老子》、《莊子》、楊朱、《列子》；墨家論《墨子》；名家論《尹文子》、公孫龍子；陰陽家論《鄒子》；縱橫家論《鬼谷子》；另述滑稽家淳于髡。

值得注意的是，陳澧述儒、法、道、墨、名、縱橫、陰陽諸子七家與《漢書·藝文志》儒、道、陰陽、法、名、墨、縱橫各家的順序有異。《漢書·藝文志》述諸子七家順序，當與諸子出於王官說的觀點有關。陳澧《東塾讀書記》《諸子書》卷述七家順序，更多著眼於諸家學說之間的內在聯繫。

本文按《東塾讀書記》《諸子書》卷次第，對陳澧諸子觀析而論之。

（一）諸子儒家

1.《荀子》吐辭為經

張岱年《學派的消長》指出，自《史記》列《孟子荀卿列傳》，漢唐時期，孟荀並稱；北宋王安石、張載、二程，南宋朱熹、陸九淵，清王夫之、顏元、戴震等皆推崇孟子〔註10〕。伴隨著孟子升格，尊孟抑荀漸成主流。

至乾嘉考據學風行，汪中最先起而倡之，作《荀卿子通論》述荀子傳經之功，曰：「荀卿之學，出於孔氏，而尤有功於諸經。」〔註11〕又作《荀卿子年表》考荀子生平事蹟〔註12〕。羅檢秋認為，汪中關於荀子的評論，影響了謝墉、錢大昕等乾嘉學者，如凌廷堪曰「守聖人之道者，孟、荀二子而已」，

〔註10〕張岱年：《學派的消長》，《群言》1994年第4期。
〔註11〕汪中著，李金松校箋：《述學校箋》，中華書局2014年版，第451頁。
〔註12〕汪中著，李金松校箋：《述學校箋》，中華書局2014年版，第467頁。

重將孟、荀放在平等地位，嚴可均以荀子從祀孔子為「萬物之公議」〔註13〕。

論及韓愈對荀子的態度，《原道》「荀與揚也，擇焉而不精，語焉而不詳」〔註14〕一語多被注意，認為韓愈始尊孟抑荀。陳澧的看法不同。《東塾讀書記》《諸子書》卷首論《荀子》，引韓愈《進學解》，稱述孟、荀二儒「吐辭為經」〔註15〕。又以清謝墉《荀子序》所考小戴《三年問》、《樂記》、《鄉飲酒義》、《聘義》和大戴《禮三本》、《勸學》、《哀公問》諸篇，皆分別出自《荀子》《禮論》、《樂論》、《法行》、《勸學》、《哀公》諸篇，以知荀子所著載於二戴記者尚多，以證《荀子》「吐辭為經」。

雖肯定荀子「吐辭為經」，陳澧仍站在醇儒立場，批評《荀子》《非十二子》篇實專攻子思、孟子。陳澧注意到《荀子》《非十二子》篇對它囂、魏牟等前十子批判的措辭不同於子思、孟軻之處：前十子僅以「是」某某「也」結句，子思、孟軻獨云「是則子思、孟軻之罪也」，可見雖題云《非十二子》，實意在專攻子思、孟子；從篇幅而言，非子思、孟子之語，亦倍多於前十子。於荀子非子思、孟子的態度，陳澧是不認同的，從《非十二子》「世俗之溝猶瞀儒，嚾嚾然不知其所非也，遂受而傳之，以為仲尼、子游為茲厚於後世」諸語，恰可見當時儒者皆深信子思、孟子得孔子之傳，不可輕排而去之。

除此之外，從「以為仲尼、子游為茲厚於後世」一語，陳澧進一步細揣之，或子思、孟子之學出於子游，故云仲尼、子游為後世所重。一般認為孔子學說由曾子傳嫡孫子思，子思門人再傳孟子。陳澧對《荀子》《非十二子》「以為仲尼、子游為茲厚於後世」一語的留意，確可備一說。

2.《孔叢子》令人感憤處

自朱熹疑《孔叢子》「氣象萎薾，都不似西京時文章」〔註16〕，雖歷代書目皆著錄，亦有刻本傳世，後世多視為偽書。陳澧雖延前人觀點，稱之為偽書，又特引《陳士義》篇趙王問子順何以求北狄一段，以此段讀之令人感憤不已。

據《孔叢子》《陳士義》篇載，趙王欲求北狄，不知其所以然，問於子順，

〔註13〕羅檢秋著：《近代諸子學與文化思潮》，中國社會科學出版社 1998 年版，第 26 頁。

〔註14〕韓愈著：《韓昌黎全集》，中國書店 1991 年版，第 174 頁。

〔註15〕韓愈著：《韓昌黎全集》，中國書店 1991 年版，第 188 頁。

〔註16〕黎靖德輯：《朱子語類》（五），朱傑人、嚴佐之、劉永翔主編：《朱子全書》（十八），上海古籍出版社 2002 年版，第 3902 頁。

子順曰：「誘之以其所利而與之通市，則自至矣。」趙王疑之，謂若與之交市，分我國貨，散於夷狄，是強之也。子順答曰：「夫與之市者，將以我無用之貨，取其有用之物，是故所以弱之之術也。如斯不已，則夷狄之用，將糜於衣食矣，殆可舉箠而驅之，豈徒弱之而已乎？」

陳澧詳引《孔叢子》此段，發表感慨曰：「自明以來，外夷與中國交市，彼正以無用之物弱我也。古人弱夷狄之術，而今夷狄以之弱中國。悲夫！往者不可諫，來者猶可追。自今以後，勿取其無用之貨，乃中國自強之術也。不取其貨，則彼失其所利，是即弱夷狄之術也。後世當有讀孔子順之言而得治夷狄之術者乎？」〔註17〕鴉片戰爭的失敗，加劇了國弱民貧，陳澧讀《孔叢子》此段，悲從中來，激憤於古人弱夷狄之術，今夷狄以之弱中國；冀以史為鑒，自今以後勿取其無用之貨，以圖中國自強。

將晚清國弱歸因於夷狄與中國交市，以無用鴉片騙取白銀，以至國庫虧空，人民積弱，此種樸素的歷史歸因，對今天而言，依然不無深警，同時體現了陳澧蘊深情於學術的治學風格。

3. 屈原、宋玉

後世多述屈原、宋玉文學成就，鮮從儒家角度論之。

陳澧《東塾讀書記》《諸子書》卷將屈原、宋玉之文，看作鮮存的戰國儒家之書，挖掘《離騷》「紛吾既有此內美兮」、「汩吾若將不及兮」，《涉江》「世溷濁而莫余知兮，吾方高馳而不顧」諸語的內涵，與儒家精神之間的聯繫；又謂《橘頌》「蘇世獨立，橫而不流」即《中庸》所謂「強哉矯」。

皇甫湜《答李生第二書》云：「筆語未有駱賓王一字，已罵宋玉為罪人。」〔註18〕可見中唐時人因宋玉出仕楚襄王，多罪宋玉，連累於對宋玉文學成就的評價。陳澧對宋玉的看法不同，認為宋玉《九辯》「獨耿介而不隨兮」諸語非誇語，杜甫《詠懷古蹟》詠宋玉「風流儒雅亦吾師」，真可謂儒雅可師。

（二）法家

明中葉李贄提出經學、子學平等的異端思想；清初傅山從文字源流考經、子同源，無尊卑之分；乾嘉學者有先進言論倡子儒平等；道咸時期，學者轉

〔註17〕陳澧著，黃國聲主編：《陳澧集》（二），上海古籍出版社 2008 年版，第 230 頁。

〔註18〕皇甫湜撰：《皇甫持正文集》（宋蜀刻本唐人集叢刊），上海古籍出版社 2013 年版，第 72 頁。

向「通子致用」〔註19〕。

若觀陳澧諸子論，可見以下顯著特徵：其一，堅守儒者立場，追求通子致用；其二，細緻精微探究諸子思想之間的內在聯繫。從陳澧論諸子法家來看，亦顯見之。

1.《管子》

陳澧以「倉廩實而知禮節，衣食足而知榮辱」為《管子》最精醇之語，意在強調此語與儒家禮學思想甚為合轍。同時認為其餘則甚駁雜。又以《樞言》「有名則治，無名則亂，治者以其名」、《心術》「督言正名」、「凡物載名而來」諸語為名家之言；「虛無無形謂之道」則老子之說；《地員》篇則農家者流；可謂《管子》一家之書，而有五家之學。

由此可見，陳澧一方面仍站在儒家立場評判諸子之說，另一方面透徹微觀諸子之說之間的內在聯繫。《管子》一家之書，兼有儒、法、名、道、農家之說，可窺其時諸子思想之間的相互影響和促發。

於《管子》書所用權術，陳澧從致用角度觀之，認為後世多不可用。原因在於，其事或虛造，或當時人心近古易欺，而後世人皆狡猾，不復可欺。

2. 商鞅、尸佼

對於商鞅《商君書》《說民》篇以奸民待良民，《去強》篇刑九而賞一、賞施於告奸，陳澧極不認同。《靳令》篇以禮樂、《詩》、《書》、仁義、孝悌等為六蝨，陳澧極力駁之，謂孝悌自有人類以來未有不以為美者，以為若無孝悌，親親尊尊之恩絕，可見對商鞅非議孝悌的反感。

對於商鞅變法思想的歷史意義，陳澧指出，自古帝王之法，至商鞅而變。引《史記·商君列傳》曰：「苟可以強國，不法其故；苟可以利民，不循其禮。」〔註20〕強調商鞅變先法、變古禮的思想傾向。又據《漢書·藝文志》述尸子「秦相商君師之」〔註21〕，考商鞅以尸子為師。尸子於諸子中的從屬，陳澧的看法與《漢書·藝文志》不同。《漢書·藝文志》列尸子為雜家，陳澧則認為，觀近人輯本「以實敷名」、「正名則不虛」諸語，尸子大約近於名家之說。

〔註19〕羅檢秋著：《近代諸子學與文化思潮》，中國社會科學出版社1998年版，第52頁。

〔註20〕司馬遷撰，裴駰集解，司馬貞索引，張守節正義：《史記》，中華書局1982年版，第2229頁，卷六十八《商君列傳》第八。

〔註21〕班固撰，顏師古注：《漢書》，中華書局1962年版，第1741頁，卷三十《藝文志》第十。

對尸子一家從屬的歧見，從側面可窺先秦諸子各家思想的相互融通，難以清晰明辨其歸屬。不論以尸子為雜家或名家，商鞅師尸子以成法家，又可見名、法思想的內在聯繫。

3. 申不害

申不害書已亡。唐魏徵、褚遂良纂《群書治要》採其《大體篇》。其中「聖人貴名之正」諸語，陳澧以之為稍醇正者，仍顯見儒家的評判標準。又以「藏於無事，竄端匿疏」，可見其術；「名者，天地之綱」，可見《史記》所謂「申子之學，本於黃老而主刑名」。

對於申子之術，陳澧認為，欲使人主自專自秘，臣下莫得窺其旨，此說有利有病，秦亡於此術，觀於漢魏以後，亦可見其害。

對於申不害的人品，陳澧給予批評。《戰國策・韓策》述申不害始合於韓王事。魏國圍困趙國邯鄲，申子欲韓王與一方聯合，未知韓王所欲。微勸趙卓、韓晁進言於王，微視王之所悅，以言於王。《戰國策・韓策》又述申不害向昭侯請仕其從兄官事。陳澧認為，可見申不害人品之劣。

概言之，陳澧注意分辨法、術之別，對申子之術持否定態度，又充分注意申子之學與道家、名家的內在聯繫。

4. 韓非子、慎子

陳澧注意韓非子對術、法的區分。《韓非子・定法》篇云：「申不害言術，而公孫鞅為法。術者，人主之所執也。法者，臣之所師也。此不可無一，皆帝王之具也。」以申不害之說為術，商鞅之說為法，認為術、法二者皆帝王所必備。又引《難三》篇云：「法者，編著之圖籍，設之於官府，而布之於百姓者也。術者，藏之於胸中，以偶萬端而潛御群臣者也。故法莫如顯，而術不欲見。」強調法在於明，術藏於胸而晦。

陳澧一方面指出韓非兼行申不害之術、商鞅之法，另一方面又強調，韓非對申、商之法、術的認識更有進焉，以二子之法、術，皆未盡善。

除了指出韓非對申、商之說的繼承，陳澧還充分注意韓非法家思想與老子道家思想的聯繫，認為韓非之學出於老子而流為慘刻，原因在於，其意先用嚴刑，使天下不敢犯，然後可以清靜而治。不過，陳澧對韓非此種思路仍持否定態度。以暴秦嚴刑、漢初黃老為例，認為嚴刑者近受其禍，清靜者遠受其福，且先用嚴刑者以殺其身、亡其國，不及清靜而治矣。對於道家清靜而治，陳澧亦不認可，如漢初清靜而治，而遊俠犯禁者紛紛而出，可見嚴刑

不可恃，清靜亦不可恃。韓非之學出於老子，由道家入法家，未悟老子「民不畏死，奈何已死懼之」一語。陳澧進一步申之曰，若不論罪之輕重皆死，則民不犯輕罪而犯重罪。

對於韓非之說所含儒者之言，陳澧詳引析之。稱許《韓非・解老》篇解老子「失德而後仁，失仁而後義，失義而後禮」諸語所解仁、義、禮三字之義，為純粹儒者之言，精髓無匹。

總體而言，陳澧肯定韓非對申不害、商鞅之術、法認識的更有進焉，但並不認同韓非由老子而入法家的思路，對韓非之說所含儒者之言則稱之。

據《漢書・藝文志》，申、韓稱慎子，可知慎子先於申、韓。《漢書・藝文志》錄《慎子》四十二篇，書已佚。陳澧引《群書治要》《慎子・威德》篇，闡明法的作用在於一人心，投鉤分財、投策分馬之法，非鉤策為均，使得美者不知所以賜，得惡者不知所以怨而已，揭示出鉤策之法的本質。又將慎子之言與顧炎武《日知錄》述《竹簽傳》聯繫起來，揭明朝孫丕揚以投簽之法大選外官看似公平、實則非體。

5. 李斯

陳澧注意到李斯《上二世行督責書》引《申子》、《韓非子》、《商君書》諸語，指出商鞅、申不害、韓非子之說，至李斯而大暢，肯定李斯集先秦法家之大成。與此同時，又認為秦亡於法家之酷。可見對秦以法家治世的否定態度。

綜上法家諸子所述，可見陳澧仍以儒家立場否定法家非仁、非孝悌的思想傾向，否定法家之術的卑劣。與此同時，充分注意法家與名家、道家思想的內在聯繫。

（三）道家

陳澧《東塾讀書記》《諸子書》卷道家論老子、莊子、楊朱、列子。

1. 老子、莊子

陳澧曾作《老子注》，故對《老子》一書見解頗細密。

對老子結繩而治，陳澧引《孟子》趙岐注、崔寔《政論》非之。對《老子》開篇「道可道，非常道。名可名，非常名」，陳澧從語法角度析之，認為此所謂「正言若反」，與佛教《心經》「般若波羅蜜」相類，佛說「般若波羅蜜」，即非「般若波羅蜜」。解「不尚賢，使民爭之」，引司馬光注，強調其意

在針對末流之弊，爭名長亂，故老子以不尚賢矯之。解「聖人慾上人，以其言下之；欲先人，以其身後之」，「將欲歙之，必固張之」諸語，引吳澄注云，老子此說啟發後來孫子、吳起、申子、韓非子之徒，引之為權術，可見老子此說不能無弊。陳澧部分認同吳澄的說法，認為孫子《始計》篇「兵者，詭道也」即源自老子之術，《吳子》則無此等語。

吳澄、程子皆以《老子》「古之善為道者，非以明民，將以愚之」為秦燔書愚民政策的來源。陳澧注意到《韓非子》「商君教秦孝公燔《詩》、《書》而行法令」一語，以明燔《詩》、《書》始於商鞅。故《商君書·墾令》篇云：「民不貴學則愚，愚則無外交，國安不殆。」以愚民為國安的基礎。《韓非子·亡徵》篇有「群臣為學者可亡」一語，可見韓非之學出於老子、商鞅。

陳澧以陳壽《三國志》《魏志·王粲傳》言嵇康「好言老莊」為老莊並稱之始，河上公、劉向、嚴遵等西漢以前人解《老子》者，未有言及《莊子》者，《莊子》注實自晉崔譔始。

論《莊子》一書，陳澧強調《莊子》假託儒家聖人語。《莊子·德充符》「自其同者視之，萬物皆一也」，此託為孔子語，《人間世》「知天子之與己，皆天之所子」，又託為顏淵語，皆為假託；《人間世》云顏回「敢問心齋」，則假託顏回、孔子問答；後世呂大臨詩「獨立孔門無一事，只輸顏氏得心齋」，又誤以《莊子》寓言為孔顏之學。

2. 楊朱、列子

陳澧據《列子·黃帝》篇、《莊子·寓言》篇，以知楊朱是老子弟子。又以《老子》「貴以身為天下」、「愛以身為天下」為楊朱為我之學的源頭。還考《列子·楊朱》篇「百年之壽」諸語與《莊子·盜跖》篇「人上壽百歲」之說正同。可見楊朱、莊子之說相通處。故揚雄《法言·五百》篇以莊、楊並稱。

陳澧指出，楊朱之學大略可見於《列子》「楊朱見梁王，言治天下如運諸掌」諸語。《列子·楊朱》篇述楊朱言云：「不逆命」，「不矜貴」，「不要勢」，「不貪富」，「此之謂順民」，「人人不損一毫，人人不利天下，天下治矣」。陳澧對楊朱此說辯證析之，既肯定人人不羨名位，則朝無篡弒之臣，不羨貨利，則野無盜竊之民，各安其所安，各美其所美，天下大治；同時指出，此種天下大治的局面，必先使天下無窮民而後可。此說可見陳澧對黎民百姓的關切。除此之外，陳澧認為，「不逆命」、「不矜貴」、「不要勢」、「不貪富」數語，可

見楊朱人品頗高，故孟子曰「逃楊必歸於儒」，可知楊朱在人品方面確頗近乎儒者。

陳澧還將楊朱論太古、《列子‧湯問》論天地無極與西方佛教之說加以比附，認為列子即中國之佛，楊朱、列子太古之說即佛教輪迴之說。但又站在中國文化的立場，引楊朱「理無不死」、「理無久生」之說，肯定楊朱之說高於後世西方神仙家。

羅檢秋《近代諸子學與文化思潮》指出，西學源於諸子說是 19 世紀中、晚期盛行之西學中源思潮的重要內容〔註22〕。陳澧將楊朱、列子之說與佛教相比附，以列子為中國之佛，以輪迴之說源自楊朱、列子，即西學源於諸子說的一個例證。

（四）墨家、名家
1. 墨子、公孫龍子

《東塾讀書記》《諸子書》卷論《墨子》篇幅最繁。陳澧詳述好友鄒伯奇對墨學的見解。羅檢秋以鄒伯奇為開晚清西學源於諸子說之先河者，同時述及陳澧對鄒伯奇墨學見解的贊同〔註23〕。

陳澧指出，《墨子》《備城門》、《備高臨》、《備梯》、《備水》、《備突》、《備穴》、《備蛾附》、《迎敵祠》、《旗幟》、《號令》、《雜守》十一篇，即墨子「墨守」之義，且為最古之兵書。又以墨子之學為戰國俠烈之風的源頭。對於墨子「無父」、薄葬的原因，陳澧析之曰，墨子專欲富國強兵，遂至於戾而無父而不顧。又引王充《論衡》指出墨子薄葬而右鬼的矛盾：「薄葬而右鬼，死者審有知，而薄葬之，是怒死人也。」

鄒伯奇指出墨子《經》、《經說》有中西算法，又有凹、凸鏡原理，認為西洋人製鏡之巧墨子早已知之。陳澧詳引鄒伯奇之說，深表認同。鄒伯奇又以《天志》篇為西方天主之說。陳澧由此言之，西人事事似墨氏之學，惟墨氏非攻，彼則好攻。此亦西學源於諸子說的另一例證，還可見陳澧對西人好攻的鄙薄。

陳澧又據《墨子》、《韓非子‧顯學》篇、《莊子‧天下》篇、《呂氏春秋》、

〔註22〕羅檢秋著：《近代諸子學與文化思潮》，中國社會科學出版社 1998 年版，第 70 ～72 頁。

〔註23〕羅檢秋著：《近代諸子學與文化思潮》，中國社會科學出版社 1998 年版，第 73 頁。

《漢書‧藝文志》、《集聖賢群輔錄》及後世《墨子》注考墨子弟子，以證《孟子》所謂「墨翟之言盈天下」非虛語。

陳澧從《大取》、《小取》云「白馬，馬也」諸語，以明公孫龍子之說出於墨子。陳澧曾著《公孫龍子注》，對公孫龍子之說瞭解頗深。此處論墨子，以公孫龍子「白馬非馬」之說，較墨子之說轉而求深，皆由於正言若反，加以變幻。又可見名家之說亦受墨家啟發。

2. 尹文子

《漢書‧藝文志》列尹文子為名家，先於公孫龍子。陳澧指出，《尹文子》所云「以名稽虛實，以法定治亂。萬事皆歸於一，百度皆準於法」，可見名家、法家之意，僅在於此數語。

《尹文子》又云：「以名、法為治，能鄙賢愚，混然無別。」陳澧對此並不認同，認為此語與老子所謂「不尚賢，使民不爭」有內在聯繫，而此說實行不通。若頑囂聾聵之人，布滿朝廷，真至亂之術。由此還可見道家、名家、法家之說亦皆有相通處。

（五）陰陽家

陳澧《東塾讀書記》《諸子書》卷陰陽家論鄒衍。引《史記‧孟子荀子列傳》述鄒衍著作和思想，謂鄒衍之說與北宋邵雍《皇極經世》相似，其宇宙自然觀所謂九州之說，又與近時外國所繪地圖相似，稱譽鄒衍冥心懸想與後世輿地自然契合之奇。

（六）縱橫家

《漢書‧藝文志》縱橫家首列蘇子，未錄鬼谷子。《史記‧蘇秦列傳》言蘇秦「東事師於齊，而習之於鬼谷先生」，後世故以鬼谷子為縱橫家鼻祖。

於鬼谷子其名，陳澧認同《史記‧蘇秦列傳》《索引》引樂壹《鬼谷子》注所云「蘇秦欲神秘其道，故假名鬼谷」之說，以鬼谷為蘇秦假名。於《鬼谷子》一書，陳澧持致用的態度，既指出鬼谷之術遇正人、明君，皆無所用，又闡明其存世價值，在於畢見姦邪之情狀，庶機遇若姦邪之人，得此書之助，可洞見其肝肺，且逆折之，故《鬼谷子》之書不可毀。

（七）滑稽家

《漢書‧藝文志》《諸子略》無滑稽家。《史記》特列《滑稽列傳》，首論淳于髡。

陳澧《東塾讀書記》《諸子書》卷特論淳于髡。陳澧指出，戰國時人多辯論詼諧，故太史公特立為一傳，此風蓋起於晏子，故太史公謂淳于髡慕晏嬰。又據《晏子春秋》述晏嬰事，以明晏嬰為滑稽之濫觴。於滑稽之意，陳澧指出，凡辯說，使人忽然感悟者，皆滑稽之類，後世禪家機鋒即與滑稽相類。

　　概而述之，陳澧論周秦諸子，述儒、法、道、墨、名、縱橫、陰陽諸子七家和滑稽家。與明末已出現的極個別倡子、儒平等言論者相較，他的諸子觀仍囿於傳統，堅決站在儒家立場評論諸子。他對諸子思想的認識，是道同時期通子致用思潮的鮮明代表。《漢書·藝文志》曰：「觀九家之言，舍短取長，則可以通萬方之略矣。」亦可見通子致用之說由來有自。清儒陸隴其《戰國策去毒跋》謂《戰國策》縱橫家之言有毒，欲指示其得失，使學者嘗其味而不中其毒〔註24〕。陳澧認同陸隴其之說，謂諸子之書皆有毒，須如陸隴其所言，盡去其毒以用之。去毒之說，表明陳澧對諸子思想中有益成分的特別珍視，強調去毒存粹，取短補長以用之。

第二節　陳澧的鄭學觀

　　《東塾讀書記》除諸經論之外，單列《鄭學》一卷，顯見對鄭學尤為重視。張舜徽《鄭學叢著》云：「道、咸以下，治學道路雖已變化，但是宗尚『許鄭』的學術氣氛，從來沒有輕淡過。所以我們說，有清一代的學術界，完全為『許、鄭之學』所籠罩了，也不失之誇大！」〔註25〕陳澧肄業學海堂，深受學海堂樸學風氣濡染，治學首宗以許、鄭之學為標幟的漢學。特列《鄭學》卷，亦與《東塾讀書記》溝通漢宋的著述宗旨緊密相關。

一、「漢學」與「鄭學」的稱呼

　　《四庫全書總目提要·經部總敘》曰：

　　　　自漢京以後，垂二千年，儒者沿波，學凡六變。其初專門授
　　　　受，遞稟師承，非惟詁訓相傳，莫敢同異，即篇章字句，亦恪守
　　　　所聞，其學篤實謹嚴，及其弊也拘。王弼、王肅稍持異議，流風

〔註24〕陸隴其撰：《三魚堂文集》，《清代詩文集彙編》編纂委員會編：《清代詩文集彙編》（117），上海古籍出版社 2010 年版，第 369 頁。
〔註25〕張舜徽著：《鄭學叢著》，華中師範大學出版社 2005 年版，《前言》第 1 頁。

所扇，或信或疑，越孔、賈、啖、趙以及北宋孫復、劉敞等，各
自論說，不相統攝，及其弊也雜。洛閩繼起，道學大昌，擺落漢
唐，獨研義理，凡經師舊說，俱排斥以為不足信，其學務別是非，
及其弊也悍。學脈旁分，攀緣日眾，驅除異己，務定一尊，自宋
末以逮明初，其學見異不遷，及其弊也黨。主持太過，勢有所偏，
才辨聰明，激而橫決，自明正德、嘉靖以後，其學各抒心得，及
其弊也肆。空談臆斷，考證必疏，於是博雅之儒引古義以抵其隙，
國初諸家，其學徵實不誣，及其弊也瑣。要其歸宿，則不過漢學、
宋學兩家，互為勝負。〔註26〕

　　《四庫全書總目提要·經部總敘》拈出漢學、宋學二端，謂二千年儒學
歷史，波瀾起伏，不過漢學、宋學兩家互為勝負。其所謂學凡六變，初指兩
漢，謹守師說、家法，故其弊也拘；曹魏至唐、北宋，有與漢學對立者，有尊
信漢學者，疑經之風亦起，故其弊也雜；宋理學大昌，越過漢唐經說，獨研義
理，故其弊也悍；宋末至明初，樹程朱理學絕對權威，立《五經大全》，經學
趨於僵化，故其弊也黨；明心學興，其弊也肆；清考據學興，其弊也瑣。總體
而言，自宋明程朱理學盛，漢學微，至清考據學盛，宋學微，故曰「要其歸
宿，則不過漢學、宋學兩家，互為勝負」。

　　考「漢學」一稱，南宋以後才出現。劉克莊《後村集》卷九十五《季父易
稿》云：「《易》學有二，數也，理也。漢儒如京房、費直諸人，皆含章句而
談陰陽災異，往往揆之前聖而不合，推之當世而少驗。至王輔嗣出，始研尋
經旨，一掃漢學。然其弊流而為玄虛矣。」〔註27〕卷一百十一《恕齋讀易詩》
又云：「京房、嚴君平輩以《易》為占書，鄭司農區區訓詁，不離漢學。至王
弼始一掃凡陋，以理求《易》。」〔註28〕二文皆謂王弼《周易注》一掃漢儒《易》
學，研尋《易》經本旨。其所謂「漢學」之稱，尚專指漢《易》學。王應麟《困
學紀聞》引趙紫芝詩：「輔嗣《易》行無漢學，玄暉詩變有唐風。」〔註29〕趙

〔註26〕永瑢等撰：《四庫全書總目》，中華書局1965年版，第1頁。

〔註27〕劉克莊著，辛更儒校注：《劉克莊集箋校》（第九冊），中華書局2011年版，
　　　　第4012頁。

〔註28〕劉克莊著，辛更儒校注：《劉克莊集箋校》（第十冊），中華書局2011年版，
　　　　第4597頁。

〔註29〕王應麟著，閻若璩、何焯、全祖望注，欒保群、田松青校點：《困學紀聞》，
　　　　上海古籍出版社2015年版，第528頁，卷十八《評詩》。

紫芝即南宋詩人趙師秀，紫芝為其字。王應麟《困學紀聞》引趙師秀詩似學者筆記首現「漢學」一詞，其所謂漢學雖仍與漢《易》學有密切關係，與《後村集》所謂「漢學」相比，已較為接近後世普遍意義上「漢學」的意思。不過，從南宋劉克莊《後村集》、王應麟《困學紀聞》「漢學」一詞出現的語境來看，可知其最初是與漢《易》學相關聯的。趙師秀詩「輔嗣《易》行無漢學」，恰與劉克莊《季父易稿》、《恕齋讀易詩》二文所云王弼《易》注一掃漢《易》學表達的意思如合符契。南宋始現「漢學」的稱呼，亦可見漢學與宋學在語意上的對等。

漢學的標誌性人物，即東漢鄭玄。顧炎武《述古》詩第二云：

> 六經之所傳，訓詁為之祖。仲尼貴多聞，漢人猶近古。禮器與聲容，習之疑可睹。大哉鄭康成，探賾靡不舉。六藝既該通，百家亦兼取。至今三禮存，其學非小補。後代尚清談，土苴斥鄒魯。哆口論性道，捫籥同矇瞽。〔註30〕

顧炎武此詩將鄭玄視為漢學集大成者，稱譽鄭玄該通六藝、兼取百家、注三禮之功。顧氏是清儒最早肯定鄭玄之學者。

與「漢學」之稱相較，指代鄭玄之學的「鄭學」一稱反而出現頗早。孔穎達《周禮疏》引王肅語，有「吾幼為鄭學之時」〔註31〕一語，可知曹魏王肅其時已稱鄭玄之學為「鄭學」，又可知王肅雖攻鄭學，亦從鄭學入門。與宋學的出現促成「漢學」之稱相類，王肅之學的出現，導致了「鄭學」之稱的早出。由此亦可見，語意對立面雙方事物名稱出現的相輔相成。

自清初顧炎武表彰鄭學，乾嘉考據學更是以鄭學為代表的漢學為標幟。隨著道咸乾嘉漢學漸衰，對漢學末流瑣屑支離的批評之聲漸起。陳澧面對漢學的批評之聲，預見到若漢學衰，宋學必興，所興者必陸、王之學，而非程朱之學。因此，臨晚清漢學之衰，陳澧以挽狂瀾於既倒的姿態，毅然主張須以宋學救漢學之弊，而決不能一味批倒漢學、以使學風進一步陷入無人讀書的枯槁之境。

基於此種救弊的意圖，陳澧《東塾讀書記》特設《鄭學》一卷，引導學人重溫以鄭學為代表之漢學的價值和意義。

〔註30〕顧炎武著，華忱之點校：《顧亭林詩文集》，中華書局1959年版，第384頁。
〔註31〕鄭玄注，賈公彥疏：《周禮注疏》，阮元校刻：《十三經注疏》（清嘉慶刊本）（二），中華書局2009年版，第1580頁。

二、鄭學之旨

　　陳澧首先注意發掘的，是鄭玄治學意旨所在。《後漢書》鄭玄本傳錄《戒子益恩書》，為鄭玄遺文中最完整的一篇。其文有曰：

　　　　吾家舊貧，不為父母群弟所容，去廝役之吏，遊學周秦之都，
　　　　往來幽并兗豫之域，獲覲乎在位通人，處逸大儒，得意者咸從捧手，
　　　　有所授焉。遂博稽六藝，粗覽傳記，時睹祕書緯術之奧。年過四十，
　　　　乃歸供養，假田播殖，以娛朝夕。

　　　　遇閹尹擅埶，坐黨禁錮，十有四年，而蒙赦令。舉賢良方正有
　　　　道，辟大將軍三司府，公車再召。比牒並名，早為宰相。惟彼數公，
　　　　懿德大雅，克堪王臣，故宜式序。吾自忖度，無任於此；但念述先
　　　　聖之元意，思整百家之不齊，亦庶幾以竭吾才，故聞命罔從。而黃
　　　　巾為害，萍浮南北，復歸邦鄉，入此歲來，已七十矣。

　　《戒子益恩書》此部分憶生平求學經歷，述無慮世俗功名、一意治學的決心。陳澧論鄭學，首先特為留意「但念述先聖之元意，思整百家之不齊」一語，以此語為鄭玄自言其學之旨。又引《學記》鄭注云：「所學者聖人之道，在方策。」陳澧認為，由此可知鄭學大旨，即述先聖之道；求聖人之道的途徑，則在方策。「方策」語出《禮記·中庸》，鄭玄注曰：「方，版也；策，簡也。」可知方策即後世所謂簡策、典籍。陳澧聯繫《學記》鄭注云「所學者聖人之道，在方策」一語，以明鄭學大旨，在以方策求聖人之道，而非鄉壁虛造。

　　由陳澧引鄭玄《戒子益恩書》及《學記》鄭注可知，閱讀方策、典籍，是鄭玄治學之旨的起點；學聖人之道，是鄭玄治學之旨的最終目的。述先聖元意，則是鄭玄治學路徑起點至終點的關鍵連接點。強調述先聖元意，是對脫離訓詁、鄉壁虛造、虛妄闡釋的排斥，即對謹嚴訓詁、考據的強調。鄭玄以古文經為主，融合今古文的治學路徑亦由此決定。

三、鄭學特徵

　　張舜徽《八十自敘》有曰：「余之治學，始慕乾嘉諸儒之所為，潛研於文字、聲韻、訓詁之學者有年。後乃進而治經，於鄭氏一家之義，深入而不欲出。即以此小學、經學為基石，推而廣之，以理群書，由是博治子、史，積二

十載。」〔註 32〕可知鄭學是張舜徽一生治經的學問根基。張舜徽著《鄭學叢著》，有《鄭學傳述考》〔註 33〕一篇。據《鄭學傳述考》，清儒鄭珍有《鄭學錄》，胡元儀有《北海三考》，皆推尊鄭學，有闡幽表微之功。鄭珍《鄭學錄》凡四卷，以「傳注」、「年譜」、「書目」、「弟子目」為卷次名，從四方面述鄭玄傳注和生平，考鄭玄著述和弟子〔註 34〕。

胡元儀《北海三考》〔註 35〕凡六卷，以「事蹟考」、「注述考」、「師承考」為名，各立上、下二卷。胡元儀父胡錫燕，為陳澧高弟。錫燕幼時，父胡湘署南海縣事，曾邀陳澧館於家，錫燕弟兄二人親受學，於家學層面而言，胡元儀可謂陳澧再傳弟子。

縱觀歷代尊鄭學者，除陳澧《東塾讀書記》《鄭學》卷、鄭珍《鄭學錄》、胡元儀《北海三考》，鮮有其他學者以專著形式論述鄭學。此三者中，又惟陳澧詳論鄭學特徵，詳考鄭氏家法。《東塾讀書記》從以下四方面梳理了鄭學的具體特徵。

（一）禮是鄭學

最早注意到《禮記》孔穎達疏「禮是鄭學」一語者，是宋衛湜、魏了翁。衛湜《禮記集說·月令》篇，引孔穎達疏，再揭「禮是鄭學，故具言之耳」。魏了翁《禮記要義·月令》亦引此語〔註 36〕。

《禮記》孔穎達疏凡三次揭「禮是鄭學」一語。宋衛湜《禮記集說》但引一次，魏了翁《禮記要義》二次引之。也許是對孔疏的部分認同，亦可能是對孔疏發掘不全。惟陳澧《東塾讀書記》《鄭學》卷精準詳言之，謂《月令》、《明堂位》、《雜記》孔穎達疏皆云「禮是鄭學」。對孔疏此語，陳澧深有思量，謂「不知出於孔遠沖，抑更有所出」〔註 37〕，試圖探究「禮是鄭學」一語的原始出處。又著力解析「禮是鄭學」此語含義曰，考兩《漢書》《儒林傳》，以

〔註 32〕張舜徽著：《張舜徽學術論著選》，華中師範大學出版社 2004 年版，第 2 頁。
〔註 33〕張舜徽著：《鄭學叢著》，華中師範大學出版社 2005 年版，第 101～122 頁。
〔註 34〕鄭珍撰：《鄭學錄》，黃萬機等點校：《鄭珍全集》（一），上海古籍出版社 2012 年版，第 443 頁。
〔註 35〕胡元儀撰：《北海三考》，民國十五年刻湖南叢書本。
〔註 36〕魏了翁著，王諤、瞿林江整理：《〈禮記要義〉整理與研究》，高等教育出版社 2016 年版，第 102 頁，卷六《月令》之《凡於地千里而差一寸》。
〔註 37〕陳澧著，黃國聲主編：《陳澧集》（二），上海古籍出版社 2008 年版，第 264 頁。

《易》、《書》、《詩》、《春秋》名家者多，禮家獨少；《釋文·序錄》漢儒自鄭君外，注《周禮》、《儀禮·喪服》者，惟馬融；注《禮記》者，惟盧植；惟鄭君盡注三《禮》，發揮旁通，遂使三《禮》之書，合為一家之學，故孔疏直斷之曰「禮是鄭學」。經陳澧依史料作此番考據，遂明「禮是鄭學」此語實不誣。

除詳言鄭玄在注禮方面所盡之功，陳澧還從禮的踐履方面指出，鄭君禮學非但注解，且可為朝廷定制。又引袁宏《後漢紀》云：「鄭玄造次顛沛，非禮不動。」袁宏《後漢紀·孝獻皇帝紀》述征鄭玄為大司農不至事，附載鄭玄生平事蹟，有曰：「玄身長八尺，秀眉郎目。造次顛沛，非禮不動。黃巾賊數萬人經玄廬，皆為之拜，高密一縣，不被抄掠。」〔註38〕《後漢紀》「鄭玄造次顛沛，非禮不動」此語雖不見《後漢書》鄭玄本傳，然陳澧認為，袁宏《後漢紀》之語皆掇會諸古書，非虛造，可見鄭玄篤行於禮，非禮勿動。

（二）鄭君言義理

訓詁、義理，名雖異，其目的均為解釋經典，可謂殊途同歸。但二者途徑迥異，訓詁側重於解釋名物、制度，義理側重於闡釋文字背後的語詞意義。漢儒治經，側重於訓詁。當訓詁之途走至極端，不免陷入繁冗。宋儒另闢蹊徑，試圖拋開注疏，以義理直解經典。義理解經之途走至另一極端，不免流於空疏。

陳澧以救弊為己任，努力調和漢宋之爭，強調漢儒雖以訓詁為主，亦不擯義理。王鳴盛《十七史商榷》云：「學者若能識得康成深處，方知程伊川、朱晦庵義理之學，漢儒已見及」，「其研精義理，仍即漢儒意趣，兩家本一家。」〔註39〕陳澧特引王鳴盛此語，以明漢儒已見及義理之學，宋儒研精義理，仍即漢儒意趣，訓詁、義理於經典闡釋，二者缺一不可。由此可知，漢儒已見及義理之說，陳澧實受王鳴盛啟發。又進而申之曰，昔之道學家，罕有知漢儒見及義理之學者，更罕有知程、朱即漢儒意趣者；近時經學家推尊鄭玄，而識得康成深處如王鳴盛者，亦不多。陳澧意在強調，宋理學家未深研以鄭玄為代表的漢儒之學，故不知漢儒講求義理，亦不知程、朱義理之學淵源有自，實即漢儒意趣；近時崇漢學、尊鄭學者亦未識得義理之學漢儒已見及，以此針砭、平息其時漢宋學者各為爭囂之風。

〔註38〕袁宏撰，周天游校注：《後漢紀校注》，天津古籍出版社 1987 年版，第 810 頁。

〔註39〕王鳴盛撰，黃曙輝點校：《十七史商榷》，上海古籍出版社 2016 年版，第 845 頁。

為證漢儒解經求義理，陳澧引《華陽國志》諸葛亮憶先帝語，謂先帝周旋陳元方、鄭康成間，每見啟告治亂之道，惜其語不傳，然諸經鄭注言治亂之道亦已備，澧採入《漢儒通義》者數十條。陳澧《漢儒通義》自序云：「漢儒說經，釋訓詁、明義理，無所偏尚。宋儒譏漢儒講訓詁而不及義理，非也」，「漢儒義理之說，醇實精博，蓋聖賢之微言大義，往往而在，不可忽也。」其書凡七卷，以卷一為例，分「天地」、「陰陽」、「五行」、「鬼神」、「人物」五條目，採綴漢儒注經言義理者，排比眾說，但求通義，以明漢儒微言大義。

《中庸》「天命之謂性」，鄭注云：「性者，生之質。」《詩・角弓》「毋教猱升木」，鄭注云：「以喻人之心皆有仁義，教之則進。」前者意指性乃生來皆有之質，後者意指猿猱生性會攀援，以喻人生來性善。陳澧認為，鄭玄說心性此二條最精，又於《東塾讀書記》《孟子》一卷引之以證鄭玄恪守孟子性善之說〔註40〕。然《二程遺書》論性之善惡曰：「善固性也，然惡亦不可不謂之性也。蓋『生之謂性』、『人生而靜』以上不容說，才說性時，便已不是性也。凡人說性，只是說『繼之者善』也，孟子言人性善是也」〔註41〕，又謂「論性不論氣，不備」〔註42〕。陳澧引《禮運》「故人者，其天地之德，陰陽之交，鬼神之會，五行之秀氣」諸語，又引鄭注云：「言人兼此氣性純也」，「此言兼氣性之效也」，以駁程子對鄭玄論性不論氣之譏，謂「鄭君兼氣性之說，可無不備之譏矣」〔註43〕。

概言之，《東塾讀書記》《鄭學》卷博引史料及鄭注，以證鄭玄解經言義理，且氣性兼論，宋儒指謫鄭玄「論性不論氣」不屬實，意在調停漢宋紛爭。

（三）鄭君非輕信讖緯

漢時讖緯之說盛，上自帝王，下至群臣，皆信讖緯。學者非篤信之，然為討好權貴，亦多言讖緯。後儒由此多譏鄭玄信緯。如梁許懋云：「鄭玄有參、柴之風，不能推尋正經，專信緯候之書」，孔穎達《舜典》疏云：「鄭玄篤信讖緯」，王應麟《困學紀聞》云：「鄭康成釋經，以緯書亂之。」

〔註40〕陳澧著，黃國聲主編：《陳澧集》（二），上海古籍出版社2008年版，第49頁。
〔註41〕程顥、程頤著：《河南程氏遺書》，王孝魚點校：《二程集》，中華書局1981年版，第10頁。
〔註42〕程顥、程頤著：《河南程氏遺書》，王孝魚點校：《二程集》，中華書局1981年版，第81頁。
〔註43〕陳澧著，黃國聲主編：《陳澧集》（二），上海古籍出版社2008年版，第270頁。

陳澧不認同他們的觀點，認為皆謬說。探尋鄭注引讖緯之微意，如鄭注《月令》曰：「秦官，《尚書中候》云：舜為太尉。」陳澧認為，鄭玄明知舜位，不過不發讖於《尚書中候》，而以《月令》正之，許懋、孔穎達、王應麟之誚，皆未探碩意。陳澧的分析確有其理。《尚書中候》一書述古帝王符命瑞應。其時讖緯之風盛行，鄭玄不直接發讖《尚書中候》，實有隱情，故引而不論，逶迤正之。

陳澧還指出，鄭玄注經，不信緯說者多，後儒疏漏未考而已。如《詩·周頌·良耜》「有捄其角」，毛傳云：「社稷之牛角尺」，鄭玄箋不據《禮緯稽命徵》宗廟社稷角握之說以易毛傳；又如《月令》鄭注不從《通卦驗》之說，皆可見鄭玄不專信緯書。

四、鄭氏家法的內涵

陳澧《東塾讀書記》《鄭學》卷云：「鄭君注《周禮》、《儀禮》、《論語》、《尚書》，皆與箋《詩》之法無異，有宗主，亦有不同，此鄭氏家法也。〔註44〕」在述鄭氏家法內涵之先，本文欲對「家法」一稱稍作梳理。

（一）師法與家法

皮錫瑞《經學歷史》之「經學極盛時代」述師法、家法關係曰：

> 前漢重師法，後漢重家法。先有師法，而後能成一家之言。師法者，溯其源；家法者，衍其流也。師法、家法所以分者：如《易》有施、孟、梁丘之學，是師法；施家有張、彭之學，孟有翟、孟、白之學，梁丘有士孫、鄧、衡之學，是家法。家法從師法分出，而施、孟、梁丘之師法又從田王孫一師分出者也。〔註45〕

張舜徽《鄭學敘錄》解釋師法、家法曰：

> 直到武帝罷黜百家、獨尊儒術後，博士才為五經之學所專有。當時學派很多，一經不只一家，所以西漢五經博士，便有十四家。
>
> 在當時，每一家的大師，都教授了許多學生，稱為博士弟子。每個大師的經說，便成為師法；弟子們按照師法講經，叫做守家法。能夠謹守家法、發揮師說的，便可取得祿利，成為了陞官發財的一

〔註44〕陳澧著，黃國聲主編：《陳澧集》（二），上海古籍出版社 2008 年版，第 265 頁。

〔註45〕皮錫瑞著，周予同注釋：《經學歷史》，中華書局 2012 年版，第 91 頁。

條主要道路。〔註46〕

皮錫瑞《經學歷史》從時間、外延二維度區分師法、家法，認為前漢重師法，後漢重家法，先有師法，後有家法；師法外延大於家法，同一師法之下，可分出不同家法。張舜徽《鄭學敘錄》則對師法、家法無嚴格區分，認為大師經說成為師法，弟子們按師法講經，則稱為守家法。不過張舜徽之說道出師法、家法與官學祿利之間的聯繫，謹守家法、發揮師說者，便可陞官發財、取得祿利，反之，不守家法、師說者，則被排斥出祿利之途。

蔣國寶《漢儒之「師法」、「家法」考》進一步指出，就史料而言，固然可謂西漢儒家重師法，東漢儒家重家法，但並非意味著家法起而師法歇，實際情況是，東漢儒家既講師法，亦講家法，二者並行；與此同時，東漢重家法勝過師法現象的出現，並非因為學術，而是因為利益，即把別家經說排斥在自家家法之外，確保一己之經說的權威，以爭立博士之官；再次，家法相對師法而言，特指儒生恪守親炙之師的師說〔註47〕。

回到《東塾讀書記》的語境，考「家法」一詞，卷四《易》有所謂費氏家法、先師家法，卷八《儀禮》有所謂朱子家法，卷十五《鄭學》凡七次論鄭氏家法。再考「師法」一詞。惠棟《周易述》謂漢宣帝「以喜為改師法，不用為博士，中梁丘之讚也」，「讎、賀嫉喜，而並及賓。班固不通《易》，其作喜傳亦用讎、賀單詞，皆非實錄」。陳澧《東塾讀書記》卷四《易》引惠氏《周易述》語，意在譏惠氏為擅改《周易》六五爻辭經文「箕子之明夷」「箕子」為「其子」，故偽言讎、賀嫉喜，班固作喜傳用讎、賀一面之詞，皆非實錄。卷十《春秋三傳》肯定孔廣森《公羊通義》序所云「古之通經者，首重師法」的同時，亦強調須知三傳之病，參取而通之；又謂「師法固當重，然當以一傳為主，而不可盡以為是」，依然強調知各傳之病，非盡以為是；還批評陸淳《春秋集傳纂例》以《集傳》為名，不主一家，「無師法」。

比較《東塾讀書記》言「家法」與「師法」，可窺以下端倪：其一，陳澧所謂家法，有費氏家法、先師家法、朱子家法、鄭氏家法，皆一師之說，非必為親炙之師；其二，陳澧所謂師法，如孟喜先治《禮》經、《春秋》，後從田王孫授《易》，認同班固《漢書》孟喜本傳所謂「喜改師法」一說，所謂《春秋》

〔註46〕張舜徽著：《鄭學叢著》，華中師範大學出版社2005年版，第8頁。
〔註47〕蔣國寶：《漢儒之「師法」、「家法」考》，《中山大學學報（社會科學版）》2011年第3期。

三傳則以各主一傳、一家為師法;其三,家法的含義,傾向於某師治經的原則、方法,師法的含義,強調以某經或某說為主,即鄭玄所謂有宗主,如治《春秋》以左氏為主,治《詩》宗毛傳,家法、師法語意區別並不十分明顯。簡言之,陳澧對師法、家法並無語意上的嚴格區分,對二者的強調,亦純為學術意圖,無漢儒祿利層面的考慮。從漢儒家法、師法的劃然有別,到後世家法、師法區分的漸不明晰,亦可窺從官學祿利至純學術意圖的蛻變。

(二)有宗主,亦有不同

陳澧發掘鄭氏家法,先從鄭玄《六藝論》入手。《六藝論》已佚,《經典釋文》引之云:「注《詩》宗毛,毛義若隱略,則更表明;如有不同,即下己意,使可識別也。」陳澧指出,此為鄭君注經原則,不獨《詩箋》為然,注《周禮》、《儀禮》、《論語》、《尚書》,皆與箋《詩》之法無異,有宗主,亦有不同,此即鄭氏家法;何休墨守之學,有宗主而無不同,許慎異義之學,有不同而無宗主,惟鄭氏家法兼其所長無偏無弊也。

陳澧認為,有宗主、亦有不同,即鄭氏家法之大旨。鄭玄作注疏,皆有宗主,如注《詩》宗毛傳,若毛傳意思隱略不明,則申之以明,若與毛傳有不同看法,則申明己意,不憚於與毛傳有別。簡言之,既講求宗主,亦不隱己意。有宗主,即有堅實的論述起點,有不同,即堅持實事求是的原則。與鄭玄有宗主、亦有不同的注經原則相較,何休作《公羊墨守》、《左氏膏肓》、《穀梁廢疾》,駁難《左傳》和《穀梁》,乃墨守之學,有宗主而無不同,失去獨立判斷,違背了實事求是的原則;許慎作《五經異義》,乃異義之學,看似客觀,分別敘述經今古文的不同內容,實則顧盼違依,研究起點模糊不明。

對鄭玄有宗主、亦有不同的注經原則,後世屢有誤解者。如《公羊傳》唐徐彥疏云「鄭氏雜用三家,不苟從一」,謂鄭玄宗《左傳》而兼用《公羊》、《穀梁》為雜用三家,不苟從一。陳澧駁之,認為「不苟從一」之語,看似識鄭氏家法,「雜用三家」則非。鄭玄注《左傳》,兼用《公羊》、《穀梁》,注《毛詩》兼用齊、魯、韓三家,不得謂之雜用。一「雜」字將鄭氏與許慎異義之學相混,遮掩了鄭氏注經之有宗主。陳澧指出,徐彥疏是對鄭氏家法的誤解,鄭氏家法知之者鮮。

陳澧對鄭氏家法「有宗主、亦有不同」八字的闡釋,看似簡單,實則從哲學方法論上,深刻揭示出鄭玄注經原則的充分合理性。

（三）不先入為主

《後漢書》鄭玄本傳云：「遂造太學受業，師事京兆第五元，先始通京氏《易》，《公羊春秋》、《三統曆》、《九章算術》。又從東郡張恭祖受《周官》、《禮記》、《左氏春秋》、《韓詩》、《古文尚書》。以山東無足問者，乃西入關。」〔註48〕

據《後漢書》鄭玄本傳，陳澧著意強調，鄭玄師事第五元，先通《公羊春秋》，又從張恭祖受《左氏春秋》、《韓詩》，然鄭玄其後注《左傳》，不注《公羊》，箋《毛詩》，不箋《韓詩》，可知鄭君治學不以先入者為主。

陳澧自身為學經歷，亦與鄭玄不以先入為主相類。少好為詩，及長棄去，泛濫群籍，究心學術；早年治漢學，用力於訓詁、考據，中年乃讀朱子書，晚歲以漢宋兼採救學風之弊。陳澧為學、治學之途的曲折轉變，雖受學風、世風的促動，其實亦可見不以先入為主觀念的影響，故能從實際出發，調整治學方向，以挽學風、世風之衰。

（四）博學知服

陳澧《東塾讀書記》論治學態度，最重博學知服。此語原出《禮記·儒行》：

> 儒有上不臣天子，下不事諸侯；慎靜而尚寬，強毅以與人，博學以知服；近文章砥厲廉隅；雖分國如錙銖，不臣不仕。其規為有如此者。

《禮記·儒行》諸語述不仕之儒，性情慎靜、寬大，性格強毅而能從善如流，學問淵博，而能知服勝於己者，親近聖賢文章，砥礪品行，不為出仕的利益動心，行為方正如此。

賈公彥《序周禮廢興》引鄭玄《周禮序》曰：

> 玄竊觀二三君子之文章，顧省竹帛之浮辭，其所變易，灼然如晦之見明；其所彌縫，奄然如合符復析，斯可謂雅達廣覽者也。然猶有參錯，同事相違，則就其原文字之聲類，考訓詁，捃祕逸。謂二鄭者，同宗之大儒，明理於典籍，牻識皇祖大經《周官》之義，存古字，發疑正讀，亦信多善，徒寡且約，用不顯傳於世。今讚而

〔註48〕范曄撰，李賢等注：《後漢書》（五），中華書局1965年版，第1207頁，卷三十五《張曹鄭列傳》第二十五。

辨之，庶成此家世所訓也。

鄭玄所謂「二三君子之文章」，即《序周禮廢興》前文引鄭玄《周禮序》所云「世祖以來，通人達士大中大夫鄭少贛，名興，及子大司農仲師，名眾，故議郎衛次仲、侍中賈君景伯、南郡太守馬季長，皆作《周禮解詁》」。於前輩儒者解詁《周禮》之功，鄭玄盛讚之；對同宗大儒鄭興、子眾解經之功，尤稱譽「信多善」，「用不顯傳於世」；於前輩參錯處，欲考訓詁，捃祕逸，讚而辨之。

陳澧稱許鄭玄《周禮序》諸語，申而論之曰：

> 自非聖人，孰無參錯？前儒參錯，賴後儒有以辨之。辨其未明者而明者愈明，辨其未合者而合者愈合，故足貴也。然辨其參錯，不可沒其多善。後儒不知此義，讀古人書，辨其參錯，而其多善則置之不論，既失博學知服之義，且開露才揚己之風。此學者之大病也，由失鄭氏家法故也。〔註49〕

陳澧特解「讚」、「辨」之義，謂讚即表明，辨即下己意。此番申論意在強調，應在充分識得前儒善處的基礎上，秉持博學知服的態度，客觀認識其參錯處，公允平和以辨之。陳澧此語，意在針砭近時囂爭學風。其時漢宋爭端之起，既與漢學流弊相關，亦與宗漢、宗宋學者對待異己的囂爭態度有關，二者皆失卻平允之心，於異己者善處視而不見，揪其不足和錯處一味攻訐。陳澧認為，此既失博學知服之義，且開露才揚己之風，正可謂學者大病，其根源，則在失鄭氏不沒其善、讚而辨之的家法。

陳澧反覆強調，說經不可不辨是非，然辨先儒之說，辭氣當謙恭，不可囂爭求勝。恐後人譏鄭玄作《箴膏肓》、《發墨守》、《起廢疾》，與何休《公羊墨守》、《左氏膏肓》、《穀梁廢疾》針鋒相對，陳澧護而解之曰，何休三書有害於經學風氣，一意墨守《公羊》，與《左氏》、《穀梁》針鋒相對，深可忿疾，頗有以其人之道還治其人之身之意，不可譏之。鄭玄作《箴膏肓》、《發墨守》、《起廢疾》三書，以挽經學風氣。陳澧對鄭氏家法博學知服的強調，亦有挽近時學風的意圖。

（五）著書之法

經古文家認為，孔子述而不作。漢儒解經，章句之學興起後，文字趨於

〔註49〕陳澧著，黃國聲主編：《陳澧集》（二），上海古籍出版社 2008 年版，第 266 頁。

繁屑，甚有解「曰若稽古」至三萬餘言者。鄭玄《詩譜序》表明其著書觀云：「舉一綱而萬目張，解一卷而眾篇明；於力則鮮，於思則寡，其諸君子亦有樂於是與？」主張舉一綱而萬目張、解一卷而眾篇明之精而有啟的著書觀。

　　陳澧指出，此即鄭君著書之法，又申之曰：「後人所賴有古人之書者，於力則鮮，於思則寡也；若穿鑿以為深，詭祕以為奇，鋪張以為博，徒眩學者之耳目，則非君子所樂矣。」〔註50〕意在強調，著書的意義，在於助力於後人理解前世之書，若著書時穿鑿以作深語，故示詭祕以為奇，以鋪張材料為博學，徒使後之學者眩於耳目，則違背了鄭玄「諸君子亦有樂於是」的著書原則。

　　宋儒以義理解經，時常不免穿鑿趨奇。乾嘉考據學興，漢學亦趨於瑣屑，鋪張以為博。道咸今文經學亦漸興，再一次於穿鑿趨奇、博人耳目之途愈陷愈深。陳澧對鄭玄著書之法的重申和強調，仍有箴砭其時學風的意圖。

（六）注經之法

　　陳澧據《詩》孔疏引《鄭志》云：「文義自解，故不言之，凡說不解者耳。」以明鄭玄注經之法，於文義自解處不言，文義難解不明處，則為之注解。

　　陳澧指出，鄭玄注經簡約，即源於此注經之法。鄭玄注經，注之字數，常少於經之字數，不似後儒繁冗。如《禮記·少牢饋食禮》經 2979 字，注 2787 字；《有司徹》經 4790 字，注 3456 字；《學記》、《樂記》二篇經 6495 字，注 5532 字；《祭法》、《祭義》、《祭統》三篇經 7460 字，注 5523 字，注之字數，皆少於經文字數。范曄曰：「經有數家，家有數說，章句多者，或乃百餘萬言，學徒勞而少功，後生疑而莫正。鄭玄括囊大典，網羅眾家，刪裁繁誣，刊改漏失，自是學者略知所歸。」盛讚鄭玄注經簡約不繁，以使學者略知所歸。

　　除簡約不繁，鄭玄注經另一特點為「慎」。陳澧從以下方面論鄭玄注經之慎：其一，注經必據經之正文；其二，無正文，則曰「未聞」，不敢臆說；其三，若前人有此說，則言云者；其四，若以己意揣度，則用表示揣測的歟詞「歟」。總之，若無正文，皆未敢自以為必然，必有所表明，與有正文者不同。與此同時，鄭玄注經亦不拘泥於正文，若雖無正文，而可知其必如此，則又以義取之，作出合理推測和演繹。

〔註50〕陳澧著，黃國聲主編：《陳澧集》（二），上海古籍出版社 2008 年版，第 267 頁。

從經今古文取捨角度而言，段玉裁《周禮漢讀考》贊鄭玄注經「擇善而從，絕無偏執。」陳澧舉例證之曰，鄭注《周禮》，並存故書，今書；注《儀禮》，並存古文、今文。此即後來校書之法，取古今文獻比而對校之。於己意所不從者，亦不沒之，此亦類似後來校勘法之理校。

（七）注禮亦注律

後世皆謂鄭玄注三《禮》，精於禮學。陳澧則特為注意鄭玄不僅注《禮》，亦注律。陳澧指出，禮所以為教也，律所以為戒也，不論為教、為戒，均為教化，故鄭玄注律，與注《禮》用意不殊。

又引《晉書・刑法志》云：「秦漢舊律，後人生意，各為章句。叔孫宣、郭令卿、馬融、鄭玄諸儒章句十有餘家，覽者益難。天子於是下詔，但用鄭氏章句，不得雜用餘家。」陳澧充分注意《晉書・刑法志》所述天子下詔用鄭氏律書章句事，以明鄭玄曾注律，且為帝王重視。

（八）通天文數學

《詩》、《書》、三《禮》諸多經文的解詁，離不開天文數學相關知識。故陳澧特別強調，通天文數學亦是鄭氏家法內涵之一。

考《後漢書》鄭玄本傳、《晉書・律曆志》，可知鄭玄先通《三統曆》、《九章算術》，建安元年又受劉洪《乾象曆》法，以為窮幽極微，加注釋焉。陳澧指出，此可見鄭君早年善算，至建安元年，年已七十，猶為此窮幽極微象曆之學，可謂學不知已。阮元《疇人傳》採鄭玄，論之曰：「箋《毛詩》，據《九章》粟米之率；注《易緯》，用乾象斗分之數。蓋其學有本，東京諸儒，皆不逮也。」盛讚鄭玄學有天文算術之本，又謂「治經之士，固不可不知數學。」陳澧進一步指出，國朝治經者，如閻若璩、江永、錢大昕、戴震皆知數學，其後知數學者尤多，不愧鄭氏家法。受鄭玄早年善算、古稀之歲仍治象曆之學的啟發和激勵，陳澧著《三統術詳說》，至中晚年亦曾有意追隨同鄉善算者學算術。

中國傳統學術具有極強綜合性，不僅文、史、哲融貫一體，算術、天文曆象亦貫串其中。因此，正如阮元《疇人傳》所云，治經之士，固不可不知數學。治經之士，亦不可不知天文、曆象。陳澧述鄭氏家法，強調鄭玄通天文數學、注象曆之學，對當時治經之士起到了警醒作用，對治古代學術史的今人亦有所啟示。要真正理解傳統學術史，就不得不對天文、數學、象曆之學有

所瞭解，否則，就讀不懂經文，亦讀不懂古人注經之語。與此同時，後人亦因充分注意，中國學術絕非無數學、天文、曆象諸方面科學內容，不過包容於經學之中。故不能以西方近代科學的觀念，機械看待中國傳統學術；不能因傳統學術綜合性的特點，忽略中國自古即有的科學傳統；更不能因古今語言隔膜，使融貫在經學中的科學內容長久蒙塵，甚至視而不見。

五、鄭玄事蹟、評價和影響

　　鄭珍《鄭學錄》列《傳注》、《年譜》卷。《傳注》卷對鄭玄生平記載詳加按語。如「遂造太學受業，師事京兆第五元先」，按語云：「第五為京兆平陵大姓，靈帝時有第五種、第五訪，並司空。倫曾孫元先，蓋其族歟？康成在太學師之，其人乃經博士也。」〔註51〕《年譜》卷以表格形式，分紀年、時事、出處、著述四橫列，繫年考鄭玄生平、事蹟、著述。如順帝永建五年庚午四歲，時事欄曰：「是年何休生。」如永和四年，出處欄曰：「公年十三，誦五經，好天文占候、風角隱術。」如熹平三年甲寅四十八歲，著述欄曰：「已前注《尚書中候》、及《易》、《書》、《詩》、《禮》四經之緯。」熹平四年著述欄又曰：「自後在禁錮中，注《周官》、《儀禮》、《禮記》。」〔註52〕鄭珍《鄭學錄》對《後漢書》鄭玄本傳所載生平、事蹟進行了補充。胡元儀《北海三考》在鄭珍《鄭學錄》基礎上，以《事蹟考》、《注述考》上、下凡四卷，於前人考之不詳處，加以補充、說明。

　　鄭珍年長陳澧四歲，於著述時間而言，未知其《鄭學錄》與陳澧《東塾讀書記》《鄭學》卷孰先孰後，亦未知是否受彼此著述影響。若僅從文獻引用角度而言，仍可見陳澧《鄭學》卷的獨特價值。

　　陳澧尤為注意陶潛《集聖賢群輔錄》載《大司農北海鄭玄字康成狀》。其狀云：「玄含海岱之純靈，體大雅之洪則，學無常師，講求道奧，敷宣聖範，錯綜其數，作五經注義，窮理盡性。」陳澧指出，陶潛二十四賢狀，惟鄭君狀之語最隆重。鄭珍《鄭學錄》未採陶潛此狀。胡元儀晚於陳澧三十八年出生，其《北海三考》則採之。陳澧對《大司農北海鄭玄字康成狀》此則文獻的挖掘

〔註51〕鄭珍撰：《鄭學錄》，黃萬機等點校：《鄭珍全集》（一），上海古籍出版社 2012年版，第 455 頁。

〔註52〕鄭珍撰：《鄭學錄》，黃萬機等點校：《鄭珍全集》（一），上海古籍出版社 2012年版，第 495、496、502 頁。

和發現，是對以往有關鄭玄資料的重要補充。陶潛為東晉人，他對鄭玄的評價，可見東晉雖尚老莊之學，仍有部分學者重視、尊崇鄭玄及其經學成就；亦可窺陶潛學術眼光獨到之處，在時人皆尊玄學的時代，積極接受儒家經學薰陶，且得以對鄭學有獨到、精闢的認識。

於鄭學接受史，陳澧作了初步梳理。其一，引《後漢書·朱雋傳》及《通典》，述三公八座訪問鄭玄問禮之事。陳澧認為，鄭玄為諸豪傑引以為重，三公八座問禮於他，此千古處士未有之事，可見其學術地位之高，為當世權貴所重。其二，引《魏書》、《宋書》、《南齊書》，以明南北朝諸儒推尊鄭學者多。其三，引唐史承節《後漢大司農鄭公碑》「雖稱積學，殆若生知」，以之為推尊之極，然非妄語。其四，引宋林希《書鄭玄傳》，贊鄭注「精微通透，鉤聯潰會」，「漢諸儒之功而成之者，鄭氏也」。陳澧指出，宋人尊鄭君如林希者，不多見，《書鄭玄傳》有功於鄭學，故呂祖謙採入《文鑒》。其五，明嘉靖中，罷鄭玄從祀孔廟。清朱彝尊著《鄭康成不當罷從祀議》，其後鄭玄復從祀孔廟。《會典》載雍正帝論云：「鄭康成醇粹深通。」陳澧認為，自是以來，儒者尊崇鄭學，朝廷風教為之也。偶有學者視鄭玄有卑視之意，如清理學家李光地《榕村語錄》謂鄭玄「以為是吾儒高流」，含微譏之意。然自雍正、乾隆後，譏鄭君者甚少。姚鼐、趙翼非漢學之流，皆對鄭學深表歎服。陳澧認為，漢學者尊鄭君，或有私見，姚、趙二君，其言如此，可謂公論。

鄭玄於後世的學術影響，陳澧作出如下總結。自漢季而後，經學不衰，議禮尤重，其源皆出於鄭學。雖江左頗尊王肅，然王肅亦讀鄭君書入治學之門。自魏晉至隋數百年，斯文未喪者，賴有鄭君。至唐《五經正義》，《詩》用鄭玄箋，《禮記》採鄭玄注。清季鄭玄復從祀孔廟，自雍正、乾隆朝訓詁、考據之學盛，鄭玄愈被學者尊崇。

六、鄭玄弟子和師承

陳澧據朱彝尊《經義考》考鄭玄弟子和師承。《經義考·承師類》載鄭玄弟子王基、崔琰、國淵、任嘏、趙商、張逸、冷剛、田瓊、炅模、焦喬、王權、鮑遺、陳鏗、崇精。朱彝尊所考本有郗慮。陳澧認為，郗慮承望曹操風旨，枉狀奏殺孔融，為鄭門敗類，故削去。陳澧認為，朱彝尊詳考鄭氏弟子，意在表揚鄭學。

　　除此之外，陳澧據《鄭志》，補氾閣；據《三國志》補程秉、公孫方、宋均，諸人皆朱彝尊未及考鄭玄傳業弟子。又考劉熙似鄭玄弟子，薛宗、許慈皆從劉熙學，即鄭君再傳弟子。天水姜維好鄭學，可見鄭學影響所及之遠。孫叔然授學鄭玄門人，王肅集《聖證論》譏短鄭玄，孫叔然駁而釋之，且不仕魏，可見其高風峻節，亦可見鄭學影響深遠。

　　鄭珍《鄭學錄》卷四《弟子目》亦考鄭玄弟子。較之陳澧所考，鄭珍《弟子目》頗詳，且比《鄭學》卷多出王經、臨碩、孫皓、劉炎、王瓚、崇翱、任厥、劉德、桓翱、韓益正凡十人。論及郗慮，鄭珍的看法與陳澧相類，謂郗慮承操旨，奏免文舉，假策逼廢伏後，專以阿助賊操為能，不獨為漢室之蟊蠹，其污穢康成弟子籍錄，等於程門之邢恕。

　　概而述之，《東塾讀書記》《鄭學》卷從鄭學之旨、鄭學特徵、鄭氏家法的內涵、鄭玄事蹟、評價和影響、鄭學弟子與師承諸方面考索、論述鄭學，於鄭學研究史而言，具有承上啟下的重要意義。對鄭學之旨、鄭學特徵和鄭氏家法內涵的揭示，更可謂完備、深邃。其後胡元儀《北海三考》、張舜徽《鄭學叢著》、楊天宇《鄭玄三禮注研究》諸書在文獻引用等方面，皆受陳澧《東塾讀書記》《鄭學》卷影響。如張舜徽《鄭學敘錄》論鄭玄注釋古書的工作，亦引《晉書‧刑法志》諸語，以證鄭玄注經、注緯之外，亦注律，其引文亦與陳澧所引起訖完全相同〔註53〕。尤可注意的是，陳澧引《晉書‧刑法志》諸語時，中間有所刪減，張舜徽引語同之，更可見極有可能受陳澧引文啟發。又如楊天宇《鄭玄三禮注研究》，幾番引用陳澧《鄭學》相關內容，如引陳澧以《毛詩箋》為例論鄭玄對時事的感憤〔註54〕，對「禮是鄭學」的闡發〔註55〕；述鄭玄注經之簡約時，所對比經文與注字數，篇次全與陳澧《鄭學》所引相同〔註56〕。可見陳澧《東塾讀書記》《鄭學》卷的深遠影響。

　　與此同時，不得不說，陳澧是從溝通漢宋的角度闡發鄭學的，故對鄭氏經注本身義例的發掘稍略。其後張舜徽《鄭學叢著》以《鄭氏經注釋例》考之，楊天宇《鄭玄三禮注研究》「校勘編」、「訓詁編」更細緻分類詳論之，以陳澧《鄭學》為基礎，對鄭學研究有所推進。

〔註53〕張舜徽著：《鄭學叢著》，華中師範大學出版社2005年版，第6頁。
〔註54〕楊天宇著：《鄭玄三禮注研究》，天津人民出版社2007年版，第11頁。
〔註55〕楊天宇著：《鄭玄三禮注研究》，天津人民出版社2007年版，第55頁。
〔註56〕楊天宇著：《鄭玄三禮注研究》，天津人民出版社2007年版，第183頁。

第三節　朱子對鄭學的傳承和延續──陳澧論朱子學

　　後世普遍以理學家視朱子。清黃宗羲《宋元學案》卷四十八列《晦翁學案》，述朱子之學。孝宗即位，朱子上封事，言曰：「帝王之學，必先格物致知，以極夫事物之變，使義理所存，纖悉畢照，則自然意誠心正，而可以應天下之務。」隆興元年，召對言曰：「大學之道，在乎格物以致其知。陛下未嘗隨事以觀理，即理以應事，平治之效，所以未著。」〔註57〕朱子時年三十三歲，與孝宗所言，已拈出「格物致知」、「義理」、「意誠心正」諸語，勸諫帝王用格物致知之法觀理，應事，平治天下。

　　細考《晦翁學案》述朱子生平，可知朱子其時，道學並未處朝廷主流地位，斥朱子道學為偽學者不乏其人。因朱子主戰，時與朝廷主和派牴牾，屢被貶放。《學案》又云：「先生登第五十年，仕於外者，僅歷同安簿、知南康軍、提舉浙東常平茶鹽、知漳州、潭州，凡五任九考，及經筵才四十日。」可謂仕途蹭蹬。朱子離世三十餘年後，至紹定末年，秘書郎李心傳乞朱子與司馬光、周敦頤、邵雍、張載、二程從祀，不報。淳祐元年（1241），理宗視學，手詔以張載、周敦頤、二程及朱子從祀孔廟。明洪武初，詔以朱子書立於學宮，從此天下學者咸宗之。由此可知，朱子理學歷經以晦至顯的曲折過程。朱子在世時，其學幾番被斥為偽學，離世四十餘年後，方與北宋橫渠、濂溪、二程共從祀孔廟，終至一百二十餘年後的明洪武初，才成為官方統治學說。明洪武初至有清一代，程朱理學皆立為官學，蔚然光大，正統地位未可動搖。元脫脫撰《宋史》，特闢《道學》傳，與《儒林》傳相對。由此可知，不論朱子其時，亦或後世學者，皆以理學家視之。黃宗羲《學案》云：

　　　　其為學，大抵窮理以致其知，反躬以踐其實，而以居敬為主。
　　全體大用，兼綜條貫；表裏精粗，交底於極。嘗謂聖賢道統之傳，
　　散在方冊，聖經之旨不明，而道統之傳始晦，於是竭其精力，以研
　　窮聖賢之經訓。其於百家之支，二氏之誕，不憚深辯而力辟之。

　　黃宗羲以窮理致知、反躬實踐、居敬為主概括朱子之學大旨。

　　其子百家案語曰：

　　　　主敬以立其本，窮理以致其知，反躬以踐其實。而博極群書，

〔註57〕黃宗羲原著，全祖望補修，陳金生、梁運華點校：《宋元學案》，中華書局1986年版，第1496頁。

自經史著述二外，凡夫諸子、佛老、天文、地理之學，無不涉獵而講究也。

百家將主敬置於前，以主敬為朱子立學之本，窮理致知、反躬實踐二語與宗義同。可見《宋元學案》述朱子學的視角正為格物致知的理學。

然而，正如黃宗羲《學案》所云，朱子「嘗謂聖賢道統之傳，散在方冊，聖經之旨不明，而道統之傳始晦，於是竭其精力，以研窮聖賢之經訓」。「聖賢道統之傳，散在方冊」，朱子此語與《學記》鄭注「所學者聖人之道，在方策」何其相似。比而較之，鄭君謂「所學者聖人之道」，朱子謂「聖賢道統之傳」，聖人之道即道統；鄭君謂「在方策」，朱子謂「散在方冊」，方策即方冊，二者此語若合符契。朱子竭其精力，通過方冊研窮聖賢經訓，以求聖賢道統，必然繞不過鄭君訓解方策的方式和階段。

錢穆《朱子新學案》在《朱子學提綱》部分，既述朱子集理學之大成，又述朱子集漢唐儒學之大成〔註58〕。錢穆所述朱子集漢唐儒學之大成，所引朱子文獻，與陳澧《東塾讀書記》《朱子書》卷多有相似。其重要原因之一在於，陳澧《朱子書》卷論朱子，意在溝通漢宋，即充分發掘朱子學與以鄭玄為代表的漢唐儒學之間的內在聯繫，其論述角度，正與錢穆述朱子集漢唐儒學之大成的視角相契。基於此，本文接下來欲以陳澧《東塾讀書記》《朱子書》為主要對象，以窺朱子學對鄭學的傳承和延續。

陳澧《東塾讀書記》特列《朱子書》卷，以表彰朱子學。《東塾讀書記》既單列《鄭學》卷，又單列《朱子書》卷，意在溝通漢宋，追溯朱子學對鄭學的傳承和延續。與今天朱子學研究較為純粹的理學視角而言，陳澧論述朱子學的角度顯得獨特。即使在晚清漸成氣候的漢宋兼採學術氛圍裏，陳澧對朱子學與鄭學傳統內在聯繫的細微考索，依然顯得價值獨具。不同學術路徑的兼採、合流是學術發展的內在動力之一。乾嘉戴震、阮元諸儒已顯漢宋兼採端倪，稍後道咸曾國藩力主融漢學於宋學。生年稍晚、然治學生涯與陳澧相近的朱一新，亦主張以漢融宋。作為樸學大師的陳澧，遠接學海堂創始人阮元的學術傳統，站在漢學的堅實立場，主張融宋學於漢學，以宋學義理挽救漢學支離、瑣屑。然而，鮮有其他漢宋兼採者，沉潛於鄭學和朱子書，以細緻精微的窮究工夫，找尋朱子學與鄭學的內在關聯。陳澧《朱子書》卷的價值正在於此。

〔註58〕錢穆著：《朱子新學案》，巴蜀書社1986年版，第17～25頁。

一、朱子重訓詁、注疏、章句、家法

「訓詁」一詞出現於漢代。秦燔書後，先秦典籍多散佚。漢興，挾書令除，周秦古書多自山岩屋壁出，口誦相傳的古書亦被學者用今文錄出。時代遷移，周秦典籍所載語詞、名物、制度難以被後世理解。訓詁之書由此產生。《說文解字》云：「訓，說教也。」段玉裁注曰：「說教者，說釋而教之。」梅膺祚《字彙》曰：「訓，釋也。如某字釋作某義，順其義以訓之。」《說文解字》又云：「詁，訓故言也。」段注曰：「訓故言者，說釋故言以人，是之謂詁。」簡言之，訓即釋，詁即訓故言，通俗而言，訓詁即以今人理解的語言解釋古代典籍所載語詞、名物、制度等含義，與翻譯相類，不過翻譯意在溝通不同地域的語言，訓詁意在溝通不同時代的語言。

訓詁是漢唐儒學一以貫之的傳統。對宋儒而言，單純延續漢唐儒學的訓詁傳統，經典的詮釋已然失去可以發揮和突破的空間。因此，宋代開闢了一條以義理解經的新儒學之路。始於中唐的疑經之風，發展至宋代，不僅疑注疏，甚至質疑經典本身。繞過漢唐注疏，直解聖賢經文，以延續道統，成為時代潮流。對於經典詮釋的天平而言，訓詁為一端，義理為另一端。不顧義理、沉於訓詁，必然導致支離、瑣屑。反言之，擯棄訓詁，專研義理，亦必然導致鑿空、無據。朱子學能成為宋儒理學成就最高的標幟，就在於既集前朝理學之大成，亦充分吸收漢唐儒學訓詁成就之大成。

清代樸學的盛行，是對宋明理學的反撥。當乾嘉學者重新恢復漢儒訓詁、考據傳統，摒棄宋明理學，學風一方面由虛轉實，另一方面，作為宋明理學代表的朱子學，隨之遭到摒棄。

於晚清樸學學者反訾朱子的現象，陳澧絕不苟同。於《朱子語類》、信札等材料，充分挖掘朱子學、鄭學相通之處，強調朱子重訓詁、注疏；批評近時學者武斷譏評朱子不讀注疏。朱子《論語訓蒙口義》序云：「本之注疏以通其訓詁，參之《釋文》以正其音讀。」《論語要義目錄》序云：「其文義名物之詳，當求之注疏，有不可略者。」《朱子語類》又云：「祖宗以來，學者但守注疏，其後便論道，如二蘇直是要論道。但注疏如何棄得？」多處強調讀古經不可不重訓詁、注疏，批評二蘇摒棄注疏論道學。

朱子早年從學李侗。李侗早年從學二程再傳弟子羅從彥，好默坐澄心，體認天理。朱子《答何叔京書》云：「李先生教人，大抵令於靜中體認大體，未發時氣象分明，即處事應物，自然中節。當時竊好章句訓詁之習，不得盡

心與此。」可見朱子與其師李侗沉潛於體認天理不同，早年竊好訓詁之學。

朱子對注疏的重視，還體現在《大學章句》、《中庸章句》等著述中。朱子注《大學》、《中庸》，特以漢儒「章句」名目，有特殊用意。《語類》云：「今人多說章句之學為陋。某看見人多因章句看不成句，卻壞了道理。」批評時人不識訓詁、注疏、章句。陳澧認為，朱子注《大學》、《中庸》，名曰《章句》，特用漢儒名目，以曉當時以章句為陋者，又謂讀朱子書、講漢學者，當知朱子重訓詁、注疏、章句。

宋代理學講求直接解經論道，輕視甚至深惡家法。朱子對此亦加以辯駁。《學校貢舉私議》云：「其治經必專家法者，天下之理，固不外於人之一心。」又從以下二方面述之：其一，聖賢之言有淵奧爾雅、不可以臆斷者；其二，制度名物、行事本末，非今日見聞所能及。故治經者必考先儒已成之說而推之，於其未必盡是處方正其謬誤，此正是漢儒所以專門名家、各守師說的原因。

因對漢儒注疏體悟細微，朱子特為注意，漢儒注疏不令注腳單獨成文。《語類》、《答張敬夫書》皆反覆強調，漢儒訓詁，略釋名物、義理難明者，其易明處不貼句相續，使讀者就經自尋體會義理；晉代以來，捨經自作文，反使讀者離經意殊遠；程先生雖經解理在解語內，自注《論語》則依漢儒解經方法，發明訓詁，使人自行玩味經文，理在經文內。

朱子對漢儒家法的體認，還體現在暗誦經文注疏上。《語類》云：「古時無多書，人只是專心暗誦。」於黃霸獄中從夏侯勝習《尚書》事，朱子特別歆羨、稱賞。漢宣帝時，夏侯勝、黃霸因反對立武帝廟先後入獄。黃霸欲從夏侯勝習《尚書》，夏侯勝以死罪辭。黃霸曰：「朝聞道，昔死可矣。」夏侯勝感念其說，遂授之，於獄中講論不怠。朱子認為，獄中並無竹簡、書本，夏侯勝只因暗誦透徹，口耳相授於黃霸，遂使今文《尚書》學問得以後世相延。

朱子對鄭玄注疏的重視，並不止於解經。還特別指出，鄭玄注疏有補於世教者不小。朱子指出，宋寧宗當為宋孝宗承重，苦於無證驗，後檢得《儀禮·喪服》疏引《鄭志》載鄭玄說，得以佐證。朱子自書奏稿云：「學之不講，其害如此。向使無鄭康成，則此事終未有決斷。」可見朱子從有補世教的立場肯定漢儒注疏的價值。《語類》還多載朱子體悟鄭注之好。如《大學》「瑟兮，僩兮者，恂慄也」之「恂」字，鄭玄讀為「峻」。朱子始不以為然，後讀《莊子》「木處則惴慄恂懼」，然後知鄭注為當。又如《中庸》，朱子認為鄭注愨實，遠勝後來雜佛老之言，虛而無當。如此之類，皆可見朱子對鄭注推服、

尊信之甚。

二、朱子重小學

　　朱子重小學，首先體現在對《說文解字》等字書的重視上。朱子《論語集注》、《孟子集注》、《語類》等皆善引許慎《說文解字》訓字義。如《論語·鄉黨》「侃侃如也」、「誾誾如也」，《集注》云：「許氏《說文》：侃侃，剛直也。誾誾，和悅而諍也。」《孟子》「自怨自艾」《集注》云：「艾，治也。《說文》云『芟草也』，蓋斬絕自新之意。」《語類》云：「問『習，鳥數飛也』之義。曰：『此是《說文》『習』字從『羽』。」《答呂伯恭書》又載商議刊刻《說文》之事。陳澧指出，朱子諳習《說文》，善引《說文》注經，汲汲於刊《說文》，於《玉篇》、《廣韻》亦皆推究。朱子重視字書，亦源於對訓詁的重視。

　　朱子重小學，還體現在講求音韻、反切之學。《答楊元範書》云，不理會音韻，則枉費無限辭說，卒不得字之本義，甚為害事。《論語或問》又云，諸多誤說，皆由音讀之學不明所致。基於對音韻的重視，朱子著《四書音》，以證《四書》音讀。朱子《四書音》以唐陸德明《經典釋文》、北宋孫奭《孟子音義》為本，亦多有不同，又間採北宋賈昌朝《群經音辨》，可見朱子於音讀之學考據詳博。《與黃商伯書》言借抄《切韻》事，又可見朱子講求反切之學。

　　朱子對小學的重視，與以鄭玄為代表的漢學一脈相承。朱子重注疏，必然重視音韻、訓詁、字書。一般宋儒多講性理，直解經文，則容易忽略音韻、訓詁之學。清儒將朱子視為宋代理學集大成者，武斷以為朱子不講音韻、訓詁、注疏之學。《東塾讀書記》《朱子書》卷對朱子講求音韻、訓詁、注疏原始材料的挖掘，意在化解清儒對朱子的誤解，意在彌合漢、宋學門戶之爭。

三、朱子深於禮學

　　宋代儒家經典研究明確指向實際政治事務，禮經研究亦有明確的治道取向。《周禮》地位攀升，用《周禮》治太平成為當時政治革新指導思想。《儀禮》載古禮儀式，瑣碎難讀，其研究在宋代則可謂發展曲折。〔註59〕

　　後人對朱子禮學的研究，多從禮學與理學關係角度著眼，闡發禮與理的

〔註59〕王云云：《朱熹禮學思想淵源研究》，張豈之指導，西北大學中國史學科博士學位論文，2013 年。

一致性。陳澧對朱子禮學的關注，則較多集中在朱子禮學對以鄭玄為代表之漢儒禮學的承續方面。《朱子文集》有若干考禮之文，如《禘祫議答》、《社壇說》、《明堂說》、《殿屋廈屋說》、《深衣制度辨》、《跪坐拜說》等，皆延續漢儒治禮路徑，對祭祀等各種禮儀制度進行博考詳辨，長篇甚至數千言，《記鄉射疑誤》篇尤考敷精細。

《東塾讀書記》多次強調「禮是鄭學」，考兩《漢書》《儒林傳》，漢時禮家獨少，鄭玄遍注三《禮》，發揮旁通，使三《禮》合為一家之學。朱子著《儀禮經傳通解》，延續鄭玄治禮之路，以《儀禮》為經，以《禮記》為傳，以《周禮》為綱，參《禮記》、《周禮》考證《儀禮》經文；又以鄭玄注經之法釐析經文，分節概括，有功於《儀禮》的闡發。不論從融合三《禮》的治經思路，還是博考詳辨的治經方法，或是釐析經文的解經方式，朱子的禮學研究與鄭玄之學皆有一脈相承之處。

四、朱子講求聲律、曆算之學

《東塾讀書記》《朱子書》卷強調朱子講求聲律，用意仍在尋求朱子之學與鄭學的聯繫。

陳澧特為留意朱子《琴律說》、《答吳元士書》等信札，以明朱子講求聲律。《語類》云：「今之士大夫，問以五音十二律，無能曉者」，對士大夫不曉音律的普遍情況表示擔憂，提出當立樂學，使士大夫習之。《答張仁叔書》、《答蔡季通書》皆云律呂不可空談，須作十二律轉盤。朱子以唐時《鹿鳴》、《關雎》十二詩譜編入《儀禮經傳通解》，還曾求南海神廟唐朝樂譜。

儒家經典與音律關係密切。從鄭玄到朱子，皆講求音律之學，一方面由於研讀儒家經典的需要，另一方面為適應禮樂社會的要求。陳澧受鄭玄、朱子影響，對音律亦究心研治，著《聲律通考》，專論十二律呂關係，又複製荀勗笛，以復古樂。

儒家經典亦與曆算之學關係甚密。舉《禮記・月令》言之，若不知曆算，則無法透徹理解解讀經文及注疏。陳澧指出，鄭玄早年通《三統曆》、《九章算術》，後注《乾象曆》法，鄭氏家法內涵之一，即包含通曆算之學。

《朱子文集》《壺說》一篇，算《禮記・投壺》之壺的直徑及周長，可見朱子知算學。《語類》曾強調「算法甚有用」。《答曾無疑書》強調若欲窮理，不可不講曆算。《答蔡季通書》讚譽《步天歌》淺顯通俗，可作曆算初學階梯。

《語類》又曾論地動說。

受鄭玄、朱子影響，陳澧亦重曆算之學，著《三統術詳說》，還曾有意追隨曾釗治算。

五、從鄭學到朱子學——調和漢宋的內在學理

最早將陳澧寫入學術史的近代學者，當為章太炎。1904 年，《訄書》修訂本由東京祥鸞社鉛印出版。與《訄書》1900 年初刻本相較，新增《學變》、《學蠱》、《王學》、《顏學》、《清儒》等文。《清儒》篇論陳澧曰：

> 晚有番禺陳澧，當惠、戴學衰，今文家又守章句，不調洽於他書，始鳩合漢、宋，為諸《通義》及《讀書記》，以鄭玄、朱熹遺說最多，故棄其大體絕異者，獨取小小翕盍，以為比類。此猶剪毫於千馬，必有其分寸色理同者。澧既善傅會，諸顯貴務名者多張之。弟子稍尚記誦，以言談剿說取人。

章太炎《清儒》篇論陳澧，「鳩合」一詞尤可留意。「鳩合」最早見於《三國志·魏書》注引《劉廙別傳》，謂魏諷「不修德行，而專以鳩合為務，華而不實，此直攖世沽名者」〔註60〕。從詞源來看，「鳩合」顯為貶義。今《漢語大字典》以「集合、聚合」釋「鳩合」，仍標為貶義。章太炎認為，陳澧著《漢儒通義》、《東塾讀書記》，意在「鳩合漢、宋」，棄鄭玄、朱熹遺說大體絕異者，獨取翕盍，以為比類。又用馬毫打比方，謂剪毫於千馬，必有分寸色理同者，可謂從學理上根本否定了陳澧漢宋兼採的學術意圖及其實踐。

稍後劉師培在《南北學派不同論》評價嶺南、黔中之學曰：

> 然嶺南、黔中仍沿摭拾校勘之學，嶺南之士列阮氏門籍者，雖有侯康、曾釗、林伯桐，然以番禺陳澧為最著。澧學鉤通漢宋，以為漢儒不廢義理，宋儒兼精考證，惟掇引類似之言，曲加附合，究其意旨，仍與摭拾之學相同。然抉擇至精，便於學童。若桂林龍翰臣、朱琦、南海朱次琦，咸學宗漢宋，與澧差同。而陳澧、朱次琦各以其學授鄉里弟子咸數十人，至今未絕。此嶺南學派之大略也。〔註61〕

〔註60〕陳壽撰，裴松之注：《三國志》（三），中華書局 1959 年版，第 616 頁，卷二十一《魏書·劉廙傳》。
〔註61〕劉師培著：《劉師培清儒得失論》，吉林人民出版社 2013 年版，第 218 頁。

《清儒得失論》又云：

> 浙學自阮氏提倡後，定海黃式三亦學兼漢宋，其子以周繼之，然實事求是，不侈空言。廣東學者惟侯康為最深醇，其次有南海朱次琦、番禺陳澧。次琦篤信宋學而漢學特摭挴及之，澧學鉤通漢宋，掇引類似之言曲相附和。黃氏蟄晦，不以所學目標，朱、陳稍近名。各以其學授鄉里，然束身自好，不愧一鄉之善士。惟學術既近於模棱，故從其學者大抵以執中為媚世。自清廷賜澧京卿銜，而其學益日顯。〔註62〕

劉師培《南北學派不同論》謂嶺南、黔中仍沿摭拾之學，據前文，其所沿者為江南學者「摭拾校勘之學」〔註63〕。後人多以為劉師培所謂摭拾之學，專指摭拾漢宋。若細察《南北學派不同論》全文，可知非其然。劉師培認為，錢大昕《廿二史考異》、王鳴盛《十七史商榷》，「採掇舊聞，稽析異同，近於摭拾」，又謂陳奐《詩毛氏傳疏》、李貽德《左傳集解》，「遇有舛互，曲為彌縫」，「與摭拾校勘之學殊途同歸」〔註64〕；論東南治校勘之學者，謂臧庸、洪頤煊治摭拾之學，又謂「江南學者仍守摭拾校勘之學」〔註65〕。由此可見，劉師培所謂摭拾之學，非專指摭拾漢宋，其意甚廣，治小學亦考史者，泛泛採掇舊聞者，於舛互處曲為彌縫者，皆為摭拾之學。於南方學者而言，劉師培亦非一意指謫陳澧掇引摭拾，在他看來，江南學者守摭拾校勘之學，定海黃式三、以周父子延其續，學兼漢宋，廣東朱次琦守宋學而摭挴漢學，陳澧學兼漢宋，掇引類似之言曲相附合。又謂黃氏父子、朱次琦、陳澧三者從立身而言，雖皆束身自好，不愧一鄉善士，然學術皆近於模棱，從其學者亦大抵執中媚世。

章太炎稍後《檢論·清儒》篇對《訄書·清儒》有所修正，論陳澧部分，與《訄書·清儒》篇相較，增「善治聲律、《切韻》，為一家言」，「澧亦潔行，善教授」〔註66〕二語。《檢論》為《訄書》增刪本，手改於1914、1915年之

〔註62〕劉師培著：《劉師培清儒得失論》，吉林人民出版社2013年版，第233頁。
〔註63〕劉師培著：《劉師培清儒得失論》，吉林人民出版社2013年版，第215頁。
〔註64〕劉師培著：《劉師培清儒得失論》，吉林人民出版社2013年版，第211頁。
〔註65〕劉師培著：《劉師培清儒得失論》，吉林人民出版社2013年版，第215頁。
〔註66〕章太炎著，劉凌、孔繁榮編：《章太炎學術論著》，浙江人民出版社1998年版，第121頁。

際〔註67〕。從《訄書・清儒》到《檢論・清儒》篇相關措辭的改變，可窺章太炎對陳澧學術成就認識的增進。孟琢《清代學術的歷史總結與思想突破——章太炎〈清儒〉的四重解讀》一文認為，隨著章太炎1908～1910年間古音系統的建立，關注到陳澧《切韻考》在中古音研究中的學術價值，對其評價趨向客觀、全面〔註68〕。

但總體而言，不論章太炎《訄書・清儒》至《檢論・清儒》篇，或劉師培《南北學派不同論》、《清儒得失論》，皆可見章、劉二人從學理層面對陳澧溝通漢宋學術意圖及其實踐的否定和批評。章太炎《檢論》肯定陳澧善治聲律，但依然保留對其鳩合漢宋的批評。劉師培《南北學派不同論》雖非專意批評陳澧，亦批評江南學者等為擷拾之學，但仍視陳澧漢宋兼採之學為曲加附合，與擷拾之學同；《清儒得失論》又謂其學近於模棱，從其學者亦執中以媚世。直至錢穆《中國近三百年學術史》，單列「陳蘭甫」一章，高度評價陳澧漢宋兼採的學術成就，謂其《東塾讀書記》要旨真可謂「基址頗大，田地頗寬」，與東吳惠氏專言漢學者不同，與高郵王氏專事訓詁者亦不同，與休寧戴氏別關新說以求推倒前人者又不同，與當時經學家各為經籍作新注疏，句句、字字求解，陷於屑碎，不務得其大意者復不同，成就至卓〔註69〕。章太炎、劉師培對陳澧鳩合漢宋的批評，錢穆對陳澧漢宋兼採學術成就的高度評價，真可謂霄壤有別。

後人研究朱子學，多拘囿於禮學視角，絕少注意到朱子學對鄭學的承續和發揚。《東塾讀書記》《朱子書》卷從原始文獻出發，著意發掘朱子學與鄭學一脈相承的內在學理：鄭學、朱子學大旨皆在於方策求聖賢之道；鄭學、朱子學皆重訓詁、注疏、章句、家法；鄭學、朱子學皆深於禮學，皆講求聲律、曆算之學。諸多方面而言，朱子學皆對鄭學多所傳承。正如錢穆《朱子新學案》所云，朱子既集宋理學之大成，亦集漢唐儒學之大成。若無對以鄭學為代表的漢唐儒學的充分汲取，朱子學不足以超越宋代理學的藩籬，不足以繼鄭學以成就儒學的又一高峰。

〔註67〕朱維錚：《〈訄書〉〈檢論〉三種結集過程考實》，《復旦學報（社會科學版）》1983年第1期。

〔註68〕孟琢：《清代學術的歷史總結與思想突破——章太炎〈清儒〉的四重解讀》，《北京師範大學學報（社會科學版）》2017年第1期。

〔註69〕錢穆著：《中國近三百年學術史》，商務印書館1997年版，第689頁。

自乾嘉學者將朱子理學置於樸學的對立面，諸多學人凡論朱子，以為朱子僅講居敬，空談性理，將朱子書束之高閣，視朱子學為敝屣。《東塾讀書記》單列《鄭學》、《朱子書》卷，溝通漢宋，著意發掘朱子學與鄭學的內在聯繫。此種思路，符合學術路徑發展的必然規律，亦體現了學者救弊的責任和擔當。

今人論朱子，首先想到「存天理，滅人慾」六字。《朱子語類》云：「學者須是革盡人慾，復盡天理，方始為學。」〔註70〕《宋元學案》錄朱子《語要》云：「聖人千言萬語只是教人存天理，滅人慾」〔註71〕。自戴震《孟子字義疏證》駁以程、朱為代表的宋儒理學〔註72〕，後世鮮有人認真細讀朱子書，不知《經筵講義》還曾云：「去其氣質之偏，物慾之蔽，以復其性」，不知朱子所謂革盡人慾，實指革盡人慾被物慾蒙蔽的部分，以使人性之善與天理相符的部分得以彰顯。

第四節　陳澧的小學觀

胡奇光《中國小學史》大致從周、兩漢、北宋、清代四個時期論「小學」

〔註70〕黎靖德輯：《朱子語類》（一），朱傑人、嚴佐之、劉永翔主編：《朱子全書》（十四），上海古籍出版社 2002 年版，第 390 頁。

〔註71〕黃宗羲原著，全祖望補修，陳金生、梁運華點校：《宋元學案》，中華書局 1986年版，第 1544 頁。

〔註72〕戴震《孟子字義疏證》卷上「理」的部分，先辨「古人所謂理，未有如後儒之所謂理者矣」（戴震撰，湯志鈞校點：《戴震集》，中華書局 1980 年版，第265 頁）；駁宋儒以理為「如有物焉，得於天而具於心」（第 267 頁），釋理為「一人以為然，天下萬世皆曰是不可易也，此之謂同然」，「是心之明，能於事情不爽失，使無過情無不及情之謂理」，非「如有物焉具於心」（第 268 頁）；又駁宋儒言理之說「不出於理則出於欲，不出於欲則出於理」，不過以理、欲為君子、小人和正、邪之辨而已，引孟子「養心莫善於寡欲」一語，「明乎欲不可無也，寡之而已」（第 273 頁），「朱子屢言人慾所蔽，皆以為無欲則無蔽，非《中庸》『雖愚必明』之道也」（第 274 頁）；批評宋儒「以理為得於天，故又創理氣之說」，以「淨潔空闊」形容理，「不過就老、莊、釋氏所謂真宰、真空者轉之以言夫理」（第 277 頁）；指出程、朱「見常人任其血氣心知之自然之不可，而進以理之必然，於血氣心知之自然謂之氣質，於理之必然謂之性，亦合血氣心知為一本矣，而更增一本」，「以天別於人，實以性為別於人也」，「人之為人，性之為性，判若彼此，自程子、朱子始」（第 285、286 頁）。概言之，戴震《孟子字義疏證》不認可以程、朱為代表的宋儒理學觀，批評朱子存天理、滅人性之說，認為在聖人那裡，欲是人性的一部分，不可與理截然為二，欲不可無，只能節制而寡之。

涵義的演變：第一，周代「小學」與「大學」對舉，特指為貴族子弟設置的初級學校，所謂「八歲入小學，十五入大學」；第二，以「小學」指稱文字學，始於西漢劉向、劉歆父子，《七略》將周秦以來字書及「六書」之學，稱為「小學」；第三，以「小學」指稱文字、音韻、訓詁之學，從宋代始，歐陽修《崇文總目敘釋·小學類》云，《爾雅》出，有訓詁之學，許慎《說文》出，有偏旁之學，孫炎作字音，有音韻之學，學者精研篆隸古文，有字書之學；第四，清《四庫全書總目》云：「惟以《爾雅》以下編為訓詁，《說文》以下編為字書，《廣韻》以下編為韻書，庶體例謹嚴，不失古義。」〔註73〕可知「小學」一詞，從周朝初級學校的概念，直至清代，最終清晰演變為包括文字、音韻、訓詁三方面內容的學科概念。於梅舫《學海堂與漢宋學之浙粵遞嬗》特設「陳澧小學理念之演進及旨趣」一節，論學海堂學風對陳澧小學入門的影響，陳澧以聲韻貫穿訓詁、以淺持博的小學理念〔註74〕。

　　《東塾讀書記》特設《小學》卷，確可知陳澧對小學的尤為重視。從中既可見乾嘉小學之盛的影響，亦可窺陳澧對乾嘉時皓首窮經式小學的反思。《小學》卷凡25條，筆墨雖不可謂特多，然所顯現的小學觀念頗有深刻處，於後人亦頗多啟示。主要表現在以下諸方面：

一、對訓詁概念的推進

　　《爾雅·釋宮》郭璞注云：「通古今之異言。」《毛詩·周南·關雎詁訓傳第一》孔穎達疏以郭璞之言為本，申之曰：「詁者，古也；古今異言，通之使人知也。」郭璞、孔穎達已大致言明，訓詁之意在於使古今之言通。陳澧《東塾讀書記》《小學》卷開篇引郭注、孔疏，進一步指出：「蓋時有古今，猶地有東西，有南北，相隔遠，則言語不通矣。地遠則有翻譯，時遠則有訓詁。有翻譯，則能使別國如鄉鄰；有訓詁，則能使古今如旦暮，所謂通之也，訓詁之功大矣哉。」〔註75〕從時空兩個維度，辨明翻譯與訓詁含義的區別，翻譯意在溝通不同空間的語言，使別國如相鄰，訓詁意在溝通不同時間的語言，使古

〔註73〕胡奇光著：《中國小學史》，上海人民出版社2005年版，第1～3頁。

〔註74〕於梅舫著：《學海堂與漢宋學之浙粵遞嬗》，社會科學文獻出版社2016年版，第130～158頁。

〔註75〕陳澧著：《東塾讀書記》，黃國聲主編：《陳澧集》（二），上海古籍出版社2008年版，第215頁。

今如旦暮。陳澧的釋義，深入淺出，使原本抽象的訓詁概念變得直觀，是對訓詁概念的進一步推進。

除此之外，他還注意到古代典籍以訓詁代正字的現象，指出以訓詁代正字自孔子贊《易》始。如《乾》象傳，「天行乾」曰「天行健」。其後王弼《周易注》亦用此法。再觀《史記》採《尚書》，亦可見多處，如《尚書》「庶幾咸熙」，《史記》作「眾功皆興」，正如《爾雅‧釋詁》所訓：「庶，眾也」，「績，功也」，「咸，皆也」，「熙，興也」。陳澧對訓詁代正字現象的揭示，從規律上闡明了後世引用前代典籍出現異文現象的原因。

二、對聲訓的重視

胡奇光《中國小學史》論清代小學的發展指出，從東漢許慎到清代段玉裁、王念孫、王引之父子，小學指導思想發生了根本的轉變：從主張以字形闡明本義，到倡導以聲韻為關鍵進行名物訓詁〔註76〕。正如於梅舫《學海堂與漢宋學之浙粵遞嬗》所指出，阮元小學觀念，通過學海堂學風的浸染，對陳澧產生潛移默化的影響。阮元《揅經室集》鑽研小學的文章，多處闡明古音、古義貫通之意。陳澧對聲訓的尤為重視，自然與阮元之學的薰陶密不可分。他對雙聲現象進行了深刻的揭示。

郝懿行《爾雅義疏》曰：「凡聲同聲近聲轉之字，其義多存乎聲。」已揭相近聲音與相近字義之間的關係。陳澧進一步概括指出，「此但言雙聲，即足以明之矣」，以雙聲總括聲同、聲近、聲轉之意，言簡意賅。又引錢大昕《十駕齋養新錄》所云「今音非雙聲而古音雙聲者，可以其字之諧聲定之，又可以古無輕唇音及古音不分舌頭舌上定之」，認為郝懿行所謂聲近、聲轉即指此。由於今古音變化，以至古音雙聲者，今音不再雙聲。若以古無輕唇音、不分舌頭、舌上的規律探究之，則可考出古音之雙聲，以見相近意義之字在聲音上的聯繫，此即郝懿行所謂聲近、聲轉。

陳澧還從語、音二者建立聯繫的初始時刻，考察雙聲形成的原因，認為《爾雅》凡同在一條內而雙聲者，本同一意；意之所發而聲隨之，故其出音同，惟音之末不同；音末不同，則因為時有不同，或地有不同。首先指出，同一意之字，發聲之初，其出音同；又指出音末不同，則在於時間、地域的不同，隨著時空差異的變化，原本出音相同之字的音末產生了差異，只留下出

〔註76〕胡奇光著：《中國小學史》，上海人民出版社 2005 年版，第 208 頁。

聲之聲母的共同之處。從時空角度解釋音末不同的原因，揭示出由同音到雙聲此一語音發展的軌跡。

三、徵實的訓詁觀

陳澧注意到，《爾雅》中《釋詁》、《釋言》、《釋訓》與其後釋草木蟲魚鳥獸諸篇釋義，於今人而言，存在理解上的差異。前者經《爾雅》訓釋，至今可使人通之；後者《爾雅》雖釋之，後世仍有不知者。如《爾雅》以「王雎」釋「雎鳩」，後世仍不知王雎為何物，諸儒解說雖多，仍令人未敢輕信。陳澧將《釋詁》、《釋言》、《釋訓》看作一類，與其後釋草木蟲魚鳥獸別而視之，可見他已注意到抽象語詞與指稱具體事物之語詞的差異性，抽象語詞的意義更為穩定，指稱具體事物的語詞更易隨社會生活歷史的變化而產生變化，以至《爾雅》雖訓之，後世仍不可知。對於此種類型的語詞，陳澧秉持徵實的訓詁觀。以「雎鳩」為例，陳澧認為，不可僅滿足於《爾雅》以「王雎」釋「雎鳩」，亦不可輕信後儒在語詞上對雎鳩的各種解釋，必實地求之陝西、河南有鳥常集於河洲、且雌雄有別者，乃可定「雎鳩」之意。

陳澧肯定郭璞《爾雅注》謹嚴，亦在於徵實不虛的訓詁觀念，於《爾雅》難明者，作進一步引證，其餘僅云「見《詩》、《書》」，或僅云「常語」，正如序所云「事有隱滯，援據徵之。其所易了，闕而不論」，云「未詳」者，尤得闕疑之義。可見郭璞注《爾雅》具體事物，亦注重援據實例以證之，不滿足於單純語詞上的闡釋，對無實例證之者，則秉持徵實的原則，闕而不論。

與此同時，陳澧據實指出，郭璞作注援引存在失誤之處。北宋邢昺《爾雅注疏》亦直言郭注之誤，或云傳寫之誤。如《釋水》注引《公羊傳》曰「河曲流，河千里一曲一直」，多「一直」二字，或記憶之誤；誤「河曲疏」為「河曲流」，則必傳寫之誤。

四、《爾雅》注疏

除關注郭璞《爾雅注》，陳澧特別留意邢昺《爾雅注疏》、邵晉涵《爾雅正義》、郝懿行《爾雅義疏》。

（一）邢昺《爾雅注疏》

於邢昺《爾雅注疏》精善處、未明處，陳澧皆有精闢見解。

陳澧指出，邢疏精善者，如釋「畛」。《爾雅》《釋言》謂「畛，殄也」，郭

璞注認為「畛」即「殄絕」。《爾雅》今譯注本多未注意到邢疏，或謂古籍未見「畛」用為「殄絕」之例〔註77〕。邢疏則云：「《周頌‧載芟》云『徂隰徂畛』。《毛傳》曰『畛，場也』。《周禮‧地官‧遂人》云『十夫有溝，溝上有畛』，則畛謂地畔之徑路也。至此而易之，故以畛為場，易則地絕，故得為畛。」邢昺引《毛傳》、《周禮》，將「畛」的意義由「場」過渡到「地畔之徑路」，又牽連出「地絕」之意，再引至郭璞注云「　」之意，由此闡明「畛」字「殄絕」之意的由來。

與此同時，陳澧指出，邢昺《爾雅注疏》的侷限性，即在未能明音學。如《釋詁》「迓，迎也」，邢疏因《左傳》杜注云「輅，迎也」，認為「輅」為「迎」的假借。陳澧指出，「輅」音與「迓」不同，邢疏因杜注訓「迎」而牽引之，可謂誤矣，原因在於邢昺未能識「迓」、「迎」之雙聲。能精闢指出邢疏之誤，亦在於陳澧對聲訓的精熟。

（二）邵晉涵《爾雅正義》、郝懿行《爾雅義疏》

乾嘉小學之《爾雅》學，以邵晉涵《爾雅正義》、郝懿行《爾雅義疏》為集大成者。邵晉涵《爾雅正義》為清人《十三經》新疏的第一本。梁啟超《中國近三百年學術史》云：「以石臞的身份，本該疏《爾雅》才配得上，因為邵疏在前，恥於蹈襲。」〔註78〕指出王念孫恥於蹈襲邵晉涵《爾雅正義》，故作《廣雅疏證》。齊佩瑢《訓詁學概論》，謂「清儒治《爾雅》者有如雨後春筍，分門別類，各有專精，然其規模法度，大抵不出邵氏的範圍」。〔註79〕

陳澧指出，「邵晉涵、郝懿行二家之疏，度越前人矣」，充分肯定邵晉涵《爾雅正義》、郝懿行《爾雅義疏》的價值。除此之外，又從學緣的角度，進一步考察郝懿行《爾雅》之學與阮元的淵源。阮元《與宋定之論爾雅書》云：「以聲音文字為注《爾雅》之本，則《爾雅》明矣。」指明從聲音、文字注《爾雅》的兩條路徑。《與郝蘭皋論爾雅書》又云：「子為《爾雅》之學，以聲音為主而通其訓詁，余亟取之。」可見阮元與郝懿行探討《爾雅》之學，認同以聲訓為主的方式。陳澧認為，阮元《揅經室集》《釋門》、《釋且》、《釋矢》、《釋鮮》諸篇，已開以聲音通訓詁的門徑，郝懿行《爾雅注疏》深得阮

〔註77〕管錫華譯注：《爾雅》，中華書局 2014 年版，第 236 頁。

〔註78〕梁啟超著：《中國近三百年學術史》，中國社會科學出版社 2008 年版，第 216、217 頁。

〔註79〕齊佩瑢著：《訓詁學概論》，中華書局 1984 年版，第 234 頁。

元之法。

五、對《說文解字》的獨特見解

（一）分辨象形、指事之別

《說文》敘云：「象形者，畫成其物，隨體詰屈，日月是也」，「指事者，視而可識，察而見意，上下是也。」可見象形、指事皆以畫為基礎，區別大致在前者以具象為主，後者有較多抽象成分。陳澧進一步指出，象形、指事之別，重在是否畫而成之；象形者，畫而成之，如圖畫然；指事者，指之而已，不畫其形；更為關鍵的是，象形有實形，亦有非實形者。陳澧由此指出，以畫為基礎的字，可細分為如下三種不同的類型：其一，單純畫其形，「如日月有實形，其字固如畫」，其二，雖非實形，然亦畫成，「如人象三合之形，口象回幣之形，八象分別相背之形，九象屈曲究盡之形」；其三，字義不專屬一物，而字形則畫一物者，如「止，下基也」，象草木出有址；「高，崇也」，象臺觀高之形；「永，長也」，象水坙理之長，而「天大地大人大亦大」，大字象人形，則尤其明著者。在此基礎上，陳澧指出徐鍇以實者為象形、虛者為指事之誤。陳澧認為，象形、指事之別，當以畫成、不畫成為別，不當以實形、虛形為別。以畫成、不畫成為別，以辨象形、指事，可謂陳澧獨到之見，實有助於深刻理解象形、指事之別。

除此之外，陳澧又析古人造字精微之處和難處。以「仁」、「敬」二字為例，分析古人造字其意精微，仁字從二人，引阮元《論語論仁論》所謂「相人偶」，又引孟子、朱子語，分析仁從二人的精微之意，由此指出，「仁」、「敬」二字，後儒講之最多，古人造字，早傳其精意。又謂造字有易有難。如造一、二、三字，象形甚易；造四、五、六、七、八、九字，則難。造子，象形甚易；造丑、寅則難。造甲、乙、丙、丁等則皆難。造水、木字，象形甚易；江、河皆水，松、柏皆木，為區分水、木，造為形聲。由此可知，遊心古初，可見古人造字獨具匠心，慘淡經營。

（二）闡明假借字「本無其說」之意

《說文》敘云：「假借者，本無其字，依聲託事，令、長是也。」對於《說文》敘所釋假借，陳澧亦曾存疑，以為出一縣之號令謂之令，為一縣之尊長謂之長，字義似為引申，不知何故為假借；又以「來」、「西」乃假借，「來」本瑞麥，以為行來之來，「西」本鳥棲，以為東西之西。後經反覆思之，陳澧

乃解《說文》「本無其字」之說：古字少而後世字多，凡後世有一事一物為古無所有者，則創造一字；若不創造一字，即依託古有之字，如縣令、縣長古本無，秦漢始有，當時固可另為創造，乃依託古有之「令」字、「長」字，是謂假借；以此例推之，許慎生於東漢，東漢所有而古本無者，則為假借，如「佛」字，其創造一字者，則如「僧」字。陳澧以古字少作為假借字產生的客觀原因，以依託古有之字作為假借產生的方式，由此清晰闡明了《說文》釋假借造字法的來龍去脈。

除此之外，陳澧還指出近人以《說文》為本義、《爾雅》為引申義之誤。《爾雅》「初、哉、首、基」諸字，邢疏皆以《說文》為造字本意。陳澧認為，其實不盡然，如「首」象人頭，則「人頭」是本義，「基」從土，則地基是本義，其用為「始」之義，皆引申，以此申明不可簡單以《說文》為本義、《爾雅》為引申義，當具體辨之。

（三）《說文》分部之法的由來

《說文》敘云：「分別部居，不相雜廁。」陳澧指出，此許慎用《急就篇》語，許君因《急就篇》之語，悟得分部之法。段玉裁《說文解字注》云：「此前古未有之書，許君之所獨創，與《史籀篇》、《倉頡篇》、《凡將篇》雜亂無章者，不可以道里計。」陳澧既指出許慎《說文》分部之法的來源，又道明其分部編排的前所未有；認為未有《說文》之前，學識字者讀《史籀》、《倉頡》、《凡將》之類，但憑記憶，難於檢尋，自有《說文》，易於檢尋；此後自《玉篇》至國朝《字典》皆沿《說文》之法，分部編排。

除此之外，陳澧還探究漢人用字多通借的原因，實以無分部之字書，故至於歧義，《說文》既出，用通借字則少，此《顏氏家訓》《書證》篇所謂許慎「貫以部分，使不得誤」者。又指出漢人通借之字，得使後世考古音古義。

六、以諧聲治《說文》的淵源與流別

《說文》本按部首編排，同一部首之字，多屬同一類別。陳澧別具隻眼，留意《說文》句部字是個例外，句部不表類別，而表句聲。陳澧認為，此在《說文》特為變例。

《說文解字》卷三上列句部字，凡「拘」、「笱」、「鉤」三字〔註80〕，句

〔註80〕許慎撰，徐鉉校定：《說文解字》，中華書局 1963 年版，第 50 頁。

部為聲旁，或在右，或在下。陳澧引《夢溪筆談》云：「王聖美治字學，演其義為『右文』。古之字書，皆從『左文』，凡字，其類在左，其義在右。如木類，其左皆從木。所謂『右文』者，如『戔』，小也，水之小者曰『淺』，金之小者曰『錢』，歹而小者曰『殘』，貝之小者曰『賤』。如此類者，皆以『戔』為義也。」又引戴震《答段若膺論韻書》云：「諧聲字，半主義，半主聲。《說文》九千餘字，以義相統，今作《諧聲表》，若盡取而列之，使以聲相統，條貫而下如譜系，則亦必傳之絕作也。」陳澧此處特加案語，謂清治《說文》者，有錢溉亭、程彝尊、江晉三皆嘗為《說文》諧聲表，然皆未見刻本，惟姚文田《說文聲系》有刻本，又謂自己少時亦作之，用段玉裁十七部，分為十七卷，每卷以所諧之聲為部首，貫通而下，名曰《說文聲表》。

由此可知，陳澧以《說文》句部為右文說的淵源，以戴震作《諧聲表》的主張為《說文》諧聲類著作的源頭，然戴震有此主張，而未及付諸實踐。受戴震此說影響，陳澧少時自著《說文聲表》。其後弟子黎永椿受陳澧影響，治《說文》之學，著《說文通檢》，不過未延續乾嘉儒者尋求聲統的路徑，改字頭篆書為楷書，按筆劃編排。可以說，清儒所作《說文》諧聲表，正是現代字典音序排列法的先聲，黎永椿《說文通檢》的思路，則導現代字典部首筆劃排列法之先。

概言之，清代尚《說文》諧聲研究，是音韻學興盛的表現，亦是重形、重聲的結合。陳澧論《說文》諧聲表的淵源、首倡和接踵者，描繪出東漢、北宋、直至清代《說文》諧聲研究的大致脈；他自著《說文聲表》，又成為《說文》諧聲研究身體力行的實踐者。正因為少時曾自著此類《說文》諧聲著作，故能別具隻眼發現《說文》句部的獨特之處，故能深有體會，明晰闡述清儒治《說文》諧聲的源流所在。

七、對事物名稱、聲音、文字關係的揭示

論聲訓、《說文》諧聲之時，陳澧已充分注意到聲音與文字意義的關係，注意到聲同、聲近、聲轉之字，意義亦相同或相近。在此基礎上，陳澧欲回到語言文字創始的原點，探究事物的名稱、聲音與文字之間是否存在必然的聯繫。

子思曰：「事自名也，聲自呼也。」陳澧指出，子思所云，揭示出聲音之理最微妙者。程子曰：「凡物之名字，自與音義氣理相通」，「出自然之理，音

聲發於其氣,遂有此名此字」,同樣欲探究事物名稱與聲音的關聯。孔穎達《尚書序》疏云:「言者,意之聲;書者,言之記。」。陳澧謂孔疏道出言、意、文字三者關係,尤能達其妙旨。陳澧又謂:「蓋天下事物之象,人目見之,則心有意;意欲達之,則口有聲;意者,象乎事物而構之者也;聲者,象乎意而宣之者也;聲不能傳於異地,留於異時,於是乎書之為文字;文字者,所以為意與聲之跡也。」在前人基礎上,進一步闡明事物之象與名稱、聲音、文字環環相扣的關係。

陳澧又引鄒特夫言,謂「聲象乎意者,以唇舌口氣象之」。《釋名》云:「天,豫司兗冀以舌腹言之。天,顯也,在上高顯也。青徐以舌頭言之。天,坦也,坦然高而遠也。」「風,豫司兗冀橫口合唇言之。風,氾也。其氣博氾而動物也。青徐言風,踧口開唇推氣言之。風,放也,氣放散也。」陳澧以《爾雅》釋「天」、「風」二字為例,認為此正以唇舌口氣象之說字音,可見字音、字義之間存在的天然關聯,又進一步舉例申言之,如大字之聲大,小字之聲小,長字之聲長,短字之聲短,酸字口如酸之形,苦字口如食苦之形,甘字口如食甘之形,如此云云,皆可證古人創始之初、以唇舌口氣之象呼名的自然之理。

除此之外《東塾讀書記》《小學》卷充分肯定顧炎武《音學五書》的開創之功,認為國朝諸儒小學度越千古,其始由於顧亭林作《音學五書》。陳澧指出,顧炎武作《音學五書》之意,原本惟欲今人識古音,令其始願不及的是,古音明而古義往往因之而明,諸儒讀《說文》識字形,讀《音學五書》識字音,於字形不能明之字,且獨僻字音之蹊徑而明之。陳澧認為,持《音學五書》讀經,可以通經,即不能通經,但通小學,亦非俗士。

第八章 《東塾讀書記》與南宋、明清學術筆記

　　梁啟超《清代學術概論》論清代「學者社會」一節，述求學經歷、學者著書風氣曰：「十三歲肄業於學海堂，堂則前總督阮元所創，以樸學教於吾鄉者也。其規模矩矱，一循百年之舊。十六七歲遊京師，亦獲交當時耆宿數人，守先輩遺風不替者」，「大抵當時好學之士，每人必置一『劄記冊子』，每讀書有心得則記焉。蓋清學祖顧炎武，而炎武精神傳於後者在其《日知錄》」，「推原劄記之性質，本非著書，不過儲著書之資料，然清儒最戒輕率著書，非得有極滿意之資料，不肯泐為定本，故往往有終其身在預備資料中者」，「當時第一流學者所著書，恒不欲有一字餘於己所心得之外。著專著或專篇，其範圍必較廣，則不免於所心得外擴拾冗詞以相湊附。此非諸師所樂，故寧以劄記體存之而已。」〔註1〕

　　從時間推算，1886 年，梁啟超肄業學海堂。其時距陳澧離世僅六年。梁啟超述學海堂，謂「前總督阮元所創，以樸學教於吾鄉」，雖未言及陳澧，但他內心恐怕一定不會忘記前輩鄉賢——曾數十年任學海堂學長的嶺南樸學大師陳澧。

　　《清代學術概論》述劄記，又曰：「劄記實為治此學者所最必要，而欲知清儒治學次第及其得力處，固當於此求之」，「劄記之書則夥矣，其最可觀者，《日知錄》外，則有閻若璩之《潛邱劄記》，錢大昕之《十駕齋養新錄》，臧琳

〔註 1〕梁啟超著，朱維錚校訂：《清代學術概論》，中華書局 2011 年版，第 91、92 頁。

之《經義雜記》，盧文弨之《鍾山劄記》、《龍城劄記》，孫志祖之《讀書脞錄》，王鳴盛之《蛾術編》，汪中之《知新記》，洪亮吉之《曉讀書齋四錄》，趙翼之《陔餘叢考》，王念孫之《讀書雜志》，王引之之《經義述聞》，何焯之《義門讀書記》，臧庸之《拜經日記》，梁玉繩之《瞥記》，俞正燮之《癸巳類稿》、《癸巳存稿》，宋翔鳳之《過庭錄》，陳澧之《東塾讀書記》等。其他不可殫舉。」〔註2〕

本文不厭其煩，詳引梁啟超羅列的清代劄記書目，有以下用意：第一，若綜觀陳澧《東塾讀書記》、《東塾雜俎》所引用的材料，梁啟超羅列的劄記書目，幾乎都曾在《東塾讀書記》、《東塾雜俎》引文末尾出處小注出現；第二，梁啟超的羅列，又恰以陳澧《東塾讀書記》殿尾，於本文而言，可謂饒有意味。雖云「其他不可殫舉」，實際上，已可見在梁啟超看來，陳澧《東塾讀書記》可謂晚清最後一部最重要的劄記，可作為清代劄記最有價值的收尾之作。

梁啟超自謂「筆鋒常帶感情」。於本文而言，寫至梁啟超述學海堂、述陳澧《東塾讀書記》，亦不禁筆鋒蓄著一些難以言說的情感。基於此，本文欲沿著梁啟超述清代劄記的思路，從學術筆記的角度，審視、探究和思考陳澧《東塾讀書記》的寫作。

一、筆記體裁的名稱、淵源和種類

關於筆記體裁的名稱和淵源，劉葉秋《歷代筆記概述》作了精細論述。其書述「筆記」二字詞源，謂本指執筆記敘，如《南齊書·丘巨源傳》云「筆記賤伎」；言「筆」不言「文」，因南北朝崇尚駢儷，重文、筆之辨，故稱信筆記錄的散行文字曰「筆」。筆記出現之初，經常屬「小說」之目，凡不本經典的論述，包括瑣聞、雜誌、考證、辨訂等，亦被稱作小說。直至清代，閻若璩論南宋王應麟《困學紀聞》，仍指為「說部」〔註3〕。

張舜徽《清人筆記條辨》自序，列舉清人筆記種類，有「專載朝章禮制者」，「但記掌故舊聞者」，「講求身心修養者」，「錄奇聞異事者」，「紀詩歌倡和者」，「記讀書日程者」，「如斯之流，皆屏不取」；「復多經術湛深、考證邃密者」，「亦有博涉子史、校勘精審者」，「斯並學涉專門，宜有專書以集其成，今

〔註2〕梁啟超著，朱維錚校訂：《清代學術概論》，中華書局2011年版，第93頁。
〔註3〕劉葉秋著：《歷代筆記概述》，北京出版社2003年版，第1、2頁。

亦不取與百家筆記並列焉」;「今茲所採」,「有辨章學術者,有考論經籍者,有證說名物制度者,有訂正文字音義者,有品定文藝高下者,有闡述養生方術者,得失互見,多可商榷」,「竊不自量,從而評亭是非」〔註4〕。綜觀「皆屏不取」、「今亦不取」和「今茲所採」者,可見清人筆記林林總總,分類反覆,目接不暇。張舜徽《清人筆記條辨》採顧炎武《日知錄》、閻若璩《潛邱劄記》、張爾岐《蒿庵閒話》、袁枚《隨園隨筆》、惠棟《松崖筆記》、錢大昕《十駕齋養新錄》等,亦採陳澧《東塾讀書記》十六卷。

劉葉秋《歷代筆記概述》將魏晉至明清筆記分為三大類:小說故事類,歷史瑣聞類,考據、辨正類。論清代考據、辨正類筆記,亦述顧炎武《日知錄》、趙翼《陔餘叢考》、張爾岐《蒿庵閒話》、閻若璩《潛邱劄記》、錢大昕《十駕齋養新錄》等,未及陳澧《東塾讀書記》〔註5〕。

徐德明《清人學術筆記提要》將清人學術筆記大致分為經史匯釋、群書集校、雜考瑣議三類,又將雜考瑣議類再細分三小類:一類為綜合性叢考雜辨,如《日知錄》、《蒿庵閒話》、《陔餘叢考》、《潛邱劄記》;一類偏重經史訓詁校勘,如《十駕齋養新錄》等;一類為瑣談雜論,如《淥水亭雜識》等〔註6〕。徐德明《清人學術筆記提要》述陳澧《東塾讀書記》十五卷。

來新夏《清人筆記隨錄》序言謂筆記體裁特殊,內容龐雜,界劃不清,經史子集,不知分屬何類,有的入史部雜史類,有的入史部地理類,有的入子部儒家類,有的入子部小說家類,更多的歸子部雜家類,如顧炎武《日知錄》,張爾岐《蒿庵閒話》等。自序云所見清人筆記,「見其有關學術、典制、人事、風情、傳聞、異說、物產、奇技,無所不包」〔註7〕。

《四庫全書總目》將多數筆記歸入子部雜家類,提要曰:「雜之義廣,無所不包」,「以立說者謂之雜學;辯證者謂之雜考;議論而兼敘述者,謂之雜說;旁究物理,臚陳纖瑣者,謂之雜品;類輯舊文,途兼眾軌者,謂之雜纂;合刻諸書,不名一體者謂之雜編;凡六類」〔註8〕。

概而述之,筆記這一體裁,可謂內容龐雜,分類繁複,分類標準難以定

〔註4〕張舜徽著:《清人筆記條辨》,華中師範大學出版社2004年版,《自序》第1、2頁。

〔註5〕劉葉秋著:《歷代筆記概述》,北京出版社2003年版。

〔註6〕徐德明撰:《清人學術筆記提要》,學苑出版社2004年版。

〔註7〕來新夏著:《清人筆記隨錄》,中華書局2005年版。

〔註8〕永瑢等撰:《四庫全書總目》,中華書局1965年版,第1006頁。

之，各人有各說，令人目不暇接。就特點而言，如劉葉秋《歷代筆記概述》所總結，以內容論可謂「雜」，不拘類別，有聞即錄，以形式論可謂「散」，長長短短，記敘隨宜。

二、《東塾讀書記》、《東塾雜俎》的文獻來源與引用

若以書名揣之，顧名思義，《東塾讀書記》即有關讀書的筆記，東塾則為讀書處所。如陳澧擬序言所云：「東塾者，余家東偏有一書塾，澧數十年讀書處也。」〔註9〕《東塾讀書記》陳澧生前付梓十五卷，餘稿十卷，遺命曰《東塾雜俎》，令子孫、門人編錄，後刊刻成書。「雜俎」二字，即雜錄，書名仍為讀書雜錄之意。

既為讀書筆記和雜錄，當記載、引用所讀之書。如梁啟超《清代學術概論》所言，清儒最戒輕率著書，往往有終身預備資料者，寧以劄記體存之，《日知錄》外、《潛邱劄記》、《十駕齋養新錄》直至陳澧《東塾讀書記》，皆為其最可觀者。可見陳澧選擇以劄記形式著《東塾讀書記》，是清代學者著書觀念的典型例證。

《東塾讀書記》、《東塾雜俎》所引用材料，可謂極其廣博。總體而言，大致可分為九類。

第一類為史書，如《史記》、《漢書》、《後漢書》、《續漢書》、《三國志》、《晉書》、《魏書》、《南齊書》、《隋書》、《新唐書》、《舊唐書》、《宋史》、《元史》、《明史》。史書引用最多者，一為人物傳記，二為《藝文志》、《經籍志》、《儒林傳》。除此之外，還常引唐杜佑《通典》、宋王應麟《漢制考》等述歷代典章禮樂制度。

第二類為子部儒家類。因《東塾讀書記》十五卷或十六卷本以諸經論為主，分卷述十三經諸經時，自然不得不引述歷代學者有關儒家經典的相關著作，如《東塾讀書記》《孟子》卷引蘇轍《孟子解》、戴震《孟子字義疏證》等；《易》卷引黃澤《易學濫觴》、焦循《易圖略》、張惠言《鄭荀易義序》等；《尚書》卷引王鳴盛《尚書後案》、閻若璩《尚書古文疏證》等；其餘各卷所引子部儒家類書，在此不贅述。

第三類為目錄類書籍，《東塾讀書記》、《東塾雜俎》最注意者為南宋陳振

〔註9〕陳澧著：《學思錄序目》，黃國聲主編：《陳澧集》（二），上海古籍出版社2008年版，第768頁。

孫《直齋書錄解題》、晁公武《郡齋讀書志》、《四庫全書總目》，餘者還有尤袤《遂初堂書目》等。

第四類為類書，如《冊府元龜》、《玉海》。

第五類為學者書札，引用最頻者，當屬對朱子與友朋、弟子論學書札的引用。

第六類為奏疏，引用較多者，如司馬光、朱子各類奏疏、劄子，餘者還有曾國藩等各類奏疏、劄子。

第七類為學者語錄，如劉敞《公是先生弟子記》、《伊川語錄》、《二程遺書》、《上蔡語錄》、《朱子語類》、李光地《榕村語錄》等。

第八類為詩文集，如《韓愈文集》、朱筠《笥河集》、魏禧《魏叔子文集》、汪琬《汪堯峰文鈔》等。

第九類為學術筆記，以明清學術筆記為主。

來新夏《清人筆記隨錄》自序云：「筆記之體，始於漢魏，興於唐宋，盛於明清。」〔註10〕陳澧《東塾讀書記》、《東塾雜俎》引學術筆記，除司馬光《涑水紀聞》、王辟之《澠水燕談》、沈括《夢溪筆談》、洪邁《容齋隨筆》、王應麟《困學紀聞》、黃震《黃氏日鈔》等少數幾種宋代筆記，餘者多為明清學術筆記，如薛文清《讀書續錄》、張爾岐《蒿庵閒話》、顧炎武《日知錄》、袁枚《隨園隨筆》、陸隴其《松陽講義》、何焯《義門讀書記》、王鳴盛《十七史商榷》、趙翼《陔餘叢考》、《廿二史劄記》、閻若璩《潛邱劄記》、錢大昕《十駕齋養新錄》、洪亮吉《曉讀書齋初錄》、孫志祖《讀書脞錄》、陳祖範《經咫》、李富孫《鶴徵錄》、《鶴徵後錄》、王引之《經義述聞》、黃道周《榕壇問業》、劉逢祿《書序述聞》等，不勝枚舉。

陳澧《東塾讀書記》、《東塾雜俎》所引宋、明、清學術筆記，以南宋王應麟《困學紀聞》、黃震《黃氏日鈔》、清顧炎武《日知錄》三種為其中引用最頻者。

三、《東塾讀書記》與王應麟《困學紀聞》

陳澧《東塾讀書記》《孝經》、《論語》、《孟子》、《易》、《周禮》、《禮記》、《諸子書》、《鄭學》、《東塾雜俎》《北宋》諸多卷次屢引王應麟《困學紀聞》。另有少數材料引自王應麟《漢制考》、《詩考序》、《辭學指南》、《玉海》等。

〔註10〕來新夏著：《清人筆記隨錄》，中華書局 2005 年版，第 9 頁。

　　陳澧或引王應麟《困學紀聞》相關論述以證己見。《東塾讀書記》《孝經》卷論陶淵明《五孝傳》，引王應麟《困學紀聞》卷七論《孝經》部分曰：「彭忠肅公以『致敬』、『致樂』、『致憂』、『致哀』、『致嚴』裒集格言，為《五致錄》。司馬公《家範》亦以『五致』類事，忠肅之書本於此。」〔註11〕《孝經·紀孝行章》曰：「居則致其敬，養則致其樂，病則致其憂，喪則致其哀，祭則致其嚴。」陶淵明《五孝傳》述五孝故事，各以證《紀孝行章》居敬、養樂、病憂、喪哀、祭嚴。蕭統編八卷本《陶淵明集》未收《五孝傳》，後世遂有人疑《五孝傳》非陶淵明作，為後人依託。陳澧的觀點是，不必疑。原因在於，《五孝傳》稱引故事以證《紀孝行章》五事，此為外傳之體，自《韓詩外傳》古已有之。陶淵明《五孝傳》後，宋司馬光《家範》亦錄《孝經》此五句，每句各引經史證之。《困學紀聞》述彭忠肅公亦為《五致錄》，又本於司馬光《家範》。陳澧此處引《困學紀聞》，以證自陶淵明《五孝傳》後，司馬光、彭忠肅公皆鑒茲前式，仿《五孝傳》外傳之體，各引經史以證《孝經·紀孝行章》。今人已從版本源流、史實考據角度，考辨《五孝傳》為《陶淵明集》真作，可見陳澧的看法不誣〔註12〕。

　　或在王應麟《困學紀聞》觀點的基礎上，申而論之，發揮己見。如《東塾讀書記》卷三引《困學紀聞》卷八論《孟子》云：「孟子學伊尹者也。當今之世，捨我其誰也？亦是聖人之任。」陳澧認同王應麟的看法，申而論之，指出孟子、伊尹相同之處，在於孟子「非其道，則一簞食不可受於人」，與伊尹「非其道，一介不以取諸人」，若合符節。在此基礎上，又分辨陳仲子異於孟子、伊尹處，在於無所謂「以斯道覺斯民」的社會擔當，故陳仲子非聖賢，僅山林枯槁之徒〔註13〕。可見陳澧《東塾讀書記》此條，是讀王應麟《困學紀聞》論《孟子》「學伊尹」後，有感而發。

　　陳澧引王應麟《困學紀聞》，有時為評析王應麟經說。如《東塾讀書記》卷四《易》指出，《困學紀聞》錄王輔嗣注二十三條，云「輔嗣之注，學者不可忽也」，可見陳澧對《困學紀聞》卷一《易》論曾作過細緻研讀和統計。又

〔註11〕王應麟著，閻若璩、何焯、全祖望注，樂保群、田松青校點：《困學紀聞》，上海古籍出版社2015年版，第255頁。

〔註12〕龔斌：《陶集〈五孝傳〉〈四八目〉真偽考辨》，《蘇州教育學院學報》2017年第1期。

〔註13〕陳澧著：《東塾讀書記》，黃國聲主編：《陳澧集》（二），上海古籍出版社2008年版，第59頁。

就清何焯《義門讀書記》「厚齋但就其格言錄之」一語，稱許王應麟《困學紀聞》所錄王弼注，非但尚《易》之辭，並尚王弼之辭。陳澧認為，王應麟錄王弼注，正是王弼解經有心得處，但其格言之體，失漢儒注經之體，與此同時，王應麟模擬王弼格言之體，入自著之書，正合子書之體。簡言之，陳澧充分肯定王應麟《困學紀聞》論《易》所引述王弼注。

陳澧有時亦對王應麟的觀點表達嚴肅的批評。如《東塾讀書記》卷十五《鄭學》引王應麟《困學紀聞》卷四論《周禮》，謂「鄭康成釋經，以緯書亂之」。陳澧認為，後儒多譏鄭玄信緯，皆為謬說。又如梁許懋云「鄭玄有參、柴之風，不能推尋正經，專信緯候之書」，孔穎達《舜典》疏云：「鄭玄篤信讖緯」。陳澧謂「如許懋、孔沖遠、王伯厚，皆所謂『未探碩意』者也」〔註14〕。

陳澧《東塾雜俎》論歷代學術部分，亦受王應麟《困學紀聞》相關論述極大啟發。如《東塾雜俎》卷七《北宋》引《困學紀聞》卷八《經說》曰：

> 自漢儒至於慶曆間，談經者守訓故而不鑿。《七經小傳》出，而稍尚新奇矣。至《三經義》行，視漢儒之學若土梗。古之講經者執卷而口說，未嘗有講義也。元豐間，陸農師在經筵，始進講義。自時厥後，上而經筵，下而學校，皆為支離曼衍之詞。道愈散而習愈薄矣。陸務觀曰：「唐及國初，學者不敢議孔安國、鄭康成，況聖人乎？自慶曆後，諸儒發明經旨，非前人所及，然排《繫辭》，毀《周禮》，疑《孟子》，譏《書》之《胤征》、《顧命》，黜《詩》之《序》，不難於議經，況傳注乎？」斯言可以箴談經者之膏肓。〔註15〕

王應麟此語，對後世理解和闡釋宋代解經風氣之變，可謂極其關鍵。王應麟之言有如下幾層含義：第一，漢儒至北宋仁宗慶曆間，儒者談經，嚴守訓故而不鑿；第二，北宋劉敞著《公是先生七經小傳》，以義理說《尚書》、《毛詩》、《周禮》、《儀禮》、《禮記》、《公羊傳》、《論語》七經，在學風轉變過程中，起到重要作用，此後儒者解經，稍尚新奇；第三，至神宗熙寧八年（1075），朝廷頒王安石《毛詩義》、《尚書義》、《周官新義》三經義，始輕賤漢儒之學；第四，再至神宗元豐年間，陸游祖父陸佃在經筵進講義，自此之

〔註14〕陳澧著：《東塾讀書記》黃國聲主編：《陳澧集》（二），上海古籍出版社2008年版，第271頁。

〔註15〕王應麟著，閻若璩、何焯、全祖望注，欒保群、田松青校點：《困學紀聞》，上海古籍出版社2015年版，第291頁。

後，上自經筵，下至學校，各為支離曼衍之辭，以己意解經。第五，至南宋陸游，謂唐至宋初學者不敢非議漢儒，自北宋慶曆後，排《繫辭》，毀《周禮》，疑《孟子》，譏《書》之《胤征》、《顧命》，黜《詩》之《序》，不僅輕視漢儒傳注，大膽懷疑經文。王應麟此語，站在最為貼近宋儒的時間點，精細入微，闡釋了宋代疑經之風的細緻發展、變化過程。

有意味的是，自陳澧《東塾雜俎》引用王應麟《困學紀聞》《經說》此語後，後世經學史幾乎皆引此語。皮錫瑞《經學歷史》論北宋學風丕變，專重王應麟此語〔註16〕。馬宗霍《中國經學史》又專引王應麟此語所引陸游之言〔註17〕。與陳澧所引相較，皮錫瑞引用時未注明《困學紀聞》卷次，馬宗霍引用時亦未注明陸游語出處。獨陳澧《東塾雜俎》不僅明言「《困學紀聞》曰」，於引語下還特加小注「卷八下」。從引語學術規範而言，作為後人的皮錫瑞、馬宗霍顯不如前輩陳澧嚴謹。從材料來源而言，本文認為，陳澧《東塾雜俎》首次引用王應麟《困學紀聞》此語，在材料挖掘方面，有首創之功，後人對這則材料的引用，亦極有可能曾受陳澧《東塾雜俎》影響。

概而述之，陳澧《東塾讀書記》、《東塾雜俎》引王應麟《困學紀聞》的相關經說，或以之為論據，以證自己的觀點；或讀《困學紀聞》有感而發，申而論之；或細緻研讀、統計其文，以評析之；或對其觀點提出否定和批評意見。總之，可見陳澧對王應麟《困學紀聞》熟讀而精思，深受其影響。以上所論，為陳澧《東塾讀書記》在具體內容方面所受《困學紀聞》的影響。

若從框架結構方面深究之，亦可見陳澧《東塾讀書記》總體框架受王應麟《困學紀聞》影響之深。王應麟《困學紀聞》凡二十卷，前八卷主要為諸經論，分別論《易》、《書》、《詩》、《周禮》、卷五《儀禮》、《禮記》、《大戴禮記》、《樂》合論之，卷六《春秋》、《左氏》合論之，卷七《公羊》、《穀梁》、《論語》、《孝經》合論之，卷八為《孟子》、《小學》、《經說》。卷九論天道、曆數，卷十論地理、諸子、《莊子逸篇》，卷十一至卷十六以考史為主。餘下三卷分別評文、評詩。末卷為雜識。陳澧《東塾讀書記》、《東塾雜俎》框架結構受王應麟《困學紀聞》影響表現在如下方面：其一，《東塾讀書記》十五卷或十六卷刻本亦以諸經論為主，諸經順序除置《孝經》、《論語》、《孟子》於前，餘者次第與王應麟《困學紀聞》基本相同；其二，陳澧《東塾讀書記》諸經論，亦

〔註16〕皮錫瑞著，周予同注釋：《經學歷史》，中華書局 2011 年版，第 156 頁。
〔註17〕馬宗霍著：《中國經學史》，上海書店 1984 年版，第 111 頁。

將《春秋三傳》合論之，與《困學紀聞》卷六、卷七分別合論《春秋》、《左氏》，《公羊》、《穀梁》相類；其三，陳澧《東塾讀書記》列《小學》卷，當受《困學紀聞》卷八目錄列《小學》影響；其四，《困學紀聞》單論《諸子》，《東塾讀書記》亦單列《諸子書》卷；其五，陳澧《東塾讀書記》論歷代學術史之《東塾雜俎》部分，亦應受《困學紀聞》後半部分考史影響。不過《困學紀聞》重在考史實，《東塾雜俎》重在考經學歷史。

總而言之，不論從引用頻率，具體觀點、內容，或從整體框架結構而言，皆可見陳澧《東塾讀書記》、《東塾雜俎》深受王應麟《困學紀聞》的影響。

四、《東塾讀書記》與黃震《黃氏日鈔》

今人論陳澧，皆謂除膺服漢儒鄭玄、宋儒朱熹，陳澧最為尊崇的清儒為顧炎武。如王惠榮《陳澧思想研究》引《東塾遺稿》之《默記》一則云：「人不可無師，豈可任己意以為學問哉？『學之為言效也』，必當尋師。尋師則必求之古人，鄭君也，陶令也，陸宣公也，韓文公也，胡安定也，司馬公也，朱子也，顧亭林先生也。」〔註18〕又引《與胡伯薊書》「僕之為此書也，以擬《日知錄》，足下所素知也」諸語，以明《東塾讀書記》是「《日知錄》影響下的產物」〔註19〕。

本文認為，若細觀《東塾雜俎》卷八《南宋》，細勘《東塾讀書記》、《東塾雜俎》文獻來源，才可會心於陳澧對宋儒黃震及其《黃氏日鈔》的遙承和深奉。

黃宗羲《宋元學案》原以「四明朱門學案」論黃震之學，全祖望補修時，改以「東發學案」稱之〔註20〕。皮錫瑞《經學歷史》、馬宗霍《中國經學史》和今人所著經學史著作皆未述黃震。侯外廬《中國思想通史》第四卷第十八章以「宋元之際黃震和鄧牧的進步思想」為題，論黃震的政治、學術思想。據此書序言，第四卷編寫於 1959 年，故觀點明顯具有上世紀建國初期的政治痕跡，站在唯物主義立場，既肯定黃震吏治生涯正直廉潔，不畏權貴，為百姓

〔註18〕 王惠榮著：《陳澧思想研究》，中國社會科學出版社 2008 年版，第 30 頁。原文出處為陳澧著《學思自記》，黃國聲主編：《陳澧集》（二），上海古籍出版社 2008 年版，第 764、765 頁。

〔註19〕 王惠榮著：《陳澧思想研究》，中國社會科學出版社 2008 年版，第 32 頁。

〔註20〕 黃宗羲原著，全祖望補修，陳金生、梁運華點校：《宋元學案》，中華書局 1986 年版，第 2884 頁。

辦實事，又批評他未能擺脫程、朱理學束縛，深受唯心哲學束縛。

　　若將黃震與王應麟相較，可知二人頗有相近處。從生活時代而言，黃震早於王應麟十年出生，亦早於王應麟十五年離世，二人同為宋末元初人。從易代後經歷而言，二人皆隱居不仕。但有意味的是，今人對黃震及其《黃氏日鈔》的重視程度，遠不及同時代王應麟及其《困學紀聞》。傅璇琮先生在推薦《黃震全集》一書的出版時曾指出，黃震不僅是南宋後期一位能吏，也是一位著名的經學家、理學家和史學家，今人對其著作，卻長期以來缺乏必要整理〔註 21〕。直至今天，雖有少量論文論述黃震政治、理學或史學思想，對《黃氏日鈔》的關注卻仍寥寥。

　　與今人的冷遇相較，陳澧《東塾雜俎》論南宋學術可謂對黃震及其《黃氏日鈔》極力讚譽。透過陳澧對黃震的推許，亦可見陳澧對黃震為人、為學諸多方面有意的遙相師法和承續。陳澧指出，黃震「生於宋季」，「著書以救宋一代諸儒之弊」；錢穆《中國近三百年學術史》「陳蘭甫」一章，亦稱許陳澧著《東塾讀書記》以救晚清諸儒治學之弊。陳澧評價黃震學術思想傾向，謂「於《易》，不取太極先天之說」，「於《詩》，稍助《序》說，於《論語》，不談一貫」，「至於朱子，乃其所宗」，「象山之學，尤其所深闢者」〔註 22〕，諸語皆可直接借用以論陳澧學術思想傾向，毫無違逆。陳澧論《易》，亦不取太極先天說；論《詩》，特重詩《序》，強調重回毛詩《序》之立場和視角審視《詩》的內涵；論《論語》，掙脫「一以貫之」之「一」的局囿，從孔子因材施教的立場，否認「一以貫之」之道的唯一性；陳澧最尊朱子，亦深闢象山之學。由此可見，不論挽救學風之弊的強烈意識，或學術思想的諸多具體方面，陳澧深受黃震影響，實與黃震之學相類。

　　陳澧《東塾雜俎》《南宋》卷還有這樣一條，云「其讀書最得韓文公提要鉤玄之法，是為讀書之定法，澧之所心悅誠服者」。綜觀陳澧《東塾讀書記》、《東塾雜俎》，以及與諸弟子論學書札，屢見對韓愈提要鉤玄讀書法的強調。在學海堂的教學中，陳澧亦屢以此法訓示諸生。此條又云：「昔嘗有人慾以澧為師，澧辭之曰：『盍以我之師為師？《黃氏日鈔》是也。』澧今著《學思錄》，

〔註 21〕 傅璇琮：《〈黃震全集〉——古籍整理領域的傳世精品》，《中華讀書報》2014 年 2 月 26 日。

〔註 22〕 陳澧著：《東塾雜俎》，黃國聲主編：《陳澧集》（二），上海古籍出版社 2008 年版，第 611 頁。

豈敢竊比於《日鈔》，亦師其意云爾。」〔註23〕可見在陳澧心目中，黃震《黃氏日鈔》是他的老師，《學思錄》的寫作，不敢竊比於《黃氏日鈔》，僅師其意而已。

若與陳澧論《日知錄》相較，別有意味可見。《東塾集》有《與胡伯薊書》。胡伯薊即胡錫燕，父名湘，曾任廣東候補知縣，署南海縣事，曾邀陳澧館於家，親授伯薊兄弟二人。咸豐七年（1857），英法聯軍陷廣州，陳澧避居橫沙村，胡伯薊特訪其師於橫沙村舍。可謂於兵患之際，肫肫奉師。恰逢《漢儒通義》刻成，又特作跋語。由此可知，陳澧因館於其家，與弟子胡錫燕當別有親近之感。《與胡伯薊書》云：「近年為《學思錄》」，「僕之為此書也，以擬《日知錄》，足下所素知也。《日知錄》上帙經學，中帙治法，下帙博聞。僕之書，但論學術而已。僕之才萬不及亭林。且明人學問寡陋，故亭林振之以博聞。近儒則博聞者固已多矣。至於治法，亦不敢妄談。」可見，陳澧素來告知弟子胡伯薊，著《學思錄》以擬顧炎武《日知錄》。又因才萬不及之，且近儒博聞者固已多，亦不敢妄談治法，故但論學術而已。

再與《東塾雜俎》論黃震之學相較，可謂頗有耐人尋味處。據《東塾雜俎》所云，陳澧直將黃震視為己師，又謂《學思錄》竊不敢比於《黃氏日鈔》。其所述黃震之學，亦顯見陳澧之學諸多方面直承黃震而來。為何《與胡伯薊書》云「足下所素知」《學思錄》擬《日知錄》，而不言《學思錄》師《黃氏日鈔》？

本文認為，陳澧對顧炎武的敬奉，與對黃震的師承，有著感情上的微妙不同。從家族出身而言，顧氏為江東望族。高祖顧濟，歷仕明武宗、世宗二朝，任給事中，精於刑法、兵器、軍制之事，可謂處津要，掌重權；曾祖顧章志，累官至南京兵部尚書，善處政務，德高望重；父顧同應，亦有文才〔註24〕。從學術地位而言，顧炎武被世人尊為清初大儒，聲名烜赫，歷來被諸儒共同尊奉。黃震則不然，出身卑微，憑一己努力，依靠南宋相對公平的科舉制度，躋身士大夫之列，又憑治事之才，升任郎官最高一階之正七品朝請官，所得差遣，亦由最早的縣尉，升任知撫州、江西提點刑等州郡長官。此已是一般

〔註23〕陳澧著：《東塾雜俎》，黃國聲主編：《陳澧集》（二），上海古籍出版社 2008年版，第 612 頁。

〔註24〕魚宏亮：《顧氏家學及其對顧炎武學術的影響》，《南都學刊（人文社會科學學報）》2003 年第 4 期。

雜出身者可望不可即的仕途，全憑一己勤勉和才幹。於學術聲望而言，黃震亦遠不及顧炎武之人所共聞，至晚清其時，已少有人知。出於家族出身和學術地位的巨大鴻溝，陳澧對顧炎武的敬奉，是距離遙遠、人所共知的崇仰。對黃震的默默師法，卻多了幾分源自相似出身、相似底層人生奮鬥經歷的情感親近。基於此，陳澧一方面在與弟子論學等的正式場合，表達對顧炎武之學的崇仰，另一方面，在他內心深處，始終有一個不顯眼的角落，留存著他對黃震的親切尊崇和嚮往。

若從陳澧《東塾讀書記》、《東塾雜俎》引文角度來看，亦可見陳澧對《黃氏日鈔》的師承。《東塾讀書記》《孝經》、《論語》、《孟子》、《易》、《禮記》、《諸子書》諸卷，《東塾雜俎》《東漢》、《唐五代》、《北宋》諸卷，皆屢引《黃氏日鈔》。

如《東塾讀書記》《孝經》卷云：「黃東發《日鈔》以《孝經》為首，而《論語》、《孟子》次之，以讀經者當先讀此經也。」〔註25〕可見陳澧《東塾讀書記》以《孝經》居首，首先是對《黃氏日鈔》的師法。《東塾讀書記》《論語》卷論孔子四科曰：「朱子《名臣言行錄》、黃東發《日鈔》皆載胡安定教授湖州，敦尚行實，置經義齋、治事齋。」〔註26〕可見陳澧對胡瑗之學的師承，對孔子四科的講求，既受朱子影響，也受黃震《黃氏日鈔》影響。《東塾讀書記》《諸子書》卷引《黃氏日鈔》云：「千載而下，倘有任道者出，體任微言，闡揚奧旨，與莊周及諸子百家所傳述，節而匯錄之，其有功於聖門匪淺鮮矣。」陳澧加案語曰：「澧讀諸子書，亦節而鈔之於左。」可知陳澧《東塾讀書記》列《諸子書》卷，節鈔諸子語，實受《黃氏日鈔》影響。《東塾雜俎》《唐五代》卷引《黃氏日鈔》觀點駁上蔡之學，《北宋》卷引《黃氏日鈔》述黃庭堅學語，以證黃庭堅其實深於經學。《東塾雜俎》《東漢》卷，則引黃震《古今紀要》所引《東漢精華》，謂東漢二十八將，全無奸雄廁其間。

除師法《黃氏日鈔》論諸經以《孝經》居首，重諸子之學，於《東塾讀書記》設《諸子書》卷，引其觀點以證明己見或駁斥他人觀點，陳澧亦客觀指出《黃氏日鈔》誤處。如《孟子》卷引《黃氏日鈔》卷二《讀論語》，指出黃震

〔註25〕陳澧著：《東塾讀書記》，黃國聲主編：《陳澧集》（二），上海古籍出版社2008年版，第16頁。

〔註26〕陳澧著：《東塾讀書記》，黃國聲主編：《陳澧集》（二），上海古籍出版社2008年版，第23頁。

誤解《孟子》「聖人與我同類」之語。

　　概言之，陳澧《東塾讀書記》的構思、結撰，以及學術思想諸多方面，皆深受黃震《黃氏日鈔》的影響。不過因黃震於晚清時聲名不顯，故陳澧在公開場合極少言之，但在內心深處，對黃震及其《黃氏日鈔》一直默默師法。

　　至於黃震及其《黃氏日鈔》為何在身後不顯，本文認為，可從以下二方面析之：第一，黃震曾深得權臣賈似道的器重。據何忠禮《略論黃震的學術思想和仕履活動——兼論科舉制度對他的影響》一文分析，賈似道既嫉才，又愛才，因對黃震的才能和品德有所賞識，故對他極為器重。黃震因耿介正直，三番得罪度宗或權貴，賈似道皆對之特加護佑，矜亮免差，不黜反升〔註27〕。此點正與王應麟形成鮮明對照。王應麟恰因正直敢言，冒犯以賈似道為首的權臣，故遭罷斥，不得不辭官回鄉，隱居二十餘年。黃震受賈似道器重一事，在不瞭解實情者看來，是其節操之污點；第二，《黃氏日鈔》前三十一卷論諸經，再十四卷論本朝諸儒理學書和諸儒書，再九卷論史，接下來十四卷為讀諸子、讀文集，餘下二十九卷為本人所著奏劄、策問、書、記、序、跋、祭文、行狀等各類文體。將本人所著各類文章摻入讀書筆記，此種框架頗顯湊泊，有悖常情。古人素重文體、體式。本文認為，《黃氏日鈔》此種著作體式，影響了後世學者對它學術成就的普遍認可。

五、《東塾讀書記》與顧炎武《日知錄》

　　如王惠榮《陳澧思想研究》所述，《與胡伯薊書》可知，陳澧著《東塾讀書記》以擬顧炎武《日知錄》，因近儒固多博聞，故不論博聞，因不敢妄談治法，故不論治法，專明學術，以期以學術興人才，由人才以達清明政治局面〔註28〕。

　　除此之外，陳澧究竟如何受顧炎武《日知錄》影響這一問題，本文認為，還可從《東塾雜俎》《國朝》卷論顧炎武、《東塾讀書記》、《東塾雜俎》對《日知錄》的引用兩方面，繼續申而論之，進行必要補充。

　　《東塾雜俎》《國朝》卷首引顧炎武《與友人論學書》「愚所謂聖人之道者，曰博學於文，曰行己有恥」，又引《日知錄》卷十三「名教」一則云：「今

〔註27〕何忠禮：《略論黃震的學術思想和仕履活動——兼論科舉制度對他的影響》，《國際社會科學雜誌（中文版）》2009年第3期。
〔註28〕王惠榮著：《陳澧思想研究》，中國社會科學出版社2008年版，第32頁。

日所以變化人心、蕩滌污俗者，莫急於勸學、獎廉二事。」〔註29〕陳澧將顧炎武此二語聯繫起來，認為「勸學」與「博學於文」相關，「獎廉」與「行己有恥」相關，變化人心、蕩滌污俗莫急於勸學、獎廉二事，實則有賴於對博學於文、行己有恥的提倡。又指出，《論語》首句「學而時習之」，恰即博學於文之初基，《孟子》首句「何必曰利」，正與行己有恥若合符節。簡言之，陳澧強調顧炎武博學於文、行己有恥二語，正合聖人之道的根基，為變化人心、蕩滌污俗，必倡顧炎武所云「博學於文」、「行己有恥」。

從《東塾讀書記》、《東塾雜俎》文獻來源而言，屢引顧炎武《日知錄》。如《東塾讀書記》卷二《論語》，引《日知錄》卷七「予一以貫之」云：「三百之《詩》至汎也，而曰『一言以蔽之，曰：思無邪。』」〔註30〕陳澧認為，顧炎武此說，最明孔子「予一以貫之」之旨，《詩》三百篇，即博也，多學也，一言以蔽之者，即約也，一貫也，思無邪者，即忠恕之禮也。可見將《詩》三百篇以「思無邪」一言以蔽之，即由博返約的過程，亦博學於文，約之以禮的過程。綜觀陳澧《東塾讀書記》所論，多次強調博與約的關係，由博返約的重要性，即源於對顧炎武博、約關係論的透徹體悟。《東塾讀書記》《論語》卷論《子張》篇論析子夏「日知其所亡，月無忘其所能」一語，別有用心，以見顧炎武《日知錄》書名之意，揣顧炎武以「日知」為書名，源自子夏之言。

《東塾讀書記》卷四《易》，引《日知錄》卷一「卦爻外無別象」譏「荀爽、虞翻之徒，穿鑿附會，象外生象」，「十翼之中，無語不求其象，而《易》之大指荒矣」〔註31〕。陳澧肯定亭林之譏，不贊同荀爽、虞翻之徒，象中取象以釋《易》。《東塾讀書記》言《易》，另有一條云：「惠定宇易學傾動一世，平心而論，所撰《易漢學》有存古之功」，「惠氏好改經字。此則改經並改史，而自伸其說，卒之乖舛迭見，豈能掩盡天下之目哉！」雖肯定惠棟存古之功，又批評惠棟說《易》擅改經字，並改史，以自伸其說，卒使乖舛迭見。惠氏言《易》之病，即根源自虞翻、荀爽《易》論之穿鑿附會，象外生象。《東塾雜俎》卷七《北宋》還引《日知錄》卷一云：「希夷之圖、康節之書，道家之《易》也。自二子之學興，而空疏之人、迂怪之士舉竄跡於其中以為《易》，而其《易》

〔註29〕顧炎武著，陳垣校注：《日知錄校注》，安徽大學出版社2007年版，第736頁。
〔註30〕顧炎武著，陳垣校注：《日知錄校注》，安徽大學出版社2007年版，第397頁。
〔註31〕顧炎武著，陳垣校注：《日知錄校注》，安徽大學出版社2007年版，第8頁。

為方術之書，於聖人寡過反身之學去之遠矣。」〔註32〕陳澧據此批評近日虞氏之《易》行，離聖人寡過反身之學更遠矣。由此可見，陳澧《易》學觀念，實沿顧炎武《日知錄》說《易》餘緒。

《東塾讀書記》卷七《周禮》引《日知錄》卷五「閽人寺人」論行《周禮》之效。《日知錄》「閽人寺人」認為，閽人、寺人屬冢宰，則內廷無亂政之人，九嬪、世婦屬冢宰，則後宮無盛色之事；太宰之於王，不惟佐之治國，亦誨之齊家；自漢以來，惟諸葛孔明知此義，故上表後主，「宮中、府中，俱為一體」，可以為行《周禮》之效〔註33〕。陳澧認為，觀顧炎武所論，可見《周禮》確為周公所制。當然，《周禮》必有後儒摻入的成分，但陳澧引顧炎武對行《周禮》之效的肯定，以證《周禮》為周公所制，可見對顧炎武觀點權威性的認同。

《東塾讀書記》卷十二《諸子書》論慎子，又引《日知錄》卷八「選補」述掣籤之法選外官事〔註34〕。據《日知錄》所述，明孫丕揚患中人請託，大選外官，立為掣籤之法，一時宮中相傳，以為至公，下逮閭巷，而不知其非體。陳澧以《日知錄》所述此事為例證，以明慎子「投鉤分財，投策分馬，非鉤策為均也，使得美者不知所以賜，得惡者不知所以怨，此所以塞怨望」之說。

對顧炎武《日知錄》的觀點，陳澧亦非全然贊同。如《東塾讀書記》卷六《詩》說《大雅‧韓奕》「燕師所完」，陳澧指出，鄭箋以「安」訓「燕」，朱子《詩集傳》不從鄭箋，訓「燕」為「召公之國」。《日知錄》駁朱子《集傳》之解，云：「豈有役二千里外之人而為築城者？」陳澧不贊同顧炎武對朱子之駁，認為當時燕師至韓，必有其故，不可懸斷其必無。

陳澧《東塾讀書記》引《日知錄》，或申顧氏之說，或以證己見，或平允指出顧氏之疏。概而述之，陳澧於顧炎武博學於文、行己有恥二語別有用心，於《日知錄》《易》論多有繼承。《東塾讀書記》的體例、內容和結構，亦深受顧炎武《日知錄》影響。

深而究之，若將陳澧《東塾讀書記》、《東塾雜俎》引論黃震《黃氏日鈔》與顧炎武《日知錄》之處比而較之，可見陳澧雖屢引《日知錄》，實則對《黃

〔註32〕顧炎武著，陳垣校注：《日知錄校注》，安徽大學出版社2007年版，第591頁。
〔註33〕顧炎武著，陳垣校注：《日知錄校注》，安徽大學出版社2007年版，第251頁。
〔註34〕顧炎武著，陳垣校注：《日知錄校注》，安徽大學出版社2007年版，第251頁。

氏日鈔》的引用尤多。

由此可見，陳澧於《日知錄》，多為學術觀念層面的承襲，於《黃氏日鈔》，則多為具體思想、內容，讀書方法上的汲取和吸納。因此，正如上文所述，顧炎武於陳澧而言，是高山仰止的先賢、大儒，黃震於陳澧而言，卻更親近，更像身邊的老師。由此，如《東塾雜俎》《南宋》卷所述，「昔嘗有人慫以澧為師，澧辭之曰：『盍以我之師為師？《黃氏日鈔》是也。』澧今著《學思錄》，豈敢竊比於《日鈔》，亦師其意云爾。」〔註35〕在陳澧心目中，《黃氏日鈔》即身邊親近之師，以《黃氏日鈔》為師，又如隨黃震親受學矣。

〔註35〕陳澧著：《東塾雜俎》，黃國聲主編：《陳澧集》（二），上海古籍出版社 2008
年版，第 612 頁。

第九章　心繫家鄉桑梓情——陳澧《東塾集》的鄉邦情懷

　　陳澧先世雖非嶺南人，自祖考遷廣東，遂落籍番禺。彼時的番禺，非番禺今時所指。據同治十年《番禺縣志》，番禺置於秦時，西漢至宋皆屬南海郡，元始屬廣東廣州，至清朝與花縣同屬廣州府。由此可知，清朝時期的番禺，大致為今時除花都以外的廣州地區。屈大均《廣東新語》云，「子所言止於父母之邦」，「廣東者，吾之鄉也」〔註1〕。如果以父母之邦為家鄉，對生於斯、長於斯、老於斯的陳澧而言，地處嶺南的廣東番禺就是他的家鄉。

　　《東塾集》是陳澧生前手定的文集。門人廖廷相跋云，「同治戊辰（1868）、庚午（1870）間，廷相讀書先生塾中，承命編輯文集，呈錄函丈。後有所作，依次編入」，「遺槀待梓，人事牽阻，忽忽十年，今檢錄校刊，一遵手定」〔註2〕。《東塾集》凡六卷，收文二百二十篇。不論經學論辯、雜記、贈序、序跋、傳記或碑銘，《東塾集》流露著陳澧對家鄉番禺的桑梓之情。

一、考證番禺歷史沿革，留意家鄉輿地、水道

　　《東塾集》經學論辯文章考證輿地和水道時，對家鄉番禺特為留意。

　　《書漢書地理志後》即《漢書·地理志》的讀後感。《漢書·地理志》言及粵地僅數語，一是總述郡縣時，「南海郡，戶萬九千六百一十三，口九萬四

〔註1〕屈大均著：《廣東新語》，中華書局1985年版，《自序》第1頁，正文卷十一，第319頁。

〔註2〕陳澧著，黃國聲主編：《陳澧集》（一），上海古籍出版社2008年版，第16頁。

千二百五十三。縣六：番禺、博羅、中宿、龍川、四會、揭陽」〔註3〕，二是分述各地歷史沿革、風俗物產時，「粵地，牽牛、婺女之分野也。今之蒼梧、鬱林、合浦、交址、九真、南海、日南，皆粵分也」，「秦南海尉趙佗亦自王，傳國至武帝時，盡滅以為郡云」〔註4〕，「處近海，多犀、象、毒冒、珠璣、銀、銅、果、布之湊，中國往商賈者多取富焉」；單述番禺僅七字，「番禺，其一都會也」〔註5〕。陳澧此篇《漢書·地理志》讀後感，卻全文僅關乎番禺。「昔時番禺修志書，陸磐石廣文謂番禺為秦縣，然無證據。廣州府修志，廣文沒矣，而前說未能定」〔註6〕，陳澧深憾廣州府修志之時，尚未得證據以確鑿證明番禺為秦縣，於是引《史記·南越尉佗列傳》、《史記·西南夷傳》，參《漢書·地理志》所云，考番禺為秦縣無疑。《牂牁江考》則考證牂牁江的源流，引《史記·西南夷傳》云：「南粵食唐蒙蜀枸醬，蒙問所從來，曰：『道西北牂牁。牂牁江廣數里，出番禺城下』」，又云「此由今廣西紅水河順流至廣東番禺縣也」〔註7〕，特為留意牂牁江流經家鄉番禺。尤值得注意的是，《書漢書地理志後》在考證番禺為秦縣時，也引用了《牂牁江考》所引《史記·西南夷傳》牂牁江出番禺城下這段文獻。只不過《書漢書地理志後》一文從時間角度引用，以考番禺為秦縣無疑，《牂牁江考》一文從空間角度引用，以考牂牁江流經番禺。從時間和空間的多重維度，自覺關注生長於斯的家鄉番禺，已經成為陳澧對番禺無意識的情感認同。

二、敘憶家鄉書齋、書院，彰顯讀書知禮雅風

《東塾集》雜記類文章多關乎家鄉書齋和書院。《傳鑒堂記》和《止齋記》述先君在番禺這片土地上的讀書往事。《菊坡精舍記》記中丞蔣香泉與方子箴改粵秀山長春仙館為菊坡精舍、聘陳澧為掌教、以經史文筆課士之事。

《離經辨志齋記》述巡撫郭嵩燾復學海堂專科肄業生，新構書齋命名「離經辨志齋」的由來。「阮文達公督粵，設學海堂課士」，「後十餘年，盧敏肅

〔註3〕班固撰，顏師古注：《漢書》，中華書局 1962 年版，卷二十八《地理志》，第1628 頁。
〔註4〕班固撰，顏師古注：《漢書》，中華書局 1962 年版，卷二十八《地理志》，第1669 頁。
〔註5〕班固撰，顏師古注：《漢書》，中華書局 1962 年版，卷二十八《地理志》，第1670 頁。
〔註6〕陳澧著，黃國聲主編：《陳澧集》（一），上海古籍出版社 2008 年版，第 85 頁。
〔註7〕陳澧著，黃國聲主編：《陳澧集》（一），上海古籍出版社 2008 年版，第 71 頁。

公督粵」，「錢給事儀吉來遊，皆阮公弟子也」，「錢君言於盧公，取堂中士課以《十三經》、四史、《文選》、杜詩、韓文、朱子書，每人專習一書」，「未幾，盧公薨，其事遂罷」，「今三十餘年矣，巡撫郭公復行之」，「會學海堂新構書齋，澧言於眾曰：『是齋也，宜因事為名，《學記》曰：「入學，一年視離經辨志。」鄭注、孔疏曰：「離經者，斷句也。辨志者，辨其志欲習何經也」。今之專習一書者，辨志也。以句讀為首者，離經也。宜曰離經辨志之齋。」〔註8〕有賴《離經辨志齋記》的記載，學海堂專科肄業生往事的重要細節得以留存。

　　《重修蘿峰書院記》述蘿崗鍾氏家族敦子弟讀書事。「廣州城東六十里，群山環合曰蘿崗洞，洞之東一峰秀出，曰蘿峰。峰之麓有精舍曰蘿峰書院，其翼然高者曰餘慶樓。洞中十餘村皆鍾氏。鍾氏之先曰玉岩公，嘗結一庵讀書，曰種德庵。其曾孫曰子還公，拓其庵為書院，而築樓奉玉岩公像，每歲以正月之望祭之」，寥寥數語，如水墨山水，繪出一片群山環繞的世外桃源。美不止於景，更在於文，「族人能文章者與於祭，不能者不與於祭，祭畢命題為文賦詩乃退，世守其法不替」，「道光中，子還公裔孫、內閣中書銜舉人諱逢慶者，偕其族人」，「推廣先志，每月之望課文於斯樓。中書歿十餘年，其法亦不替。甲寅之亂，盜賊蜂起，洞中課文如故」。陳澧有感於「吾粵風俗日壞，貪詐浮薄，愈趨愈下」，稱頌「鍾氏立法既善，其後人又能遵守之，誠可尚也」〔註9〕。時至今日，蘿峰書院仍在，因玉岩公之名被人們改稱玉岩書院。《重修蘿峰書院記》一文為後人留下珍貴的文獻記載，使蘿崗鍾氏數百年來讀書知禮的風俗不至湮滅無聞。

三、描繪學者往還文化圖景

　　《古文辭類纂》序曰：「贈序類者，老子曰：『君子贈人以言。』顏淵、子路之相違，則以言相贈處。梁王觴諸侯於范臺，魯君擇言而進，所以致敬愛、陳忠告之誼也」〔註10〕。陳澧《東塾集》諸多贈序展現了粵地學者與來粵仕宦學者之間君子往還的文化圖景。《送巡撫郭公入都序》送郭嵩燾離粵入都，「公未去，澧有干謁之嫌，不敢以文辭獻。公今去矣，二三年來辱公下交，澧

〔註8〕陳澧著，黃國聲主編：《陳澧集》（一），上海古籍出版社2008年版，第95頁。
〔註9〕陳澧著，黃國聲主編：《陳澧集》（一），上海古籍出版社2008年版，第97頁。
〔註10〕姚鼐編：《古文辭類纂》，西苑出版社2003年版，《序》第2頁。

雖不文，不敢自匿。夫贈人以言，古之義也，顧以澧之言贈公，何如記公之言以贈公」〔註11〕，展現了陳澧與巡撫郭嵩燾之間的君子之交。《送蔣薌泉撫軍序》送蔣益澧離粵赴陝，以《詩經》「有斐君子，如切如磋，如琢如磨」、「有斐君子，如金如錫，如圭如璧」〔註12〕贊之。

《送劉學使序》為送學使劉熙載歸金陵而作。劉熙載曾於同治三年（1864）督學廣東，至同治五年（1866），任期未滿，告假而歸。《送劉學使序》即作於此時。「學政一官，世人所豔羨也，先生為之未滿任，告病而歸。蓋世人皆好進而先生獨好退，不知美官厚祿之可羨，而惟知讀書，此古之君子而澧以得見為幸者也」，稱頌劉熙載「不知美官厚祿之可羨」、「惟知讀書」的古君子之風。「每一相見，論九流諸子之學，談聲音度數之藝，與澧有同好焉，信可樂也」〔註13〕，述與劉熙載相與論學的清雅情致，令讀者亦心馳神往。

《東塾集》諸篇贈序表達了陳澧與來粵仕宦學者之間的君子之誼，描繪了晚清粵地學者與來粵仕宦學者之間君子往還的文化圖景，展現了嶺南學術與湖湘、江浙學術之間交流互動的些微細節。隨著《東塾集》的流播，這些贈序具有的文化意蘊又得以不斷疊加，彰顯了粵地的人文之美。

四、珍視家鄉先賢、同時代學人著述

（一）序粵地先賢著述，傳先儒之書，厚家鄉風俗

《南海鄒氏重刻道鄉集序》和《胡金竹先生鴻桷堂集序》皆為粵地先賢著述作序。《南海鄒氏重刻道鄉集序》序宋南海泌沖鄒浩《道鄉集》，「南海泌沖鄉鄒氏，係出宋贈寶文閣學士忠公。公二十二世孫特夫徵君得公《道鄉集》，授其族人重刻之。刻成而徵君歿矣，族人以其遺言屬澧為序」。宋鄒浩《道鄉集》《四庫全書》著錄，收詩、詞、制、表、狀、策問、墓碑、祭文、行狀等十餘體裁之文。鄒公二十二世孫鄒特夫重刻之，「復有跋」，鄒特夫歿後陳澧復作序。「顧嘗讀司馬文正公《書儀》，謂子孫保護先人遺書，視遺像尤重。蓋遺像其面目也，遺書則其精神也」，「況今兵燹之後，天下書籍刻板毀失殆

〔註11〕陳澧著，黃國聲主編：《陳澧集》（一），上海古籍出版社 2008 年版，第 107 頁。

〔註12〕陳澧著，黃國聲主編：《陳澧集》（一），上海古籍出版社 2008 年版，第 108 頁。

〔註13〕陳澧著，黃國聲主編：《陳澧集》（一），上海古籍出版社 2008 年版，第 107 頁。

盡，讀書者為之浩歎。然天下之人孰無祖宗，祖宗有遺書者，其子孫皆如泌沖鄒氏購藏而重刻之，則祖宗之精神得以長存。且人人念其祖宗，可以厚風俗，家家購刻書籍，可以助朝廷文教」〔註 14〕，陳澧之序感慨深重，歎兵燹之世書籍難存，幸特夫得以購藏重刻祖先遺書，哀作序之時刻書之人特夫已歿。《南海鄒氏重刻道鄉集序》以幽深沉重之筆彰顯了兵燹之世重刻祖先遺書的意義，促成了鄉賢遺集的流播與推廣。

《胡金竹先生鴻栩堂集序》序白沙之鄉胡金竹先生《鴻栩堂集》。「粵人皆以金竹先生比白沙，然白沙之學顯，金竹之名晦，何也？白沙當明之中葉，道學風氣方盛，其學又自立宗旨，一新天下之耳目。金竹先生處道學風氣之末，堅確自守，惠半農學士雖嘗言之於朝廷，迄今又百餘年，天下知金竹先生者寡矣。顯與晦不足為輕重，然傳先儒之書，使流佈於世，則後學之責也」，陳澧之序不僅「傳先儒之書，使流佈於世」〔註 15〕，且道出了白沙之學何以顯、金竹之名何以晦的原因，言簡意賅，堪稱獨見。

（二）流播粵地同時代學人著述，留下家鄉學人往還交遊的文獻記載

對於粵地同時代學人著述，陳澧極為珍視，屢用序跋加以推重。

《穀梁禮證序》序番禺侯康未成之《穀梁禮證》，稱讚侯康以《三禮》貫串漢、晉、南北朝諸史志，精深浩博。《鄒特夫學計一得序》、《格術補序》和《鄒特夫地圖序》均序南海鄒特夫著述。《鄒特夫學計一得序》贊「特夫聰穎絕人，非但精算術，凡古書疑難訛脫千古不解者，輒得其解」〔註 16〕。《格術補序》稱讚鄒特夫「得《筆談》之說，觀日月之光影，推求數理，窮極微眇，而知西洋製鏡之法」〔註 17〕。《鄒特夫地圖序》稱讚鄒特夫變通地圖經緯線的畫法，「為總圖，經緯皆作弧線；為分圖，每幅皆下廣上狹，合地圓之形」，「自有地圖以來，無如國朝內府圖立法之善者；自有內府圖以來，無如此圖深得其立法之意者也」〔註 18〕。《漢西域圖考序》、《廣元遺山年譜序》、《李恢垣文集序》和《李恢垣詩集序》均序番禺李光廷著述。《漢西域圖考》稱讚李

〔註 14〕陳澧著，黃國聲主編：《陳澧集》（一），上海古籍出版社 2008 年版，第 114、115 頁。

〔註 15〕陳澧著，黃國聲主編：《陳澧集》（一），上海古籍出版社 2008 年版，第 115 頁。

〔註 16〕陳澧著，黃國聲主編：《陳澧集》（一），上海古籍出版社 2008 年版，第 121 頁。

〔註 17〕陳澧著，黃國聲主編：《陳澧集》（一），上海古籍出版社 2008 年版，第 122 頁。

〔註 18〕陳澧著，黃國聲主編：《陳澧集》（一），上海古籍出版社 2008 年版，第 122 頁。

君之書「自敦煌關外西北二萬餘里至大秦，又西北至於海；西南萬餘里至安息，又西南至於海，期間國土以百數，若指諸掌」，「今日之患，為千古所無之患，李君之書，遂為今日所不可無之書」〔註19〕。《廣元遺山年譜序》稱讚李光廷《廣元遺山年譜》「詳考地理」，「駁正翁氏而不曰刊誤，不曰糾謬」，正合「博學以知服」〔註20〕。《李恢垣文集序》贊李光廷兼擅古文、駢體文、考據之文、詩四體，「兼擅此四者，求之國朝海內諸名公，其顧亭林乎」，「然則吾粵人兼擅此四者，其惟李君乎」〔註21〕。《李恢垣詩集序》為李光廷庚申（1860）、辛酉（1861）詩作而序，「是時夷寇逼京城，天子巡幸塞外，山東、河南、江南群盜縱橫，攻陷城邑」，贊其詩「可以言者，則慷慨淋漓而不能自止；其不可言者，亦不得不迂迴隱約而出之」，「所謂發憤者非耶」〔註22〕。《馮鐵華鈍齋詩存序》贊高要馮鐵華詩「悲壯悽鏘」，「器之不能改者，必非金；人之不能變者，必無才」〔註23〕，稱述馮氏之才屢變不滯。《溫伊初時文序》序晚清梅州四才子之一溫訓時文，贊其時文篇末「引秦漢以後書」，「其有關於學術者乎」〔註24〕。《拙園詩選序》序廣州馮氏家集馮子皋詩，特贊《徐鄉竹枝詞》「耕織絲布之業，沙草魚蟹之利，歲時燈火酒食之樂，男女婚嫁思慕之感，歷歷如繪」，「陳之可以觀民風」〔註25〕。

《樊昆吾先生論語注商序》序廣州駐防漢軍正白旗人樊封先生《論語注商》，「先生之書，但名曰商，遠勝於西河所謂改錯者，其辭氣又出以和平，偶有不甚和平者，輒自刪之，如是則何害於商訂朱子之書乎」，主張「商訂古人之書，必當辭氣和平，不可囂爭，不可詬厲」〔註26〕，稱讚樊昆吾《論語注商》辭氣和平。容肇祖《學海堂考》述樊封著述，著錄光緒十九年學海堂刊本《南海百詠續篇》四卷。有意味的是，《東塾集》未見陳澧序《南海百詠續篇》，僅序《論語注商》，而據《學海堂考》著錄《論語注商》，容肇祖小注曰「此書未見」。此處有兩點頗可尋味：第一，在學術著述與文學著述之間，陳

〔註19〕陳澧著，黃國聲主編：《陳澧集》（一），上海古籍出版社2008年版，第124頁。
〔註20〕陳澧著，黃國聲主編：《陳澧集》（一），上海古籍出版社2008年版，第127頁。
〔註21〕陳澧著，黃國聲主編：《陳澧集》（一），上海古籍出版社2008年版，第137頁。
〔註22〕陳澧著，黃國聲主編：《陳澧集》（一），上海古籍出版社2008年版，第138頁。
〔註23〕陳澧著，黃國聲主編：《陳澧集》（一），上海古籍出版社2008年版，第138頁。
〔註24〕陳澧著，黃國聲主編：《陳澧集》（一），上海古籍出版社2008年版，第134頁。
〔註25〕陳澧著，黃國聲主編：《陳澧集》（一），上海古籍出版社2008年版，第140頁。
〔註26〕陳澧著，黃國聲主編：《陳澧集》（一），上海古籍出版社2008年版，第118、119頁。

澧更重學術著述；第二，《論語注商》在上世紀三十年代已未見，書名恰賴陳澧之序得以保存，《樊昆吾先生論語注商序》一文的文獻意義得以彰顯。

（三）重視老師著述，彰顯家鄉尊師重教古風

陳澧曾問詩學於同鄉長輩張維屏。《東塾集》有《聽松廬詩略序》。陳澧選編張維屏《聽松廬詩略》，並為之序。「讀先生詩數過，鈔二百餘首為二卷，意在精華」，「其關於出處者鈔之，尋常酬贈之作則不鈔」〔註27〕，表達了對張維屏師詩作和為人出處的景仰和尊崇。《徐達夫先生試律詩序》〔註28〕序蒙師徐達夫先生試律詩，贊其詩工，惋其命窮。

《謝里甫師畫跋》跋羊城書院掌教謝里甫師畫。「其詩超逸無俗韻」，「畫尤高，在黎二樵之上」，贊謝里甫師詩畫兼美。「澧從學時，先生掌教羊城書院，劉樸石編修彬華掌教越華書院，時廣州省城翰林惟兩先生，士民尊敬之」，「當是時廣州富盛，若兩先生欲入都，告大吏及鄉人資助甚易，而兩先生不為也」，「每課期，皆坐講堂為諸弟子講解，諸弟子環立而聽之」，陳澧贊謝里甫、劉彬華兩師意趣高邁，不逐名利，潛心教授鄉人弟子，「真可謂掌教也矣」〔註29〕。《謝里甫師畫跋》描繪了家鄉羊城書院、越華書院老師授課講學、弟子環立聽講的教學情景，記載和彰顯了家鄉尊師重教的古風。

（四）推重和稱許家鄉門人、後生著述

對於家鄉門人、後生的著述，陳澧多有推重和稱許。

《新刻說文解字附通檢序》稱讚門人番禺黎永椿《說文通檢》「此書之出，將使人人能識篆書，能習《說文》，八歲可教，十七歲可試，古之小學可興於今日矣」〔註30〕。《虞子馨遺文序》序門人虞子馨遺文，贊虞子馨「文既高，行又甚修，孝友惇篤，貧而益介，意趣蕭散而與人和易，無文士簡傲之習」〔註31〕。《招太沖詩文遺稿序》贊南海招太沖詩文「古音瑯然」〔註32〕，慨其夭折以歿，歎盛衰生死，倏忽變滅，可見陳澧對吾粵後生之才早歿的痛惜和悲歎。

〔註27〕陳澧著，黃國聲主編：《陳澧集》（一），上海古籍出版社2008年版，第131頁。
〔註28〕陳澧著，黃國聲主編：《陳澧集》（一），上海古籍出版社2008年版，第133頁。
〔註29〕陳澧著，黃國聲主編：《陳澧集》（一），上海古籍出版社2008年版，第150頁。
〔註30〕陳澧著，黃國聲主編：《陳澧集》（一），上海古籍出版社2008年版，第126頁。
〔註31〕陳澧著，黃國聲主編：《陳澧集》（一），上海古籍出版社2008年版，第129頁。
〔註32〕陳澧著，黃國聲主編：《陳澧集》（一），上海古籍出版社2008年版，第135頁。

（五）推崇家鄉名醫，重視家鄉民俗，贊許家鄉書香門第的古雅家風，對家鄉文化的自豪之情迂曲流露

除了序跋家鄉學人著述，《東塾集》還有《麥務耘醫書序》、《地理說約序》、《荔枝灣話別圖序》、《梁氏族譜序》、《重刻琅邪臺秦篆拓本跋》、《逐啟誰鼎銘跋》、《顧亭林手鈔曲江集湛甘泉邱瓊山兩序跋》諸篇尤顯特別。

《麥務耘醫書序》序香山麥乃求醫書，贊其「著書恒至深夜，精思博考，心力耗盡，以此致病。蓋為養生之術以自活一身，不如著書以活萬人」〔註33〕，可見陳澧對家鄉名醫醫術與人品的推崇。《地理說約序》贊黃理崖「精相墓之術」，「醇而確，簡而明，蓋博覽數十家之書而舉其精要，信乎可謂說約者也」〔註34〕，可見陳澧重視家鄉民俗，不摒風水之術。《何玉昆印譜序》序高要何伯瑜印譜，「伯瑜年少聰明，將有以得二樵、雲隱之遺，而不徒務於世人之所好」〔註35〕，稱讚伯瑜能繼承粵人黎二樵、謝雲隱之遺，可見陳澧對家鄉篆刻流派的重視。

《荔枝灣話別圖序》〔註36〕序陳古樵《荔枝灣話別圖》，述同治丙寅年（1866）與何伯英觀察、王少鶴通政、吳子登太史、丁雨生都轉、陳古樵司馬送撫部郭嵩燾離粵歸楚荔枝灣之遊，留下當時雅士往還出遊的文化圖景。《梁氏族譜序》序廣州城中士大夫之家番禺梁氏族譜，於「梁氏家教之善」，「特書以彰明之」，「人家將興，必靜而嚴」〔註37〕，可見陳澧對家鄉書香之家古雅家風的推崇。《重刻琅邪臺秦篆拓本跋》述重刻琅邪臺秦篆於學海堂事始末，「余昔時得一紙，凡十二行，鉤摹者屢矣。後借得友人二本，亦十二行，蓋皆孫淵如所拓，與余所藏本互相比較審諦，摹成定本，適得百年前斷碑無字者，其石堅厚無匹，乃刻而置之學海堂」〔註38〕。重刻琅邪臺秦篆之石如今蹤跡不可尋，幸有《重刻琅邪臺秦篆拓本跋》為後人留下關於學海堂與廣州人文的珍貴記憶。《逐啟誰鼎銘跋》考銘文「薄伐玁狁，於洛之陽」水道和地名，「時道光丁未二月，夷寇欲入廣州省城，不果，乃退。讀此銘但有

〔註33〕陳澧著，黃國聲主編：《陳澧集》（一），上海古籍出版社 2008 年版，第 130 頁。
〔註34〕陳澧著，黃國聲主編：《陳澧集》（一），上海古籍出版社 2008 年版，第 130 頁。
〔註35〕陳澧著，黃國聲主編：《陳澧集》（一），上海古籍出版社 2008 年版，第 131 頁。
〔註36〕陳澧著，黃國聲主編：《陳澧集》（一），上海古籍出版社 2008 年版，第 132 頁。
〔註37〕陳澧著，黃國聲主編：《陳澧集》（一），上海古籍出版社 2008 年版，第 142 頁。
〔註38〕陳澧著，黃國聲主編：《陳澧集》（一），上海古籍出版社 2008 年版，第 151 頁。

感慨，爰跋其尾」〔註39〕，可見其金石考證所蘊現實感慨。

《顧亭林手鈔曲江集湛甘泉邱瓊山兩序跋》一文尤別有意味，「鄭小谷比部所藏《曲江集》，前有亭林先生手鈔湛甘泉、邱瓊山兩序」，「比部以《曲江集》易得而亭林手書難得，故移出之，裝為冊子，以示同人」，「比部謂澧宗亭林，宜有所論」。表面是說《曲江集》易得、亭林先生手書難得而為顧亭林手鈔《曲江集》湛甘泉、邱瓊山兩序作跋，究其深意可揣知：曲江先生張九齡為嶺南人文興起的關鍵人物，湛甘泉為新會白沙心學的傳承者，文淵閣大學士邱濬為嶺南瓊州府傑出人物；湛甘泉和邱濬為《曲江集》作序，頗顯為嶺南鄉賢作序的雅意；亭林先生手鈔湛甘泉、邱瓊山《曲江集》序文，又可窺亭林先生對湛甘泉、邱瓊山序文的重視；亭林先生恰為陳澧最為膺服的清代學者，亭林先生手鈔嶺南明代家鄉先賢湛甘泉、邱瓊山為唐代家鄉先賢曲江先生《曲江集》序言，陳澧得見亭林序言再作跋言。此中所蘊幽深曲折的桑梓之情妙不可言，對家鄉文化的自豪之情亦迂曲流露。從曲江先生《曲江集》到湛甘泉、邱瓊山《曲江集》序，再到陳澧《顧亭林手鈔曲江集湛甘泉邱瓊山兩序》跋，可窺嶺南文化的一脈相承，亦可窺嶺南人桑梓深情的千古相承。

五、傳記、碑銘繪家鄉人物品性、形象

《東塾集》頗多傳記和碑銘，為後人留下關於粵地人物的珍貴敘述。

《張磐泉先生傳》述學海堂學長張杓上書事，道光二十年英吉利犯廣州，張杓上書「請召募使攻夷船」，又「請團練沿海鄉勇」，「聞有鄉人願先收復香港」，「極力陳之」，「是時先生目已盲，凡五上楊公書，六上祁公書，皆口授，滔滔不絕，繕寫者筆為之倦」，稱頌磐泉先生「真摯剛直，窮老失明而豪氣不衰」〔註40〕，為後人留下學海堂學長張杓先生的英偉形象。《江南道監察御史梁君傳》述南海梁國樂上疏規勸君主事，贊其「嚴正而坦直」〔註41〕。《江西餘干縣知縣史君傳》〔註42〕述番禺史善長知縣一身正氣，慈惠治民，勤於著述。《梁南溟傳》〔註43〕述番禺明經鄉梁漢鵬精算學。《二侯傳》述侯康深於

〔註39〕陳澧著，黃國聲主編：《陳澧集》（一），上海古籍出版社2008年版，第153頁。

〔註40〕陳澧著，黃國聲主編：《陳澧集》（一），上海古籍出版社2008年版，第187、188頁。

〔註41〕陳澧著，黃國聲主編：《陳澧集》（一），上海古籍出版社2008年版，第191頁。

〔註42〕陳澧著，黃國聲主編：《陳澧集》（一），上海古籍出版社2008年版，第193頁。

〔註43〕陳澧著，黃國聲主編：《陳澧集》（一），上海古籍出版社2008年版，第195頁。

史學，侯度吏治事及長於禮學〔註44〕。《胡孝子傳》表彰番禺胡燕方孝親事。《書尉先生》述受業師尉先生狷介人品〔註45〕。《書孟蒲生》述番禺孟蒲生善記、遍讀十三經注疏〔註46〕。《書章鳳翰妻李氏》述番禺李氏殉夫事，「同治二年，海水溢」，「水將及屋」，李氏夫緣鄰家高牆而登，「失足墮水」，「李急脫釧付婢，自投下。及水退，兩屍相挽而死」〔註47〕，贊李氏救夫之義。

《東塾集》所傳之人，或為學者而勇於議政，或為知縣而有功於文林，或為一介蒙師而品性獨高，或為書生而篤於經學注疏，或為婦人而有救夫之勇，栩栩如生，彰顯獨特品性。

《張南山先生墓碑銘》述同鄉番禺張維屏師生平事，憶「與友數人築室白雲山居之」，「又同遊羅浮山」，「長子祥泰為園於花地之西，曰聽松園，先生時往遊焉」，「為學海堂學長」，「卒於省城清水濠里第」〔註48〕，往事一幕幕，將古雅的文化氣息層層濡染於白雲山、羅浮山、花地聽松園、越秀清水濠諸地的自然之景中。《誥封光祿大夫四川嶽池縣知縣何公神道碑銘》〔註49〕述香山何曰愈生平事。《浙江湖州府知府候選道楊君墓碑銘》〔註50〕述番禺楊榮緒生平吏治及學術。《誥贈光祿大夫候選知州馮君神道碑銘》〔註51〕述南海馮焌光父馮尹平坎坷生平。《誥授資政大夫二品頂戴江蘇蘇松太兵備道監督江南海關馮君神道碑銘》述南海馮焌光至孝之情、洋務之功。《誥贈中議大夫四會縣學生員吳君墓碑銘》述四會吳廣熙行高有士風〔註52〕。《議敘知縣陳君墓表》述門人番禺陳昌治父陳奏廷佐幕之德〔註53〕。《內閣中書銜韶州府學教授加一級譚君墓碣銘》〔註54〕述南海譚瑩生平事，贊其淹博。《豆村梁君墓碣銘》述門人梁起父南海梁藹仁生平事，贊其「廉靜」「不苟」，「為謀必忠」〔註55〕。

〔註44〕陳澧著，黃國聲主編：《陳澧集》（一），上海古籍出版社 2008 年版，第 195 頁。
〔註45〕陳澧著，黃國聲主編：《陳澧集》（一），上海古籍出版社 2008 年版，第 198 頁。
〔註46〕陳澧著，黃國聲主編：《陳澧集》（一），上海古籍出版社 2008 年版，第 204 頁。
〔註47〕陳澧著，黃國聲主編：《陳澧集》（一），上海古籍出版社 2008 年版，第 205 頁。
〔註48〕陳澧著，黃國聲主編：《陳澧集》（一），上海古籍出版社 2008 年版，第 215 頁。
〔註49〕陳澧著，黃國聲主編：《陳澧集》（一），上海古籍出版社 2008 年版，第 222 頁。
〔註50〕陳澧著，黃國聲主編：《陳澧集》（一），上海古籍出版社 2008 年版，第 225 頁。
〔註51〕陳澧著，黃國聲主編：《陳澧集》（一），上海古籍出版社 2008 年版，第 227 頁。
〔註52〕陳澧著，黃國聲主編：《陳澧集》（一），上海古籍出版社 2008 年版，第 237 頁。
〔註53〕陳澧著，黃國聲主編：《陳澧集》（一），上海古籍出版社 2008 年版，第 241 頁。
〔註54〕陳澧著，黃國聲主編：《陳澧集》（一），上海古籍出版社 2008 年版，第 243 頁。
〔註55〕陳澧著，黃國聲主編：《陳澧集》（一），上海古籍出版社 2008 年版，第 245 頁。

《國子監學正銜黃君墓碣銘》應沈世良請述番禺黃位清生平事，贊「其人雖不用於世，而有益於士習民風」〔註56〕。《廣州府學生員徐君墓碣銘》述番禺徐子遠父徐禮耕生平事，贊其「治《三禮》，好《文選》」〔註57〕，擅刑名。《許青皋墓碣銘》應沈世良囑述番禺許玉彬生平事〔註58〕。《六品銜廣州協候補外委周君墓碣銘》〔註59〕述番禺武人周振鑣擊賊死事。《徐夫人謝氏墓表》述番禺徐子深夫人謝氏「不妒忌以樂君子而宜子孫」〔註60〕之德。《黎母洪氏墓碣銘》述門人黎永椿母番禺黎氏生平事〔註61〕。

《東塾集》碑銘述粵籍仕宦和學人事蹟，記先賢師長、故友門人生平，述粵地賢女之德，用文字刻畫家鄉各類可彰表、可銘記的人物之像。

六、銘記家鄉文化古蹟

對於家鄉文化和歷史遺跡，陳澧《東塾集》多有銘記。

《崇雅樓銘》述咸豐七年（1857）陳澧「避亂寓居橫沙村之水樓」，「題曰崇雅樓」，「而為之銘」〔註62〕。時至今日，廣州黃浦區橫沙書香街仍在，不知崇雅樓是否仍存，可幸《崇雅樓銘》為後人留下一段珍貴的人文印跡。

《拱北樓時辰香贊》述「廣東省城拱北樓有元延祐銅漏壺」，「夷亂樓毀，不見此香數年矣。仿而製之，為之贊」〔註63〕，可見陳澧對廣州古蹟的珍視。

《東塾集》還有《新修廣東山川神廟碑》、《重修三大忠祠碑》二篇代作之文。《新修廣東山川神廟碑》述廣東二山三川，「合廣東之山川而祀其神，立廟於省城之東，歲久圮焉」，「同治六年（1867），重建如舊制」，「維廣東山川雄遠，其氣鍾於人，則賢哲挺生；散於物，則百物繁殖」〔註64〕，對家鄉山川的自豪和對神廟碑的崇敬溢於言表。《重修三大忠祠碑》記重修南園三忠祠事，「三大忠祠者，祀宋丞相文公，樞密使陸公、樞密副使張公。舊在厓門，明嘉靖中，巡按御史吳麟改建於省城之南園。歲久而壞，國朝康熙十年，番

〔註56〕陳澧著，黃國聲主編：《陳澧集》（一），上海古籍出版社2008年版，第247頁。
〔註57〕陳澧著，黃國聲主編：《陳澧集》（一），上海古籍出版社2008年版，第247頁。
〔註58〕陳澧著，黃國聲主編：《陳澧集》（一），上海古籍出版社2008年版，第248頁。
〔註59〕陳澧著，黃國聲主編：《陳澧集》（一），上海古籍出版社2008年版，第249頁。
〔註60〕陳澧著，黃國聲主編：《陳澧集》（一），上海古籍出版社2008年版，第243頁。
〔註61〕陳澧著，黃國聲主編：《陳澧集》（一），上海古籍出版社2008年版，第248頁。
〔註62〕陳澧著，黃國聲主編：《陳澧集》（一），上海古籍出版社2008年版，第205頁。
〔註63〕陳澧著，黃國聲主編：《陳澧集》（一），上海古籍出版社2008年版，第208頁。
〔註64〕陳澧著，黃國聲主編：《陳澧集》（一），上海古籍出版社2008年版，第208頁。

禺知縣彭襄重建。乾隆二十三年，知縣彭科增祀宋樞密使高公桂、吏部侍郎權禮部尚書徐公宗仁、吏部侍郎趙公樵、兵部侍郎茅公湘、工部侍郎馬公寶、翰林學士劉公鼎孫。歲久而益壞，同治六年重修焉」〔註65〕，「維三大忠大名塞天地，六公因之而與俱傳，於今六百年」。三大忠祠祀宋三忠文天祥、陸秀夫、張世傑，乾隆年間增祀高桂、徐宗仁、趙樵、茅湘、馬南寶、劉鼎孫，後六人亦殉國於厓山。《新修廣東山川神廟碑》、《重修三大忠祠碑》二文為陳澧任菊坡精舍山長時為人代作，將此二篇代作之文編入《東塾集》，可見陳澧對此二文的重視，也足見陳澧對廣東山川神廟碑和三大忠祠碑的特殊情感，從中可窺陳澧對粵地山川的自豪感，對厓山之役的刻骨銘心。

　　屈大均《廣東新語》自序云，「子所言止於父母之邦，不過一鄉一國，其語為小。子曰，不然。今夫言天者，言其昭昭，而其無窮見矣。言地者，言其一撮土，而其廣厚見矣。言山言水者，言其一卷石，言其一勺，而其廣大與不測見矣。夫無窮不在無窮，而在昭昭；廣厚不在廣厚，而在一撮土；廣大不在廣大，而在一卷石；不測不在不測，而在一勺。故曰，語小天下莫能破焉」〔註66〕。以《東塾集》言之，陳澧雖念念不忘祖先來自江南，但自落籍番禺，所見所聞、所歷所感和往來交遊，無不與家鄉番禺息息相關，其筆下景與物、人與事也莫不與家鄉番禺息息相關，此亦其昭昭；生於斯，長於斯，老於斯，他的生活與情感莫不與家鄉斯土自然風物、人文景觀、文化氛圍緊密相連，此又其昭昭。於是他論辯經學時心繫之，書寫雜記、贈序、序跋、傳記或碑銘時心亦繫之，使得其《東塾集》流露的鄉邦之情亦昭昭。

　　於陳澧而言，自祖考始，三代生活於嶺南番禺斯土，他鄉早已成家鄉。於是《東塾集》考證番禺歷史與沿革，留意家鄉輿地與水道；敘憶家鄉書齋、書院，彰顯家鄉讀書知禮雅風；描繪學者往還的文化圖景，書寫家鄉人文之美；珍視家鄉先賢和同時代學人著述，為家鄉著述留下珍貴文獻記載；描繪家鄉人物品性與形象，銘記家鄉歷史遺跡。陳澧《東塾集》凡此種種，用婉曲的深情之筆，描繪了晚清嶺南豐富的人文圖景，構築了晚清嶺南珍貴的人文記憶，彰顯了嶺南一脈相承、綿延不絕的文化精神。

〔註65〕陳澧著，黃國聲主編：《陳澧集》（一），上海古籍出版社2008年版，第209頁。
〔註66〕屈大均著：《廣東新語》，中華書局1985年版，《自序》第1頁。

結　語

　　對於中國人來說，晚清是風譎雲詭的苦難時代。對於中國文化來說，晚清是古今、中外交織、碰撞的激蕩時代。與此同時，不得不說，晚清這段短暫的歷史，又是一個獨具魅力的時代。

　　處於晚清內憂外患、時局變幻的紛亂裏，作為儒家學者，以讀書治學為立命之本，平靜書齋卻被兵燹攪擾，必倍感苦澀和艱辛。於陳澧而言，乾嘉漢學之盛，不過三四十年前，離他並不遙遠。二十五歲被選學海堂專科肄業生時，英軍兵船已在廣州河道徘徊，岸邊炮臺亦被擊毀。三十一歲，憑藉勤勉努力、卓越學識、補任學海堂學長那年，英軍進犯廣州，鴉片戰爭爆發，時局驟變。廣州，成為戰爭的起始陣地。對生長於斯的陳澧而言，憂慮、感憤必時縈於心。

　　處此千古未有之變局，陳澧仍懷救亂之志，孜孜不倦，北上會試，希冀一得治世之職。第六次會試不第，大挑二等，選授河源縣學訓導。盜賊遍地，當局無力羈縻，亦不願乞食印金。二月餘，即告假而歸。自此以後，無意出仕，專心治學、授徒。身在書齋、講堂，心繫國事、黎民，為世風、學風之敗壞，世道之淪落，始終憂心忡忡。

　　四十九歲那年，《漢儒通義》刻成，思撰《學思錄》，不分漢宋門戶，通論古今學術。希冀以學術振興人才，以人才振興政治，挽學風，救世道，以學術經世方式，實現儒者的救世理想。

　　歷經戰亂、兵燹，幾番攜家避難，家資幾散，困頓艱辛。雖時事日非，不改常度，風雨如晦，雞鳴不已，勤勉治學，堅持著述。歷時二十餘年，至離世前二年，手定十五卷，倉促付梓。六十餘年後，日軍侵華期間，未成餘稿終於

編錄、刊刻成書。《東塾讀書記》、《東塾雜俎》從開始著述、至悉數刊刻，前後八十餘年，歷經磨難、波折。

　　陳澧著書之初，欲以學術著作挽學風，救時弊，一意以學術方式，實現儒者經世抱負。雖幾番展望，希冀此書流傳後世，有益治道，但恐怕當初他萬未料想，此書會成為後來梁啟超心目中、最可觀之清代書札收尾之作，會成為後來錢穆心目中拳拳嚮往、深致敬意之作，他得到了後世著名學者的由衷敬服和認同。他通論古今學術的宏闊理想與追求，會使得此部著作，成為晚清真正史學意義上、第一部經學史著作。他用生命最後二十餘年全部勤勉、艱辛和血淚，灌注成此部《東塾讀書記》。此書成為中國古代傳統學者的筆記體著述方式向現代學者的學術史著述方式過渡的典型代表。在學術著述方式轉變之途，它具有鮮明的承上啟下作用，由此具備了獨特的學術史價值和意義。本文認為，《東塾讀書記》必將在中國學術史上留下永存的印記，陳澧的名字，必將永久載入學術史冊。

　　歷經鴉片戰爭、中法戰爭、甲午戰爭等戰敗屈辱，面臨古今、中西文化對峙，中國人開始嚮往西方，並逐漸喪失對中國傳統文化的信心。泱泱古老國度，幾千年過往輝煌文明，已臨傾頹危機。儒家文化經典首當其衝，遭遇前所未有的猛烈抨擊。經學已亡，僵死不化，必將拋至歷史塵埃，如此極端之言論充斥著上世紀那個風雲變幻的年代。先進的五四新文化思想家、活動家們，高舉民主、科學旗幟，倡言打倒孔孟，推翻經典，摧毀一切陳舊古物，從頭再來，建設嶄新的光明世界。經歷如此聲勢浩大的革命運動之後，從供奉了二千餘年的神壇之上，儒家經典和文化，頹然落地，一振不起。

　　然而，徹底的摧毀和破壞，果真能帶來嶄新的光明和希望嗎？時間是最公正的裁決者。百餘年時間過去了，曾經頹喪的古老國度，終於重新以自信的姿態，屹立於世。此時，人們茫然失措，悵然有所失。快速發展的經濟，並非必然帶來與之相當的繁富文明與文化。歷經百餘年的惟西方馬首是瞻，當我們重拾信心，才猛然覺醒，百餘年時間，我們有所得，亦有所失。在物質層面，我們得到了許多；在精神層面，卻失落了許多。我們失落的，正是傳統精神與文化，是幾千年前的祖先們，通過經典文本的儲藏方式，代代流傳下來的精神寶藏。這恰是最難彌補和恢復的。

　　幾千年輝煌的禮儀文明，燦爛的民族精神，曾經一直留存在儒家經典和各類古代典籍之中。它們以典籍的方式儲存，等待著一代又一代的後人們，

去重讀，去找尋，去探索，去汲取。直到百餘年前，我們與一切傳統文化的緊密關聯，突然以斷崖方式，戛然而止。中斷百餘年後，直至今日，當我們想要重拾、延續傳統，卻頗感力不從心。作為普通民眾，我們對經如此生疏，對傳統注疏如此隔膜，對古代儒者的精神世界，如此陌生。

百餘年前，當學者們面臨古今、中西之間的抉擇，他們以各異的姿態，作出了回應。作為繼承儒家漢學傳統的樸學學者，陳澧選擇了堅守，並非一意固執，而是以融通的姿態，進行具有革新意義的堅守：吸納宋學精神，保持漢學篤實傳統，以紮實訓詁、考據為基礎，尋求義理；堅持道問學，追求學術真理，同時尊德性，堅守儒者行止。他用生命最後二十餘年孜孜不倦的勤勉、努力，於紛亂兵燹之中，於艱辛困苦之中，完成鴻篇巨著《東塾讀書記》。不分漢宋門戶，意在融通；通論古今學術，意在總結，意在開承啟新。

綜觀古代學者學術筆記，在讀書、治學之餘，隨感隨記，以劄記形式，記錄、表達點滴學術觀點和看法。筆記之體，始於漢魏，興於唐宋，勝於明清。若論明王應麟《困學紀聞》，縱論經史，辨章學術，縱橫捭闔，宏闊有度。若論清顧炎武《日知錄》，兼論學術、博聞和治世，內容繁富，考辨精細。再論乾嘉學者著名學術筆記，趙翼《陔餘叢考》縱論經義、史學、風俗諸類，以類相從，博徵貫引；王鳴盛《十七史商榷》校勘文本，考證史實，縱評歷代史書得失；錢大昕《十駕齋養新錄》博涉經史、小學、史學，考鏡源流，框辨訛偽。此皆明清著名學術筆記，歷被後世稱許，視為典範。

若從框架結構、內容編排方面細緻勘察，上述各類學術筆記繁富有餘，條理尚闕。即使考史名著，亦重在博涉，非在呈現清晰史學線索。但不得不說，前代學術筆記名著，內容的博涉、繁富，對歷代史書的廣博考辨，無疑給予了陳澧兩方面啟發：一是給了他以學術筆記方式進行訓詁、考據的經典範例，一是給了他史學觀念的啟發。

再觀陳澧《東塾讀書記》，繼承了歷代前輩學者以劄記、筆記形式的古代傳統著述方式，融貫了前代史學筆記清晰的史學觀念，以古代傳統學術筆記的著述方式，秉持清晰學術史觀念，以諸經論、歷代學術史論二部分內容，通論古今學術，縱議古代典籍，考論歷史人物。諸經論部分，歷論十三經，歷代學術史部分，述兩漢、三國、魏晉、南北朝隋、唐、兩宋直至明、清歷朝學術，以經學史為主，兼及諸子、佛、道哲學。在評析諸經、歷代學術之時，以諸經、諸史繫連人物、事件，評析、論述歷代學者、歷史人物、事件和現象。

　　與之前歷代學者學術筆記相較，陳澧《東塾讀書記》依次以十三經諸經、以各代歷史時期為卷次，呈現出清晰的學術史、經學史意識和框架。他充分繼承了前代著名學術筆記經史考據的質樸風格，充分繼承了前代史學筆記的史學觀念，並加以充分融會貫通，以形成《東塾讀書記》兼以諸經論、歷代學術論二方面內容，以清晰的史學觀念，成為清代傳統學術筆記的最可觀者，亦成為晚清第一部具備真正史學意義的經學史著作。它既承前，又啟後。在它身上，既體現著中國古代學者劄記體著述方式的傳統印記，又呈現出現代學術著述方式的嶄新特質。本文認為，《東塾讀書記》的出現，使得中國學者有關學術史著作的著述方式，得以從傳統筆記著述方式逐漸完成向現代史學著述方式的最終轉變。

　　梁啟超《清代學術概論》論清代學術筆記歎曰，自清代諸部最可觀學術筆記之後，中國學者此類學術劄記，從此絕矣，至今再無。梁啟超的感歎，充滿悲慨。在他心目中，最可觀之清代學人學術筆記的收尾之作，正是陳澧的《東塾讀書記》。自陳澧《東塾讀書記》之後，古代學者筆記體著述方式的學術著作，從此再無可觀者，至今絕矣。在悲慨之餘，我們不得不欣喜，欣喜於陳澧《東塾讀書記》為我們承前啟後，繼往開來，從此開啟了具有真正史學觀念的學術史著述的嶄新時代。自此之後，皮錫瑞《經學歷史》、馬宗霍《中國經學史》先後出現，成為後世人們熟悉的經學史著作。

　　令人遺憾的是，陳澧《東塾讀書記》在他生前僅手定、刊刻成以諸經論為主的前十五卷，其後他在病篤之中，手定《西漢》一卷，離世後由門人付梓、刊刻成《東塾讀書記》十六卷本。而作為經學史重要組成部分的歷代學術論，只得遺命為《東塾雜俎》，囑後代和門人編錄、刊刻成書。尤為可歎的是，直至他離世六十餘年後，於日軍侵華戰爭期間，才由長孫促成其事。

　　《東塾讀書記》歷代學術論部分之《東塾雜俎》的晚出，嚴重影響了後人對完整的《東塾讀書記》作為晚清第一部經學史著作價值的認識和肯定。許多後世學者，未見及《東塾雜俎》，僅憑《東塾讀書記》十五卷、十六卷本面目論之，謂陳澧雖意在通論古今學術，實際上僅著成諸經論，歷代學術論部分空有目錄，未能完成，辜負當初通論古今學術的宏遠理想和追求。

　　本文通過依《東塾讀書記》、《東塾雜俎》卷次順序，依卷細緻梳理、闡釋和論析，從而得以有充分理由和證據，證明《東塾讀書記》、《東塾雜俎》作為一個整體，實際業已完成諸經論、歷代學術論兩部分內容，稱之為晚清第

一部中國經學史著作，誠不誣矣。從時間而言，陳澧《東塾讀書記》諸經論的刊刻成書、余稿《東塾雜俎》歷代學術論的完成，早於皮錫瑞《經學歷史》二十餘年。從文獻、史料採擷而言，皮錫瑞《經學歷史》、馬宗霍《中國經學史》諸多關鍵文獻、史料的引用，皆已被陳澧《東塾讀書記》、《東塾雜俎》以規範的學術引用體例，加以徵引、論析。十餘年前，新中國時期較早進行陳澧學術研究的李緒柏先生，在《學術研究》雜誌發表《〈東塾雜俎〉敘錄》一文，提出陳澧《東塾讀書記》、《東塾雜俎》實為中國第一部經學史著作的觀點。但因為人們對陳澧及其《東塾讀書記》、《東塾雜俎》不甚瞭解，李緒柏的觀點至今鮮為人知。通過對《東塾讀書記》、《東塾雜俎》依次逐卷的梳理、闡發和論析，本文有充分理由和根據，可以確鑿證明，如李緒柏所述，《東塾讀書記》、《東塾雜俎》確可視為中國經學史的開創之作。

陳澧生前最不欲爭名，治學著述最重篤實。即使不為爭中國經學史開創之作之名，《東塾讀書記》、《東塾雜俎》的價值和意義依然不言自明。

在晚清風雨飄搖之時，面對西方物質、精神文明的激烈衝擊，人心浮躁，世道澆漓，傳統學術岌岌可危。陳澧身為晚清樸學大儒，於兵燹困頓、流離輾轉之中，毅然堅守書齋、堅持著述，以學術經世的方式，於狂瀾既倒之時，挽世風，救時弊。他以不變應萬變，以融通的姿態堅守，以堅毅、堅信的眼神，深情回望幾千年璀璨中華文明，回望幾千年中國經學歷史，展現經學源流、正變得失所在，思考學術現象、人物和事件，對中國傳統學術做出精闢深刻的最後總結。

他無法料及，自他離世三四十餘年之後，中國傳統學術和文化，又將迎來一次徹底的論爭、衝擊和挑戰。經學已亡，僵死不化，不可令經學的僵屍在民主、文明旗幟下繼續出祟，極端的倡言和口號響徹中國。他更無法料到，百餘年後的今天，曾經衰弱、屢戰屢敗的中國，再次以自信的姿態屹立於世。此時的人們，終於想起重拾經典，重拾祖先留下的各類典籍和寶藏。即使人們對於經典已經生疏，對於古代儒者的精神世界已經隔膜。人們的內心，湧動著滲入基因、血脈的幾千年傳統文化、精神浸潤的印記。人們渴望重新汲取傳統文化、精神中那些可貴的、值得永存的精髓，渴望恢復與古代祖先血脈相連的民族記憶。

從留存幾千年傳統文化、精神精髓和民族記憶的角度而言，陳澧《東塾讀書記》、《東塾雜俎》的著述，早已超越中國經學史層面的意義，早已具備

中國傳統文化傳承的永恆價值和意義。

　　陳澧生前在與友朋、弟子信札裏，幾番論及《東塾讀書記》的寫作，他盡心竭力，耗費心血，寄予厚望於此書的著成，欲使此書藏諸名山，流傳後世，有益後人。前後歷時八十餘年，《東塾讀書記》、《東塾雜俎》，終於悉數刊刻成書，得以面世。二十一世紀九十年代至今，諸部重要的各類陳澧研究著述、論文，以及整理、點校版《陳澧集》得以問世，其餘未刊鈔本、稿本，晚清、民國刻本，又以影印本形式得以再次流傳於世。陳澧畢生心血，得以留存。陳蘭甫先生若地下有知，亦當感心安和欣慰。本文的寫作，希冀能以學術的方式，向蘭甫先生致以內心最誠摯的景仰和敬意。

參考文獻

一、古籍文獻類（含點校、譯注本）

1. 陳澧著，黃國聲主編：《陳澧集》，上海：上海古籍出版社2008年版。

2. 陳澧撰：《公孫龍子注》，汪氏微尚齋民國年間刻本。

3. 陳澧撰：《漢儒通義》，光緒十五年乙丑（1889）怡敬齋校刊，琉璃廠富文堂巾箱本。

4. 陳澧編：《朱子語類日鈔》，光緒二十二年丙申（1896）皖江藩署刻本。

5. 班固撰，顏師古注：《漢書》，北京：中華書局1962年版。

6. 陳建著，劉佩芝、馮會明點校：《學蔀通辨》，吳長庚主編：《朱陸學術考辨五種》，南昌：江西高校出版社2000年版。

7. 陳戍國撰：《周易校注》，長沙：嶽麓書社2004年版。

8. 程顥、程頤著，王孝魚點校：《二程集》，北京：中華書局1981年版。

9. 承載撰：《春秋穀梁傳譯注》，上海：上海古籍出版社2004年版。

10. 戴震撰，趙玉新點校：《戴震文集》，北京：中華書局1980年版。

11. 戴震撰，湯志鈞校點：《戴震集》，上海：上海古籍出版社1980年版。

12. 范曄撰，李賢等注：《後漢書》，北京：中華書局1965年版。

13. 方苞著，劉季高校點：《方苞集》，上海：上海古籍出版社1983年版。

14. 顧炎武著，陳垣校注：《日知錄校注》，合肥：安徽大學出版社2007年版。

15. 顧炎武著，華忱之點校：《顧亭林詩文集》，北京：中華書局1959年版。

16. 顧炎武撰，嚴文儒、李善強校點：《菰中隨筆》，黃坤、嚴佐之、劉永翔主編：《顧炎武全集》（二十），上海：上海古籍出版社 2011 年版。

17. 桂文燦著，陳居淵注：《經學博採錄》，桂林：廣西師範大學出版社 2011 年版。

18. 韓非著，王先謙撰，鍾哲點校：《韓非子集解》，北京：中華書局 1998 年版。

19. 韓愈著：《韓昌黎全集》，北京：中國書店 1991 年版。

20. 皇甫湜撰：《皇甫持正文集》（宋蜀刻本唐人集叢刊），上海：上海古籍出版社 2013 年版。

21. 黃震撰：《黃氏日鈔》，鍾肇鵬選編：《讀書記四種》，北京：北京圖書館出版社 1998 年版。

22. 黃宗羲著，沈芝盈點校：《明儒學案》，北京：中華書局 1985 年版。

23. 黃宗羲原著，全祖望補修，陳金生、梁運華點校：《宋元學案》，北京：中華書局 1986 年版。

24. 江藩著：《國朝漢學師承記（附〈國朝經師經義目錄〉、〈國朝宋學淵源記〉）》，北京：中華書局 1983 年版。

25. 焦循著，陳居淵校點：《雕菰樓易學》，北京：北京大學出版社 2012 年版。

26. 金良年撰：《論語譯注》，上海：上海古籍出版社 2004 年版。

27. 金良年撰：《孟子譯注》，上海：上海古籍出版社 2004 年版。

28. 黎靖德輯：《朱子語類》，朱傑人、嚴佐之、劉永翔主編：《朱子全書》（十八），上海：上海古籍出版社 2002 年版。

29. 李塨著，陳山榜等點校：《李塨集》，北京：人民出版社 2014 年版。

30. 李夢生撰：《左傳譯注》，上海：上海古籍出版社 2004 年版。

31. 李民、王健撰：《尚書譯注》，上海：上海古籍出版社 2004 年版。

32. 凌廷堪著，王文錦點校：《校禮堂文集》，北京：中華書局 1998 年版。

33. 陸隴其撰：《三魚堂文集》，《清代詩文集彙編》編纂委員會編：《清代詩文集彙編》（117），上海：上海古籍出版社 2010 年版。

34. 陸九淵著，鍾哲點校：《陸九淵集》，北京：中華書局 1980 年版。

35. 皮錫瑞著，周予同注釋：《經學歷史》，北京：中華書局 2011 年版。

36. 皮錫瑞著：《經學通論》，北京：中華書局 1954 年版。

37. 錢大昕著，陳文和點校：《潛研堂文集》，陳文和主編：《嘉定錢大昕全集》（九），南京：江蘇古籍出版社 1997 年版。

38. 錢大昕著：《十駕齋養新錄》，南京：江蘇古籍出版社 2000 年版。

39. 屈大均著：《廣東新語》，北京：中華書局 1985 年版。

40. 全祖望撰，朱鑄禹匯校集注：《全祖望集匯校集注》，上海：上海古籍出版社 2000 年版。

41. 阮元撰：《揅經室集》，北京：中華書局 1993 年版。

42. 阮元校刻：《十三經注疏》（清嘉慶刊本），北京：中華書局 2009 年版。

43. 孫奇逢著，朱茂漢點校：《夏峰先生集》，北京：中華書局 2004 年版。

44. 陶淵明著，逯欽立校注：《陶淵明集》，北京：中華書局 1979 年版。

45. 脫脫撰：《宋史》，北京：中華書局 1977 年版。

46. 萬斯同撰：《明史》，清鈔本。

47. 汪受寬撰：《孝經譯注》，上海：上海古籍出版社 2004 年版。

48. 汪中著，李金松校箋：《述學校箋》，北京：中華書局 2014 年版。

49. 王弼撰，樓宇烈校釋：《周易注校釋》，北京：中華書局 2012 年版。

50. 王維堤、唐書文撰：《春秋公羊傳譯注》，上海：上海古籍出版社 2004 年版。

51. 王應麟著，閻若璩、何焯、全祖望注，欒保群、田松青校點：《困學紀聞》，上海：上海古籍出版社 2015 年版。

52. 楊天宇撰：《周禮譯注》，上海：上海古籍出版社 2004 年版。

53. 楊天宇撰：《儀禮譯注》，上海：上海古籍出版社 2004 年版。

54. 楊天宇撰：《禮記譯注》，上海：上海古籍出版社 2004 年版。

55. 姚鼐編：《古文辭類纂》，北京：西苑出版社 2003 年版。

56. 余嘉錫撰，周祖謨、余淑宜整理：《世說新語箋疏》，北京：中華書局 1983 年版。

57. 袁裒撰：《奉天刑賞錄》，明金聲玉振集本。

58. 張廷玉等撰：《明史》，北京：中華書局 1974 年版。

59. 趙翼撰，黃壽成校點：《廿二史箚記》，瀋陽：遼寧教育出版社 2000 年版。

60. 周密撰，吳企明點校：《癸辛雜識》，北京：中華書局 1988 年版。

61. 朱彝尊著，王利民、胡愚、張祝平、吳蓓、馬國棟校點：《曝書亭全集》，長春：吉林文史出版社 2009 年版。

二、近人著述

1. 陳寅恪著：《隋唐制度淵源略論稿》，北京：生活・讀書・新知三聯書店 1954 年版。

2. 陳寅恪著：《金明館叢稿初編》，上海：上海古籍出版社 1980 年版。

3. 陳永正選注：《嶺南歷代詩選》，廣州：廣東人民出版社 1985 年版。

4. 程千帆、徐有富著：《校讎廣義・版本編》，濟南：齊魯書社 1991 年版。

5. （美）鄧爾麟著，藍樺譯：《錢穆與七房橋世界》，北京：社會科學文獻出版社 1998 年版。

6. 顧頡剛著：《中國上古史研究講義》，北京：中華書局 1988 年版。

7. 郭紹虞著：《照隅室古典文學論集》，上海：上海古籍出版社 2009 年版。

8. 胡奇光著：《中國小學史》，上海：上海人民出版社 2005 年版。

9. 賀昌群著：《魏晉清談思想初論》，北京：商務印書館 1999 年版。

10. 黃國聲、李福標著：《陳澧先生年譜》，廣州：廣東人民出版社 2014 年版。

11. 蔣伯潛著：《諸子通考》，杭州：浙江古籍出版社 1985 年版。

12. 梁啟超著，朱維錚校訂：《清代學術概論》，北京：中華書局 2011 年版。

13. 梁啟超著：《中國近三百年學術史》，北京：中國社會科學出版社 2008 年版。

14. 來新夏著：《清人筆記隨錄》，北京：中華書局 2005 年版。

15. 李鏡池著：《周易探源》，北京：中華書局 1978 年版。

16. 李緒柏著：《清代廣東樸學研究》，廣州：廣東省地圖出版社 2001 年版。

17. 李緒柏著：《清代嶺南大儒——陳澧》，廣州：廣東人民出版 2009 年版。

18. 李緒柏著：《陳澧》，廣州：廣東人民出版社 2010 年版。

19. 林存陽著：《清初三禮學》，北京：社會科學文獻出版社 2002 年版。

20. 林存陽著：《三禮館：清代學術與政治互動的鏈環》，北京：社會科學文獻出版社 2008 年版。

21. 劉大杰著：《魏晉思想論》，長沙：嶽麓書社 2010 年版。

22. 劉師培：《清儒得失論 劉師培論學雜稿》，北京：中國人民大學出版社 2004 年版。

23. 劉起釪著：《尚書學史》，北京：中華書局 1989 年版。

24. 劉善良譯注：《陳澧俞樾王闓運孫詒讓詩文選譯》，成都：巴蜀書社 1997 年版。

25. 劉葉秋著：《歷代筆記概述》，北京：北京出版社 2003 年版。

26. 劉再華著：《近代經學與文學》，北京：東方出版社 2004 年版。

27. 羅檢秋著：《近代諸子學與文化思潮》，北京：中國社會科學出版社 1998 年版。

28. 呂紹綱著：《周易闡微》，上海：上海古籍出版社 2005 年版。

29. 馬宗霍著：《中國經學史》，上海：上海書店 1984 年版。

30. 齊佩瑢著：《訓詁學概論》，北京：中華書局 1984 年版。

31. 錢基博著：《現代中國文學史》，長沙：嶽麓書社 1986 年版。

32. 錢基博著：《古籍舉要 版本通義》，上海：上海古籍出版社 2011 年版。

33. 錢穆著：《中國近三百年學術史》，北京：商務印書館 1997 年版。

34. 錢穆著：《中國學術思想史論叢》（三），北京：生活‧讀書‧新知三聯書店 2009 年版。

35. 錢穆著：《朱子新學案》，成都：巴蜀書社 1986 年版。

36. 桑兵、關曉紅主編：《先因後創與不破不立：近代中國學術流派研究》，北京：生活‧讀書‧新知三聯書店 2007 年版。

37. 束景南著：《朱熹研究》，北京：人民出版社 2008 年版。

38. 孫欽善著：《中國古文獻學史簡編》，北京：北京大學出版社 2008 年版。

39. 湯志鈞著：《近代經學與政治》，北京：中華書局 1989 年版。

40. 王惠榮著：《陳澧思想研究》，北京：中國社會科學出版社 2008 年版。

41. 王惠榮著：《晚清漢學群體與近代社會變遷》，北京：中國社會科學出版社 2013 年版。

42. 吳琦幸著：《王元化晚年談話錄》，上海：上海人民出版社 2013 年版。

43. 吳雁南、秦學頎、李禹階主編：《中國經學史》，北京：人民出版社 2010 年版。

44. 徐德明撰：《清人學術筆記提要》，北京：學苑出版社 2004 年版。

45. 徐世昌等編纂，沈芝盈、梁運華點校：《清儒學案》，北京：中華書局 2008 年版。

46. 許道勳、徐洪興著：《中國經學史》，上海：上海人民出版社 2006 年版。

47. 楊天宇著：《鄭玄三禮注研究》，天津：天津人民出版社 2007 年版。

48. 尹協理、魏明著：《王通論》，北京：中國社會科學出版社 1984 年版。

49. 葉純芳著：《中國經學史大綱》，北京：北京大學出版社 2016 年版。

50. 於梅舫著：《學海堂與漢宋學之浙粵遞嬗》，北京：社會科學文獻出版社 2016 年版。

51. 余英時著：《中國思想傳統及其現代變遷》，桂林：廣西師範大學出版社 2004 年版。

52. 余英時著：《宋明理學與政治文化》，桂林：廣西師範大學出版社 2004 年版。

53. 張立文著：《朱熹思想研究》，北京：中國社會科學出版社 1981 年版。

54. 張立文著：《心學之路 陸九淵思想研究》，北京：人民出版社 2008 年版。

55. 張世祿著：《中國音韻學史》，上海：上海書店 1984 年版。

56. 張舜徽著：《鄭學叢著》，武漢：華中師範大學出版社 2005 年版。

57. 張舜徽著：《清儒學記》，武漢：華中師範大學出版社 2005 年版。

58. 張舜徽著：《清人文集別錄》，武漢：華中師範大學出版社 2004 年版。

59. 張舜徽著：《清人筆記條辨》，武漢：華中師範大學出版社 2004 年版。

60. 章太炎著，徐復注：《訄書詳注》，上海：上海古籍出版社 2000 年版。

61. 章太炎著：《諸子學略說》，桂林：廣西師範大學出版社 2010 年版。

62. 趙爾巽撰：《清史稿》，北京：中華書局 1977 年版。

63. 支偉成著：《清代樸學大師列傳》，長沙：嶽麓書社 1998 年版。

64. 鍾肇鵬著：《讖緯論略》，瀋陽：遼寧教育出版社 1991 年版。

65. 周予同著：《經今古文學》，北京：中華書局 1955 年版。

66. 周予同著，朱維錚編：《周予同經學史論著選集》，上海：上海人民出版社 1983 年版。

67. 周予同著：《中國經學史講義》，上海：上海文藝出版社 1999 年版。

68. 朱維錚著：《求索真文明：晚清學術史論》，上海：上海古籍出版社 1996

年版。

69. 朱維錚著：《中國經學史十講》，上海：復旦大學出版社 2002 年版。

70. 朱維錚著：《近代學術導論》，上海：中西書局 2013 年版。

三、報刊論文

1. 陳居淵：《致力於恢復經學傳統的陳澧與朱一新》，《復旦學報（社會科學版）》1993 年第 5 期。

2. 陳居淵：《論晚清儒學的「漢宋兼採」》，《孔子研究》1997 年第 3 期。

3. 陳居淵：《簡論惠棟標幟「漢學」的易學特色》，《周易研究》2007 年第 4 期。

4. 陳立勝：《王陽明龍場悟道新詮》，《中山大學學報（社會科學版）》2014 年第 4 期。

5. 陳士銀：《方苞對劉歆竄經的質疑——以〈禮記析疑〉為主要討論範圍》，《中國典籍與文化》2016 年第 4 期。

6. 龔書鐸：《晚清的儒學》，《北京師範大學學報（社會科學版）》1992 年第 5 期。

7. 管林：《陳澧和他的「定庵文評」》，《文教資料》2000 年第 1 期。

8. 管林：《魏源與陳澧的交往》，《邵陽學院學報（社會科學版）》2016 年第 2 期。

9. 郭培忠：《廣信為嶺南早期文化重心論——兼論漢代嶺南傑出經學家陳氏父子》，《嶺南文史》1996 年第 4 期。

10. 何乃川：《朱熹與南劍三先生》，《廈門大學學報（哲學社會科學版）》1989 年第 2 期。

11. 何忠禮：《略論黃震的學術思想和仕履活動——兼論科舉制度對他的影響》《國際社會科學雜誌（中文版）》2009 年第 3 期。

12. 黃雲眉：《讀陳寅恪先生論韓愈》，《文史哲》1955 年第 8 期。

13. 季鎮淮：《韓愈的「古文」理論和實踐》，《北京大學學報（人文科學）》1958 年第 2 期。

14. 姜廣輝：《「宋學」、「理學」與「理學化經學」》，《哲學研究》2007 年第 9 期。

15. 姜廣輝、鄧林：《今文經學與古文經學再認識——從經學史的分派談起》，《哲學研究》2016 年第 2 期。

16. 孔定芳：《論戴震學術思想之三期變化》，《哲學研究》2014 年第 1 期。

17. 李福標：《〈昌黎先生文集〉陳澧父子批點的學術價值》，《文獻》2010 年第 4 期。

18. 李敬峰：《敬義夾持視域下的程頤哲學工夫論》，《理論界》2012 年第 8 期。

19. 李文波：《試論朱熹對〈中庸〉的「發現」與「重構」》，《華南師範大學學報（社會科學版）》2005 年第 4 期。

20. 李緒柏：《清代廣東文化的結晶體——東塾學派》，《廣東社會科學》1996 年第 3 期。

21. 李緒柏：《陳澧與漢宋調和》，《南開學報》2005 年第 6 期。

22. 李緒柏：《〈東塾雜俎〉敘錄》，《學術研究》2006 年第 2 期。

23. 梁守中：《陳澧的〈憶江南館詞〉和〈白石詞評〉》，《嶺南文史》1999 年第 1 期。

24. 林存陽：《黃式三、以周父子「禮學即理學」思想析論》，《浙江社會科學》2001 年第 5 期。

25. 劉起釪：《〈洪範〉成書年代考》，《中國社會科學》1980 年第 3 期。

26. 路新生：《「尊德性」還是「道問學」——以學術本體為視角》，《天津社會科學》2008 年第 4 期。

27. 駱偉：《略論近代嶺南學者陳澧》，《圖書館論壇》1992 年第 6 期。

28. 羅檢秋：《從清代漢宋關係看今文經學的興起》，《近代史研究》2004 年第 1 期。

29. 羅檢秋：《學術調融與晚清禮學的思想活力》，《近代史研究》2007 年第 5 期。

30. 羅偉豪：《評〈陳澧東塾初學編·音學〉》，《中山大學學報（社會科學版）》2004 年第 4 期。

31. 羅祥相：《釋「忠恕」與「一貫」》，《孔子研究》2012 年第 5 期。

32. 莫礪鋒：《從經學走向文學——朱熹「淫詩」說的實質》，《文學評論》2001 年第 2 期。

33. 裴學海：《評高郵王氏四種》,《河北大學學報（哲學社會科學版）》1962 年第 2 期。

34. 漆永祥：《乾嘉考據學家與桐城派關係考論》,《文學遺產》2014 年第 1 期。

35. 任競澤：《論宋代「語錄體」對文學的影響》,《文學遺產》2009 年第 6 期。

36. 容肇祖：《學海堂考》,《嶺南學報》1934 年第 3 卷第 4 期。

37. 史革新：《略論晚清漢學的興衰與變化》,《史學月刊》2003 年第 3 期。

38. 史革新：《試論晚清諸子學的興起》,《史學月刊》2006 年第 2 期。

39. 孫明君：《曹操與儒學》,《文史哲》1993 年第 2 期。

40. 孫欽善：《漢代的經今古文學》,《文獻》1985 年第 2 期。

41. 孫之梅：《歸有光與明清之際的學風轉變》,《文史哲》2001 年第 5 期。

42. 汪宗衍：《陳東塾先生年譜》,《嶺南學報》1935 年第 4 卷第 1 期。

43. 王永興：《述陳寅恪先生〈論韓愈〉之作的重大意義》,《上海師範大學學報（哲學社會科學版）》2003 年第 3 期。

44. 王元化：《「子見南子」與前人注疏》,《學術月刊》1992 年第 9 期。

45. 王應憲：《惠士奇：清代廣東經學的開拓者》,《嶺南文史》2006 年第 3 期。

46. 魏宗禹：《明清時期諸子學研究簡論》,《孔子研究》1998 年第 3 期。

47. 吳鷺山：《論陳澧詞》,《中國韻文學刊》1987 年。

48. 吳茂燊、黃國聲：《陳澧佚詩輯存》,《中山大學學報（哲學社會科學版）》1984 年第 4 期。

49. 吳茂燊、黃國聲：《〈陳東塾先生著述考略〉訂補》,《中山大學學報（哲學社會科學版）》1982 年第 4 期。

50. 吳仰湘：《清儒對鄭玄注〈孝經〉的辯護》,《中國哲學史》2017 年第 3 期。

51. 武道房：《宋儒是「以理殺人」嗎？——對戴震批判朱熹理學的再認識》,《東方叢刊》2005 年第 4 期。

52. 武道房：《經學史視野中曾點之志的多維解讀——兼評《論語·先進》「侍坐」闡釋史之得失》,《中國哲學史》2009 年第 3 期。

53. 謝寒楓：《論陳澧經學觀的形成》，《湖南大學學報（社會科學版）》2008年第 2 期。

54. 徐洪興：《孫復論》，《孔子研究》1990 年第 3 期。

55. 徐洪興：《石介論》，《中國哲學史》1993 年第 1 期。

56. 徐世中：《陳澧集外詩文考論》，《廣東技術師範學院學報》2016 年第 7期。

57. 楊國榮：《歷史視域中的諸子學》，《中華讀書報》2013 年 5 月 8 日。

58. 楊思賢：《論陳澧〈漢儒通義〉》，《孔子研究》2011 年第 2 期。

59. 俞林波：《論讖緯在東漢的禁燬》，《福州大學學報（哲學社會科學版）》2012 年第 1 期。

60. 於梅舫：《陳澧之學的兩歧反應及不同立意》，《學術研究》2014 年第 3期。

61. 於梅舫：《「以淺持博」：陳澧「小學」理念之演進及旨趣》，《中山大學學報（社會科學版）》2015 年第 4 期。

62. 於梅舫：《以「文學"總會四科：「四科說」與陳澧構築新經學之抱負》，《近代史學刊》2016 年第 1 期。

63. 張岱年：《學派的消長》，《群言》1994 年第 4 期。

64. 張廷銀：《論曹操與魏晉玄學》，《清華大學學報（哲學社會科學版）》2001 年第 3 期。

65. 張昭軍：《晚清漢宋調和論析》，《清史研究》2006 年第 4 期。

66. 鄭朝暉：《論惠棟易學的思想特點及其思想史意義》，《周易研究》2009 年第 3 期。

四、學位論文

1. 陳修亮：《乾嘉易學三大家研究》，劉曉東指導，濟南：山東大學中國古典文獻學專業博士學位論文，2005 年。

2. 董國華：《漢字諧聲與古音研究史論》，馬重奇指導，福州：福建師範大學漢語言文字學專業博士學位論文，2014 年。

3. 林存陽：《清初三禮學》，陳祖武指導，北京：中國社會科學院研究生院歷史系中國古代思想史專業博士學位論文，2000 年。

4. 林久貴：《阮元經學述論》，周國林指導，武漢：華中師範大學歷史文獻學專業博士學位論文，2012 年。

5. 陸胤：《近代學術的體制內進路──張之洞學人圈考論》，夏曉虹指導，北京：北京大學中國古代文學專業博士學位論文，2011 年。

6. 劉坤：《陳澧〈切韻考〉所刪〈廣韻〉小韻考》，胡安順指導，西安：陝西師範大學漢語言文字學專業博士學位論文，2002 年。

7. 邢舒緒：《陸九淵研究》，何忠禮指導，杭州：浙江大學中國古代史博士學位論文，2003 年。

8. 王云云：《朱熹禮學思想淵源研究》，張豈之指導，西安：西北大學中國史學科博士學位論文，2013 年。

9. 翁筱曼：《學海堂與嶺南文化》，吳承學指導，廣州：中山大學中國古代文學專業博士學位論文，2009 年。

10. 曾凡亮：《菊坡精舍考》，李緒柏指導，廣州：中山大學中國古代史專業碩士學位論文，2009 年。

11. 張循：《論十九世紀清代的漢宋之爭》，朱維錚指導，上海：復旦大學歷史學系專門史專業博士學位論文，2007 年。

12. 張月芬：《東塾弟子考》，李緒柏指導，廣州：中山大學中國古代史專業碩士學位論文，2005 年。

後 記

　　我的導師左師說過，我有些感性。作為一名正在接受正規學術訓練的博士生來說，這句話應該是老師對我善意的提醒。於個人而言，我更願意把它當做老師對我溫和的批評。人生來都是感性的，成長和進步才會賦予一個人理性的力量。出生在一個遠離家鄉、缺乏傳統文化薰陶的工人家庭，坦白地說，我內心渴望成長和進步，渴望理性的力量。

　　成長是件艱難的事。我常常假設，如果我的祖輩不離開家鄉，或許我就不至於對中國傳統禮儀和文化一無所知。即使我的祖輩不識字，在鄉土文化的浸潤下，他們亦能在一定程度上對中國傳統和文化有所瞭解和承襲。這大概就是化民成俗。

　　幾千年璀璨的傳統文化，潤物細無聲，本應成為生長於斯的人們的精神底色。因為家庭環境和自身努力的雙重原因，於我而言，這種底色卻長期有所欠缺。因為這種欠缺，我內心惶恐，甚至在人群裏顯得手足無措。渴望懂得禮與理，渴望接近更多深蘊在中國傳統文化裏的古老智慧，可以說，正是這種尋常的好奇心，驅使我選擇了這個研究課題。

　　從陌生、隔膜到稍許的熟悉、親切，歷經的那些艱辛和困難，依然歷歷在目。彷彿茫然不知前路的登山者，一次又一次，精疲力竭地登上一座山峰，才猛然發現，前面還有一座高聳如雲不見頂的山，在等著自己攀爬。輕鬆暢然的感覺總是那麼短暫。又彷彿身處漆黑密林的探險者，完全辨不清方向，看不清前方的路，忍受著黑暗、孤獨和惶恐，就這樣摸索著，甚至不知道腳下選擇的這條路，是通向光明，還是通向沼澤和深淵。

　　平允而言，感到如此困難，既與陳蘭甫先生學術著述的廣博、淵深有關，更與我個人淺薄的學術基礎有關。就像小馬過河的故事裏，於小松鼠而言，

河水很深，於老牛而言，河水很淺。面對陳蘭甫先生學術思想研究這個課題，我只不過像小馬過河故事裏的小松鼠。對於老師的寬容和信任，我由衷感激。在老師的學生中，我也許並不是做這個選題的最佳人選。當初的我，無知無畏，僅憑著好奇和興趣，提出來想做，老師就同意了。

當真正開始做起來，後知後覺的我才驚覺，當初老師對我的那份寬容和信任，有多麼珍貴和難得。老師默默承擔著我做不出來的風險，卻三番尋找合適時機，不斷給予我鼓勵和信心。

對蘭甫先生的由衷崇仰和敬意，亦是我最終得以把論文完成的最大精神支撐。與其說，我是在研究蘭甫先生的學術思想，不如說，我是通過閱讀的方式，跟隨蘭甫先生學習。在蘭甫先生的引領下，我得以一步步走近儒家經典和中國古代儒者的精神世界。於儒家經典和古代儒者精神世界的深邃、廣博而言，我現在所知道、理解的東西依然有限。幸運的是，蘭甫先生的學術著述，為我緩緩打開一扇厚重的門。門的那一邊，閃耀著幾千年中國傳統文化和智慧的光。

十三年前的一個初夏下午，在參加近代文學方向研究生調劑面試時，我第一次見到我的導師左師。四年前，終於蒙老師不棄，得以忝入門牆。卻因資性蒙昧、愚鈍，讓老師頗費心力，我亦經常感到慚愧。但我總想起老師對我說過的一句話：可以改的。老師的意思是說，無論什麼不足和缺點，都是可以改的，只要用心去學，盡力去改。當我因蒙昧、愚鈍，做得不夠好、達不到老師要求的時候，在內心慚愧的同時，我亦用老師這句話來鼓勵自己。於我而言，成長總是那麼緩慢，那麼艱難。得以成為老師、師母的學生，是我成長道路上的重要轉機。

感恩左師、師母多年來悉心教誨、關心和幫助。感恩年邁父母多年默默付出，給予支持和陪伴。感激愛人際齊，經常與我探討、交流，當我論文的第一位讀者。

最後，特別感謝芝荷。每天清晨，騎車送芝荷上學的路上，芝荷總是問我，寫了多少字了，寫到幾分之幾了。我的回答，從最初的三千字和百分之一，到最後的三十餘萬字和百分之九十九。感謝芝荷的理解、體諒和支持。希望二十年後，芝荷還能如兒時這般敬我，愛我。

唐瑤曦

2018 年 5 月 11 日記於華南師範大學石牌圖書館四樓自修室